스몰
자이언츠

SMALL GIANTS : Companies That Choose to Be Great Instead of Big
Copyright ⓒ Bo Burlingham, 2005

Korean translation copyright ⓒ Pac-com Books, 2008

All rights reserved including the right of reproduction in whole or in part in any form.
This edition published by arrangement with Portfolio, a member of Penguin Group (USA) Inc.
through Shinwon Agency Co.

이 책의 한국어판 저작권은 신원 에이전시를 통해 Portfolio와 독점 계약한 팩컴북스가 소유합니다.
저작권법에 의해 한국 내에서 보호를 받는 저작물이므로 무단 전재와 무단 복제를 금합니다.

스몰
자이언츠

보 벌링엄 지음 | 김유범 옮김 | 안진환 감수

팩컴북스

차 례

감수를 마치고 나서   6
감사의 글   10

- 서 문   18
1 선택의 자유   43
2 회사의 주인은 누구인가?   78
3 모나리자 법칙   113
4 유대감을 구축하라   149
5 친밀함의 문화   183
6 골트의 협곡   221
7 다음 사람에게로   276
8 비즈니스라는 예술   329

더 읽을 자료 및 참고문헌   365

감수를 마치고 나서

인생을 살면서 가장 어려운 일 중의 하나가 방향을 정하는 것이다. 나는 무엇을 하며 살 것인가? 어떻게 살아야 하는가? 학업을 더 계속할 것인가, 취직해서 돈을 벌 것인가? 나의 조직을 어떻게 끌고 나갈 것인가? 성공하려면 어떻게 해야 하는가? 이 모두가 결국은 방향에 대한 고민이고 방향을 정하기 위한 질문이다.

사람들은 때때로 자기 자신과 관련된 중대한 선택을 내려야 할 때조차도 다른 누군가가 답을 제시해 주길 기대한다. 또한 실패 확률을 줄이기 위해 이상적인 행동 모델을 본보기로 삼고 따라하며, "이렇게 했고 저렇게 함으로써 성공했다"는 소위 성공 공식에 강하게 이끌리는 경향을 보인다. 하지만 이를 전적으로 옳다고 할 수 있겠는가. 누구나 자신이 속한 업계의 보편적인 규칙에 따라 게임 플랜을 세우는 것이 더 안전하고 더 낫다고 느낄 수 있다. 그러나 정말 그렇게 옳은 공식이 우리 곁에 풍부하다면 어째서 오늘날 그토록 많은 기업이 곤경에 빠져 허우적대고 있을까?

나 역시 회사를 운영하는 사업주의 한 사람으로서 회사를 어떤 방향으로 끌고 나가야 할지, 장차 회사를 어떠한 형태로 만들 것인지에 관해 오랜 시간 고민해 왔으며 지금도 끊임없이 숙고하고 있다. 한때는 주식회사 형태로 운영해 봤고 또 한때는 개인사업체로 운영해 보기도 했지만, 그 어느 때도 조직의 리더로서 싸워야 하는 문제와 고민들은 말끔하게 해결되지 않았다. 이 책의 저자의 표현을 빌리자면, 현재 우리 회사는 "인간적인 규모"로 운영되고 있다. 그렇지 않아도 나와 직원들이 함께 번영할 방법을 고심하고 있던 차에 이 책의 감수를 맡게 되어 진정 기꺼운 마음과 큰 기대를 갖지 않을 수 없었다.

이 책의 주인공인 '작은 거인들(스몰 자이언츠)'은 자신이 원하는 목표를 추구하기 위해 사업의 성장과 확장을 의도적으로 제한한 이들이다. 조직을 이끄는 경영자 입장에서 '돈이 되는' 기회를 거부하기가 어찌 쉬울까? 하지만 그들은 거부했다. 그들은 단기 이익은 보장하지만 조직의 장기적 목표 달성에 방해가 되는 기회들 앞에서 기꺼이 돌아섰고, 자신이 중요하게 생각하는 가치에 대한 소신을 굳게 지켰으며, 무엇보다도 '나는 왜 사업을 하는가?'라는 질문에 대한 나름의 정답을 알고 있었다.

이들은 20세기형 기업문화가 아닌 21세기형 비즈니스 공동체의 모델을 보여준다. 작은 거인들은 여러 측면에서 기업과 관련된 일반적인 사고방식과 기준에 반하는 생각을 갖고 있다. 사업을 확장할 수 있다고 해서 반드시 해야 하는 것은 아니다. 광고는 고객과 기업을 연결시켜 주지 않는다. 회사를 키워 상장하는 것은 우리의 핵심 가치에서 멀어지는 일이다. 직원들의 복지를 위해 회사는 최소한의 이익을 남기는 데 만족한다. 마음에 들지 않은 고객은 거부한다. 높은 매출 가능성이 보이는 상황일지라도 사람들의 건강을 해치는 상품과 관련된 제품(예 : 담배 케이스)을 제작해야 하는 것이라면 기꺼이 거부한다, 등등.

아울러 대부분의 작은 거인들은 회사의 지분을 직원들에게 나눠줌으로써 회사를 공동 소유하는 형태를 취한다. 이러한 체제는 직원들의 기여와 노고에 보상을 해주는 동시에 지속적인 회사 발전을 위해 그들이 책임감과 주인의식을 갖도록 자극하는 역할을 한다. 이는 내가 현재 운영하고 있는 사업체에 대하여 구상하고 있는 미래상이기도 하기에 여러 가지를 생각해 볼 수 있는 좋은 계기가 되었다.

이 책의 역자는 번역 경험이 많지 않음에도 불구하고 미국에서 교육을 받으며 얻은 감각 때문인지 원문의 의도와 맥을 잘 짚어내고 있었다. 역자의 노고 덕분에 감수 과정을 한결 수월하게 진행할 수 있었던 점에 대해 감사를 표한다.

21세기형 마케팅의 선구자 세스 고딘(Seth Godin)은 "이제는 작은 것이 큰 것이다(Small is the new big)"라고 외쳤다. 이는 비단 마케팅 전략에만 적용되는 말이 아니다. 오늘날 비즈니스를 하는 모든 이들이 한번쯤 진지하게 생각해 봐야 할 새로운 트렌드와 시각을 축약해서 나타낸 문구라는 얘기다. 크다는 것은 이제 더 이상 강점도, 내세울 만한 장점도 아니다. 이제는 작은 것이 곧 큰 것이고, 진정 커다란 성공을 이루려면 작게 행동해야 하는 시대가 왔다. 독자 여러분 모두 그 놀라운 방법과 비결을 작은 거인들에게서 배우기를 바라며, 각자 속한 영역에서 단순히 생계만을 해결하는 것이 아니라 귀중한 가치와 목표들을 지켜내는 성공적인 삶을 영위하길 바란다.

2008년 10월

안진환

감사의 글

영화에 〈크레디트 타이틀〉이 있다면 책에는 〈감사의 글〉이 있다. 이 책을 쓰는 데 도움을 준 많은 분들을 생각하면 그저 감사의 글을 쓰는 것이 아니라 기립박수라도 보내야 할 것 같다. 일단 이 책에 대한 아이디어를 준 이들부터 언급하고 싶다. 펭귄 출판사의 페이퍼백 판매 책임자인 패트릭 놀란과 펭귄의 자회사인 포트폴리오(Portfolio)의 창립자 겸 발행인 에이드리언 잭하임에게 감사하고 싶다. 놀란은 나보다 먼저 이 책에 대한 아이디어를 갖고 있었으며, 잭하임은 내가 『인크(Inc.)』지에 징거맨스에 대해 쓴 커버 스토리 「미국에서 가장 멋진 중소기업(The Coolest Small Company in America)」을 읽은 후에 나에게 연락을 해왔다. 그는 그 기사를 토대로 하나의 책을 써낼 수 있을 것 같다고 나에게 말했다. 처음에 나는 확신이 들지 않았지만 그를 만나보기로 했다. 맨해튼의 퍼싱 스퀘어 레스토랑에서 함께 아침식사를 하면서 잭하임은 나에게 자신의 생각을 구체적으로 설명했다. 그가 너무나도 명쾌하며 근사한 아이디어를 제시했기 때문에 식사가 끝날 즈음에는 어느새 우리는 내가 이 책을 쓴다는 데 합의한 상태였다. 나는 아내 리사, 그리고 나의 저작권 대리인이자 응원군이자 수호자인 질 니어럼과 상의해 본 뒤에 바로 작업을 시작했다.

그 무렵 이미 많은 다른 사람들이 이 책『스몰 자이언츠』의 작업에 적지 않은 영향을 미치고 있었다. 『인크』의 전임 편집주간인 조지 겐드론은 위에서 언급한 징거맨스 기사를 나에게 맡겼고 자료 조사 과정에서 많은 도움을 주었다. 리 뷰캐넌은 기사를 편집 및 교정했고, 겐드론의 후임인 존 코텐은 훌륭한 제목과 함께 기사를 잡지에 실어주었다. 징거맨스의 창립자인 애리 바인츠바이크와 폴 사기노를 비롯해 징거맨스의 직원들도 많은 협조를 해주었는데, 매기 베일리스, 데이브 카슨, 프랭크 카롤로, 에이미 엠벌링, 홀리 퍼민, 모 프레쳇, 스타스카즈미어스키, 론 마우러, 토드 웍스트롬, 린 예이츠 등이 그들이다. 바인츠바이크와 겐드론은 책의 주제를 구상하고 이 책에 실을 회사들을 선정하는 데 중요한 역할을 했다. 특히 겐드론은 훌륭한 편집자답게 중대한 순간마다 날카로운 조언과 통찰력으로 도움을 주었다. 또한 나는 SRC 홀딩스(이전에는 '스프링필드 리매뉴팩처링'이었음)의 CEO인 잭 스택으로부터 귀중한 지원과 조언을 받았다. 그는 나의 멘토이며 때때로 나와 공동 집필자로 일하기도 했던 인물이다. 그리고 피터 카펜터, 존 케이스, 수전 도노반, 존 엘리스 형제, 리처드 프리드, 게리 헤일, 마이클 홉킨스, 조 나이트, 조엘 코트킨, 사라 노블, 존 오닐, 빌 파머, 그레그 윗스톡 등을 비롯한 수많은 친구, 친척, 동료들로부터 지원과 도움을 받았다.

나와 책을 공동 집필한 바 있으며 나의 또 다른 멘토인 놈 브로드스키는 여러 차원에서 많은 도움을 주었다. 그는 작은 거인에 포함시킬 만한 회사들을 추천해 주었고, 책의 주제에 살을 붙이는 데 도움을 주었으며, 작업 과정의 여러 시점에서 중요한 피드백을 주었다. 또 집필 작업을 시작한 초기에는 잘 알지 못했지만, 그의 회사인 시티스토리지 역시 내가 찾던 작은 거인의 훌륭한 사례임을 깨닫게 되었다. 이것을 깨닫게 도와준 사람들은 시티스토리지의 직원들이었는데, 이 가운데는 브래드 클린턴, 피터 건더슨, 마이크 하퍼, 브루스 하워드, 매니 히메네스, 샘 카플란, 노엘 키팅, 패티 라이트풋, 패티 캐너 포스트, 루이스 위너, 그리고 일레인 브로드스키 등이 있었다.

책을 집필하는 과정에서 처음으로 인터뷰한 사람은 클리프바의 게리 에릭슨이었는데, 그는 오히려 나에게 여러 가지 질문을 던짐으로써 작업 과정의 방향을 올바로 잡을 수 있도록 도와주었다. 당시 그는 이 책과 비슷한 주제를 다룬 『기준을 높여라(Raising the Bar)』를 쓰는 중이었기 때문에 내게 유용하고 중요한 질문들을 제시할 수 있었다. 클리프바라는 멋진 세상으로 나를 안내해 준 딘 메이어와 레슬리 헨릭슨도 크나큰 도움을 주었다.

에릭슨과의 인터뷰는 즐겁고 에너지 넘치며 흥미로운 수많은 만남들의 시작점일 뿐이었다. 나는 책을 위한 자료조사 작업을 하기 전까지는 이토록 멋진 회사들의 이토록 다재다능한 직원들을 만나본 적이 없었다. 독자 여러분도 이 책을 읽어보면 내가 하는 말의 의미를 이해하게 될 것이며, 왜 그러한 경험들이 그토록 인상적이었는지 짐작할 수 있을 것이다. 나의 작업 과정을 즐겁게 만들어준 이들에게 감사를 표하며 아래에 소개한다.

- 샌프란시스코의 앵커 브루잉 : 존 대너벡, 프리츠 메이태그, 린다 로
- 아이다호 주 보이시의 ECCO : 카렌 캠벨, 롭 코리건, 미셸 하워드, 토드 맨스필드, 밥 올슨, 마이크 피로니, 마이크 스콜, 크리스 톰슨, 짐 톰슨, 리처드 빈슨, 에드 짐머
- 캘리포니아 주 스튜디오시티의 해머헤드 프로덕션스 : 태드 바이어, 댄 츄바, 제이미 딕슨
- 매사추세츠 주 도체스터의 뉴 호프 컨트랙팅 : 크리스 하웰, 롭 모레노, 크리스 포인텐, 진 페티포드, 대니 파워, 피터 파워, 스티브 퀸
- 솔트레이크시티의 O. C. 태너 : 에이드리언 고스틱, 켄트 머독, 게리 피터슨, 쇼나 라소
- 미네소타 주 세인트폴의 레엘 프리시전 매뉴팩처링 : 밥 칼슨, 짐 그럽스, 조지 모로스, 조이 모로스, 밥 발슈테트, 스티브 웍스트롬
- 로스앤젤레스의 리듬 앤 휴스 스튜디오 : R. 스콧 버드, 존 휴스
- 버펄로의 라이처스 베이브 레코즈와 LFS 투어링 : 수전 알즈너, 메리 베글리, 애니 디프랑코, 론 엠케, 스콧 피셔, 션 기블린, 브라이언 그루너트, 카렌 헤이스, 필 카랏츠, 하이디 쿤켈, 사라 오토, 제시 슈넬, 스티브 슈렘스, 수전 태너

- 마이애미비치의 셀리마 : 셀리마 스타볼라
- 시카고의 골츠 그룹 : 제이 골츠, 루안 레, 데일 제이맨
- 캘리포니아 주 샌리앤드로의 트라이넷 : 마틴 바비넥, 모린 클레벤
- 뉴욕의 유니언 스퀘어 호스피텔러티 그룹 : 헤일리 캐럴, 제니 진맨 더크슨, 대니 메이어
- 캘리포니아 주 레드우드시티의 W. L. 버틀러 컨스트럭션 : 미셸 아라니, 빌 버틀러, 프랭크 요크

위의 사람들뿐만 아니라 집필을 위한 자료 조사 과정에서 자신의 시간과 지혜를 기꺼이 나누어준 훌륭하고 고마운 사람들이 많았다. 그들을 다음에 소개한다. 보스턴 소재 쇼멋 디자인 앤 컨스트럭션의 짐 안사라, 포틀랜드 소재 불 무스 뮤직의 크리스 브라운, 버펄로 소재 홀월스의 에드 카도니, 오하이오 주 캔턴 소재 시그니처 모기지의 로버트 캐틀린, 캐나다 브리티시컬럼비아 주 밴쿠버 소재 게리 크리스털 아티스트 매니지먼트의 게리 크리스털, 버펄로 소재 플래닛 러브의 조 디파스퀄, 캘리포니아 주 솔라나비치 소재 로켄복 토이 컴퍼니의 폴 에이켄, 『버펄로 뉴스』의 돈 에스몬드, 미시간 주 앤아버 소재 플레밍 앤 어소시에이츠의 짐 플레밍, 미시간 주 랜싱 소재 골든 로드 뮤직의 수전 프레이지어, 노스캐롤라이나 주 더럼 소재 레이디 슬리퍼 뮤직의 로리 푹스, 뉴욕 소재 지오다노 프로덕션스의 버지니아 지오다노, 뉴욕 소재 아르테미스 레코즈의 대니 골드버그, 오하이오 주 털리도 소재 키스톤 오토 글래스의 닐 골딩과 브라이언 실버,

아이다호 주 보이시 소재 웍스의 브루스 구드, 뉴저지 주 웨스트우드 소재 버겐 카운티 카메라의 톰 그라메그나, 일리노이 주 블루밍턴 소재 일리노이 웨슬리언 대학의 다시 그레더, 뉴욕 소재 MG 리미티드의 트레이시 만, 샌프란시스코 소재 크로니클 북스의 니언 맥에보이와 수전 코일, 뉴욕 주 애머스트 소재 ESP의 데비 메커, 앨라배마 주 헌츠빌 소재 솔리드 어스 지오그래픽스의 로버트 S. 무어, 뉴욕 주 포트워싱턴 소재 코흐 엔터테인먼트 디스트리뷰션의 마이클 로젠버그, 브리티시컬럼비아 주 밴쿠버 소재 페스티벌 디스트리뷰션의 잭 슐러, 솔트레이크시티 소재 키리스 시스템스의 말린 셸리, 사우스캐롤라이나 주 콜럼비아 소재 매니페스트 디스크스 앤 테입스의 칼 싱마스터, 매사추세츠 주 워터타운 소재 다이렉트 타이어의 배리 스타인버그, 버펄로 소재 토너 프레스의 팻 톰슨 등에게 감사한다.

또한 데이비드 검퍼트(David Gumpert)를 통해 얻은 자료에서 많은 도움을 받았다. 그는 이미 『하버드 비즈니스 리뷰』에 글을 싣기 위해 프리츠 메이태그를 인터뷰한 바 있었고, 『인크』의 설립자인 버니(버나드) A. 골드허시가 죽기 1년 전에 『패밀리 비즈니스 쿼털리(Family Business Quarterly)』와의 인터뷰에 응했다는 사실을 알려주었다. 브루스 페일러는 유니언스퀘어 호스피탤러티 그룹의 '지혜로운 서비스'에 대한 훌륭한 기사를 『구어메이(Gourmet)』지에 실었는데 이 글도 많은 도움이 되었다. 리즈 콘린이 집필하고 『인크』지에 실린, 유니버시티 내셔널 뱅크 앤 트러스트에 대한 기사 역시 큰 도움이 되었다. 골드허시의 첫 잡지 『세일(Sail)』의 출판 담당자였던 돈 맥컬리는 『인크』의 초기 역사에 대해 내가 모르고 있던 많은 부분을 알려주었다. 미주리 주 스프링필드에 위치한 오차크 트러스트 컴퍼니의 회장 제이 버크필드는 은행업계의 미묘한 부분들에 대해 내가 갖고 있던 질문들에 대답해 주었다. 마이클 안사라, 톰 에렌펠드, 브라이언 파인블럼, 스티브 매리어티, 데이비드 옵스트, 데렉 시어러, 데이비드 래스킨, 이들 모두 내게 지원과 격려, 그리고 조언을 아끼지 않았다.

아울러 2년 동안 내가 『스몰 자이언츠』를 집필하는 동안 잘 참아준 『인크』의 동료 직원들에게 감사를 표하고 싶다. 특히 이 책에 나오는 회사들에 대한 기사들을 편집해 준 로렌 펠드먼, 내가 나태해지지 않도록 끊임없이 격려해 준 존 코텐, 이 책의 홍보를 도와준 브라이언 케네디와 타라 미첼, 끊임없이 격려해 준 로라 콜로드니, 미술과 디자인 부분에서 항상 훌륭한 조언을 해준 블레이크 테일러, 나를 멋진 사람으로 만들어준 트래비스 루즈에게 감사한다. 그리고 『인크』를 창간한 버니 A. 골드허시와 그 잡지를 비즈니스 세계의 중요한 기둥으로 만들어낸 조지 젠드론에게 항상 고마운 마음을 잊지 않을 것이다.

책을 출판한 즈음이 되자 나는 펭귄 포트폴리오의 사람들과 일하게 된 것이 얼마나 큰 행운인지 깨달았다. 특히 메건 케이시, 엘리자베스 헤이즐턴, 스테파니 랜드, 조지프 페레즈, 니킬 사발, 윌 와이서, 에이브러햄 영 등에게 감사한다. 그리고 에이드리언 잭하임과 일하게 된 것이 큰 행운이었다는 것 역시 처음부터 느끼고 있었다.

출판을 진행하는 과정에서 만약 질 니어림의 지속적인 도움과 예리한 판단력과 멈추지 않는 열정이 없었더라면 아마도 나는 많이 방황했을 것이다. 만일 모든 저작권 대리인이 그녀와 같다면 세상에 자신감을 잃거나 제대로 인정받지 못하는 저자는 아무도 없을 것이다. 그녀는 자신이 속한 에이전시인 니어림 앤 윌리엄스의 직원들로부터 많은 지원을 받았는데, 그 중에서도 비서인 시아나 맥이어니, 회계 담당자인 호프 데네캄프가 큰 역할을 했다.

『스몰 자이언츠』라는 책의 제목을 생각해 낸 것은 골츠 그룹의 제이 골츠였다. 그에게 특별한 감사를 전한다. 그는 내가 주목한 비즈니스 세계의 특별한 현상에 이름을 붙여준 고마운 사람이다.

마지막으로 내 인생에서 가장 중요한 사람들에게 감사의 말을 전하고 싶다. 35년간 나와 함께 살고 있는 아내 리사, 딸 케이트와 그녀의 남편이자 사업가인 맷 나이틀리, 아들 제이크와 그의 아내이자 역시 사업가인 마리아 자네프 벌링엄, 그리고 내 손자이자 작은 거인이라고 불려도 손색없는 오언이 그들이다. 그들은 내가 하는 일을 가능하게 하는 동시에 그 일에 의미를 부여하는 이들이다.

서문

이 책은 한마디로 미국 비즈니스 신흥 세력의 최일선에서 나온 생생한 현장보고서다. 최근 조용하게 그리고 점진적인 속도로 새로운 종류의 회사들이 생겨나기 시작했다. 우리는 회사라고 하면 보통 대형회사, 중형회사(대개 대형회사로 성장한다), 그리고 소형회사를 떠올린다. 그러나 이 새로운 부류의 회사들은 이 세 종류 중 어느 하나라고 단정 짓기가 힘들다. 이런 회사들 중 몇몇은 작고 몇몇은 비교적 크다. 대부분은 성장 중인 회사들이고 비전통적인 독특한 방식으로 성장하는 케이스가 많다. 그러나 몇몇 회사들은 과다하게 커지는 것을 억제해 왔고, 또 다른 여러 회사들은 의식적으로 규모를 줄여 왔다.

규모와 성장률을 제외하면, 이 회사들은 몇몇 공통적인 특징을 지닌다. 먼저, 그들은 자신의 분야에서 최고가 되겠다는 강한 의지를 갖고 있다. 이런 회사들 중 대부분은 업계 내부와 외부에 있는 단체들로부터 훌륭한 역량을 지녔다고 인정받은 바 있다. 그러므로 그들에게는 자본을 늘리거나, 급성장하거나, M&A를 진행하거나, 사업지역을 넓히는 등 다른 성공한 회사들이 닦아 놓은 길을 갈 기회가 충분히 있었다. 그러나 그들은 수익 성장이나 사업지역 확장을 택하는 대신, 회사의 덩치를 키우고 빠르게 성장하는 것보다 더 중요하다고 생각되는 다른 목표들을 추구하는 데 노력을 기울였다. 이런 길을 걷기 위해 이 회사들은 대부분의 소유권이 개인, 혹은 뜻을 함께하는 몇몇 사람들, 혹은 직원들에게 존재하는 비공개기업 형태를 취해 왔다.

이것이 아마도 지금까지 이 회사들이 독특한 비즈니스 현상으로 분류되지 않았던 이유일 것이다. 사람들은 개인기업, 특히 소유권이 폐쇄적인 소규모의 개인기업들에는 별로 시선을 돌리지 않는다. 비즈니스에 대한 우리의 관점은(사실 비즈니스 자체에 대한 우리의 전반적인 인식은), 전체 기업들에서 극히 일부 퍼센트를 차지하는 상장기업들의 영향을 받고 있다. 실제로 『아이아코카(Iacocca)』『초우량 기업의 조건(In Search of Excellence)』『좋은 기업을 넘어… 위대한 기업으로(Good to Great)』 등 시중에 나와 있는 대부분의 비즈니스 서적들은 거대한 상장기업이나 그러한 기업이 되기를 바라는 기업들을 다룬다. 뿐만 아니라 대부분의 비즈니스 잡지와 신문, 그리고 TV 방송과 라디오도 그러한 기업들을 주로 다루며, 경영대학원에서 가르치는 내용도 그러한 기업들을 염두에 둔 것이다.

그러한 환경 속에서 우리는 실제로는 대형 상장기업에게만 적용

가능한 개념과 아이디어들을 마치 무조건적인 진리인 양 받아들이게 되었다. 기업은 성장하지 않으면 사라진다는 보편적인 견해를 예로 들어보자. 상장기업들에게 이 말은 진리다. 판매량, 이윤, 시장점유율, 그리고 세전 수익에 대한 성장은 투자자들을 안심시키기 위해 필수적이고, 이러한 성장이 줄어들거나 멈추면 투자자들은 재빨리 그 기업에서 빠져나간다. 그러나 자세히 살펴보면 수많은 개인회사들은 현저한 성장률을 보이지 않아도 사라지지 않는다. 오히려 그들은 성장하지 않으면서도 매우 우량한 상태인 경우가 태반이다.

또 하나의 예를 들자면, GE의 전 CEO 잭 웰치는 해당 분야에서 시장점유율이 1위 혹은 2위가 아닌 기업은 경영하고 싶지 않다고 말한 바 있다. 몇몇 사람들은 잭 웰치 시절의 GE가 실제로 그러했는지에 대해서 의문을 가진다. 왜냐하면 GE 캐피털(GE Capital)이 거느렸던 회사들은 그 말과는 전혀 맞지 않았기 때문이다. 그럼에도 불구하고 웰치의 명성과 그가 GE를 이끄는 동안 상승했던 GE 주가로 인해 그의 말은 비즈니스에서 거의 교리와 가까운 말로 자리 잡았다. 하지만 그 말은 크지도 않고 상장기업도 아닌 기업들에 대해서는 전혀 도움이 안 된다는 것을 쉽게 알 수 있다.

그리고 사람들이 흔히 말하는 '다음 수준으로의 발전'이라는 말은 어떠한가? 물론 이 표현은 사람마다, 그리고 문맥에 따라서 의미를 달리 한다. 그러나 대부분이 의미하는 바는 매출의 증가라고 여기면 된다('다음 수준'이라는 말과 매출 감소를 연관 지어 생각할 사람은 아무도 없을 것이다). 또한 이 말은 대개 경영 측면과도 관련된다. 결국 '다음 수준으로의 발전'은 더 규모가 큰 회사를 경영할 수 있게 됨을 뜻한다. 여기서 '다음'이라는 말의 내재적 의미 때문에, 논리적으로 이 말은 "클수록 좋다"라는 견해를 함축한다. 이것은 상장기업에 있어서는 옳을 수도 있고 틀릴 수도 있지만, 대부분의 개인기업들에게는 절대적으로 틀린 말이다.

제일 큰 의문점은 주주가치를 논할 때 생긴다. 상장기업들에게 주주가치는 매우 명확하고 구체적인 의미를 갖는다. 상장기업은 주주들을 위해 최상의 재정적 성과를 창출해 낼 법적, 도덕적 의무를 지니고 있기 때문이다. 다른 사람의 돈을 가져가면 그 사람이 원하는 것을 주는 것이 원칙이고, 상장기업의 주주들이 원하는 것은 자기가 한 투자에 대해 훌륭한 수익을 얻는 것이다. 이 관계는 너무나도 당연하게 보이기 때문에, 우리는 모든 기업들이 이렇게 운영된다고 생각할 수 있다. 그러나 이 발상은 한 가지 중요한 사실을 망각한 것이다. 그것은 주주들의 이해관계는 주주가 누구인가에 따라서 달라진다는 점이다.

이 책에 나오는 기업들을 소유하고 있는 주주들은 재정적인 목표 외에도 다른 목표들을 지니고 있다. 물론 그들이 투자한 것에 대해서 훌륭한 수익을 원하지 않는 것은 아니다. 다만 그것이 유일한 목표가 아니고, 어떤 경우에 있어서는 가장 중요한 목표가 아니라는 것이다. 그들은 자신이 하는 일에서 실력을 증진시키고, 보다 나은 근무 환경을 만들고, 고객에게 좋은 서비스를 제공하려고 노력한다. 또한 거래처와 원만한 관계를 유지하며, 그들이 속한 지역사회의 발전에 기여하고, 자신의 인생을 더욱 멋지게 만들려고 노력한다. 그리고 제일 중요한 것으로, 이러한 목표들을 달성하기 위해서는 소유권과 경영권을 회사 내부에 두고 있어야 하며, 많은 경우에 있어서는 성장하는 규모와 속도도 통제해야 한다는 것을 그들은 알고 있다. 이런 회사들이 벌어들인 금전적 이익은 그러한 다른 목표들을 성취하면서 자연스럽게 함께 얻게 된 결과물이었다.

이런 회사들을 나는 '작은 거인들'이라고 부른다.

그렇다면 이러한 회사들은 어떻게 파악되었고, 실제로 그들은 얼마만큼 성공을 거두었는가? 이 질문에 대한 답은 어느 정도는 '성공'을 재는 잣대에 따라 달라진다. 짐 콜린스(Jim Collins)와 그의 동료들이 『좋은 기업을 넘어… 위대한 기업으로』에 소개할 회사들을 골랐을 때, 그들은 매우 객관적이고 정확한 '성공'의 기준을 갖고 있었다. 왜냐하면 그들은 조사 범위를 상장기업들로 한정했기 때문이다. 콜린스는, 수년간 탁월한 수익을 내지 못하다가 어느 시점부터 도약하여 주주들에게 엄청난 수익을 가져다준 기업들을 찾고 있었다. 이러한 기업들, 그리고 그들과 비교할 대상이 될 기업들을 파악하기 위해 필요한 모든 정보는 공식 기록과 자료를 통해 얻을 수 있는 것들이었다.

짐 콜린스와 제리 포라스(Jerry Porras)가 『성공하는 기업들의 8가지 습관(Built to Last)』을 쓰기 위해 분석대상으로 삼을 기업들을 선택할 때, 그들은 비교적 덜 객관적이긴 하지만 충분한 설득력을 지닌 잣대를 갖고 있었다. 그들은 『포춘(Fortune)』 선정 500대 공업 기업, 『포춘』 선정 500대 서비스 기업, 『인크』 선정 500대 개인기업, 『인크』 선정 100대 상장기업의 CEO들을 대상으로 설문조사를 실시했다. 설문의 내용은 자신이 보기에 '높은 비전'을 지닌 회사들을 최대 5개까지 추천하라는 것이었다. 결국 그들의 답변을 토대로 콜린스가 도출한 18개의 회사들은 전부 유명하고, 규모가 크고, 비즈니스 분야에서 수십 년 동안 연구되고 다뤄져온 상장기업들이었다.

한 가지 말해두고 싶은 것은, 나의 의도는 위에 언급한 책들을 헐뜯으려는 것이 아니란 점이다. 그 책들은 규모를 막론하고 모든 회사에 중요한 조언과 교훈을 가르쳐주는 훌륭한 저술들이다. 내가 말하고 싶은 것은, 콜린스와 그의 동료들이 사용한 방법들을 보면 개인기업들을 연구하려고 할 때 부딪칠 수밖에 없는 문제를 상기할 수 있다는 점이다.

먼저, 개인기업을 조사할 때는 확고한 재정적 기준이 없다. 개인기업의 이점 중 하나는 세무당국, 은행, 그리고 투자자들을 제외한 외부인에게는 회사의 재정 자료를 공개하지 않아도 된다는 것이다. 대부분의 개인기업 소유자들은 회사의 재정적 기록을 공개하는 것을 지극히 꺼린다. 이런 회사들 중 소수만이 공식적인 재무제표를 작성하며, 그 중에서도 극소수만이 그러한 재무제표를 대중에 공개한다. 또 개인기업은 상장기업보다 더 다양한 형태로 존재하며, 자금을 사용하는 데 있어서도 더 큰 유연성을 지닌다. 회사 형태에 따라서 세금 혜택이 달라지는 것도 하나의 문제다. 쉽게 말해서, 법인의 형태로 세금을 내는 회사와 소유주 개인 차원에서 세금을 내는 회사는 지출과 관련해 결정하는 바가 다를 수 있다는 것이다. 이러한 문제들 때문에, 설령 충분한 정보가 있다 해도 두 개인기업의 비교가 가능한 재정적 데이터를 만들어내는 것은 거의 불가능하다.

재정적 자료에 관한 측면을 제외한다 해도, 기업에 대한 관심의 정도가 또 하나의 문제이다. 대부분의 개인회사들은 대중의 눈에 들어오지 않는다. 설사 한 개인회사가 주목을 받기 위해 노력한다 해도, 그 회사를 알게 되는 사람들은 업무적인 이유나 여타의 이유로 관계를 맺게 되는 몇몇 사람들에 지나지 않는 경우가 대부분이다. 물론 업계에서 어떤 상을 수상하거나, 획기적인 공로를 이룩하거나, 중요하고 혁신적인 생산품을 내놓거나, 쉴 새 없이 광고를 하면 어느 정도 주목을 받을 수도 있다. 그러나 그렇게 한다 해도 개인회사들이 3M, 아메리칸 익스프레스, 월마트, 월트 디즈니, 맥도널드 등의 대규모 상장기업들만큼 주목을 받는다는 것은 불가능에 가깝다. 또 어떤 개인기업이 주목을 받는다면, 대부분의 경우 그것은 그 회사의 제품이나 서비스 때문이지 회사의 운영구조 때문이 아니다. 따라서 제일 주목할 만한 개인기업을 선정하기 위해 설문조사를 한다는 발상은 무모하다. 보통 사람들의 경우 자신이 충분히 잘 알고 있는 개인기업은 몇 개 되지 않기 때문이다.

그렇다면 이 책에 소개한 회사들은 어떻게 선정했는가? 나는 이들을 고를 때 콜린스나 그의 동료들이 택한 방법을 사용할 수는 없었다. 결국 나는 나만의 기준을 만들어야 했다. 내가 어떤 회사들을 찾고 있는지는 분명했다. 나는 개인기업들 중에서, 다른 특별한 목표들을 달성하기 위해 필요할 경우 수익 성장이나 사업지역 확장을 기꺼이 포기한 비범한 회사들을 찾았다. 내가 말하는 '비범한' 회사란 해당 업계에 속한 다른 회사들과 차별화될 수 있을 만한 독특하고 뚜렷한 비전과 운영방침을 갖고 있는 회사를 말한다. 『인크』지에서 편집자로 21년간 일하면서 나는 그러한 기업을 몇몇 목격한 적이 있었고,

열심히 찾아보면 그러한 기업들이 더 있을 것이라고 믿었다. 그러나 그런 기업들이 몇 개나 있는지, 그들을 파악해 내기가 얼마나 힘들지, 어디에 있을지, 어떤 업계에 속해 있을지, 어떠한 공통점들을 지니고 있을지는 전혀 알지 못했다. 나는 논리적 분석뿐만 아니라 본능적 직감에도 의존해야만 했다. 또한 이 작업을 진행하면서 만나는 사람들과 대화하면, 내가 찾고 있는 대상을 더 구체적이고 분명하게 알 수 있을 것이라고 믿었다.

조사에 착수하면서 나는 가급적 범위를 넓게 잡았다. 일단 주변의 아는 모든 사람들에게 회사를 추천해 달라고 요청했다. 인터넷 검색도 했고, 신문과 잡지들을 이 잡듯 뒤졌다. 가능성 있는 후보가 될 만한 회사의 수가 늘어나면서, 초반 검증 작업을 통해 내가 생각하는 기준에 맞는 회사들을 다시 선별해 냈다. 그 이후에는 목록을 좀 더 줄이고 각 회사들이 지닌 특성을 보다 집중적으로 분석하기 위해 인터뷰를 실시했다.

목록에 포함시킬 기업들을 선정하는 과정에서 어쩔 수 없이 주관적인 요소가 개입되었다. 이러한 주관적인 판단을 최소화하기 위해 나는 다음의 기준들을 추가로 만들었다.

- 사업을 확장을 할 기회가 있었음에도 불구하고 다른 결정을 내린 기업들로 제한하기로 결정했다. 다시 말해, 더욱 빠르게 성장하거나, 더욱 커지거나, 상장하거나, 대규모 기업의 일부가 될 수 있는 기회가 있었음에도 불구하고, 그렇게 결정하지 않은 기업들을 택했다.

- 해당 업계의 다른 업체들이 존경하고 모방하고 싶어하는 기업을 선택했다. 어떻게 보면 제일 강력한 비판자가 될 수 있는 경쟁사들로부터 존경받는 기업이야말로 연구할 가치가 있으리라 생각했다.
- 업계 외부로부터도 비범한 성과에 대해서 찬사를 받은 기업을 선정했다. 특별하게 인정해 줄 만한 가치가 있다고 제3자가 증언해 주는 것만큼 확실한 것도 없다.

그 다음에는 규모의 문제였다. '대형'과 '소형'은 분명 상대적이고 주관적인 표현이다. 자택에서 근무하면서 연매출 20만 달러를 올리는 사람에게는, 직원 6명에 연매출 200만 달러인 회사가 대단히 큰 회사로 보인다. 반면, 일반적으로 언론에서는 연매출이 3억 달러 이하이면 소형 업체로 간주하는 경향이 있다(실제로 『비즈니스위크(BusinessWeek)』에서 연매출이 1억 달러 정도인 회사를 두고 "코딱지만 하다"라는 표현을 쓴 적이 있다). 그러므로 나도 규모에 관해 나름대로 정의를 내려야 했다. 작업을 진행해 가면서, 내 연구 목적에 비춰볼 때 적절한 기준은 연매출이 아니라 직원 수라는 것을 깨달았다. 내가 찾는 회사들은 전부 인간적인 규모(human scale)로 운영되고 있었다. 이 말은, 즉 한 직원이 다른 직원 전부를 알고, 사장이 신입사원을 만나볼 수 있고, 직원들이 일터에서 가족 같은 기분을 느낄 수 있는 회사를 말한다. 회사의 규모와 분위기의 상관성은 우연이 아니었다. 오히려 이러한 회사의 규모야말로 사업방침에 있어서 중요한 비중을 차지했다.

이와 같은 규모에 대한 기준을 정하자 몇몇 개인기업들은 즉시 탈락했다. 예를 들면, 『포브스(Forbes)』가 선정하는 최대기업 명단에 오른 회사들 말이다. 이런 회사들은 모두 연매출이 10억 달러를 넘는다. 그러나 최대 직원 수 몇 명까지를 인간적인 규모라고 할 수 있는지는 정확하지 않았다. 또한 몇몇 회사들은 나의 연구대상으로 삼기에는 너무 작은 것이 아닌가 하는 생각도 해봐야 했다. 하지만 결국 나는 극단적으로 작은 회사 몇몇을 포함시키고 그들에게서 배울 수 있는 것이 무엇인가를 알아보기로 했다.

내가 세운 기준은 너무 크거나 작은 회사들 이외에 다른 종류의 회사들도 탈락시켰다. 라이프스타일 회사(lifestyle business : 금전적인 수익은 일정 수준까지만 추구하고, 그보다는 좋아하는 일을 즐기면서 원하는 라이프스타일을 추구하는 데에 더욱 초점을 두는 회사 – 옮긴이)가 그 예다. 라이프스타일 회사의 주목적은 운영자들이 회사 밖에서 만족스러운 라이프스타일을 누릴 수 있게 하는 것이다. 이러한 회사는 일정 규모 이상으로 성장하게 되면 회사의 존재 이유 자체가 훼손되기 때문에, 탈락시킬 수밖에 없었다. 또한 타인(즉, 본사)의 비전을 따르는 프랜차이즈 가맹업체들과 타인(즉, 가맹점)을 수단으로 삼아 성장하는 프랜차이즈 본사들도 탈락시켰다. 그 외에 까다로운 엘리트 고객들을 상대하며 최고급 상품을 취급하는 부티크 산업도 제외했다. 이런 회사들에게 규모를 작게 유지하는 것은 중요한 사업전략의 하나다. 그들에게는 성공이 보장된 사업방법이 있지만 그것은 내가 찾고 있던 것은 아니었다. 나는 보편적이고 전통적인 방식을 깨고 자신만의 길로 성공한 회사를 찾고 있었다. 마지막으로, 대개 가족끼리 경영하는 소규모 자영업체도 제외했다. 그들 중에도 훌륭한 업체들이 몇몇 있지만, 그 역시 내가 찾고 있던 대상은 아니었다.

이와 같이 여러 면에서 제한을 두었음에도 불구하고, 내가 정한 기준에 맞는 회사들의 수는 책 한 권에서 결코 전부 다룰 수 없는 양이었다. 그리고 그 수는 찾으면 찾을수록 많아졌다. 그들은 미국 전국 곳곳에, 거의 모든 업계에 존재했다(하지만 빠른 시간 내에 일정 규모 이상으로 성장해야 경쟁력을 얻을 수 있는 있는 분야에는 존재하지 않았다). 소매업체, 도매업체, 제조업자, 서비스 제공 회사, 공예 회사도 있었다. 어떤 회사들은 유명한 제품으로 인해 이미 약간의 명성을 얻은 상태였다. 그러나 대부분은 자신의 거래처나 경쟁상대에게만 알려진 상태였다.

기준에 맞는 회사의 수가 이처럼 많았기 때문에, 나는 매우 폭넓은 후보들 가운데서 내가 연구하고자 하는 현상을 가장 잘 보여줄 회사들을 고를 수 있었다. 어느 정도는 규모, 역사, 위치, 업종에 있어서 다양함을 추구했지만, 내가 가장 중요하게 생각한 기준은, 개인기업 형태를 유지하고 성장을 제한함으로써 얻어진 자유를 얼마나 잘 활용했느냐 하는 점이었다. 그러한 자유야말로 이 회사들에게 최고의 이득을 가져다준다. 성장에 목을 매거나, 외부 자본을 많이 들여오거나, 회사를 상장기업으로 만들면 그러한 자유는 거의 얻을 수 없다. 상장기업이나 벤처기업의 사장은 항상 외부의 주주들에게 책임을 지고 그들이 원하는 바를 고려해야 한다. 급성장하고 있는 회사의 사장이라면 엄청나게 많은 사항들을 처리하기 위해 일에 지배당할 수밖에 없다. 어느 경우든, 고용하고, 판매하고, 훈련하고, 협상하고, 파악하고, 때론 감언이설을 동원하고, 달래고, 설득하고, 경고하고, 부탁하는 등의 행동을 끊임없이 해야 한다. 물론 이런 일들이 즐거울 수도 있다. 그러나 그런 것들에 매달리다 보면 다른 것을 위한 시간이 거의 남지 않는다. 특히, 자신의 회사와 삶에서 진정으로 무엇을 얻고 싶은지에 대해 생각해 볼 시간이 없어진다. 개인기업으로 남고 성장이 아닌 다른 목표들을 더 우위에 두기로 선택한 이들은 그 대신 두 가지를 얻는다. 바로 통제력과 시간이다. 이 두 가지를 합한 것은 결국 자유를 의미한다. 또는 보다 정확히 말하자면 자유로울 수 있는 기회를 뜻한다. 나는 이 기회를 최대한 창의적으로 활용한 회사들을 살펴보고 싶었다.

  결국 나는 14개의 회사를 선정했다. 이 14개 회사 가운데 2개는 극과 극에 있었다. 제일 작은 셀리마는 플로리다 주 마이애미비치에 있는 패션 디자인 및 의류 제조 회사로, 직원이 2명이고 60년 가까운 역사를 갖고 있다. 제일 큰 회사는 유타 주 솔트레이크 시티에 있는 O. C. 태너로, 79년의 역사를 자랑하며 약 1,900명의 직원들을 두고 있으며 연매출이 약 3억 5,000만 달러에 이른다. 이 회사는 고객사에 직원 보상 프로그램을 제공하며 거기에 사용되는 상패를 제작한다. 또한 2002년 동계올림픽에 사용된 금·은·동메달을 제작한 바 있다.

  내가 선정한 14개의 회사는 다음과 같다.

- 앵커 브루잉(Anchor Brewing) : 샌프란시스코 소재, 전통 미국식 소형 맥주 양조장.

- 시티스토리지(CitiStorage Inc.) : 뉴욕 브루클린 소재, 미국 최고의 기록 보관 서비스 회사.
- 클리프바(Clif Bar Inc.) : 캘리포니아 주 버클리 소재, 유기농 에너지바 및 영양식품 제조회사.
- ECCO(Electronic Controls Company) : 아이다호 주 보이시 소재, 차량용 후진 경보음 발생기 및 황색 경고등 제조회사.
- 해머헤드 프로덕션스(Hammerhead Productions) : 캘리포니아 주 스튜디오시티 소재, 영화용 컴퓨터 특수효과 제공 업체.
- O. C. 태너(O. C. Tanner Co.) : 유타 주 솔트레이크시티 소재, 직원 보상 프로그램 및 상패 회사.
- 레엘 프리시젼 매뉴팩처링(Reell Precision Manufacturing) : 미네소타 주 세인트폴 소재, 랩톱 컴퓨터의 힌지(hinge, 경첩)와 같은 동작 조절 제품 디자인 및 제조 회사.
- 리듬 앤 휴스 스튜디오(Rhythm & Hues Studios) : 로스앤젤레스 소재, CG 캐릭터 애니메이션 및 시각효과 제작 회사. 영화「꼬마돼지 베이브(Babe)」로 아카데미상 수상.
- 라이처스 베이브 레코즈(Righteous Babe Records) : 뉴욕 주 버펄로 소재, 싱어송라이터 애니 디프랑코(Ani DiFranco)가 설립한 음반 회사.
- 셀리마(Selima Inc.) : 플로리다 주 마이애미비치 소재, 엄선한 고객을 상대로 하는 패션 디자인 및 의류 제조 회사.
- 골츠 그룹(The Goltz Group) : 일리노이 주 시카고 소재, 미국에서 가장 유명한 액자 제작 회사인 아티스트 프레임 서비스(Artists'

Frame Service)를 포함하고 있음.
- 유니언스퀘어 호스피탤러티 그룹(Union Square Hospitality Group, USHG) : 뉴욕 주 뉴욕 소재, 유명한 레스토랑 경영자인 대니 메이어(Danny Meyer)가 운영하는 레스토랑 기업.
- W. L. 버틀러 컨스트럭션(W. L. Butler Construction, Inc.) : 캘리포니아 주 레드우드시티 소재, 상업용 건설 프로젝트를 전문으로 하는 종합건설회사.
- 징거맨스 커뮤니티 오브 비즈니시즈(Zingerman's Community of Businesses) : 미시간 주 앤아버 소재, 세계적으로 유명한 징거맨스 델리카트슨(Zingerman's Delicatessen) 및 7개의 식품 관련 회사를 거느림.

이 가운데 역사가 제일 짧은 회사는 1994년에 설립된 해머헤드 프로덕션스이고, 제일 역사가 긴 회사는 1927년에 설립된 O. C. 태너다. 이 모든 회사들은 사업의 오르내림을 경험할 만큼 경험해 본 회사들이다. 그럼에도 불구하고, 한 곳을 제외하고 모두 꾸준히 수익성 있게 사업을 운영해 왔다. 어떤 경우에는 상당한 수익을 내기도 했다. 그렇지 못한 한 곳은 리듬 앤 휴스 스튜디오다. 리듬 앤 휴스의 수익성이 낮았던 부분적인 이유는, 자금을 어디에 사용할 것인가에 대한 회사 측의 의도적인 결정 때문이었다(참고로, 리스트에 포함시킬 만한 강력한 후보 회사 몇몇은 이 책에 실리는 것을 거절했다. 그들은 회사 운영에 대한 정보를 외부에 밝히고 싶지 않다는 뜻을 밝혔다).

이 14개의 회사를 이끄는 리더들은 다양한 배경, 성격, 기질을 갖고 있으며 현재 위치에 이르기까지 다양한 경로를 거쳐 왔다. 골츠 그룹의 제이 골츠(Jay Goltz)는 타고난 사업가로, 이미 20대 청년일 때 『포브스』에서 그를 "천재 사업가"라고 칭하기도 했다. 그는 과거 한때 그러한 기대에 부응하기 위해 미친 듯이 성장을 추구했다. 싱어송라이터인 애니 디프랑코는 그녀의 잠재력을 알아본 여러 레코드 회사들로부터 매력적인 제의를 받았지만, 거대한 기업의 일부분이 되는 것이 싫어서 라이처스 베이브를 설립했다. 짐 톰슨(Jim Thompson)은 과거에 보이시 캐스케이드(Boise Cascade)에서 일하던 회계전문가로서, ECCO를 잠재력이 풍부한 제조업체라고 판단하여 인수했고, 그 후 심장마비를 두 번 겪으면서 결단을 내리고 회사의 운명을 결정했다. 빌 버틀러(Bill Butler)는 캘리포니아의 한 공동생활체에 살면서 건설회사를 시작했고, 18년이 지나서야 전화번호부에 회사 번호를 등록할 수 있었다. 댄 츄바(Dan Chuba)와 그의 파트너 세 사람은 모두 대형 특수효과 회사에서 경력을 쌓은 이들로, 해머헤드 프로덕션스를 만들면서 그들 자신만의 프로젝트를 진행할 충분한 시간이 확보되도록 회사 규모를 일정 수준 이상 키우지 않을 것이라고 다짐했다. 존 휴스(John Hughes)와 창립 파트너들은 할리우드의 모션 그래픽 회사인 로버트 에이벨 앤 어소시에이츠(Robert Abel and Associates) 출신이며, 리듬 앤 휴스 스튜디오를 만들면서 "즐겁게 일할 수 있고 모두가 공정하고 정직하게 대우받으며 존중 받는 일터를 만들겠다"는 목표를 정했다. 셀리마 스타볼라(Selima Stavola)는 이라크 출신 유대인으로, 바그다드에서 자랐지만 제2차 세계대전 후 미군 남편과 함께 미국으로 이민을 했다. 그녀는 가족 생계를 위해 의상을 디자인하기 시작했고, 시간이 지나자 그녀를 제2의 코코 샤넬이나 크리스천 디오르로 평가한 패션업체 중역과 투자자들로부터 제안을 받기 시작했다. 시티스토리지의 놈 브로드스키(Norm Brodsky)는 자신의 첫 회사의 연매출이 8년 동안 제로에서 1억 2,000만 달러로 상승하는 것을 지켜봤고, 이후 8개월 만에 다시 1억 2,000만 달러에서 제로로 곤두박질치는 것을 경험한 뒤, 자신이 급속도로 빠른 성장에만 매달렸던 이유를 다시 진지하게 생각해 보게 되었다. 데일 메릭(Dale Merrick), 밥 발슈테트(Bob Wahlstedt), 리 존슨(Lee Johnson)은 모두 3M의 전(前) 직원들로, 직장생활과 가정의 조화를 유지할 수 있는 회사를 만들겠다는 목적으로 레엘 프리시전 매뉴팩처링을 설립했다. 레엘 프리시전 매뉴팩처링은 세계에서 가장 민주적으로 운영되는 회사들 중 하나다.

이처럼 각자 배경은 다양하지만, 그들은 이윤 증가나 사업지역 확장이 아닌 다른 목표들을 우선시한다는 점을 포함해서 여러 가지 공통점을 지니고 있다. 유니언스퀘어 호스피텔러티 그룹을 경영하는 대니 메이어는 이렇게 말했다. "저는 남들이 '예'라고 할 만한 것들을 선택하기보다는 '아니오'라고 말할 만한 옳은 일들을 선택해서 훨씬 많은 돈을 벌었습니다. 결국, 잃지 않은 돈과 희생시키지 않은 품질로써 제가 얻은 것을 계산할 수 있다는 얘깁니다." 그의 말은 위 회사들의 다른 리더들에게도 적용되는 말일 것이다.

앞에서도 말했듯이, 나는 사람들과의 인터뷰가 내가 찾는 종류의 회사들을 다른 평범한 회사들과 구분 지어주는 특성을 이해하는 데 도움이 되기를 바라면서 이 작업을 시작했다. 그리고 그들은 어느 정도는 도움이 되었다. 그들의 회사에는 다른 회사에 없는 특별한 무언가가 분명히 있었고, 그들도 그 사실을 알고 있었다. 또한 그들과 함께 일해 본 사람들도 그 사실을 알고 있었다. 시티스토리지의 놈 브로드스키는, 연간 총매출이 20억 달러가 넘는 미국 최대의 기록 보관 회사 아이언 마운틴(Iron Mountain)의 회장 겸 CEO인 리처드 리스(Richard Reese)가 자신의 회사를 방문했던 이야기를 나에게 해주었다. 그 전에 리스는 브로드스키가 한 업계 컨퍼런스에서 연설하는 것을 듣고 그에게 찬사를 보낸 적이 있었다. 브로드스키는 리스를 자신의 회사로 초대했고, 리스는 흔쾌히 승낙했다.

만나기로 약속한 날 리스가 브루클린에 있는 시티스토리지 본사에 도착하자, 브로드스키는 4~5시간 동안 회사 곳곳을 돌아다니며 그를 안내했고 직원들에게도 소개시켜 주었다. 마침 그날 브로드스키의 아내인 일레인(Elaine)이 직원들에게 고객서비스 교육을 실시하고 있었다. 그녀는 인적 자원 담당 부사장으로 회사에서 중요한 역할을 맡고 있었다. 브로드스키는 리스에게 그 수업을 참관해 보면 어떻겠냐고 제안했다. 직원들은 각종 고객서비스 상황들을 재연해 냈고, 리스는 그것을 넋이 나간 듯이 바라보았다. 그는 브로드스키가 그만 다른 곳으로 자리를 옮기자고 부탁할 때까지 앉아서 그 모습을 지켜보고 있었다.

방문 일정이 끝나갈 무렵, 리스는 떠날 준비를 하면서 브로드스키에게 말했다. "참으로 훌륭한 회사군요. 제 회사에서도 이렇게 할 수 있다면 좋으련만······."

"그게 무슨 말씀입니까?"

"이 회사를 운영하는 방식 말입니다. 참 대단하군요. 이곳을 돌아다니면서 직원들과 대화를 나눠보니, 제 회사도 이랬으면 좋겠다는 생각이 드는군요. 하지만 불가능할 거라고 생각합니다."

브로드스키는 이해할 수 없다는 표정을 지었다. "왜 불가능할 거라고 말씀하시는 겁니까?"

리스는 이렇게 대답했다.

"회사가 커지면 그렇게 하기가 힘듭니다. 어쩌면 비슷하게 흉내 낼 수 있을지는 모르지만, 이런 분위기를 만들 수 있는 가능성은 매우 희박합니다." 브로드스키는 이것을 최고의 칭찬으로 받아들였고 직원들에게도 그 내용을 전달했다.

나는 리스가 시티스토리지에서 경험한 것과 똑같은 인상적인 느낌을 리스트에 포함시킨 모든 회사들에서 받았다. 그 회사들이 공통적으로 풍기는 특별한 인상은 확실하게 느껴졌지만, 말로 꼭 집어 정의하기는 힘들었다. 나는 회사를 둘러보면서 사내 곳곳에 걸린 게시판이나 직원들의 표정과 목소리에서 그것을 느낄 수 있었다. 또 직원들이 자기들끼리, 또는 고객이나 혹은 낯선 외부인과 대화하는 모습을 보면서 그것을 느낄 수 있었다. 그러나 '그것'을 정의하기는 힘들었다.

그것은 내가 오래 전, 지금은 유명한 기업들이 과거에 막 성장의 물살을 타기 시작하는 것을 보면서 받았던 느낌과 비슷했다. 예컨대, 애플 컴퓨터, 피델리티 인베스트먼트(Fidelity Investments), 피플 익스프레스 항공(People Express Airlines), 벤앤제리스(Ben & Jerry's), 바디숍(The Body Shop), 그리고 『인크』 등의 기업들 말이다. 그들에게서는 열정,

흥분과 기대감, 역동감, 목표의식이 느껴졌다. 그것은 직원들과 시장이나 주변세계 사이에, 혹은 직원들 서로 간에 완전한 조화가 이뤄질 때 나타나는 현상이라는 것이 나의 생각이다. 이럴 때에는 거의 무엇이든 성공적으로 돌아간다. 내가 아는 대부분의 회사들은 그러한 요소를 오래 전에 잃어버렸다. 하지만 내가 찾아낸 회사들은 그것을 잘 유지하고 있었다.

하지만 '그것'이 정확히 무엇인가? USHG의 대니 메이어는 기업에도 '영혼(soul)'이 있다고 말했다. 그는 영혼이란 기업을 훌륭하게 만드는 것, 아니 기업을 운영하는 이유라고 믿는다. "영혼이 없는 기업에서 일하는 것은 아무 의미가 없습니다." 그는 기업의 영혼이란 비즈니스의 길을 가면서 형성하는 관계들을 토대로 생겨난다고 말했다. "여러 이해관계자들과 적극적이고 의미 있는 대화를 나누지 않으면 영혼은 생겨날 수 없습니다. 직원, 고객, 지역사회, 공급업자, 투자자들과 말입니다. 회사를 처음 시작할 때 운영자는 이렇게 말해야 합니다. '나는 고객에게 이러이러한 가치를 제공할 것이다. 이 가치 제안은 무엇무엇을 토대로 형성되었다. 나의 입장과 시각은 이러이러하다.' 처음에는 독백과 비슷합니다. 그러다가 서서히 양측 간의 대화로 변하고, 그 다음에는 진정한 의미 있는 대화가 됩니다. 마치 새 야구 글러브를 손에 익게 하는 것과 같지요. 생각만 해서는 소용이 없습니다. 실제로 글러브를 사용해야 손에 익는 것입니다. 마찬가지로 새 사업도 충분히 사용해야 합니다. 몸과 마음에 익숙해지도록 해야 합니다. 다음 단계로 너무 급하게 넘어가면, 영혼이 깃들 수가 없습니다. 새 식당이 열린 경우에 어떻습니까? 수많은 사람들이 몰려들지만, 아직 무언가가 즉 영혼이 정립되지 않았기 때문에 뭔가 어색한 느낌이 들지요. 영혼이 생겨나려면 시간이 필요하고, 그렇게 되기 위해 꾸준히 노력해야만 합니다."

영혼의 개념도 어느 정도 도움이 됐지만, '그것'을 정확하게 정의하는 데 가장 근접한 사람은 클리프바의 CEO인 게리 에릭슨(Gary Erickson)이라고 생각된다. 그는 클리프바를 어떤 유형의, 어떤 정체성을 지닌 회사로 만들어나갈지 확실히 결정해야 할 시기가 왔을 때부터 그것에 대해 생각했다. 2000년 가을, 한 무역박람회서 그는 꽤 유명한 소비자 상품 마케터를 만났다. 그 마케터는 클리프바에 쏠린 사람들의 관심에 대해 찬사를 보낸 후, 근처에 있던 썰렁한 라이벌 업체의 부스를 가리키면서 말했다. "저들에겐 마법(mojo)이 없어요."

그 말은 무역박람회가 끝난 후에도 줄곧 에릭슨의 뇌리에 박혀 있었다. 그 '마법'이 무엇이든 간에, 일부 눈 밝은 사람들은 그것이 중요하다는 것을 알았고 클리프바가 그것을 분명히 갖고 있다고 생각했다. 그것은 결코 간과해서는 안 될 무엇이었다. 그 이후로 '마법'은 에릭슨에게 중요한 단어가 되었고, 나 역시 그 이유를 이해할 수 있었다. 언젠가 한 공연장에서 영광스럽게도 블루스 음악의 거장인 무디 워터스(Muddy Waters)를 소개할 기회가 있었을 때, 나도 그 단어를 사용한 적이 있었다. "제 마법도 쓸 만한데, 이분 앞에서는 힘을 못 쓰는군요." 마법이란 단어는 클리프바, 시티스토리지, 유니언스퀘어 호스피탤러티 그룹 등 내가 찾은 회사들에서 목격한 수수께끼 같은 힘을 묘사하는 데 딱 알맞은 말이라는 생각이 들었다.

그 마법이란 자칫 소홀히 하면 잃어버릴 수 있는 것이었다. 에릭슨은 그의 흥미로운 책 『기준을 높여라』에서 이렇게 말했다. "클리프바의 마법이란 브랜드, 제품, 그리고 존재 방식에 있어서 세상의 남들과 다른 클리프바만의 특성이다. 그것은 얻기 어렵고 잃기 쉬우므로 항상 세심한 관리가 필요하다." 보다 뚜렷한 개념을 찾기 위해 그는 클리프바 직원들에게 과제를 냈다. 에릭슨은 직원들에게 무역박람회에서 있었던 일을 들려준 뒤, 한때는 마법을 갖고 있었지만 지금은 잃어버린 기업을 생각해 보라고 말했다. 그리고 왜 그 기업들이 과거에 마법을 갖고 있었다고 생각하는지, 나중에는 왜 잃어버렸다고 생각하는지 그 이유를 서술하라고 했다. 직원들은 이 과제에 상당한 호기심과 의욕을 보이며 여러 가지 다양한 답변을 제출했다. 그들은 성장 과정에서 창의력을 상실한 회사, 고객과의 정서적인 교감이 끊어진 회사, 진정성과 제품의 품질을 잃어버린 회사, "지나치게 영리만 추구"하고 비용 절감에만 집착하는 회사, 지역사회와의 관계를 무시한 회사, 기업문화를 유지하는 데 실패한 회사, 너무 빠른 시간 내에 규모가 커진 회사 등에 대해 서술했다.

　에릭슨은 다른 과제를 더 냈고 직원들은 적극적으로 답변을 제출했다. 특히 그는 클리프바에 마법이 있다고 생각하는지, 만일 있다면 그렇게 생각하는 이유가 무엇이며 어떻게 하면 그것을 강화할 수 있고 어떻게 하면 잃어버릴 수 있는지 의견을 말해보라고 했다. 그는 직원들이 제출한 모든 답변을 모아서 노트로 묶고, 그것을 사내 누구나 볼 수 있는 곳에 걸어 놓았다. 그 내용을 종합해 본 결과, 다음과 같은 사실이 분명하게 드러났다.

- 클리프바의 직원들 대부분은 그 마법이 무엇인지 직관적으로 알고 있었다.
- 그것이 생겨나게 된 이유에 대해서는 의견이 다양했다.
- 대부분의 직원들은 마법의 원인보다는 결과에 초점을 맞췄다. 한 직원은 이렇게 적었다. "내게 있어 마법이란 '엔진에 시동 걸렸으니 우리에겐 한계 따위는 없어!'라는 것을 의미한다."

이렇게 되고 보니 왠지 처음 시작한 지점으로 돌아간 느낌이었다. 적어도 내가 연구하려는 현상에 붙일 수 있는 명칭이 생겼으니 말이다. 문제는 "그 회사들은 어떻게 해서 그 마법을 만들어냈을까?"였다. 아마도 그 마법이 생겨나기까지는 여러 요인이 복합적으로 작용했을 것이다. 나는 최대한 근접한 답을 찾아내기 위해 그 회사들의 공통점을 살펴보기로 했다.

첫째, 다른 기업가들과 달리 이 회사들의 설립자와 리더들은 자신이 만들 수 있는 회사의 모든 종류에 대해 인식하고 있었다. 다만 그들은 보편적으로 존재하는 선택들에 만족하지 않았다. 그들은 성공에 대한 일반적인 정의를 무조건 받아들이지 않고, 흔히 생각하는 방식 이외의 다른 가능성들을 생각해 보았다.

둘째, 이 회사들의 리더는 자신이 선택하지 않았고 가고 싶지도 않은 길을 가라고 재촉하는 엄청난 압박을 극복해 냈다. 그들은 통제권을 유지하고 있거나, 잃었다가도 되찾았다. 그들은 끊임없이 회사의 영혼을 탐색하고, 좋은 의도가 담겨 있지만 자신의 가치관과 맞지 않는 수많은 조언을 거부하고, 자신만의 항로를 개척하고, 외부의 힘에 의해 형성된 비즈니스 방식에 적응하기보다는 자신이 원하는 사업을 창조하기 위해 노력했다.

셋째, 이들 회사는 자신이 속한 도시나 지역사회와 매우 밀접한 관계를 맺고 있었다. 이 관계는 우리가 흔히 생각하는 '사회에 대한 환원' 개념 이상의 것이었다. 분명히 그러한 의미도 포함되어 있었고 이들 회사는 하나같이 훌륭한 기업시민이었지만, 보다 중요한 것은 그들의 관계가 쌍방향으로 이루어졌다는 점이다. 그 회사들이 지역사회에서 중요한 역할을 하는 것은 물론, 지역사회도 회사의 성격을 형성하는 데에 영향을 미쳤다.

넷째, 그들은 고객이나 공급업체들과 직접 만나고 1:1 교류를 하며 서로의 약속을 지키기 위해 노력하는 등 매우 친밀하고 밀접한 관계를 구축했다. 이러한 측면에서는 회사의 리더들이 스스로 솔선수범했다. 그들은 고객이나 거래처와의 만남에 언제나 문을 열어두었으며, 서로의 관계에서 인간적인 면을 잃지 않기 위해 노력했다. 고객들은 이에 대해 성원의 편지를 보냈고, 공급업체들은 그들 나름대로 최상의 서비스를 제공했다. 이로써 회사와 공급업체, 고객들 사이에 공통적인 목표 의식과 공동체 의식이 형성되었다. 이는 대기업들이 얻기 힘든 결과이다.

다섯째, 매우 친밀한 관계를 토대로 한 근무환경이 조성돼 있었다. 사실상 이 회사들은 직원들이 인간으로서 느끼는 다양한 니즈(needs)들을 충족시켜주기 위해 노력하는 작은 사회와도 같았다. 그들은 경제적인 니즈는 물론이고 창의적, 정서적, 영적, 사회적인 니즈까지 고려했다. 사우스웨스트 항공의 허브 켈러허(Herb Kelleher)는, 자사의 유명한 활기 넘치고 재미있는 기업 문화가 "직원들 삶의 모든 부분에 대해 보살핌을 제공한다"는 신념을 토대로 형성된 것이라고 말한 바 있다. 내가 본 회사들도 그러했다. 이 회사의 직원들은 자신의 삶의 모든 부분에 대해 보살핌을 받고 있다고 느꼈다. 그들은 정직하고 따뜻하게, 공평하고 너그럽게 대우받고 존중받았으며, 리더들은 그것을 당연하게 생각했다. 이런 면에서, 이 회사들은 기업도 하나의 사회제도라는 말을 가장 잘 구현하고 있는 듯이 보였다.

여섯째, 이 회사들은 자신들이 직접 만든 다양한 기업 내부구조와 운영방식을 갖고 있었다. 그들은 모두 개인회사이기 때문에 자신들만의 경영방식을 자유롭게 개발할 수 있었다. 징거맨스는 인력교육 업체인 징트레인(ZingTrain)을 설립하여 자신의 기업 문화와 비즈니스 방식을 가르치고 있다. 해머헤드 프로덕션스는 새 프로젝트가 시작되면 회사의 규모를 늘리고 프로젝트가 완료되면 줄이는, 일명 아코디언 방식으로 운영한다. 레엘 프리시전 매뉴팩처링은 내가 본 가운데 가장 민주주의적인 회사였다. 이 회사는 CEO가 두 사람이었는데 놀랍게도 훌륭하게 돌아가고 있었다. 몇몇 회사들은 교육적인 부분을 강화하여, 직원들에게 금융, 서비스, 리더십, 그리고 성공적인 회사를 만드는 데에 필요한 모든 요소를 가르치고 있었다.

마지막으로, 나는 리더들이 자신의 회사가 하는 일에 엄청난 열정을 쏟는 것을 느낄 수 있었다. 그것이 음악이든, 경고등이든, 음식이든, 특수효과든, 힌지든, 맥주든, 기록보관이든, 건설이든, 패션이든, 그들은 자신이 다루는 것을 엄청나게 사랑했다. 물론 그들은 유능한 비즈니스맨이었지만, 우리가 흔히 생각하는 전문경영인은 아니었다. 오히려 그들은 전문경영인과 정반대였다. 그들은 일에 대해, 직원들에 대해, 고객과 공급업자들에게 대해 깊은 애정을 갖고 있었다. 흔히 전문경영인이 절대 가져서는 안 될 독과 같은 것이라고 여겨지는 인간적인 감정 말이다.

이 책은 그러한 관찰들을 중심으로 만들어졌다. 우리는 책의 본문에서 먼저 이 회사들의 창립자나 리더가 한 선택들을 살펴보고, 그들이 어떻게 그 결정을 내렸는지, 그리고 다른 방향을 택하라고 그들에게 압력을 가하는 힘에 어떻게 대응했는지 볼 것이다. 그리고 이 회사들이 지니는 공통적인 특징을 살펴보겠다. 특히 회사와 지역사회, 고객, 공급업체, 직원 사이에 형성된 밀접한 관계를 주의 깊게 볼 것이다. 회사가 너무 커지거나, 너무 급성장하거나, 지역적으로 너무 넓게 확장되면 이러한 관계를 구축하기가 거의 불가능하다. 또한 이 회사들이 자신만의 목표를 달성하기 위해 사용한 기업구조와 관행을 살펴볼 것이다. 후반부인 7장에서는 이 회사들의 연속성과 지속 가능성에 대해 살펴본다. 그들은 한 세대를 넘어서까지 사업을 유지할 수 있을 것인가? 만약 그렇다면, 어떻게 가능한가? 마지막 장에서는 이 회사들의 설립자와 리더의 비즈니스에 대한 접근방식을 살펴보고, 그들이 말하는 비즈니스의 가능성과 미래에 대해 알아본다.

하지만 제일 중요한 것은 첫걸음이다. 1992년 앵커 브루잉의 프리츠 메이태그(Fritz Maytag)가 갑자기 무언가를 깨달은 이후 내디딘 첫걸음처럼 말이다. 그의 회사는 계속 커지면서 비인격적인 존재로 변해갈 필요가 없었다. 그가 선택을 내렸기 때문이다.

선택의 자유

Chapter 01

샌프란시스코 마리포사 스트리트에 있는 앵커 양조장. 발효되는 맥주의 향이 가득한 양조장 내부는 완성품을 시음하는 관광객들로 시끌벅적하다. 하지만 프리츠 메이태그는 그런 바깥 분위기는 안중에도 없다. 그는 어지러운 사무실 내에서 방금 우편으로 도착한 조그마한 하드카버 책을 엄지손가락으로 넘기며 훑어보고 있다. 책을 손에 든 그의 얼굴에는 만족스러운 기색이 역력하다. 하늘색 셔츠와 짙은 청색 조끼에 카키색 바지를 입고 낡은 갈색 신발을 신은 모습. 안경을 이마 위로 올려 걸쳐놓은 그는 마치 금광맥을 발견한 사람 같다. 그가 손에 든 책은 〈레이크사이드 클래식(Lakeside Classics)〉 최신판이다. 〈레이크사이드 클래식〉은 미국의 역사, 특히 서부 개척 당시의 역사를 1인칭 시점으로 서술한 시리즈로, R. R. 도

넬리가 "적은 자본으로도 무언가 할 수 있다는 것을 출판업계에 보여주기 위해" 매년 크리스마스마다 출판하는 책이다. 메이태그는 1912년판부터 하나도 빠짐없이 수집해 왔다. 그는 20년마다 책 표지 색깔이 바뀐다고 말했다. "책 선반에 여러 색깔로 가지런히 꽂혀 있는 80권을 바라보면…… 정말 기분 끝내주지요."

메이태그는 대형 가전제품 업체 창시자의 증손이지만 사업이나 개인생활에서나 작고 아름다운 것에 남다른 애정을 갖고 있다. 예순다섯 살인 그는 40년간 최고의 맥주 양조장 사장으로 일해 왔고, 43년간 그의 집안 성(姓)을 따서 이름을 붙인 유명한 치즈 회사의 공동경영자로서 일해 왔다. 그는 두 사업 모두에 자부심을 갖고 있었지만, 양조장의 경우엔 위기가 닥친 적이 있었다고 고백했다. 1990년대 초반, 그는 사업가라면 언젠가 한 번쯤은 만나게 되는 선택의 기로에 섰다. 대부분의 사업가들은 너무 늦은 때가 되어서야 자신에게 선택이 존재했었다는 사실을 깨닫지만 말이다. 하지만 다행히도 메이태그는 자신에게 선택이 존재한다는 것을 깨달았고, 올바른 선택을 했다. 그러나 자칫하면 회사가 커다란 위기에 빠질 수도 있는 상황이었다.

대부분의 사람들이라면 성공의 최고 시점이라고 여길 만한 때였다. 1990년대 초반 당시 메이태그는 앵커 브루잉이라는 역사 깊은 양조장을 27년간 운영해 온 상태였다. 앵커 브루잉은 서부 골드러시 시절부터 존재해 온 100년도 더 된 양조장이었다. 그가 운영권을 넘겨받았을 때 앵커 브루잉은 거의 파산 직전이었다. 하지만 그는 양조장과 그곳의 유일한 제품인 앵커 스팀 비어(Anchor Steam Beer)를 되살리겠다는 각오로 임했다. 결국 그는 두 가지 모두를 살려내는 데 성공했고 그 과정에서 맥주 제조에 일종의 혁신을 일으켰다. 그의 맥주는 소형 양조장 맥주로서는 처음으로 전국적인 인지도를 얻었다. 최고의 원료로 직접 제작한 고품질의 맥주와 에일을 오래 전부터 내려온 전통적 제조법과 발효 방식을 이용해 만든 결과였다.

그러나 성공이 좋은 것만은 아니었다. 1970년대 중반이 되자 앵커 스팀 비어와 이후 만들어진 제품들-앵커 포터(Anchor Porter), 리버티 에일(Liberty Ale), 올드 포그혼(Old Foghorn), 크리스마스 에일(Christmas Ale) 등-의 인기가 폭발하여 수요가 공급을 넘어서기에 이르렀다. 1965년(그가 운영을 시작한 해다)에 600배럴을 생산하던 회사가 1973년에는 1만 2,000배럴을 생산하게 되었다. 맥주의 인기가 치솟으면서 생산 가능 용량이 한계에 다다른 것이다.

메이태그에 의하면 그 이후 몇 년은 지옥 같았다고 한다. 소매상들이 도매업자에게 끊임없이 재촉하는 상황이 되자, 그는 어쩔 수 없이 완제품 배급제를 실시해야 했다. 모든 사람들이 그에게 제품을 좀 더 달라고 요구했고, 메이태그는 그들에게 가능한 한 공평하게 제품을 배분하겠다는 대답밖에 할 수 없었다. 물론 이 대답은 도매업자와 식당 주인과 맥주 판매자들에게는 만족스러울 수가 없었다. 결국 어느 날 최악의 사태가 일어났다(하지만 여느 회사들 같으면 쾌재를 불렀을 일이다). 하루는 네바다 주의 도매업자가 전화해서 다음과 같은 소식을 전했다. 리노에 위치한 MGM 그랜드(MGM Grand) 카지노의 지배인에게 연락이 왔는데, 그곳 사장이 앵커 스팀 비어의 열렬한 팬이라서 카지노 내의 모든 바에서 그것을 판매하고 싶어한다는 것이었다. 이는 곧 어마어마한 양의 맥주가 기한 없이 공급되어야 함을 의미했다. 메이태그는 뭐라고 대답했냐고 도매업자에게 물었다.

"뭐라고 했냐고요? 당연히 오케이라고 했지요." 도매업자의 대답이었다.

"안 된다고 했어야지요."

"말도 안 돼요. 그게 무슨 소립니까?"

"미안하지만, 새 거래처는 만들지 말라고 말했잖소? 다른 사람들한테 공급하는 양이 줄어들면 대체 어쩌라는 겁니까?"

"난 그렇게 못 전하겠으니, 당신이 직접 가서 말하시오." 도매업자가 대답했다.

메이태그는 결국 직접 리노로 찾아가서 왜 주문을 받아들일 수 없는지 이유를 설명했다. MGM 그랜드의 지배인은 불쾌한 표정을 지었다. 기분이 찜찜하기는 메이태그도 마찬가지였다.

물론 다른 대안들도 존재했다. 예를 들면, 외부 양조장을 고용해서 늘어난 주문량에 맞출 수 있는 만큼 맥주를 제조하게 할 수도 있다. 실제로 나중에 다른 소형 양조자들은 초기부터 이런 방식을 도입했지만, 그는 이 방식은 전혀 검토할 생각조차 없었다. 그렇게 하면 그가 애당초 이 사업에 뛰어든 근본적인 목적 자체를 포기하는 것이나 마찬가지였기 때문이다. 즉, 맥주의 확실한 품질과 신뢰도를 포기해야 한다는 의미였다. 그는 고객들의 성화를 견뎌내며 최고 품질의 맥주만 판매하기를 고집했다.

메이태그는 이 경험을 잊지 않고 앵커 브루잉이 1979년에 본사를 이전했을 때 앞으로 다시는 그런 상황이 발생하게 하지 않겠노라고 맹세했다. 그리고 이후 12년 동안은 별 문제가 없었다. 한편, 1980

년대 미국 식품산업의 호황에 힘입어 앵커 브루잉 맥주에 대한 수요는 계속 증가했다. 80년대가 끝나갈 무렵, 메이태그는 좋든 싫든 또 다시 생산 용량 한계에 부딪힐지 모른다는 것을 감지했다. 예방책으로서 그는 근처에 보관용 창고를 지을 수 있는 땅을 사두었다. 만일의 경우 보관용 창고가 확보되면 공장 내에 생산용 시설을 더 많이 넣을 수 있기 때문이었다. 그리고 그러한 확장에 필요하게 될 자본을 확보하기 위해 1992년에 기업공개(IPO)를 고려해 보기 시작했다.

그가 염두에 둔 것은 일명 '주식직접공모(DPO)', 즉 증권회사를 통하지 않고 직접 대중에게 주식을 판매하는 방식이었다. 그 지역에 사는 드루 필드라는 사람이 그러한 방식을 택했었고 그것에 대해 책도 집필한 바가 있었다. 필드는 일반적인 기업공개에 대해 신랄하게 비판했다. 특히 과장되고 요란한 프레젠테이션에 소비되는 돈, 단타 매매, 내부자 거래 등에 비판적이었고, 무엇보다도 전혀 회사 사정을 모르는 외부인들이 갑자기 주주가 되어버리는 현상을 비판했다. 필드는 직접 주식을 판매하면 시간과 돈을 절약할 수 있고 후회할 확률도 적을 것이라고 주장했다.

메이태그는 이 생각에 동의했다. 회사를 상장하는 것이 현명한 선택이라 생각되었다. 그의 계산으로는 앞으로 10~15% 매출이 증가하면 생산용량이 한계에 다다를 것으로 보였다. 그 전에 규모를 키워두면 1970년대에 겪었던 상황을 또 다시 겪지 않아도 될 것 같았다. 또한 회사란 언젠가는 다음 단계로 도약해야 하는 것 아닌가? 비즈니스란 성장하거나 사라지거나 둘 중 하나 아니던가? 그렇다면 늦기 전에 조금이라도 빨리 확장하는 것이 논리에 맞는 결론이었다. 그러자면 외부 자본이 필요했고, 주식직접공모가 최고의 방법이라는 생각이 들었다.

그러나 왠지 마음 한구석이 불편했고, 직원들과 대화를 나눠본 후에 다시 생각해 보기 시작했다. 메이태그는 고위 간부 3명과 함께 상장하는 문제에 관해 오랜 시간 함께 논의를 했다. 새 주주들은 무엇을 원할 것인가? 그들이 요구하는 바에 따라 사업운영이 어떤 영향을 받을 것인가? 우리가 이 사업을 하는 목적이 무엇인가? 우리는 어떤 비즈니스를 하며 무엇을 하기를 원하는가? 인생의 목표는 무엇인가? 그들은 다양한 결과들을 고려해 봤고, 결국 모두 어느 정도 불안감이 존재한다는 것을 깨달았다. 그들은 확장이 바람직하다는 확신이 들지 않았고, 회사가 그 당시 상태로 머무르는 것을 바랐다. 그들은 '갈 수 있는 데까지 가보는 것'에 관심이 없었다. 또한 만일 회사가 너무 커지면, 그들이 소중히 여기는 다른 부분들을 잃을지도 모른다는 생각이 들었다.

메이태그는 이렇게 말했다. "결국 우리는 상장을 하는 것이 성장해야 한다는 강박관념 때문임을 깨닫게 된 거죠. 규모가 작다 해도 안정적인 수익이 나고 최고 품질로 사람들에게 인정받는 회사라면 괜찮다고 생각했습니다. 식당을 예로 들자면, 지역에서 인정받는 최고의 식당이라고 해서 꼭 확장하거나 프랜차이즈가 될 필요는 없죠. 그 상태를 유지하면서, 괜찮은 수익을 올리고 보람과 자부심을 느껴도 충분합니다. 결국 우리는 확장하지 않기로 결정을 내렸습니다. 물론 또 배급제를 실시해야 하는 상황이 올까 봐 좀 불안했지만, 어쩔 수 없는 상황이라면 하기로 마음먹었습니다. 제가 있는 한 이 회사는 덩치 큰 상장기업으로 만들지 않을 것이라고 결정을 내렸습니다."

그는 그 결정을 지금까지 한 번도 후회한 적이 없다. 물론, 염려했던 공급량 제한 사태가 일어나지 않은 것은 그에게 커다란 행운이었다. 1990년대 초반, 앵커 브루잉이 일으킨 혁신은 전국으로 확산되었고, 맥주의 수요를 충족시킬 새로운 소형 양조장들이 무수히 생겨났다. 비록 가끔은 경쟁업체들의 술책에 화가 날 때도 있었지만, 메이태그는 전반적으로 새로운 경쟁자들이 늘어나는 것에 크게 동요하지 않았다. 그는 그들과 맞서지 않고 오히려 신생회사들이 양조 기술을 발달시키는 데 도움을 주었다. 결국 그런 경쟁업체들의 존재 덕분에, 메이태그는 즐거움과 자부심을 느끼며 회사를 일궈나가는 데 전념할 수 있었다. 그에게 성취감과 만족감을 주는 회사, 그가 원하는 삶을 살 수 있게 만들어주는 회사 말이다. 결국 그것이 사업을 하는 목적 아니던가?

이 책에서 소개하는 회사들은 사업을 하려는 모든 이들에게 한 가지 중요한 메시지를 전달한다. 그것은 만약 설립한 회사가 일정 기간 이후에도 살아남는다면, 얼마나 크게 그리고 얼마나 빨리 성장할 것인가를 선택해야 하는 시기가 언젠가는 온다는 점이다. 그 사실을 미리 알려주는 사람도 없고, 준비하라고 말해주는 사람도 없으며, 그때가 언제인지 알려주는 사람도 없다. 대부분의 경우 은행가나 변호사나 회계사, 또는 당신이 사업적인 조언을 구하려고 만난 사람들은 당신에게 사업을 가능한 한 빨리, 그리고 크게 성장시키라고 조언할 것이다. 회사가 커질수록, 그들과 함께 하는 일이 많아질 것이고 그들의 조언은 더욱 설득력 있게 보일 것이다.

외부적인 환경도 회사가 그러한 방향으로 나아가는 데 일조한다. 우리는 누구나 성공하고 싶어하며 우리가 생각하는 '성공'의 개념은 대중매체, 시대의 분위기, 세간의 평가로 인해 형성되는 경우가 많다. 귀에 못이 박히도록 성장만이 살 길이란 말이 들리고, 모두들 다음 단계로 올라서려고 안간힘을 쓰며, 규모가 크고 급성장하는 기업만이 사람들의 관심을 받고 중요하게 여겨지는 시대에는, 무조건적인 성장에 목표를 둘 뿐 다른 선택안들에 눈을 돌리기가 쉽지 않다.

또 가족과 친구들은 물론 당신의 성공과 행복을 바라지만, 그들이 행복을 가져다줄 다른 길을 고려해 보라고 당신에게 조언해 주길 기대하기는 힘들다. 그들 역시 보편적인 견해에 대해 이견을 제시하지는 않을 것이며, 회사를 성장시키는 것이 정답이라고 생각하는 경우가 많다. 그리고 만약 기대하는 바와 다르게 사업이 진행되면, 그들은 당신이 한 선택보다는 사업 자체를 탓할 것이다. 그리고 아마 당신 역시 나중에 회사가 곤경에 처하면 사업 자체에서 원인을 찾거나, 경쟁업체, 경제 상황, 직원들, 혹은 정부를 탓할지도 모른다. 그리고 당신의 그러한 반응이나 행동이 꼭 잘못된 것은 아닐 수도 있다.

하지만 그것이 완전히 옳다는 보장도 없다. 이 책에서 소개하는 회사들이 보여주듯이 당신에게는 선택권이 존재한다. 그리고 때로는 남들이 택하지 않는 길을 선택함으로써 커다란 무언가를 얻을 수 있다. 이 결정은 당신의 사업에 중대한 영향을 미친다. 당신의 선택은 함께 일하는 사람들과의 관계에서부터 당신이 시간과 삶을 통제할 수 있는 능력, 주변 세상을 바꿀 수 있는 영향력, 그리고 일을 통해 얻을 수 있는 만족과 성취감에 이르기까지 수많은 것을 변화시킨다.

애석하게도, 많은 사람들은 중대한 위기를 겪은 후에야 자신에게 그러한 선택권이 있었다는 사실을 깨닫는다. 어떤 이들은 회사와 자신이 심각한 곤경에 빠지기 전에는 그러한 선택권이 있다는 것을 보지 못한다. 또 어떤 이들은 중대한 결정을 내려야 할 시기에(예를 들면, 회사가 매각되기 직전에) 그 선택권에 대해 알게 된다. 회사의 매각은 우리가 한 업체의 생애에서 당연하게 여기는 과정이며(물론 때론 쉽지 않은 과정이기도 하지만), 적어도 전통적인 의미에서는 주주 가치 창출을 위한 절정의 선택이라고 여겨진다. 경영권이 바뀌는 시점에서, 기업가는 다른 누군가가 사들일 만한 무언가를 이뤄내면서 기울인 모든 노력에 대한 보상을 받게 된다. 따라서 대부분의 사업가들은 회사가 설령 자기 세대에서는 아니라 하더라도 결국 후계자들에 의해 매각될 것이라고 생각한다. 실제로 그들은 적절한 제의가 들어오면 상장을 하거나 매각함으로써 회사를 현금화하는 것이 당연하다고 여긴다. 즉 회사의 소유권을 넘겨받은 이들이 회사를 '다음 수준으로 도약'시킬 수 있을 것이라고 믿는 것이다.

하지만 몇몇 사람들은 마지막 순간에 멈춰 선다. 그들은 돌이킬 수 없는 결정을 내리기 직전에 문득 다른 선택 방안이 존재한다는 것을 깨닫는다. 프리츠 메이태그는 회사를 상장하기 직전에 그러한 깨달음을 얻었다. 게리 에릭슨의 경우에는, 연간 3,900만 달러의 수익을 올리는 자신의 회사 클리프바를 1억 2,000만 달러에 매각하기 직전에 그 깨달음을 얻었다.

2000년 4월 어느 날 아침, 거래는 거의 성사된 것이나 다름없었다.

서류에 서명하는 일만 남은 상황에서 회사를 인수할 측의 대표자들이 기다리고 있었다. 에릭슨이라면 인수자가 미국 중서부에 위치한 한 대형 식품업체라고만 말하겠지만, 여러 출처에 따르면 그것은 퀘이커 오츠(Quaker Oats)라는 회사였다. 어쨌든 그는 자신이 기뻐해야 할 상황이라는 사실을 알고 있었다. 회사 매각으로 엄청난 돈이 생길 것이었고 그가 가진 50%의 지분은 남은 평생을 지탱할 수 있는 재산이었다. 8년 전만 해도 그는 가난한 자전거광이자 암벽 등반가, 음악가일 뿐이었다. 그는 집 부엌에서 에너지바 제조법을 개발해 냈고, 제품 이름과 회사 이름에 아버지의 이름을 붙였다. 이제 그는 6,000만 달러를 들고 회사에서 손을 뗄 순간에 직면하고 있었다. 더 바랄 것이 무엇이 있겠는가? 그럼에도 불구하고, 그는 캘리포니아 주 버클리에 있는 사무실에서 공동 경영자인 리사 토머스(Lisa Thomas)와 함께 서 있으면서 괴로운 마음을 떨칠 수 없었다. 손이 미세하게 떨리기 시작했으며 숨도 제대로 쉴 수 없었다. 정신적인 혼란스러움을 느낀 그는 잠시 바람을 쐬러 밖으로 나갔다.

그때까지만 해도 에릭슨은 회사를 매각하는 것 외에는 방법이 없다고 생각하고 있었다. 업계의 제일 큰 경쟁업체인 파워바(Power Bar)와 밸런스바(Balance Bar)는 이미 각각 네슬레(Nestlé)와 크래프트(Kraft)에 매각된 상태였다. 그와 CEO인 토머스는 자신들을 한순간에 패배시킬 만큼 엄청난 자본력을 가진 초대형 기업들과 맞대결할 자신이 없었다. 그들은 클리프바를 대기업이 인수하더라도 회사에 대한 관리권은 여전히 자신들에게 남아 있을 것이므로 회사와 직원들을 지킬 수 있을 것이라고 믿었다. 적어도 인수측 대표자들이 계약 협상 후반부에 매각 이후에는 회사를 중서부로 옮기고 경영진을 갈아치울 것이라고 말하기 전까지는 말이다.

그 봄날 아침에 에릭슨은 정처 없이 걸어 다니면서 흐느껴 울기 시작했다. 자신이 할 행동에 대해 깊은 후회가 밀려들기 시작했다. 그때 갑자기 한 가지 생각이 떠올랐다. 아직 계약이 체결된 게 아니잖아. 서류에 아직 서명도 하지 않았어. 되돌릴 기회는 있어. 갑자기 기운이 나는 것 같았다. 그는 재빨리 들어가서 토머스에게 매각을 하지 않겠다는 뜻을 밝히고, 인수측 대표자들과 금융 전문가, 변호사들을 돌려보내라고 지시했다.

보는 관점에 따라서 에릭슨의 행동은 엄청나게 용감하다고, 또는 엄청나게 무모하다고 볼 수 있다. 그는 눈앞에 놓인 거금에 등을 돌렸다. 뿐만 아니라 여기서 돌아선다는 것은, 클리프바가 소규모 독립 업체로 남아서 앞으로 계속 덩치 큰 대형 업체들과 싸워야 한다는 것을 의미했다. 금융 전문가와 벤처 투자자들은 조만간 회사가 무너질 것이라고 장담했다. 그의 파트너인 토머스 또한 그렇게 믿었고 그때까지 그녀가 쌓아온 모든 것을 잃을 수도 있다는 가능성 때문에 두려워했다. 얼마 안 있어 토머스는 회사에서 사직함과 동시에 자신의 지분을 현금화해서 돌려달라고 요구했다(지분의 50%를 소유한 자신의 요구가 받아들여지지 않으면, 그녀는 회사 문을 닫게 만들 수도 있었다. 50% 미만을 소유한 사람은 결정 권한에 제한이 있었다). 결국 향후 5년 동안 에릭슨이 토머스에게 6,500만 달러를 지급하기로 합의를 보았다. 당시 에릭슨의 은행 계좌에는 1만 달러밖에 없었다.

혼자서 회사 경영을 책임지게 된 에릭슨은 먼저 매각 준비 과정에서 엉망이 되어버린 기업문화를 쇄신하고 전면적인 재정비를 해야 한다는 사실을 깨달았다. "직원들의 사기는 땅바닥이었고 회사 내부 이곳저곳이 문제투성이였습니다. 저는 자신에게 물었죠. '내가 왜 이 회사를 운영하고 있는가? 왜 사업을 하는가?' 결국 저는 자연스러운 수요를 충족시키며 이윤을 내는, 건실하게 꾸준히 운영되는 회사를 만들 수 있음을 증명하고 싶다는 것을 깨달았죠."

에릭슨과 그의 회사는 위기를 현명하게 넘겼다. 빚이 엄청났음에도 불구하고 클리프바는 살아남았다. 아니 살아남는 것을 넘어서 번창했다. 그 후 5년 동안 클리프바의 매출은 1999년 3,900만 달러에서 2004년에 9,200만 달러로 2배 이상 증가했고, 이는 외부의 투자자 개입이나 회사의 대규모 확장 없이 이룬 결과였다.

에릭슨과 메이태그가 처했던 상황을 고려해 보면 그들이 내린 결정은 상당히 드라마틱하다. 하지만 모든 이들이 반드시 상장이나 매각 직전에 중대한 결정의 순간에 직면하는 것은 아니다. 때론 성공 궤도를 달리고 있을 때도 그러한 선택의 순간이 온다.

미시간 주 앤아버에 있는 징거맨스 델리(Zingerman's Deli)의 공동 창립자인 애리 바인츠바이크(Ari Weinzweig)와 폴 사기노(Paul Saginaw)의 경우를 보자. 그들은 지상 최고의 샌드위치를 만들겠다는 신념을 갖고 1982년 처음 음식점을 차렸다. 사기노는 이렇게 말한다.

"우리는 두 손으로 들어야 하고 드레싱이 팔뚝으로 흘러내릴 만큼 커다란 샌드위치를 만들겠다고 생각했습니다. 우리는 고객들이 다른 샌드위치를 먹으며 이렇게 말하기를 원했죠. '괜찮은 샌드위치야.

하지만 징거맨스보다는 못하군.'"

문을 연 지 10년도 안 된 시점에서 그들은 목표를 달성하고도 남은 듯 보였다. 징거맨스의 음식을 격찬하는 글들이 『뉴욕타임스』『본 아페티(Bon Appétit)』『이팅 웰(Eating Well)』등 여러 지면에 실렸다. 『에스콰이어』지의 짐 해리슨은 이렇게 말했다.

"징거맨스에 가면, 나는 세상에 이렇게 맛있는 음식이 있다면 이 세상이란 그렇게 나쁜 곳만은 아니라는 확신이 든다. 파리의 포숑(Fauchon), 런던 해로즈(Harrod's) 백화점의 음식 코너, 그리고 뉴욕의 발두치(Balducci's)나 딘 앤 델루카(Dean & DeLuca)에서 받는 느낌과 비슷하다. 그리고 징거맨스에서는 다른 음식점에서 느낄 수 없는 특별한 친절함을 느낄 수 있다."

그러나 그들의 성공에도 불구하고(또는 어쩌면 그러한 성공 때문에) 창립자들은 결국 선택을 내려야 하는 시기에 도달했다. 바인츠바이크는 그 선택에 대한 고민이 시작됐던 날을 아직도 정확하게 기억하고 있다. 때는 1992년 여름, 어느 무더운 날의 점심시간에 한창 손님들이 몰려들던 시간이었다. 정신없이 바쁜 와중에 하필이면 냉방장치까지 고장이 난 상태였다. 바인츠바이크가 동분서주하고 있을 때 사기노가 다급하게 들어와 말했다.

"애리, 잠시 얘기 좀 해."

"지금은 안 되겠어, 폴. 너무 바빠."

"중요한 거야. 지금 얘기해야 한다구. 잠깐 밖에 나가서 얘기 좀 하자."

바인츠바이크는 어쩔 수 없이 사기노를 따라 나갔다. 그는 벤치에

Chapter 01 선택의 자유

55

앉은 후 사기노에게 물었다.

"무슨 일인데 그래?"

"애리, 10년 후쯤엔 이 회사가 어떤 모습일 거라고 생각해?"

수년이 지난 후, 바인츠바이크는 그때를 이렇게 회상했다.

"도저히 이해가 안 갔죠. 그때 제 머릿속엔 이런 생각뿐이었습니다. '이럴 시간이 어디 있어? 냉방장치는 고장 났고 주방엔 일손이 달려서 죽겠는데, 지금 10년 후의 문제를 이야기하자고 나를 끌어냈다는 게 말이 돼? 하지만 지금 생각해 보니 그건 상당히 중요한 질문이었습니다."

그때부터 두 사람의 협력관계의 한계를 시험할 고된 2년의 기간이 시작되었다. 사기노는 징거맨스가 성공을 거둔 이후 자기만족에 빠졌기 때문에, 그들의 방식을 모방하고 고객을 빼앗아갈 경쟁자들에게 공격받기 쉽게 되었다고 생각하고 있었다. 실제로 그들은 얼마 전에 그들을 모방한 한 업체와의 법정 소송을 겪은 일이 있었고, 이 경험으로 인해 사기노는 법적 보호책보다는 회사의 혁신적인 변화가 더 중요하다고 확신하게 되었다. 그는 회사의 전면적인 쇄신이 필요하다고 믿었다. 즉 규모를 확장하고, 품질을 향상시키고, 새로운 것을 시도함으로써 경쟁자들이 넘어오지 못하도록 기준선을 더욱 높여야 한다는 것이었다. 다시 말해, 징거맨스에는 성장을 위한 새로운 비전이 필요했다. 사기노는 가능한 모든 방안을 검토하자고 제안했으며, 그 중에는 다른 도시들에 징거맨스를 여는 방법도 있었다. 그것은 식품 소매업이 확장의 길을 걷는 가장 일반적이고 타당한 방식이었다. 전에도 많은 이들이 이미 체인점 운영을 권유한 바 있었고,

직접 참여하겠다는 사람들도 꽤 있었다. 사기노는 바인츠바이크에게 말했다. "이 방법을 택하지 않으면 우린 바보나 마찬가지야."

그러나 한 가지 문제가 있었다. 바인츠바이크가 단호하게 반대했던 것이다. 그는 이렇게 설명했다. "캔자스시티까지 날아가서 평범하고 그저 그런 징거맨스 가게를 보고 싶지가 않았습니다. 저는 독특함과 탁월함을 유지하는 것이 중요하다고 생각했습니다. 원본을 똑같이 복제하는 순간 독특함은 사라집니다. 저는 폴에게 '사업적인 관점에서 보면 자네가 틀렸다고 말할 순 없어. 원한다면 그렇게 해. 하지만 내가 원하는 방식은 아니니, 난 이 회사를 떠나겠어'라고 말했죠."

사기노는 이렇게 말한다. "이해할 만합니다. 애리는 오렌지 마멀레이드의 역사를 공부할 만큼 제품에 강한 애착을 갖고 있는 친구니까요. 예를 들어, 자기 이름이 걸린 가게에서 맛없는 코울슬로를 파는 상황이 올까 봐 두려웠던 겁니다. 전 말했죠. '솔직히 나는 코울슬로 따위는 크게 신경 쓰지 않아. 맛이 없으면 버리면 되니까. 하지만 자네가 그렇게 신경이 쓰인다면 어쩔 수 없지. 다른 방법을 찾아보자구.'"

하지만 다른 방법을 찾기는 생각만큼 쉽지 않았다. 사기노와 바인츠바이크는 M&A나 본사 이전을 할 생각은 없었으며, 자신들의 회사 같은 소규모 기업의 성장을 위한 전략적 방안에 대해 아는 것이 별로 없었다. 그래서 그들은 많은 책을 읽고, 생각하고, 끊임없이 대화를 나누었다. 정기적으로 시간을 정해 두고 징거맨스 델리 근처에 있는 벤치에 앉아 서로의 의견을 나누고 토론을 했다. 그들은 새로운 비전을 정하고, 다시 수정했으며, 회사 내부와 외부의 사람들에게 조언을 구했다. 그리고 1994년, 드디어 위대한 계획이 모양새를 갖추고 모습을 드러냈다.

그것은 징거맨스 커뮤니티 오브 비즈니시즈(Zingerman's Community of Businesses, ZCoB)였다. 그 이름 아래 2009년까지 12개에서 15개 정도의 사업 부문을 구성한다는 것이 사기노와 바인츠바이크의 계획이었다. 사업 부문들은 모두 소규모로 앤아버 지역에 위치할 예정이었다. 또한 모두 징거맨스라는 이름을 사용하되 각자 자신만의 개성과 독창성을 갖게 하기로 했다. 모든 사업 부문은 고객에게 제공되는 음식과 서비스의 질을 향상시키기 위해 노력하며, 동시에 ZCoB의 한 일부분으로서 수익을 높이는 데도 기여할 것이었다. 델리 이외에도 이미 베이커리인 징거맨스 베이크하우스(Zingerman's Bakehouse)가 운영 중이었다. 그들은 또한 인력교육 업체, 유제품 브랜드, 레스토랑, 야채가게 등도 구상했다.

만약 이 전략이 성공한다면 징거맨스는 성공을 이룬 어느 회사든 몇 년 후에는 겪게 되는 정체와 퇴보를 피해 갈 수 있을 터였다. 사기노와 바인츠바이크는 사업을 확장하기는 하되, 처음 회사를 설립할 때 이상으로 삼았던 것들을 유지할 수 있을 것이라 믿었다. 즉 지역 사회와의 밀접한 교류, 고객과의 친밀감, 직원들의 동료애, 그리고 음식과 서비스의 최고 품질 같은 것들 말이다. 향후 15년 동안 계속 성장한다 해도 징거맨스는 여전히 앤아버 지역의 기업으로, 제각기 최고의 것을 제공하기 위해 노력하는 작은 사업 부문들의 집합체로 남으리라는 것이 그들의 계획이었다.

이 전략은 먹혀들었다. 그들의 전략은 회사에 재도약의 기회를 마련했을 뿐만 아니라, 두 사람에게도 에너지를 불어넣었다. 그들 계획의 절반 정도가 현실이 되었던 시점인 2002년에(7개의 사업 부문이 운영 중이었다) 바인츠바이크는 이렇게 말했다.

"사업을 시작한 지 20년이 됐는데, 처음 시작했을 때보다 오히려 지금 더 설레는 마음으로 출근합니다. 지금이 더 즐겁고, 더 편안한 마음으로 일과 삶의 모든 것을 대합니다. 성공하면 행복한 고민들이 많아지죠. 지금 저는 제 고민들 때문에 행복하답니다."

위에서 소개한 바인츠바이크, 사기노, 메이태그, 에릭슨처럼 비교적 행운이 따랐던 사람들이 있는가 하면, 그보다는 더 고된 시간을 겪어야 했던 이들도 있다. 특히 시티스토리지의 창립자이자 CEO인 놈 브로드스키의 표현에 따르면 '그라운드호그 데이(Groundhog Day) 신드롬'에 걸린 사람들이 그에 해당한다. 브로드스키는 약 25년 동안 회사를 운영해오면서, 마치 영화「그라운드호그 데이(Groundhog Day)」(국내에는 「사랑의 블랙홀」이라는 이름으로 개봉됨—옮긴이)의 주인공이 매일 같은 일을 반복적으로 경험하는 것과 비슷하게, 일정한 행동 패턴에 빠져 같은 실수를 반복하는 이들을 많이 보아왔다. 그는 그러한 현상을 주위 사람들에게서 목격했을 뿐만 아니라, 자기 자신의 그라운드호그 신드롬도 치유해야 했다. 그런 후에야 그는 자신이 진정으로 원하는 회사를 일구고 인생에서 원하는 것들을 성취할 수 있었다.

그는 1979년에 심부름 서비스 회사를 차리면서 사업을 시작했다. 그의 회사는 심부름 업체가 세계에서 제일 많은 곳이라고 해도 과언이 아닐 맨해튼에 위치해 있었다. 말 그대로 수백 개의 회사들이 한정된 수의 고객들을 놓고 가격 경쟁을 벌이는 곳이었다. 하지만 이러한 치열한 경쟁 속에서도 브로드스키는 성공을 거두었다. 그가 성공할 수 있는 계기를 마련해준 것은 광고회사에 있던 한 고객이었다. 그 고객은 배달 서비스를 이용할 때마다 나중에 자신의 의뢰인들 가운데 누구에게 요금을 부과해야 하는지 알 수 있도록 청구서를 작성해 주는 심부름 업체가 있으면 좋겠다고 말했다. 지금 생각하면 무척 간단한 요구로 들리지만, 당시 대다수의 소규모 회사들은 타자기나 손으로 기록을 정리하고 있었다. 브로드스키의 경쟁업체들은 그러한 청구서를 일일이 작성하는 것이 불가능한 일이라며 거절했다. 하지만 브로드스키는 달랐다. 그는 당시 업계에서는 보기 드물게 컴퓨터를 구입했다. 그리고 그것으로 자신에게 필요한 소프트웨어를 개발해 냈으며 그의 매출은 거의 수직 상승했다. 이후 그의 회사 퍼펙트 커리어(Perfect Courier)는 『인크』가 선정하는 가장 급성장한 500대 개인회사 목록에 3년 연속으로 올랐다.

    때는 정크본드와 기업 찬탈, 적대적 인수 등이 비즈니스계의 키워드였던 1980년대였다. 브로드스키는 대규모 회사들과 어깨를 나란히 하고 싶었고, 그러기 위해서는 회사를 상장하고 판매량을 대폭 끌어올리며 전국 곳곳에 지점을 두는 기업으로 규모를 확장해야 했다. 결국 그의 야심 찬 포부는 하나의 수치로 압축되었다. "만약 누가 제게 무엇을 원하느냐고 물어봤다면, 저는 '연간 매출 1억 달러 회사'라고 대답했을 겁니다. 왜인지 그 이유는 설명하지 못했을 거예요. 이유를 생각해 본 적은 없었으니까요. 단지 그게 목표였을 뿐입니다.

저는 1억 달러의 매출을 올리는 회사를 만들겠노라고 결심했고, 그 목표를 위해 무엇이든 할 각오가 되어 있었습니다."

1986년에 브로드스키는 이미 상장되어 있던 경쟁업체 한 곳을 인수하여 기존 회사와 합병했다. 이제 시티포스털(CitiPostal)이라는 새 이름을 갖게 된 그의 회사는 미국에서 가장 빠른 속도로 성장하는 상장기업들 중 하나가 되었고 연매출이 4,500만 달러를 넘기에 이르렀다. 하지만 이것은 아직 브로드스키의 목표에 크게 못 미치는 성과였다. 마침 그 즈음 그의 친구가 연매출 7,500만 달러를 지닌 대규모 경쟁업체 스카이 커리어(Sky Courier)가 인수자를 찾고 있다고 귀띔해주었다. 스카이 커리어는 여러 가지 중대한 문제점을 안고 있는 회사였지만, 브로드스키는 그 회사를 인수하면 자신의 목표를 단번에 달성할 수 있을 것이라고 생각했다.

그는 결국 주변 사람들의 반대에도 불구하고 계획을 밀어붙여 스카이 커리어를 인수했다. 하지만 그것은 비극의 출발점이었다. 스카이 커리어의 문제는 생각보다 훨씬 심각했다. 브로드스키는 시티포스털의 퍼펙트 커리어 부문에서 500만 달러를 끌어와 스카이 커리어에 쏟아 부었지만 역부족이었다. 그래서 다시 200만 달러를 더 투입하고, 또 퍼펙트 커리어의 신용보증으로 수백만 달러를 대출받아 스카이 커리어에 투입하기로 결정했다. 결국 퍼펙트 커리어와 스카이 커리어의 운명을 뗄 수 없는 관계로 만든 셈이었다. 그에게 스카이 커리어를 매각하거나 폐쇄함으로써 손실을 줄이는 방안은 상상도 할 수 없는 일이었다. 그는 그전까지도 어려운 시기들을 잘 이겨내 왔고, 이번에도 과거처럼 잘 해결해 나갈 수 있을 거라고 믿었다.

Chapter 01 선택의 자유

그는 이렇게 말한다. "제가 망각한 것은 예측 불가능한 사건이 필연적으로 일어난다는 사실이었죠." 1987년 10월, 증권시장이 폭락했다. 이 사건은 스카이 커리어의 핵심 고객들이라 할 수 있는 인쇄업자들에게 엄청난 타격을 주었고, 스카이 커리어는 거의 하룻밤 만에 매출의 절반을 잃어버렸다. 뿐만 아니라 퍼펙트 커리어는 팩스기의 보급으로 인해 큰 타격을 받고 있었다. 회사들이 서류를 인편에 보내기보다는 팩스로 보내는 것을 선호하기 시작하면서 퍼펙트 커리어도 불과 몇 달 안에 매출의 40%가 감소했다.

이 두 현상에 한꺼번에 대처하기는 역부족이었다. 1988년 9월 시티포스텔을 구성하고 있는 사업부들은 채권자들로부터 보호를 받을 수 있도록 파산보호신청을 했다. 1991년 우여곡절 끝에 회사 운영이 재개되었을 때, 전 직원 3,000명 중 50명만이 남아 있었고 매출액은 250만 달러도 되지 않았다. 브로드스키는 이렇게 말한다. "정말 충격이었습니다. 나와 회사에 무슨 일이 일어난 건지, 왜 그랬는지, 또 어떻게 해야 다시 그런 실수를 범하지 않을 것인지 이해하는 데 몇 년이 걸렸을 정도니까요."

무엇보다도 이 경험으로 인해 그는 왜 사업을 하는지, 궁극적으로 추구하는 것이 무엇인지, 그리고 자신이 직원들에게 얼마나 커다란 책임을 지고 있는지 생각해 보게 되었다.

"그 일이 있기 전까지는 무조건 매출을 늘리고 회사만 키우면 되는 걸로 생각했습니다. 내 결정이 다른 사람들에게 미칠 영향 같은 것은 생각하지도 않았죠. 파산 신청을 하기 전까지 저는 그 책임에 대해서는 무관심했습니다.

재정 위기가 한창일 때는 엄청난 혼란을 겪습니다. 언제 빚을 갚을 것인지 독촉하는 채권자들의 전화가 끊이질 않습니다. 자나깨나 머릿속엔 오로지 회사를 어떻게 살려낼 수 있을까 하는 생각뿐입니다. 변호사가 파산 신청을 하는 게 어떻겠냐고 하면, 거의 반사적으로 '그건 절대 안 됩니다. 그런 얘기 다시는 꺼내지도 마세요!' 하는 대답이 튀어나옵니다. 결국 자신이 상황을 반전시킬 수 없다는 사실을 받아들이지 못하는 거죠. 그렇기 때문에 무작정 앞으로 나가고 결국 더 깊은 수렁 속으로 빠지는 것입니다. 미수금액을 가급적 빨리 회수해야 하기 때문에 고객들에게 압박을 넣어야 하고, 당연히 고객들은 그런 압력이 들어오는 것을 싫어하죠. 또 가급적 현금을 확보하고 있어야 하기 때문에 납품업자들에 대한 대금 지급을 지연시키니까 그들과도 마찰이 생깁니다. 직원들은 회사 분위기가 뭔가 이상하다는 것을 알아챕니다. 그들도 독촉 전화나 이런저런 전화를 계속 받으니까요. 운영자는 정서적인 고립상태에 빠집니다. 아무와도 말을 하기 싫어지죠. 결국 소용돌이 속에 휘말린 채 빠른 시간 내에 별다른 뾰족한 방법을 찾지 못합니다. 어떻게든 3, 4주쯤 더 버틴다 해도 그 시간은 고문 자체입니다. 정말 파산 신청을 해야 할지도 모른다는 느낌이 들면, 다른 방안이 없는 겁니다.

그때 바로 또 다른 현실이 눈앞에 닥칩니다. 퍼뜩 이런 생각이 드는 거죠. 아, 이 많은 사람들을 해고해야 하다니. 저는 회사에 엄청난 돈을 퍼부었고 제 보수 받는 것도 포기했으며, 필요한 모든 비용을 제 호주머니에서 꺼내 지출하고 있었습니다. 저에게는 다른 재산이 있었으니까 그게 가능했습니다. 이전보다 다소 절약할 필요는 있었지만 생활이 무너질 정도는 아니었죠. 하지만 수많은 직원들은 모두 저를 의지하고 있었고 이제 밥줄이 끊어질 위기에 처한 겁니다. 양심이 있는 사람이라면 '내가 어쩌다 상황을 이 지경으로 만들었지?'라고 자문할 수밖에 없습니다."

브로드스키가 그 답을 찾는 데는 많은 시간이 걸렸다. 그 부분적인 이유는 편리한 핑계가 너무 많았기 때문이다. 증권시장이 폭락할 것을 누가 예측할 수 있었겠는가? 20년 뒤에 갑자기 팩스기의 인기가 폭발할 줄 누가 알았겠는가? 하지만 브로드스키는 마음속으로 외부의 일들을 탓해서는 안 된다는 것을 알고 있었다. 결국 자신이 쓸데없는 모험을 감행해서 탄탄하고 훌륭했던 회사를 파멸시켰다는 사실을 인정해야 했다. 스카이 커리어를 인수하지 않고 거기에 엄청난 돈을 퍼붓지 않았더라면 시티포스털은 그렇게 허무하게 무너지지는 않았을 것임을 깨달은 것이다.

그렇다면 브로드스키는 8년 동안 일궈온 회사를 왜 그런 무모한 모험에 걸었던 것일까? 그는 이렇게 대답했다. "솔직히 말하면, 제 성격 때문이었다고 봅니다. 저는 모험과 리스크를 즐깁니다. 절벽 끝에 서서 아래를 내려다보는 일을 즐기죠. 제 그런 성격 때문에 그라운드호그 데이 신드롬에 걸렸던 겁니다. 결국 그것 때문에 많은 사람들의 직장을 빼앗아야 하는 상황까지 맞았고요. 정말 혹독한 교훈을 배웠습니다. 당시 저는 무장경비원들을 동원해야 할 정도였습니다. 화가 머리끝까지 난 직원들이 제 방으로 들이닥쳤지만 솔직히 제가 그들에게 뭐라고 할 수 있었겠습니까? 파산 신청을 한다고 미리 알릴 수는 없는 터라, 그들은 아무 잘못도 없이 하루아침에 직장을 잃어버린 것입니다. 이제 저는 다른 사람의 생계를 위협할 모험은 하지 않습니다. 정말 뼈아픈 경험을 통해 깨달았습니다."

브로드스키는 그 외에 많은 것들을 배웠다. 우선 그는 충동적으로 행동하는 버릇을 고쳐야 한다는 것을 깨달았다. 많은 사업가들이 그렇듯이 브로드스키 역시 문제에 대해 심사숙고하기를 싫어했고, 순간순간 결정 내리는 것을 좋아했다. 앞으로는 좀 더 차분하게 시간을 갖고 생각해야 한다는 것을 깨달았다. 또 다른 사람들의 의견에 귀를 기울이는 일의 중요성도 배웠다. 그가 스카이 커리어를 인수할 때 많은 이들이 현명하지 않은 결정이라고 조언했지만 그는 귀를 기울이지 않았었다. 이후 그는 결정을 내리기 전에 다른 사람들의 조언에 귀를 기울이는 습관을 키우기 시작했다.

무엇보다도 그는 회사를 통해 무엇을 성취하길 원하는지, 그리고 자신의 삶에서 무엇을 원하는지 진지하게 생각해 보게 되었다. 1억 달러의 꿈을 좇는 동안 그는 어린 큰딸에게 아빠 노릇을 거의 하지 못했다. 둘째딸에게마저 똑같은 실수를 반복할 수는 없는 일이었다. 또 그와 아내 일레인은 여행을 무척 좋아했지만, 1980년대에 그가 떠난 여행이라곤 사업상 출장을 간 것밖에 없었다. 약 12년 동안 그는 휴가도 떠나본 적이 없었다. 가족과 함께 하는 시간도 지극히 적었다. 삶에서 가장 소중한 것들을 자신의 야망 때문에 희생시킨 것이다. 그때까지 이미 잃은 것은 다시 되찾을 수 없었다. 하지만 미래에 똑같은 실수를 반복하지 않는 일은 가능했다.

사업에서도 수익률보다 매출에 집착했던 것은 큰 실수였다. 수익률이 좋은 1,000만 달러 규모 회사가 남는 게 없는 1억 달러짜리 회사보다 낫지 않은가? 회사 규모보다는 품질과 서비스, 친절함, 만족감을 느끼며 열심히 일하는 직원들로 유명한 회사가 훨씬 낫지 않은가? 그는 정확히 어떤 유형의 회사로 변화시킬지, 또 그것을 어떻게 해야 하는지 아직 구체적인 계획은 없었지만 어떤 방향으로 나아갈지에 대해서는 확신이 섰다.

결국 그는 파산 위기 덕분에 중요한 것을 깨달았다. 브로드스키는 자신의 새 회사 시티스토리지가 전국에서 손꼽히는 기록 보관 회사로 자리 잡고 한참 시간이 흐른 후에 이렇게 말했다.

"어떤 사람들은 중대한 실수를 하고 난 다음에야 무언가를 배웁니다. 제가 만약 그 당시 파산을 하지 않고 어떻게든 회사를 유지했다면, 지금 알고 있는 중요한 것들을 결코 깨닫지 못했을 겁니다. 그리고 지금 제가 가진 것들도 갖지 못했을 겁니다."

브로드스키와 같은 대형사고 케이스는 흔치 않다. 선택할 수 있는 다른 길을 깨닫기 위해서 반드시 심각한 위기를 거쳐야만 하는 것은 아니다. 실제로 이 책에서 소개하는 대부분의 회사는 심각한 위기 없이 자신의 길을 택했고, 필요한 경우 성장을 제한하겠다는 결정을 내리면서 괴로운 고뇌의 시간을 겪지도 않았다. 마치 그들은 자신에게 또 다른 선택이 있다는 것과 급성장에 대한 유혹이나 주변의 압력에 저항할 수 있다는 것을, 그리고 그러한 유혹에 굴복하면 가장 소중한 것들을 잃어버릴 수 있다는 사실을 본능적으로 아는 것 같았다.

무엇보다도 그들은 자신이 추구하는 탁월함을 포기해야 하는 상황에 빠지지 않기 위해 필사적으로 노력했다. 그들은 자신이 하는 일에 열정과 자부심을 지니고 최고가 되기 위해 한계에 도전하는 이들이다. 하지만 원하는 것을 달성하고 성공을 쌓으면 쌓을수록 그 궤도를 유지하는 것도 그만큼 힘들어진다. 성공을 거두면 그만큼 많은 기회들을 만나게 되기 때문에, 잘못된 방향으로 발을 내딛지 않기 위해 의식적인 노력을 기울여야 한다.

유니언스퀘어 호스피탤러티 그룹(USHG)의 대니 메이어가 그 좋은 예다. 그는 비교적 젊은 나이에 뉴욕 레스토랑 업계에서 스타가 되었다. 원래 미주리 주 세인트루이스 출신인 그는 대학 졸업 후 뉴욕으로 이사를 했고, 1985년 27세의 나이에 유니언스퀘어 카페(Union Square Café)를 열었다. 이 레스토랑은 영업을 시작하자마자 업계에서 호평을 받기 시작했고, 『뉴욕 타임스』는 그곳에 영예로운 '별 3개'의 평가를 내렸다.

결국 주변 사람들은 그에게 레스토랑을 하나 더 운영하는 것이 어떻겠냐고 제안하기 시작했다. 그 중에는 꽤 귀가 솔깃한 제안도 있었지만 메이어는 과대한 확장에 대해 우려를 표시했다. 결국 그는 새 레스토랑을 열 경우 반드시 충족돼야 하는 세 가지 조건을 만들었다. 첫째, 유니언스퀘어 카페만큼 특별하고 탁월한 레스토랑이 될 수 있어야 한다. 둘째, 유니언스퀘어 카페의 가치를 높일 수 있어야 한다. 셋째, 그의 삶에 더 많은 균형과 여유를 가져다줘야 하고 그것을 빼앗아서는 안 된다.

"저는 새 레스토랑을 열지 않으려고 그런 기준들을 만들었습니다. 제게 유니언스퀘어 카페는 모든 노력을 기울인 필생의 명작과 같은 존재였습니다. 저는 제 자신이 또 다른 작품을 만들어낼 수 있을지 확신이 없었고, 그럴 수 있는 시간적 여유도 없었습니다. 이미 하루에 16시간을 일하고 있었으니까요."

하지만 그는 결국 두 번째 레스토랑인 그러머시 태번(Gramercy Tavern)을 시작했다. 이 레스토랑 역시 유니언스퀘어 지역에 위치해 있었다. 그가 그러머시 태번을 시작한 이유 중 하나는 두 번 다시 데려오기 힘든 뛰어난 주방장을 영입할 수 있었기 때문이다. 또 유니언 스퀘어 카페의 중간급 직원들의 이직률이 늘어나는 것에 대해 걱정하고 있던 터였다. 그는 활동 범위와 시야를 넓힐 기회를 만들어주지 않으면 훌륭한 직원들이 계속 레스토랑을 떠날 것임을 알고 있었다. 그리고 메이어 자신도 변화가 필요하다고 느끼고 있었다.

"물론 유니언스퀘어 카페도 커다란 캔버스였지만, 제 창의성을 보여줄 또 다른 새로운 공간이 필요했던 거죠. 제가 가만있지 못하는 성격이라서 새 레스토랑을 연 것은 아닙니다. 모든 아이디어를 한 곳에만 쏟을 필요는 없다고 느꼈던 것이죠."

1994년 높은 기대 속에 그러머시 태번이 문을 열었지만 한동안은 고생을 했다. 메이어는 이렇게 말한다. "물론 힘들었죠. 하지만 레스토랑은 문을 처음 열면 얼마간 고생하는 것은 당연한 일입니다. 레스토랑은 마치 와인과 같습니다. 처음 만들었을 때는 별로 맛이 없지만 시간이 지날수록 그윽한 맛이 더해지는, 그런 것이거든요." 그러머시 태번 역시 시간이 지날수록 진가를 발휘하기 시작했다. 1997년 그러머시 태번은 『저갯 서베이(Zagat Survey)』(식당의 음식 맛, 분위기, 서비스에 대한 정보를 제공하고 등급을 매기는 레스토랑 가이드—옮긴이)에 뉴욕에서 네 번째로 인기가 많은 식당으로 소개되었다(1위는 유니언스퀘어 카페였다). 1998년에도 그 위치를 지켰고 1999년에는 3위, 2000년에는 2위로 치고 올라갔다. 1위는 여전히 유니언스퀘어 카페였다. 이 둘은 2002년까지 계속 1위와 2위를 지켰고, 2003년에는 1위와 2위 자리가 서로 바뀌었다. 2004년에는 다시 유니언스퀘어 카페가 1위가 되었고, 2005년에는 다시 그러머시 태번이 1위에 올라 섰다.

한편 1990년대 미국의 경제 호황은 레스토랑 업계에도 변화를 가져왔다. 볼프강 퍽(Wolfgang Puck)이나 토드 잉글리시(Todd English) 같은 요리사들은 유명인사가 되었으며, 잘 나가는 식당 하나가 지역이나 쇼핑몰의 분위기를 변화시키고 호텔, 카지노, 박물관 등 여러 사업의 성장까지도 자극한다는 사실을 깨달은 부동산 개발업자들은 그런 유명 요리사들에게 식당을 내라고 부추겼다. 뿐만 아니라 그들은 메이어를 찾아와 라스베이거스나 로스앤젤레스 같은 대도시에도 유니언스퀘어 카페나 그러머시 태번을 내라고 끈질기게 제안했다.

메이어가 그들의 제안을 거절한 것은 소위 '5분 원칙' 때문이기도 했다. '5분 원칙'이란, 유니언스퀘어에서 북쪽으로 세 블록 떨어진 그러머시 파크에 있는 자신의 집으로부터 도보 5분 거리 이내에 있는 곳에만 식당을 열겠다는 원칙이었다. 메이어가 가족과 가까이 있고 싶어했고 사업지역 확장을 원치 않았기 때문이기도 했지만, 그러한 원칙을 만든 데에는 다른 실질적인 이유가 있었다. 그는 사장인 자신이 레스토랑에 가급적 자주 모습을 보이고, 영업시간 동안 직원이나 고객들과 소통하고 친밀감을 높이는 것이 반드시 필요하다고 생각했다. 식당들이 서로 가까이 위치해 있으면 점심시간에도 왔다 갔다 하면서 충분히 모두 살필 수 있었다.

그러나 '5분 원칙'을 재고해 봐야 하는 상황이 발생했다. 2000년 스타우드 호텔 앤 리조트(Starwood Hotels and Resorts)가 유니언스퀘어에 W 호텔(W Hotel)을 짓기로 결정하면서 메이어에게 호텔 내 레스토랑을 맡아달라는 제의를 했다. 양측은 여러 번 만나 논의했지만 메이어는 결국 승낙하지 않았다. 그는, W가 뚜렷한 비전 때문에 호텔 체인으로서 큰 성공을 거뒀지만 "나의 비전과는 맞지 않는다"고 그 이유를 밝혔다. 대신 그는 자신의 비전을 1998년에서 2004년까지 유니언스퀘어 지역에 차린 네 곳의 레스토랑을 통해 펼쳤다. 이들 레스토랑은 각각 독특한 개성과 테마를 갖고 있었다. 일레븐 매디슨 파크(Eleven Madison Park)는 소위 '고품격 식당'으로서, 예술적인 인테리어와 넓은 식사 공간, 황금색 인테리어로 장식한 와인 바로 유명했다. 타블라(Tabla)는 미국과 인도 음식을 섞은 퓨전 요리로 유명했고, 블루 스모크/재즈 스탠더드(Blue Smoke/Jazz Standard)는 메이어의 고향인 세인트루이스 식으로 만든 바비큐 요리 전문이었다. 셰이크 색(The Shake Shack)은 정통 햄버거와 프로즌 커스터드 전문점이었다.

이 식당들은 마치 한 사람의 뛰어난 작가가 쓴 소설들 같았다. 각 식당에는 저마다 독특한 줄거리와 등장인물들이 있었고, 이것은 메뉴, 장소, 분위기, 직원의 복장, 그리고 음식의 냄새와 맛으로 표현되었다. 그럼에도 불구하고 이 식당들에는 공통점이 있었다. 그것은 바로 서비스의 질이었다. 직원들의 서비스가 너무나 자연스럽고 친절했기 때문에, 손님들은 식당에 와 있는 것이 아니라 잘 알지는 못하지만 자신이 찾아와 준 것을 무척 영광으로 생각하는 누군가의 집에 초대받은 듯한 기분을 느꼈다. 메이어는 그것을 '지혜로운 서비스(enlightened hospitality)'라고 불렸으며 이는 그의 회사의 근본적인 정신이었다(5장에서 이와 관련된 내용을 더 다루겠다).

메이어는 시간이 흐를수록 회사 확장에 대한 반감이 조금씩 줄어들었다. 그 이유는 여러 가지였다. 먼저, 성장을 감당할 수 있고 새로운 도전을 받아들일 준비가 기꺼이 되어 있는 경영진과 직원들이 그의 옆에 있기 때문이었다. 그는 이렇게 말했다. "저 자신은 성장에 대해 신중한 스타일입니다. 그래서 일부러 성장을 적극적으로 원하는 직원들을 팀원으로 골랐습니다. 그들은 자신만만하고 포부가 크죠. 레스토랑이 오랫동안 최고 수준으로 운영되려면 포부가 큰 사람들을 고용해야 합니다. 각 팀의 모든 구성원들이 성장을 선호하는 것은 아닙니다. 하지만 19년이나 된 유니언스퀘어 카페 같은 식당을 계속 최정상급으로 유지하기 위해서는 항상 새로운 도전을 찾고 발전을 모색하는 직원들을 고용하려고 노력해야 합니다. 그렇게 노력하다 보면 그런 직원들의 수가 일정 수준에 이릅니다. 제 역할 가운데 하나는 직원들의 포부를 이해하고 그것을 토대로 보다 나은 발전을 추구하는 것입니다."

2004년 메이어는 회사의 방향에 커다란 변화를 시도했다. 맨해튼 웨스트 53번가에 위치한 뉴욕현대미술관(Museum of Modern Art, MoMA)이 대대적인 보수공사 후 다시 개관함과 동시에 그곳에 레스토랑 하나와 카페 두 곳을 열기로 한 것이다. 레스토랑 이름은 더 모던(The Modern)이었으며 이로써 '5분 원칙'이 더 이상 유효하지 않게 되었다. "제가 집에서 더 모던까지 5분 안에 갈 수 있는 방법은, 매디슨 애비뉴까지 저만을 위한 전용 차선을 만드는 것밖에 없었습니다. 더 모던을 열면서 우리는 일종의 선을 넘었습니다. 이제는 한 식사 시간에 모든 식당을 다 살필 수가 없었으니까요. 그때부터 저는 레스토랑 경영자에서 레스토랑 업체의 CEO로 변화한 셈입니다."

또한 더 모던은 회사로서도 커다란 도약을 이룬 계기였다. 그때까지 회사가 발전해 왔다는 사실을 증명하는 결과물이었기 때문이다. 90년대 초반에 메이어는 유니언스퀘어 카페의 단골손님이자 출판업자인 폴 고트리브로부터 뉴욕현대미술관에 레스토랑을 열어 보라는 강력한 권유를 받은 적이 있었다. 메이어는 그 제안에 귀가 솔깃했다. 그는 자신의 경험에서 나온 아이디어를 토대로 레스토랑을 만들고 싶어했고, 현대미술관이야말로 그런 평소의 바람에 딱 들어맞는 장소였기 때문이다. 세인트루이스에 살던 시절 메이어의 어머니는 미술 갤러리를 운영했고 그의 가족들은 현대미술관 회원이었다. 그의 집 벽에는 언제나 현대미술관 달력이 걸려 있었다. 하지만 1994년 당시에는 메이어 자신도, 그의 회사도 현대미술관 내에서 레스토랑을 운영할 만한 상황이 못 되었다. 하지만 10년 후인 2004년에는 가능해진 것이다.

여러 가지 면에서 더 모던은 그전까지 열었던 식당들과 근본적으로 달랐다. 무엇보다도 이전엔 상대해 본 적이 없는 종류의 손님들을 맞아야 했다. 메이어는 말한다. "더 모던을 열 때는 손님들이 식당에 들어올 때 어떤 기분일지 생각해 봐야 했습니다. 그전까지 운영했던 다른 식당들은 독립적인 스타일이었습니다. 그러니까, 식당에 들어오기 전에 손님들이 무엇을 하고 있었는지 전혀 짐작할 수 없었다는 뜻입니다. 그들은 비행기에서 막 내렸을 수도 있고, 비즈니스 미팅을 끝내고 식사를 하러 왔을 수도 있고, 호텔에서 나왔을 수도 있고, 수십 블록을 걸어왔을 수도 있습니다. 하지만 미술관 내에 있는 식당은 바로 미술관을 보기 위해 온 사람들만 이용한다는 특징이 있습니다. 따라서 미술관을 관람하다가 들어온 사람들이 원하는 것이 무엇인지 파악해야 했지요. 1시간 또는 2, 3시간 돌아다니다 온 손님도 있고, 아이들을 데리고 온 손님도 있고, 외국에서 온 사람도 있습니다. 우리는 그들이 원하는 음식과 서비스가 어떤 것인지 이해해야 했지요. 결국 그들은 미술관을 관람하러 온 것이기 때문에, 가급적 빠른 서비스를 제공해야 합니다. 미술관 내의 식당을 이용하는 이유가 무엇이겠습니까? 잠시 다리를 쉬고, 빨리 배를 채우기 위해서겠죠. 우리는 이러한 기본적인 욕구를 어떻게 채워줄 수 있는지 이해하려 노력했습니다."

메이어는 이 식당이 그전까지 열었던 다른 식당들보다 훨씬 더 많은 관심을 받았기 때문에 부담과 기회가 동시에 늘었다고 말했다. "더 모던의 경우, 식당 자체를 넘어서 미술관이라는 보다 커다란 틀이 있었습니다. 만약 이 식당이 길거리에 있다면 식당만으로 자신의 스토리를 만들어 나가겠죠. 하지만 여기에서는 미술관이라는 더 커다란 스토리의 일부분인 것입니다. 그것은 마치 거대한 파도를 타는 것과 같습니다. 더 모던은 파도를 따라 자연스럽게 떠오르지요. 사람들의 주목을 더 받는 만큼 얻는 것도 많고 동시에 어깨도 무거워집니다."

더 모던이 열릴 즈음 직원 수는 1,000명을 돌파했고 더 커다란 성장이 예견되었다. 경영진은 그러한 지속적인 성장에 대비해 미리 전략을 마련해둔 터였다. 한편 전체적인 프로세스에 대한 메이어의 생각에 약간의 변화가 있었다.

"새 레스토랑을 열 때 제가 가장 중시하는 것은 신선한 아이디어였습니다. 물론 그건 지금도 마찬가지입니다. 하지만 지금은 중요시하는 것이 또 하나 있습니다. 그것은 우리의 성장 전략과 맞는가 하는 점입니다. 우리는 무엇에 관심을 갖고 무엇에 관심을 갖지 않을 것인가를 확실히 정해 두었습니다. 독립적인 성격의 고급 레스토랑은 더 이상 수를 늘리지 않아도 충분하다고 봅니다. 하지만 셰이크 섁을 생각해 보십시오. 이 햄버거 전문점은 우리가 분점을 늘릴 가능성이 있는 작은 식당들을 굳이 기피하지 않는다는 것을 보여줍니다."

그들이 추구한 목표 가운데 하나는 직원들에게 비교적 자유롭게 근무 장소를 바꿀 기회를 주는 것이었다. 이것은 두 가지 측면에서 의미가 있었다. 먼저, 직원들이 USHG를 떠나지 않고도 새로운 도전을 발견하고 발전할 수 있게 만들었다. 그리고 동시에 메이어는 잃고 싶지 않는 재능 있는 인재들을 유지할 수 있었을 뿐만 아니라, 그 인재들을 이용해 새로운 프로젝트에 활력을 불어 넣을 수 있었다.

"블루 스모크를 예로 들어보죠. 그 레스토랑의 문을 열 때 주방장은 유니언스퀘어 카페에서 8년간 일한 직원이었고, 총지배인도 마찬가지였습니다. 서비스 책임자는 그러머시 태번에서 5년간 근무한 사람이었고, 제빵 담당자는 타블라와 일레븐 매디슨 파크에서 3년 근무한 사람이었습니다. 그런 케이스가 매우 많습니다. 회사의 분위기를 잘 파악하고 있고 그것에 익숙한 사람들과 함께 시작하면, 자연스럽게 멋진 작품이 나오는 법입니다."

전략적인 측면 이외에도, 메이어가 자신의 회사를 바라보는 방식도 변화하기 시작했다. 과거에 USHG는 개별적으로 운영되는 식당들의 집합체일 뿐이었지만, 메이어는 미래의 모습을 고려하기 시작하면서 USHG를 하나의 전체적인 개체로 보고 그것을 어떤 방향으로 이끌 것인지 생각하게 되었다. 어느 정도 수준까지 중앙통제방식을 활용해야 하며, 정확히 어떤 부분에 그러한 방식을 적용할 것인가? 직원들은 어떠한 종류의 일체감을 느끼고 있을까? 예를 들어, 유니언스퀘어 카페에서 일하는 종업원은 자신을 그 레스토랑의 직원이라고 생각할까, 아니면 USHG의 직원이라고 생각할까?

메이어는 말한다. "우리는 그러한 문제들에 대해 상당히 많은 토의를 했습니다. 저는 직원들이 먼저 자신이 근무하는 식당을 중요시하고, USHG를 두 번째로 생각해도 크게 상관하지 않습니다. 식당들 각각이 훌륭하기만 하다면 그것으로 충분하다고 봅니다. 직원들이 자신을 커다란 조직의 일부로서 판에 박은 듯이 똑같은 부품이라고 느낀다면, 그것이 무슨 의미가 있겠습니까?"

분명 상당히 흥미로운 균형 감각이었다. 메이어의 식당들은 모두 USHG의 일부였지만, 동시에 서로 완전히 다른 개체들이었다. 모두 공통된 기업문화를 지녔지만 각 식당이 주는 느낌은 전혀 달랐다. 메이어는 식당을 아이들에 비유했다. 제각기 다른 성격과 개성을 갖고 있지만 같은 부모 아래서 난 아이들 말이다. 그들의 DNA에는 유사한 부분도 있고, 각기 다른 특성도 있다.

메이어는 아직 더 노력해야 할 부분들이 있다는 점을 인정한다며 이렇게 말했다. "하지만 각 식당들에서 예외 없이 반드시 동일하게 유지되어야 하는 부분이 있다는 점을 직원들에게 인식시키는 것이 매우 중요합니다. 그 중 하나는 손님들이 식당에 와서 친근하고 친절한 느낌을 받아야 한다는 점이지요. 그것 외에 식당의 외형, 음식의 맛 등은 당연히 달라야 합니다. 그래야만 고객의 관심을 잃지 않을 수 있습니다."

그렇다면 이러한 그의 사업이 지닌 리스크는 무엇일까? 사업이 너무 커지면 무엇인가 잃는 것이 있지 않을까? 회사가 커져도 고객과의 친밀감을 여전히 유지할 수 있을까? 이러한 의문에 메이어는 답했다. "물론 저와 직접 만나는 경우는 드물어진다고 봐야겠죠. 하지만 고객들은 식당 자체에서 느끼는 친밀감을 중요하게 여깁니다. 오늘 아침에도 고객들이 제게 보낸 이메일을 확인했는데, 우리 식당에서 친근하고 따뜻한 기분을 느낄 수 있어 너무나 만족스러웠다는 편지가 세 통이나 있었습니다. 한 분은 식당 지배인에게, 한 분은 관리 직원에게, 한 분은 웨이터에게서 그런 친밀감을 느꼈다고 하더군요. 식당에서 주문을 받고, 요리를 하고, 손님에게 음식을 대접하는 과정은 대기업을 운영하는 것과는 다릅니다. 저희 직원들은 자신이 속한 식당의 서비스와 품질에 대해 주인의식과 자부심을 갖고 일합니다. 하지만 제일 중요한 것은 식당의 영혼을 잃어서는 안 된다는 점입니다. 만약 영혼을 잃으면 사업의 확장은 아무 의미가 없으니까요."

전반적으로 볼 때 메이어는 긍정적인 관점을 유지하고 있었다. 그는 회사의 규모가 더 커져도 영혼을 잃지 않을 것이라고 확신한다. 그가 지금의 위치에 올 수 있었던 이유는, 영혼을 희생시키지 않고도 커다란 시도들을 감당할 만한 준비가 아직 안 되어 있던 사업 초기에 성급한 확장을 거부했기 때문이다. 그는 그것을 거부함으로써 자신의 선택을 여러 가능성에 열어두었고 사업의 확장 규모와 속도를 현명하게 통제할 수 있었다.

　여기서 또 하나의 교훈을 찾을 수 있다. 만약 선택권을 갖고 싶다면, 그것을 얻기 위해 싸워야 한다는 것이다. 어떤 기업이든 어느 정도 성공을 이루고 나면 사업을 확장하라는 압력을 받는다. 그 압력은 고객, 직원, 투자자, 납품업자로부터, 때로는 경쟁자로부터도 받을 수 있다. 나중에 살펴보겠지만, 만약 스스로 선택권을 보존하기 위해 노력하지 않으면 그러한 외부의 힘들이 당신에게서 선택권을 빼앗아가며, 결국 당신은 원하는 방향으로 사업을 이끌 수 없게 된다.

회사의 주인은 누구인가?

Chapter 02

1988년 마틴 바비넥(Martin Babinec)이 사업을 시작했을 때, 그는 언젠가 자신의 회사가 미국에서 가장 빠르게 성장하는 업체 중 하나가 되거나, 회사를 상장하거나 벤처 투자자들에게 매각할 준비가 갖춰질 것이라고는 상상하지 못했다. 또한 그러한 일이 가까운 미래에 일어날 것을 알았다 해도 별로 즐겁지 않았을 것이다. 그는 이렇게 말한다. "저는 기업관료주의에서 해방되고 제 삶과 일에 대한 통제권을 가질 수 있는 작은 규모의 라이프스타일 회사를 원했습니다." 그러나 회사는 그런 방향으로 흘러가지 않았고, 그의 경험담은 이 책에 소개하는 14개의 기업을 포함해 모든 회사들이 받는 성장에 대한 압력을 잘 보여준다.

당시 바비넥은 서른세 살이었고, 전 세계의 미 해군 기지에 매장을 두고 있으며 정부가 운영하는 30억 달러 규모의 사업체인 네이비 익스체인지스(Navy Exchanges)에서 인력자원 매니저로 12년째 근무하고 있었다. 업무의 특성상 로드아일랜드 주의 데이비스빌에서 워싱턴 주 시애틀로, 다시 일본 요코스카로, 이탈리아 나폴리, 캘리포니아 주 오클랜드로 옮겨 다니면서, 바비넥과 아내 크리스타는 한 곳에 정착하고 싶은 바람이 강해졌다. 그들은 오클랜드 남쪽에 있는 샌리앤드로에 자리를 잡고 생활하기를 원했다. 이미 그곳에 집도 장만해 두었고 얼마 전에는 첫째 아이도 태어난 상황이었다.

　기업적인 관료주의에 질려 있던 바비넥은 자신의 회사를 직접 차리고 싶었다. 그는 약 2년간 여러 가지 가능성을 모색했지만 적당한 기회를 찾지 못하고 있다가, 인력자원 관리 매니저들의 전국 컨퍼런스에 참석했다가 우연히 전문고용회사(professional employer organization, PEO)라는 새로운 종류의 사업에 대해 알게 되었다. PEO란 중소기업의 인력자원 관리 업무를 아웃소싱으로 해결해 주는 회사로서 전문인력과 고용 서비스, 보험 관련 업무 등을 대행해 주는 업체를 말한다. 이는 인재 파견업의 한 형태이다. PEO를 알게 된 후 두 달 만에 그는 사직서를 내고 모아놓은 돈 5,000달러로 PEO인 트라이넷(TriNet, Inc.)을 창업했다.

　이후 트라이넷은 여느 신생기업들과 마찬가지로 사업상의 이런저런 굴곡을 겪었다. 한 가지 다른 점은, 바비넥이 미리 계획한 것은 아니었지만, 결국 해피엔딩에 이르렀다는 사실이다. 그 과정에서 그는 사업가들로 하여금 초반에 회사에 대한 통제권을 잃게 만드는, 그리하여 결과적으로 사업의 성장 규모와 속도에 대한 결정에 영향을 미치게 만드는 다양한 압력들과 싸워야 했다. 그러한 압력들을 넘어서야만 회사의 종류와 운명을 결정하는 선택권을 지켜낼 수 있는 법이다.

이것은 매우 중요하다. 많은 사람들의 생각과 달리, 개인회사가 성장해 나가는 과정에서 운영자가 통제권을 유지하는 일은 말처럼 쉽지 않다. 하지만 그 통제권을 잃으면 회사는 당신이 원하는 목표와 꿈이 아니라 외부인들이 세운 성장 목표에 끌려가게 된다. 또 설령 통제권을 유지하는 데 성공한다 해도, 당신의 의지와는 상관없이 회사에 성장하라는 압력을 가하는 여러 가지 요소들과 끊임없이 부딪쳐야 한다.

사업 초기에는 회사가 그런 문제들을 고민해야 할 정도로 오랫동안 운영될 수 있을지조차 불투명했다. 처음 2년 동안 그는 자신이 하고 있는 일이 과연 무엇인지 이해하기 위해, 그리고 회사를 계속 유지할 수 있는 방법을 찾기 위해 고군분투해야 했다. 1990년, 그의 회사는 마지막에 거의 다다른 것처럼 보였다. 트라이넷의 직원은 겨우 한 사람이었고 고객은 6개 회사에 불과했으며 회사는 거의 파산 직전에 이르렀다. 바비넥은 자신이 세일즈와 마케팅에 대해 너무 아는 것이 없다는 사실과 그 두 분야에 소질이 없다는 사실을 깨달았다. 뿐만 아니라 그는 PEO나 인재 파견업이라는 개념에 대해 들어본 적이 없는 고객들에게 그것을 인식시켜야 했으며, 이는 많은 노력과 비용을 필요로 했다. 그런 와중에 바비넥의 아내는 곧 둘째를 출산할 예정이었고, 바비넥은 25만 달러라는 엄청난 빚을 지고 있었다. 그는 자신이 가진 모든 돈을 썼고, 아는 사람들에게도 빌릴 수 있는 만큼 빌린 상태였다. 그의 인생은 더 이상 내려갈 바닥도 없었다. 어느 날, 바비넥은 집으로 와서 식탁에 앉아 눈물을 글썽이며, 완전한 패배자가 된 기분으로 아내에게 말했다. "아무리 해도 방법이 안 보여."

사실, 확실하진 않지만 한 가지 기회는 남아 있었다. 외부 투자자들에게서 자금을 확보하는 방법이 그것이었지만, 그럴 수 있는 가능성은 제로에 가까웠다. 거의 파산 직전에 다다른 회사에 누가 투자하려고 하겠는가? 사람들이 만약 "다음 2년이 지난 2년과 다를 것이라고 보장할 수 있느냐?"라고 물으면 뭐라고 대답할 것인가?

하지만 바비넥은 두 번째 질문에는 답이 있다고 생각했다. 그때까지 그는 다른 PEO들처럼 닥치는 대로 고객을 끌어 모아 고객 베이스를 넓힌 다음(즉, 규모의 경제를 이룩한 다음), 그들에게 저비용 보험 등과 같은 혜택을 제공하는 동시에 자신 역시 이윤을 남기는 방식을 추구해 왔다. 하지만 광고를 할 자금이 없는 상태에서 새로운 고객을 끌어오려면 추천이 필요했고, 아무런 체계성 없이 닥치는 대로 고객을 받는 방식으로는 추천을 받기가 어려웠다. 기존고객과 가망고객은 대부분 서로 전혀 알지 못하는 사이였다. 결국 바비넥이 생각해낸 해결책은 업체들 간에 서로 의사소통이 가능한 특정한 시장을 타깃으로 삼는 것이었다. 그는 자신이 제공하는 서비스를 가장 필요로 하는 동시에, 그렇기 때문에 비싼 비용도 기꺼이 지불할 만한 회사들을 노렸다. 특히 실리콘밸리를 중심으로 급속도로 성장하는 기술회사들이 제격이었다. 이러한 기술회사들은 투자자들로부터 가능한 한 빨리 기술을 개발하라는 압박을 항상 받고 있었고, 바비넥과 같은 PEO는 그들이 인사관리 업무에 들일 시간을 절약해 줄 수 있었다.

그리고 중요한 것은 이 업종의 회사들은 서로 끊임없이 교류와 의사소통을 한다는 점이었다. 만약 트라이넷이 만족스러운 서비스를 제공한다면(바비넥은 그럴 수 있으리라 확신했다), 추천이 연달아 이어질 것이라고 그는 생각했다.

이는 얼핏 생각하기에 잘 이해가 가지 않을 뿐 아니라 비교적 적은 규모의 PEO 업계에서는 이단아적인 아이디어였다. 일반적으로 규모의 경제를 추구하는 PEO는 많은 수의 고객을 확보하는 것이 필수적인데, 가망고객의 거의 대부분을 제외하는 전략이 말이 된단 말인가? 하지만 당시 바비넥은 회사를 어떻게든 유지하는 것이 더 중요했고, 그러기 위해서는 최고 비용을 기꺼이 치를 고객을 최대한 빨리 확보하는 일이 시급했다. 그 방법은 고객들의 추천뿐이었다.

하지만 그런 계획을 추진하기 위해서는 트라이넷을 당장 몇 개월만이라도 지탱할 수 있는 자금이 적어도 10만 달러는 필요했다. 그 자금을 마련하기 위해서는 짜임새 있는 사업계획을 세우고 잠재 투자자들에게 제시할, 설득력과 전문성을 갖춘 프레젠테이션도 준비해야 할 터였다. 또 프레젠테이션을 수행할 회의장도 빌리고 도움을 받을 외부 전문가도 찾아야 했다. 이 모든 것을 위해서는 시간과 돈이 더 필요했고 따라서 빚도 더 늘어날 것이었다. 그리고 성공할 확률이 그다지 높지 않아 보였다. 만약 이 계획이 실패한다면 그의 가족은 그야말로 모든 것을 잃어버리게 될지도 몰랐다. 두 살짜리 딸과 임신 중인 아내와 함께 길거리에서 깡통을 차야 할지도 모르는 상황이었던 것이다.

바비넥은 결국 그 결정을 아내의 판단에 맡기기로 했다. 그는 아내에게 취직자리를 알아보는 게 나을지도 모르겠다고 말했다. 여느 여자들 같으면 "당신 말이 맞아. 최선을 다했는데 안 됐으니 할 수 없지 뭐. 우리도 먹고 살 방법을 찾아야지"라고 했을지도 모른다. 그랬다면 그는 당장 회사 문을 닫고 구인광고를 미친 듯이 뒤지기 시작했을 것이다. 하지만 그의 아내 크리스타는 바비넥처럼 어려운 시절을 겪어본 경험이 있는 사업가의 딸이었다. 그녀는 이렇게 말했다. "당신 정말 여기서 포기하고 싶어? 이 일에 투자한 노력이 얼마인데. 아직 당신에겐 길이 있어. 다시 한 번 시도해 봐야 하지 않을까?"

그는 아내 말대로 시도해 보기로 마음먹고 즉시 사업계획을 다시 구상하기 시작했다. 그는 사업체를 운영하고 있으며 회계 분야의 배경지식을 갖춘 이웃에게 도움을 요청했다. 또한 샌버너디노에 있는 인재 파견 분야의 전문가인 T. 조 윌리를 설득하여, 바비넥이 있는 지역으로 와서 잠재 투자자들에게 인재 파견업 시장의 전망을 설명해 주겠다는 약속을 받아냈다. 바비넥 자신은 새 마케팅 전략을 발표하기로 했고, 트라이넷의 유일한 직원인 헬렌 살라망카가 사회를 맡기로 했다.

1990년 6월의 어느 더운 저녁에, 바비넥이 예약해 놓은 샌리앤드로의 한 식당 안쪽에 있는 방에 40여 명의 잠재 투자자들이 모였다. 트라이넷에 투자하는 것에 조금이라도 관심을 가질 법한 사람은 모두 모인 상태였다. 당시 트라이넷의 재정 상황을 감안할 때, 프레젠테이션은 상당히 순조롭게 진행된 편이었다. 회사의 대차대조표가 화면에 올라왔을 때 현금 보유란에 "$30(참고 : 단위는 1,000달러가 아님)"이라고 쓰여 있었다. 공인회계사인 짐 핸슨이 그것을 보고 "현금이 좀 모자라 보이는군요"라고 한마디했다. 그럼에도 불구하고 핸슨은 프레젠테이션을 다 들은 뒤에 1만 달러를 약속했고, 나머지 6명의 사람들은 4만 달러를 투자하기로 약속했다. 5만 달러는 바비넥이 안정적인 현금 흐름을 확보하기에 충분한 금액이었다. "결국 그 5만 달러가 제가 지금 이 회사의 주인으로 남아 있느냐, 남의 회사의 직원이 되어 있느냐를 결정한 셈이었습니다."

하지만 아이러니컬하게도 그 5만 달러는 그의 독립성을 앗아가는 첫 번째 단계이기도 했다. 투자된 자금에는 당연히 조건이 붙었다. 투자자들은 바비넥을 구해 주었고, 이제 그는 투자자들에게 그가 약속한 바이자 그들이 기대하는 바, 즉 투자에 대한 높은 이익을 돌려줄 의무가 있었다. 이는 곧 회사를 빠르게 성장시켜야 하며 어느 시점엔가는 회사 지분을 매각하여 현금화할 방법을 강구해야 한다는 의미였다.

바비넥은 새로운 사업계획을 실행하는 데 모든 노력을 기울였고 엄청난 성공을 거두었다. 실리콘밸리의 신생 기술회사들 사이에서는, 그들이 빠른 시간 내에 기술을 개발하여 시장에 출시하는 데 집중할 수 있도록 모든 인사관리 업무를 해결해 주는 회사가 트라이넷이라는 소문이 급속도로 퍼졌다. 머지않아 벤처기업 투자자들도 주목하기 시작하면서 자신들이 투자한 기업에 트라이넷을 추천하게 되었다. 바비넥은 주요 벤처기업들이 모여 있는 캘리포니아 주 멘로파크의 샌드 힐 로드에서 흔히 볼 수 있는 유명인사가 되었다.

1994년 무렵, 트라이넷은 상당한 흑자를 내며 순조롭게 성장하고 있었다. 하지만 바비넥은 더 빠르게 성장할 필요가 있다고 생각했다.

지난 6년 동안 회사를 운영해 오면서 인재 파견업의 특성을 누구보다도 확실하게 파악했고, 결국 규모가 생명이라는 것을 알게 되었다. PEO는 규모가 클수록 고객에게 더 나은 서비스를 제공할 수 있었고, 거래당 드는 비용이 적었으며, 경쟁자들 사이에서 살아남기가 쉬웠다. PEO 업계에서는 작은 보석이 되는 것이 의미가 없었다. 만약 바비넥이 계속 이 업계에서 살아남고 싶다면 트라이넷을 빠른 시간 내에 더욱 크게 만들어야 했다.

그러기 위해서는 두 가지가 필요했다. 먼저, 확장을 위해 필요한 거대한 자금을 확보해야 했다. 둘째, 그는 커다란 기업을 운영하는 일에 경험이 풍부한 경영진을 영입해야 했다. 그러한 전문 경영진이 없으면 자금을 모으는 일 역시 어려울 것이고 내부 운영에 필요한 전문기술 역시 부족하게 된다. 하지만 그러한 경영진에 대한 수요는 엄청나게 높았다. 때문에 그들은 온갖 종류의 혜택과 특전을 제시하는 고용주 가운데 자신이 원하는 고용주를 고를 수 있었다. 하지만 바비넥이 그들에게 제시하는 혜택은 세 가지뿐이었다(그 중 두 가지는 무형의 것이었다). 첫 번째는 해당 업계의 최강자를 만드는 일에 도전해 볼 수 있는 기회, 두 번째는 회사와 함께 성장하고 발전할 기회, 세 번째는 지분이었다. 물론 지분이란 어느 시점엔가 처분되어야만 의미가 있는 것이었다. 따라서 유능한 경영진이나 투자자들을 끌어 오기 위해서는, 이 회사가 언젠가는 매각이나 상장을 위한 채비를 해 나가고 있다는 인식을 심어주어야 했다.

다소 고생을 하기는 했지만, 바비넥은 결국 원하는 사람을 끌어 모으고 필요한 자금을 확보하는 데 성공했다. 실리콘밸리에서 유명해진 트라이넷의 명성 덕분에, 바비넥은 여러 명의 벤처기업 투자자들과 만날 수 있었다. 그러나 그들은 바비넥의 제안을 듣고 자신이 투자하는 유형의 기업이 아니라며 거절했다. 대신 바비넥은 처음에 투자했던 투자자들, 그와 비슷한 생각을 가진 몇 명의 다른 사람들, 그리고 회사 내 임원들로부터 25만 달러를 얻어냈다. 물론 이들에게 돈을 받으면서 앞으로 더 큰 투자 세력을 데려올 것이라고 약속했다. 그 다음 해에 바비넥은 390만 달러를 받고 유럽의 한 대형 PEO에게 트라이넷의 지분 50.1%를 매각했다. 이로써 그는 트라이넷의 성장률을 몇 단계 더 끌어올렸고, 전국 곳곳에 지사를 개설하는 기업으로 발전시켰다.

그 무렵, 이제 바비넥이 처음에 생각하던 작은 규모의 견실한 라이프스타일 회사는 멀어진 셈이었다. 사업을 시작할 때에 비해 일과 삶에 대한 그의 통제권은 훨씬 줄어들어 있었다. 그는 여러 가지 특전을 누리는 CEO였지만 자유로운 프리랜서는 아니었다. 그가 짊어진 책임은 어떻게 시간을 보낼지, 누구를 만날지, 어디를 갈지, 언제 무엇을 해야 하는지 등을 좌우했다. 무엇보다도, 그 책임들은 그가 운영하는 회사의 종류와 특성을 규정했다. 그가 택한 업종의 특성, 외부 자본에 대한 필요성, 그리고 그가 끌어들인 사람들의 기대치 때문에 그는 가급적 빠른 시간 내에 회사를 크게 키워야 했고, 이후 지분을 처분하거나 기업을 공개하는 수밖에 없었다.

한 가지 언급해야 할 사실은, 당시 상황이 바비넥이 애초에 계획했던 모습과 다르긴 했지만 그가 불만을 느끼지는 않았다는 점이다. 그는 함께 일하는 사람들을 진심으로 좋아했고 일이 가져다주는 도전을 즐겼다. 비록 주변의 압력이 커다란 부담으로 느껴지기도 했지만, 그는 그러한 스트레스와 압박에 잘 대처했고 유럽의 파트너를 비롯한 투자자들이 요구하는 성실함과 책임을 기꺼이 보여주었다. 한편 그는 아내와 3명의 자녀들을 데리고 캘리포니아보다 교육 환경이 더 좋고 친척들도 살고 있는 동부 지역으로 이사를 가고 싶어했다. 결국 1999년에 바비넥 가족은 뉴욕 주의 북부 지방으로 이사했고, 그는 샌리앤드로와 뉴욕 주의 리틀폴스 사이의 엄청난 통근 거리를 감수해야 했다. 그럼에도 불구하고 그는 남의 회사의 직원으로서 일하는 것보다 훨씬 행복하다고 말했다.

하지만 내가 말하고 싶은 것은 바비넥이 얼마나 훌륭하게 성공했는가 하는 점이 아니다(물론 그의 성공은 축하할 만한 일이기는 하다). 우리가 주목해야 할 것은 그가 성공을 쌓는 과정에서 여러 가지 압박에 부딪혀야 했다는 사실이다. 어떤 사업체를 운영하든 운영자는 그러한 압박에 부딪힐 수밖에 없으며, 그것은 회사를 애초에 생각했던 것과 전혀 다른 방향으로 이끌 수 있다.

분명, 바비넥이 확장의 압박을 받을 수밖에 없었던 결정적인 이유는 그가 넓은 고객 베이스가 있어야만 성공할 수 있는 업종에 뛰어들었기 때문이다. 회사의 크기가 성공을 좌우하는 업계에서는 작은 거인과 같은 사업체를 일구기 힘들다. 이러한 경우 트라이넷이 그러했듯이 빠른 성장에 대한 압박이 불가피하게 생겨나고, 초기 자본 규모가 얼마였든 상관없이 결국 언젠가는 외부에서 더 많은 자본을 들여와야 한다.

그러나 만일 규모가 중요한 사업에 종사하지 않는다고 해도(그리고 1990년 당시의 바비넥처럼 최악의 재정난에 시달리는 상황이 아니라고 해도), 결국 주류 경제사회가 성장을 바라보는 시각 때문에 외부 자본을 끌어들이고 확장을 해야 한다는 커다란 압박을 받을 가능성이 높다. 어떠한 사업이든 이러한 압력을 경험하게 마련이다. 프리츠 메이태그의 경우, 앵커 스팀 비어에 대한 수요가 폭발적으로 증가할 즈음 그러한 압박을 느꼈다. 그는 이렇게 말한다.

"한순간 저는 깨달았습니다. 예를 들어, 당신이 자본집약적인 사업을 하는데, 어떤 제품 100개를 100달러에 팔면 세금 제하고 3달러의 이익이 남는다고 합시다. 이 상황에서 10% 성장하기 위해서는 10개의 제품을 더 만들어야 하죠. 만약 제품 1개를 생산할 때마다 2달러가 들어간다면, 10% 성장하기 위해서는 20달러가 필요합니다. 결국 현재 벌어들이는 이득만으로는 부족하지요. 세금 제한 후의 이익인 3달러를 전부 쓴다고 해도 결국 제품을 1.5개밖에 늘릴 수 없습니다. 즉 외부에서 자본을 끌어오지 않는 한, 1.5%밖에 성장할 수 없다는 얘깁니다.

저 같은 경우는 와인 사업을 하니까, 성장을 하려면 더 많은 양의 와인이 필요합니다. 매년 와인 1,000상자를 판매하고 있는데도 충분하지 않습니다. 다음 해에는 수요를 충족시키기 위해서 100상자가 더 필요할 겁니다. 그렇게 양을 늘리기 위해서는 포도 1.5톤이 더 필요합니다. 포도농장 1에이커에서 포도 약 3톤이 나오니까, 농장 면적을 0.5에이커만큼 늘려야 한다는 뜻이 됩니다. 나파 밸리에서 1에이커를 사려면 20만 달러가 듭니다. 물론 지역에 따라 좀 더 비싼 곳도 있지만, 일단 20만 달러라고 칩시다. 그렇다면 100상자를 추가로 생산하기 위해서는 10만 달러가 필요한 것입니다. 하지만 한 상자당 생기는 이익은 10달러이고, 그렇게 보면 연간 총수익은 1만 달러밖에 안 됩니다. 즉, 다른 곳에서 9만 달러를 끌어오지 않으면 내년 수요를 충족시키지 못하게 된다는 얘기지요.

결국 회사의 성장은 현재 지닌 자본의 규모, 또는 외부자본을 끌어오는 능력에 의해 결정됩니다. 이것이야말로 저로서는 커다란 깨달음이었습니다. 경영대학원에서는 이러한 원리를 수업 첫날에 가르치겠지만, 저는 그때야 비로소 뚜렷하게 그것을 깨달았습니다. 자본집약적인 사업을 한다면 생산단위를 늘릴 때마다 추가 자본이 필요합니다. 게다가 확장할 때 작은 단위로는 할 수가 없습니다. 와인 생산량을 1년에 한 상자, 또는 100상자 늘린다는 건 말이 안 되니까요. 최소한 농장 10에이커는 확장해야만 트랙터를 구동하는 게 의미가 있습니다. 따라서 추진하는 사안의 규모가 커질 수밖에 없습니다.

만약 자본집약적 사업이 아니라면 이야기가 약간 달라지지만, 결정을 내려야 하는 부분은 결코 사소한 것들이 아닙니다. 그것은 때로 인력과 관계됩니다. 새로운 직원 한 사람을 고용했다고 칩시다. 당신은 바보가 아닌 이상 그 직원이 회사에 맞지 않거나 불필요하다고 해도 6개월 정도는 고용하고 있어야 합니다. 도의적 의무라고 할 수 있지요. 6개월 동안의 봉급은 결코 적은 금액이 아닙니다. 소프트웨어 회사들의 이야기를 들어보면 그들이 제일 중요하게 여기는 것은 연구라고 합니다. 다시 말해, 내년에 무엇을 해야 할지 머리를 싸매고 고민하는 다수의 비싼 인력들이 필요한 겁니다. 그렇게 하지 않으면 더 멋진 제품을 들고 나오는 마이크로소프트 같은 기업에게 완전히 휩쓸릴지도 모르니까요.

이것이 바로 회사 지분을 처분하게 만드는 이유입니다. 성장을 뒷받침할 만큼 충분한 자본을 댈 수 없는 상황이 오는 거지요. 지분을 조금씩 조금씩 팔다 보면, 어느 순간 당신 손에는 지배 지분이 남아 있지 않게 됩니다. 기업이 성공하면 상황은 더욱 심각해집니다. 만약 당신 회사가 한 지역에서 유일하게 연장을 제공하는 업체라면, 연장을 사려는 사람들이 매일 몰려들 테고 수요가 하늘 높은 줄 모르고 치솟겠지요. 결국 회사가 너무 급속도로 성공하면, 회사 지분을 처분해 자금을 마련해야 할 가능성이 커집니다. 이것이 결국 많은 사람들이 자신의 회사를 잃게 되는 과정인 셈이지요."

물론 모든 사람이 회사의 지분을 매각하지는 않는다. 하지만 외부인에게 지분을 판매하는 순간부터 원래 지니고 있던 자유와 독립성은 상당 부분 사라지게 된다. 또한 그 결과 이 책에 소개한 회사들이 선택한 길을 택하기 어려워진다. 물론 당신이 원하는 수준으로 회사를 성장시키는(또는 성장시키지 않는) 것에 대해 상관하지 않을 투자자들을 찾는 것이 불가능하지는 않겠지만, 그런 경우에는 거의 대부분 항상 모종의 거래가 따른다. 이 경우엔 투자자들이 적어도 당신의 비전에 동의해야 하고, 이는 그들이 거래를 통해 자신이 원하는 것을 얻을 수 있어야만 일어나는 일이다.

따라서 이 책에 소개하는 14개 회사 가운데 4개만이 회사 외부인들이 지분을 소유하고 있다는 사실은 그리 놀랍지 않다. 그 중 하나는 레엘 프리시전 매뉴팩처링인데, 이 회사의 지분 중 56%는 은퇴한 창립자들, 그들의 자녀와 손자들이 소유하고 있다. 이와 유사하게, O. C. 태너의 지분 중 35%는 창립자의 조카와 가족들이 소유하고 있다. 앞에 언급한 USHG의 초기 투자자들은 마이어의 가족과 친척들이었다. 현재 USHG에는 다양한 외부 투자자들이 있지만 그들은 마이어에게 회사의 운영을 일임하고 있다. 그는 이렇게 말한다. "그들은 우리의 사업 방식을 믿고 투자합니다. 저는 투자자들을 신중하게 선택합니다. 제가 조언을 기꺼이 받아들일 수 있는 이들을 선택하죠. 그들을 만나는 시간은 곧 저보다 훨씬 현명한 조언자들을 만나는 시간입니다." 징거맨스가 운영하는 식당인 징거맨스 로드하우스에도 역시 외부 투자자들이 있지만, 그 외 회사의 나머지 부분은 내부 소유다.

나머지 10개의 회사들은 모든 지분을 내부에서 소유하도록 특별히 신중을 기했다. 예를 들어, 클리프바의 게리 에릭슨은 1억 2,000만 달러 규모의 매각 제안을 거절하고 파트너인 리사 토머스와도 결별한 이후, 클리프바의 경영권과 통제권을 완전히 확보하기 위해서 2년 동안 안간힘을 썼다. 토머스가 결별을 선언할 때, 에릭슨은 그녀가 지닌 50%의 지분을 사기 위해서 5,000만 달러 이상이 필요했다. 그는 먼저 시중 은행들에 손을 벌려봤지만 전부 거절당하고 말았다. 또 메자닌 파이낸싱(mezzanine financing : 투자자에게 주식과 관련된 권리를 부여하면서 신용으로 자금을 조달하는 금융 기법—옮긴이)도 고려해 봤지만 역시 성사되지 않았다. 그 다음에는 벤처 투자자들을 끌어 모을까 생각해 봤지만 그가 포기해야 하는 지분과 통제권을 알고 계획을 포기했다. 결국 그는 토머스에게 선불로 1,500만 달러를 지불하고, 다음 5년 동안

4,200만 달러, 그리고 경업금지계약(noncompete agreement : 영업 비밀이나 정보의 누출을 방지하기 위하여, 퇴직 사원이 동종 업체에 취업하거나 동종 사업을 벌이는 것을 제한하는 계약—옮긴이)을 조건으로 5년 동안 매년 추가로 100만 달러씩 지불하기로 약속했다. 당시 에릭슨은 현금이 부족했기 때문에 선불 1,500만 달러는 은행에서 23%의 엄청난 이자율로 빌려야 했다. 게다가 에릭슨이 토머스에게 약속한 돈을 전부 지불하기 전까지 그와 그의 아내는 지분의 67%만을 보유하는 조건이었다. 다행히 이후 2년 동안 회사가 엄청나게 번창한 덕분에, 그는 약속한 날짜보다 일찍 토머스에게 모든 금액을 지불할 수 있었다.

당신은 아마도 왜 에릭슨이 회사를 처분하고 다른 새로운 회사를 시작하지 않았는가 하는 의문이 들 것이다. 에릭슨은 자신의 책에서, 그의 전 파트너의 법적 대리인이 그렇게 물어봤을 때 거의 반사적으로 "안 된다"라고 대답했다고 말했다. 그는 그러한 가능성은 아예 고려하지도 않았다. 이후 그는 많은 사업가들이 회사 매각을 택하고 나중에 후회하는 것을 목격했다. 또한 에릭슨에게 클리프바는 "자신이 반드시 있어야 할 곳"이었다.

그렇다 하더라도, 그 모든 고통을 감내하고, 시간을 투자하고, 비용을 들이고, 리스크를 껴안으면서까지 그가 아내와 함께 클리프바의 소유권을 완전히 획득하기 위해 애써야 했을까? 에릭슨은 그 질문에 이렇게 답했다.

"물론입니다. 다른 방법은 있을 수 없었습니다. 외부 자본을 끌어오고 외부 투자자들에게 지분을 주게 되면 되돌아올 수 없는 길을 걷게 됩니다. 저는 지분을 회사 내부에 유지하는 것에 대해 조금도 후

회하지 않습니다. 만약 그렇게 하지 않았더라면 지금쯤 저는 몹시 불행해져 있을 겁니다. 저와 제 아내는 1주일에 한 번씩 그런 길을 선택한 것에 대해 축배를 들곤 하지요."

여기서 이 회사들의 공통점을 하나 찾을 수 있다. 에릭슨과 마찬가지로, 이 책에 소개하는 회사들의 CEO 대부분은 '작은 거인'이 되려면 외부 주주들이 있어서는 안 된다고 믿는다. 외부 투자자를 어느 정도 받아들인 대니 메이어도 그의 회사의 비전을 완전히 받아들이는 투자자를 선택하기 위해 신중을 기한다. 그 이유는 간단하다. 이 회사들은 딱 집어 정의하기 어렵고 측정할 수 없는 무언가를, 통상적인 성공의 정의를 넘어서는 무언가를 추구하기 때문이다. 또한 회사에 가해지는 압력에 의해 사라지기 쉬운 무언가를 추구하기 때문이다. 나는 〈서문〉에서 이것을 '마법'이라고 부른 바 있다. 그 마법을 만들어내기 위한 노력을 기울이지 않을 경우 회사에 투입할 것은 자본밖에 없으며, 그 자본 때문에 치러야 하는 대가는 너무나 크다.

그렇지만 이 회사들을 이끄는 대부분의 CEO들은 한두 사람이 지분 전체를 소유해야 한다고 생각하지는 않으며 그것이 바람직하다고 여기지도 않는다. 14개의 회사 중 5개 회사의 창립자는 핵심 중역들이 지분을 나눠 갖게 했다. 또 다른 2개 회사의 경우, 직원들이 회사 지분의 대부분을 소유하는 종업원지주제도를 택하고 있다. 또 징거맨스 커뮤니티 오브 비즈니시즈의 경우, 자회사의 공동경영자들이 각각 자신이 경영하는 회사의 지분을 지닌다(로드하우스는 예외다). 14개 회사 중 제일 역사가 오래된 O. C. 태너의 지분 절반 이상은 트러스트(trust : 기업합동)가 소유하고 있다.

Chapter 02 회사의 주인은 누구인가?

어떤 형태의 주주 체계를 지녔든, 이 회사들은 모두 자신의 목표에 공감하는 사람들에게 지분이 주어지도록 하기 위해 필사적으로 노력한다. 이것은 경우에 따라서 쉬울 수도 있고, 어려울 수도 있다. 예를 들어 회사가 인수를 진행하는 경우, 자금을 빌리거나 추가적인 현금을 확보해야 하는 수고를 덜기 위해 지분을 통해 거래를 하는 경우가 많다. 이 경우 지분이 외부인의 손으로 들어가기 쉽다. 이 책에 언급된 대부분의 회사들은 서로 다른 기업문화의 융합이 어려운 과정이라는 것을 알기 때문에 다른 업체를 인수하는 것을 선호하지 않는다. 유일한 예외는 아이다호 주 보이시에 있는 차량용 후진 경보음 발생기 및 경고등 제조회사인 ECCO다. 이 기업의 회장 짐 톰슨과 사장 에드 짐머(Ed Zimmer)는 ECCO가 경쟁에서 살아남으려면 동남아시아와 유럽까지 확장해야 한다는 것을 깨달았고, 그것을 위해 이미 거래 관계를 맺고 있던 그 지역의 기존 업체들을 인수하기로 결정했다. 단, 그들은 외부 주주는 없을 것이라는 원칙을 정해두었다. 결국 그들은 자신의 지분 가운데 5%를 이용하여 영국에 있는 회사 하나를 인수했는데, 해당 회사의 소유주였던 2명에게 ECCO의 지분을 제공하는 조건이었다. 그 중 한 사람은 ECCO의 평등한 기업문화와 정보를 공유하는 투명한 경영 방식에 적응하지 못하여 해고당했고, 회사는 그가 갖고 있던 지분을 다시 사들였다.

비록 소유권을 회사 내부에 두는 데 성공한다 해도, 당신을 원치 않는 방향으로 끌고 가려는 외부의 세력들과 싸워야 한다. 어떤 경우에는, 클리프바의 에릭슨과 토머스가 그랬듯이, 대규모 경쟁자들 때문에 압박을 느끼게 된다. 또 공급업체들도 당신의 회사에 성장을 재촉할 것이다. 특히 당신 회사가 그 공급업체의 물건을 판매하는 입장이라면 그러한 압박은 더욱 심해진다. 당신이 물건을 많이 팔수록 그들의 매출도 늘어나기 때문이다. 하지만 아이러니컬하게도, 성장에 대한 가장 커다란 압력은 회사의 성공을 결정하는 가장 중요한 주체로부터 오는 경우가 많다. 그것은 바로 직원과 고객들이다.

　훌륭한 기업이 되려면 그 안에 훌륭한 직원들이 있어야 한다는 것은 당연한 사실이다. 하지만 그러한 훌륭한 인재를 끌어오거나 유지하기 위해서는, 그들이 회사 안에서 성장할 기회를 발견할 수 있어야 한다. 그렇기 때문에 많은 경영자들이 자신은 성장을 억제하고 싶다 하더라도, 실제로는 공격적인 성장을 추구하는 길로 접어드는 것이다. 보스턴 소재 쇼멋 디자인 앤 컨스트럭션(Shawmut Design and Construction)의 창립자 겸 회장인 짐 안사라(Jim Ansara)는 선택의 여지가 없었다고 말한다. 쇼멋은 트라이넷과 마찬가지로 빠른 시간 내에 성장했고, 『인크』지가 선정하는 미국에서 가장 급성장한 500대 개인기업 리스트에 올랐다. 그는 말한다. "결국 필요한 인재를 끌어오기 위해서는 (회사를 성장시키는 것 외에) 다른 방법이 없었습니다." 현재 쇼멋은 연매출 4억 4,000만 달러에 501명의 직원을 거느린 안정되고 견실한 건설회사이며 하드락카페(Hard Rock Café), 하버드 대학 같은 고객들을 거느리고 있지만, 정작 안사라 회장은 회사 운영의 아주 일부분에만 관여하고 있다. 대신 그는 가족과 함께 하거나 가재잡이 배를 타는 데, 또 여러 자선단체와 그가 멤버로 있는 이사회에서 활동하는 데 대부분의 시간을 보낸다.

Chapter 02　회사의 주인은 누구인가?

우리가 만나볼 작은 거인들의 CEO들 역시 그와 비슷한 고민을 해왔으며 지금도 여전히 하고 있다. 그들은 어떻게든 최고 인재들의 의욕을 자극하고 새로운 도전을 제공해야 했다. 그렇지 않았다면 인재들을 잃어버렸을 것이다. 대부분의 경우 이 회사들은 성장을 제한하는 쪽을 택함으로써, 회사의 고유한 문화를 보존하는 동시에 직원들에게 새로운 기회와 도전을 제공하는 방식을 취했다. 그 외 나머지 회사들이 성장을 전혀 조절하지 않았다는 뜻은 아니다. 적절히 성장을 조절하지 않았다면, 그들 역시 살아남을 수 없었을지 모른다. 그러나 전통적인 많은 기업의 경우 성장 자체가 목표이고, 성장의 통제는 그러한 목표를 이루기 위한 하나의 과정에 불과하다. 우리가 살펴볼 회사들의 목표는 직원들을 위한 새로운 기회를 만들어주고 회사를 위한 새로운 가능성을 모색하는 것이다. 그들에게 성장이란 그러한 핵심 목표를 성공적으로 이뤄낼 때 생겨나는 부수적인 결과물이었다.

한 가지 흥미로운 사실이 있다. 내가 소개하는 14개의 회사들 중 일부는 전통적인 방식으로 성장했지만(예컨대, 새로운 제품 라인을 출시하는 등의 과정을 통해), 대부분은 새로운 사업 부문을 신설하는 방식을 취했다는 점이다. 그리고 이렇게 새로 생겨난 사업 단위는 시간이 지나면서 본사와는 엄연히 다른 개성을 갖는 개체가 되었다. 앞 장에서 살펴본 USHG는 처음에는 하나의 식당에서 시작했지만, 시간이 지나면서 전혀 다른 콘셉트를 지닌 여러 식당들을 거느린 기업으로 변화했다. 이와 유사하게 징거맨스의 경우도 하나의 독립적인 음식점에서 공통된 문화를 공유하는 다양한 음식 사업체들로 구성된 징거맨스 커뮤니티 오브 비즈니시즈로 변화했다. 라이처스 베이브 레코즈는 음반 소매업, 음악 전문 출판사, 부동산 개발업, 재단, 공연장 등을 원래 회사에 추가했다. 아티스트 프레임 서비스는 가정 및 정원 용품 판매업, 액자 도매업, 미술 갤러리 등을 추가하여 골츠 그룹으로 변신했다. 유사한 예는 그 외에도 수없이 많다.

물론 그들이 단지 직원들에게 경력을 쌓을 새로운 기회를 주기 위해서 자회사를 늘리고 확장했다는 뜻은 아니다. 대부분의 경우, 이 회사의 경영자들은 자신과 직원들이 맞을 준비가 되었다고 느끼는 흥미로운 기회들에 응한 것이며, 회사의 힘을 더욱 키우고 구성원 모두에게 새로운 비즈니스 영역을 탐험할 수 있는 가능성을 제공하는 기회에 응한 것이다. 그리고 결국은 그처럼 새로운 사업 부문을 확장하는 과정에서 훌륭한 인재들이 직장을 옮기지 않고도 새로운 도전을 찾고 발전할 수 있는 길을 보여줄 수 있었다. 그리고 대부분의 경우 그것은 회사를 확장하는 하나의 동기이기도 했다.

회사가 감당하기 제일 어려운 압력 중 하나는 시장이 주는 성장의 압력이다. 일단 거기에는 심리적인 측면이 존재한다. 성장의 압력이 생겨나는 이유는, 사람들이 당신 회사의 제품을 마음에 들어 해서 이미 가진 사람들은 더 많이 갖고 싶어하고 갖지 못한 사람들은 갖고 싶어하기 때문이 아닌가? 이러한 압력이 존재한다는 것은 곧 당신의 회사가 성공했음을 보여주는 지표다. 또한 당신의 사업적 안목을 간접적으로 칭찬하는 것과 다름없다. 사업을 처음 시작할 때 원했던 것은 그러한 반응이었을 것이다. 어떻게 그러한 상황에서 성장을 거부할 수 있겠는가?

그런 상황에서 대부분의 사람들은 성장을 거부하지 못한다. 이는 특히 남성 경영자들에게 더 두드러진 현상이다. 비록 회사와 직원들이 아직은 성장을 감당할 준비가 되어 있지 않다는 것을 마음속에서는 알지라도, 또 그러한 성장이 회사의 방향을 예측불허하게, 또는 원치 않는 쪽으로 변화시킬 수 있다는 것을 알지라도, 경영자 입장에서는 거절하기가 어렵다. 하지만 급성장의 길로 한번 걸음을 디디면, 다시 돌아오기는 매우 힘들다. 회사가 지나치게 커져 있으며 스스로 세운 기준이나 목표에 비해 자신의 역량이 부족하다는 것을 깨달을 때쯤이면, 당신은 이미 직원과 고객과 공급자들에게 많은 약속을 한 상태이다. 만약 그 시점에서 되돌아가기로 마음을 먹으면, 직원들을 해고해야 하고 계약들을 다시 협상해야 하며 당신이 유지하고 싶은 고객들과의 관계가 끊어질 수도 있다. 그 시점에서 당신은 자신의 분야에서 최고가 되는 것을 진정 스스로 원하고 있는지 알게 된다.

W. L. 버틀러 컨스트럭션의 빌 버틀러는 처음엔 회사가 커지기를 원하지 않았다고 말한다. 그는 캘리포니아 주 우드사이드의 스카이라인 거리에 있는 4개의 공동생활체 가운데 하나인 스타힐 아카데미 포 애니씽(Starhill Academy for Anything)에서 생활할 때 건설 사업을 시작했다. 때는 1975년, 그는 26세의 젊은 나이였다. 당시 그는 아내와 아들과 함께 공동생활체 안에서 살고 있었는데 그곳은 그들의 법적 거주지는 아니었다. 그곳에는 전기나 수도 시설도 없었다. 그는 당시를 이렇게 회고했다. "마치 「서바이버(Survivor : 여러 명의 참가자들이 오지

에서 서로 경쟁하면서 함께 살아가는 상황을 배경으로 한 리얼리티 쇼―옮긴이)」를 보는 듯한 생활이었습니다. 우물을 파는 허가증을 받은 다음에야 전기를 끌어올 수 있었죠. 전기회사인 PG&E가 우물에 계량기를 설치하면, 거기서 전선을 뽑아 집안에 연결하는 식이었죠. 처음에는 울타리를 짓거나 문을 달아주는 일을 했죠. 일단 생계를 유지해야 했으니까요. 그때 제게는 보험도, 법적인 소유물이나 재산도 없었지만 그 일이 좋았습니다. 건설 일을 좋아했고 사람들 만나는 것을 좋아했습니다."

결국 그는 캘리포니아 우드사이드에 약간의 땅을 사서 1981년에 그곳으로 이사했다. 그의 회사는 1983년이 되어서야 사무실을 갖게 되었다. 그리고 1994년이 되기 전까지는 회사 번호가 전화번호부에 실리지도 않았다. 버틀러에게 일을 맡기고 싶은 사람들은 그의 트럭을 쫓아가서 그에게 직접 전화번호를 물어봐야 했다.

그의 일을 마음에 들어 하는 고객들이 갈수록 많아지면서, 1989년 버틀러 컨스트럭션은 연매출 2,000만 달러에 129명의 직원을 지닌 회사가 되었다. 그리고 버틀러가 느끼는 부담감 역시 늘어갔다. 그는 몸이 둘이라도 모자랄 정도로 바쁘게 동분서주해야 했고 회사 또한 정신없이 돌아갔다. 그의 회사는 캘리포니아 주, 오리건 주, 워싱턴 주, 네바다 주, 애리조나 주에서 작업 허가를 갖고 있었고 그 다섯 주에서 동시에 건설 프로젝트가 진행되었다. 또한 그의 서비스를 찾는 사람들도 많았다. 그럼에도 불구하고 작업량에 비해 회사의 수익은 매우 낮았다. 작업의 질은 버틀러가 생각하는 수준에 못 미쳤고, 회사에는 이렇다 할 기업 인프라도 존재하지 않았으며, 많은 것이 통제 불가능해지기 시작했다.

Chapter 02 회사의 주인은 누구인가?

그것은 자신의 잘못이었다고 버틀러는 말한다. "인정하기 싫었지만 제가 실수했다는 것을 알았습니다. 닥치는 대로 계약을 맺다 보니 해야 할 일이 너무 많았고, 결국 처리할 수 있는 양을 초과하게 되었죠. 그래서 직원들과 모여 앉아서 반성과 분석을 했습니다. 우리가 무엇을 잘 하는지, 어떤 일을 했을 때 수익성이 높은지, 무엇을 개선해야 하는지 스스로에게 물었지요. 그 후 모든 것이 바뀌었습니다."

일단 버틀러와 경영진(나중에 사장이 된 프랭크 요크도 포함돼 있었다)은 "못과 망치를 드는" 것을 그만두고, 모든 작업을 직접 하기보다는 프로젝트들을 관리하는 종합건설회사가 되기로 결심했다. 그것이야말로 회사가 인력을 증가시키지 않으면서도 성장하고 발전할 수 있는 유일한 방안이었다. 버틀러는 이렇게 말한다.

"회사의 직원 수는 저에게 중요했습니다. 저는 회사에서 일하고 있는 모든 직원을 알고 싶었고 직원 수가 100명이 넘어가는 것을 원치 않았습니다. 만일 그때 나가던 방식으로 계속 밀고 나갔으면 직원 수는 엄청나게 불어났을 겁니다. 당시 저희 직원은 129명이었고 지금은 125명입니다. 그 정도가 적절한 수준입니다."

또 버틀러와 경영진은 비즈니스에 대한 관점을 새롭게 바꿨다. "우리는 기준선을 높이고 싶었습니다. 모든 것을 다 해내기보다는 몇몇 분야에서 최고가 되기를 원했습니다. 그래서 몇 개 주에서 갖고 있던 작업 허가증을 반환했고, 작업 의뢰가 들어오면 무조건 받아들이는 대신 거절할지 여부를 고려하여 선별하기로 했습니다." 이는 곧 일부 고객들과 관계를 끊는다는 것을 의미했다. 그런 고객들 중에는 오랫동안 거래해 온 이들도 있었다. 경영진은 많은 시간을 들여 고객 베이스를 분석하고, 어떤 작업이 수익성이 높은지 생각하고, 어떤 틈새시장을 공략해야 하는지, 어떤 고객이 적절할지 토의하고, 이런저런 경제 동향이 각 업계에 어떤 영향을 미칠지 논의했다. "어느새 우리 고객사는 25개에서 10개로 줄었습니다. 우리는 상대하기 싫거나 질이 낮은 고객들을 제외했습니다. 그 중 하나는 저희의 전체 작업에서 50% 정도를 차지하는 대형 금융회사였지요. 그곳 직원들은 일할 때마다 우리를 무시하고 속였습니다. 그래서 더 이상 그들이 의뢰하는 일을 하지 않겠다고 주저 없이 말했지요."

하지만 관계가 좋은 고객과도 어쩔 수 없이 거래를 끊어야 했다. 버틀러는 회사를 알맞은 규모로 유지하기 위해, 계속 같이 일하고 싶은 고객들에게도 미안하지만 더 이상 일을 할 수 없다고 말해야 했다. "저에게 좋은 고객이란 훌륭한 기업시민이자 지역사회에 정직하고 친절한 업체입니다. 어떤 회사들은 자신이 속해 있는 지역사회는 아랑곳하지도 않고, 양측에 모두에게 이익이 되는 윈윈 거래를 생각하지 않습니다. 나는 우리를 파트너로서 여기는 고객과 일하고 싶습니다. 솔직히 돈을 잃는 것보다는 좋은 고객을 잃는 것이 더 두려웠습니다."

하지만 문제는 여전히 남아 있었다. 회사가 규모를 축소했음에도 불구하고, 서비스를 제공할 수 있는 범위를 넘어서 더 많은 좋은 고객들이 있었다. 고객들은 버틀러에게 더 규모를 확장하라는 압박을 주었고, 그러한 압박은 지금도 존재한다. 2002년, 대형 유통업체인 타깃(Target)은 버틀러사에 '올해의 공급자' 상을 수여했다. 그 상은 그때까지 건설회사에게는 한 번밖에 주어진 적이 없었고, 그 건설회사는 타깃의 본사 사무실을 지은 업체였다. 또한 버틀러는 타깃의 거래업체 중에서 가장 단기간 내에 그 상을 받았고, 상을 받은 회사들 중 제일 소규모 회사였다. 그렇다면 그러한 타깃이 버틀러사에게 평소 작업하는 지역에서 멀리 떨어진 곳의 매장 공사를 의뢰했을 때, 버틀러는 어떻게 거절할 수 있었을까?

"그런 제의를 거절하는 건 정말 어렵습니다. '거절하겠습니다'라고 말하는 것은 어떤 경우든 어렵지요. 때때로 우리는 거절하는 대신 경쟁업체를 추천해 준 적도 있습니다. 짐작이 되겠지만, 경영자 입장에서는 상당히 어려운 결정이죠. 그것도 우리의 최대 라이벌이었으니까요. 하지만 우리는 고객이 만족하기를 원했기 때문에 기꺼이 추천했습니다."

나중에 그의 경쟁업체 관계자 중 한 사람은 그에게 이렇게 말했다. "당신은 제게 최고의 세일즈맨이나 다름없군요. 제 밑에 있는 직원들이 따오는 일보다 당신 때문에 들어오는 의뢰가 더 많으니까요."

그러나 거절을 하면 할수록 회사의 명성은 높아졌다. 버틀러는 25년 동안 신문 인터뷰에 단 한 번밖에 응한 적이 없고, 그것도 머리를 길게 기른 인터뷰 기자의 모습이 그의 옛날 공동생활체 시절을 떠올리게 만들어서 응한 것이었다. 그는 대중 앞에 나서는 것을 꺼려했지만, 그의 회사는 꼼꼼한 일처리와 훌륭한 일터 분위기로 인해 엄청나게 유명해졌다. 수많은 고객들이 그의 회사 문을 두드렸고, 버틀러가 원하지 않는다 해도 그들을 전부 거절할 수는 없었다. 결국 버틀러 건설회사는 대개는 성장에 치명적인 불경기에도 불구하고 커져만 갔다. 2001년에는 매출이 1억 2,500만 달러에 달했고, 그 다음 해에는 40%나 증가해 1억 7,500만 달러에 이르렀다. 버틀러는 이렇게 말했다. "운영체제에 과부하가 걸릴 지경이었고 직원들 모두가 스트레스에 시달렸지요." 결국 그는 2003년에 다시 규모를 줄였고 매출은 1억 5,500만 달러로 떨어졌지만 다음 해에 다시 2억 500만 달러로 껑충 뛰었다. 그는 다시 2005년에 1억 9,500만 달러로 매출을 줄였다. 버틀러는 말한다. "우리처럼 규모를 작게 유지하려고 노력하는 회사는 없을 겁니다."

성장을 재촉하는 요인이 한 가지 더 있다. 어쩌면 모든 이들이 이 요인에 영향을 받는 것은 아닐지도 모르며, 적어도 모두가 똑같은 강도로 영향을 받지는 않는다. 이 요인은 부분적으로는 우리의 일과 삶의 배경이 되는 문화적, 사회적 환경에서 기인하며, 부분적으로는 사업가의 심리적 측면에서 기인한다. 오하이오 주 캔튼에 위치한 시그너처 모기지(Signature Mortgage Corp.)의 창립자 겸 CEO인 로버트 캐틀린(Robert Catlin)은 그것과 힘들게 싸운 인물 중 하나다. 그는 자신이 거느린 직원 16명으로 그보다 서너 배가 되는 직원을 거느린 대형회사들보다 더 높은 성과를 올릴 수 있는 시스템을 개발해 냈다. 캐틀린의 회사가 성공적으로 번창하자 그의 친구와 동료, 고객들, 심지어는 낯선 사람들까지도 그가 도대체 왜 다른 지역에 똑같은 시스템을 사용한 지점을 더 내지 않는지 의아해했다. 그는 이렇게 말한다. "사람들은 저보고 미쳤다고 하더군요. 정말 황금 같은 기회를 놓치고 있다면서요. 그럼 전 이렇게 말합니다. '나는 지금이 좋아요. 내 삶을 통제할 수 있고, 자유롭고, 가족과 함께할 시간도 있고, 여행을 다닐 시간도 있어요. 무엇이 더 필요하다는 겁니까?"

우리 사회에는 무조건 더 크고 더 많은 것이 좋다는 생각이 너무 널리 퍼져 있다. 그래서 사람들은 모든 사업가들이 기회만 오면 가급적 빠르게 회사를 성장시켜서 제2의 마이크로소프트나 시티코프(Citicorp)를 만들고 싶어한다고 생각한다. 이러한 보편적인 가정은 성장을 부추기는 또 하나의 압력으로 작용하는 바, 특히 사회적 지위나 위신이 걸려 있을 때 더욱 심해진다. 캐틀린은 이렇게 말한다. "상당히 힘든 문제입니다. 자존심 문제가 될 수도 있으니까요. 저는 제 자신에게 자주 묻습니다. 나의 삶에서 무엇이 가장 중요한가? 나는 왜 사업을 하고 있는가? 삶에서 무엇을 이루고 싶은가? 세상 사람들은 저에게 어서 빨리 회사 덩치를 키우고 확장하라고 재촉합니다. 하지만 저는 제가 왜 굳이 그래야 하는지 이해할 수가 없더군요."

징거맨스의 바인츠바이크도 파트너인 사기노와 함께 회사 확장 문제를 고민하고 있을 때 그러한 압력을 느꼈다고 한다. "사기노는 적절한 질문을 할 줄 아는 친구입니다. 일단 회사의 성장이란 주제에 대해 이야기를 시작하자 그는 우리가 오랫동안 생각해 보지도 않았던 많은 질문들을 꺼냈습니다. '우리가 어쩌면 좋은 시기를 그냥 흘려보내고 있는 것일 수도 있으니, 이번에 전국적으로 지점을 열면 어떨까?' 하는 질문도 있었지요. 사람들이 보편적으로 이루어야 한다고 생각하는 목표, 비교적 이루기 쉽다고 생각하는 목표를 향해서 가라는 압력을 이겨내기는 쉽지 않습니다. 하지만 그들은 모릅니다. 그것은 결코 쉬운 일이 아니며 많은 노력이 필요합니다. 일단 성장으로 가는 문을 열면 그 앞에는 많은 질문과 고민들이 놓여 있습니다."

　일부 경영자들은 다른 이들보다 급성장이라는 유혹에 더 쉽게 빠진다. 제이 골츠는 자신이 그런 사람들 중 한 사람이었다고 순순히 인정한다. 그는 지금의 자신을 '성장 중독 회복자'라고 부른다.

　그는 자신이 성장에 중독되었던 원인을 어린 시절에서 찾을 수 있다고 생각한다. 그는 시카고에 있는 사무실에 앉아서 어렸을 때 겪었던 일을 말해주었다. 그의 친구의 아버지는 액자 관련 일에 종사하고 있는 사업가였다. "저는 그분이 사업을 시작하고, 실패하고, 다시 시작하고, 망하고…… 하는 과정을 지켜봤습니다. 나중에 알게 된 일이지만, 그분은 약간 정신분열증세가 있었더군요. 하지만 어쨌든 저는 그를 보면서 사업이란 건 참 흥미진진한 일이라는 생각을 갖게 됐습니다." 당시 그의 할아버지, 아버지, 삼촌은 함께 동네에서 조그만 잡화점을 운영하고 있었는데, 골츠에게 그 가게는 미래가 없어 보였다. 그래서 그는 대학교 3학년 때 회계학을 공부하면서 사업을 시작할 구상을 했고 결국 액자 사업을 하기로 마음먹었다.

　하지만 가족들은 그의 생각에 동의하지 않았다. 그의 어머니는 한숨만 쉬셨고 친구들은 하나같이 "그것 말고 더 나은 일이 있을 거야"라고 말했다. 대학 지도교수는 그에게 대학원을 가지 않으면 앞으로 성공할 수 없을 것이라고 말했다. 골츠를 격려해 준 사람은 그의 매부밖에 없었다. 그의 매부는 "지금 하지 않으면 평생 못할 것이다"라고 말했다.

　주변 사람들의 만류에도 불구하고 골츠는 1978년 스물두 살의 나이에 아티스트 프레임 서비스를 차렸다. 결과는 대성공이었다. 얼마

가지 않아 그는 『포브스』에 "젊은 천재 사업가"로 소개되기도 했다. 그 후 약 15년 동안 골츠는 아티스트 프레임 서비스를 단시간 내에 크게 성장시키며 5~6개의 사업체를 추가로 출범시켰다. 그는 말 그대로 일에 미친 사람이었다. 골츠는 기업계의 거물인 마이클 델(Michael Dell)이나 프레드 스미스(Fred Smith) 같은 이들에 대한 글을 읽으면서 더욱 열정을 불태웠다. 그는 프랜차이즈 사업의 가능성이나 기업 합병도 고려해 봤으며, 회사를 상장하는 것도 생각해 봤다. 결국은 그런 선택을 하지 않았지만, 그는 자신이 활발하게 활동하고 있는 것에 대해 희열을 느꼈다.

"당시 저는 역동적이었고, 한 가지에 미쳐 있었고, 독립적인 기질과 집중력과 집요한 끈기를 갖고 있었습니다. 사업하는 사람으로서는 매우 뛰어난 자질들이 분명합니다. 하지만 당신이라면 그런 사람과 결혼해서 함께 살고 싶을까요?"

그 질문에 대한 대답이 어떻든 간에, 그가 이루어낸 업적은 무시할 수 없다. 마흔 살이 되었을 무렵 그는 이미 액자 사업계의 거물로 여겨졌고 아티스트 프레임 서비스는 업계 최고의 기준으로 인식되고 있었다. 그의 가정용품 매장과 미술 갤러리 또한 번창하고 있었다. 골츠는 여러 곳으로부터 강연과 연설을 해달라는 제의를 수없이 받았고, 경영자들에게 조언을 담은 책도 집필 중이었다. 회사가 위치한 시카고 지역 사람들은 골츠의 회사가 그 지역을 되살리는 데 큰 공헌을 했다며 그에게 찬사를 보냈다. 그리고 그는 16년째 아내와 결혼생활을 유지하면서 건강한 아이 셋을 두고 있었다. 그는 이렇게 말한다. "다 제 아내 덕분이었습니다. 당시에는 아내가 무엇을 감내하고 있는지 깨닫지 못했지만, 지금은 잘 알고 있습니다."

골츠는 자신이 얼마나 많은 것을 성취했는지도 깨닫지 못했다. 그는 당시 자신의 마음 상태를 떠올리며 이렇게 말했다. "성공한 사업가는 모종의 병적인 증세에 시달리게 마련입니다. 저 같은 경우는 항상 무언가를 가능한 한 많이 해야 한다는 조급증이 있었습니다. 내가 어떤 기회를 놓치고 있는 건 아닐까? 무언가 손해를 보는 게 아닐까? 항상 그런 걱정과 질문이 머리에서 떠나지 않았습니다. 그러한 증세를 어떻게 떨쳐낼 수 있을까요? 성공에 대한 갈망이 성공 조급증으로 바뀌는 것을 어떻게 막을 수 있을까요? 천재 사업가라는 꼬리표가 따라다니는 사람에겐 그런 증세를 떨쳐내기란 쉽지 않습니다. 20대의 젊은 나이에 『포브스』에 실렸는데 마흔이 되니까 이제 한물간 게 아닌가 하는 기분이 들더군요. 누군가의 재산이 400억 달러라는 얘기를 들으면, '도대체 저 녀석은 나보다 얼마나 잘났길래?' 하는 생각이 들더군요."

성장 중독자들이 대개 그렇듯이, 골츠는 밑바닥까지 내려가고 나서야 변화의 필요성을 절감했다. 1996년 봄에 그는 클라이본에 있는 건물을 한 채 구입했다. 원래 계획은 한 블록 떨어진 곳에 건물을 임대해서 시작한 가정용품 매장을 그곳으로 확장, 이전하여 최고급 가정 및 정원 용품 매장으로 꾸미는 것이었다. 문제는 새로 구입한 건물이 대대적인 보수와 재단장을 필요로 한다는 점이었다. 그리고 곧 다가올 봄 판매 시즌을 놓칠 수가 없었기 때문에 모든 정비 작업을 4개월 안에 반드시 끝내야만 했다. 작업이 진행되는 동안 그는 자금이 바닥나고 말았다.

"당시 저는 신용한도 안에서 가능한 돈은 모두 끌어다 썼습니다. 제 수중에 아무것도 남은 게 없었죠. 정말 절망적인 시간이었습니다. 밤에 잠을 잘 수조차 없었습니다. 갚아야 할 돈은 늘어만 갔고, 어머니가 암에 걸리셨고, 아이의 학교생활에도 자꾸 문제가 생겼습니다. 참으로 암울한 시기였지요.

하지만 그때가 바로 전환점이 되었습니다. 성장 중독증이 치료되려면 그전에 먼저 세 가지를 경험해야 합니다. 먼저, 고통을 느껴봐야 합니다. 집을 잃을까 봐 걱정이 돼서 밤새 한숨도 못 자는, 그런 정도의 고통을 느껴봐야 합니다. 나이 마흔한 살에, 돈은 바닥나고, 가정용품 업계에 대해 아는 것도 적었습니다. 창업 초기에도 물론 회사를 성장시키려고 고군분투하면서 스트레스를 겪었지만 그건 어쩔 수 없었습니다. 누구나 겪어야 하는 과정이었지요. 하지만 이번엔 달랐습니다. 제가 스스로 자초한 상황이었으니까요. 아무것도 모르는 업계에 뛰어들어 건물까지 사들이며 일을 벌였기 때문이었습니다. 제가 정신이 나간 게 아닌가, 하는 생각까지 들었습니다.

그리고 자연스럽게 두 번째 깨달음이 왔습니다. 빈손으로 시작해서 거대한 기업을 일궈내는 사람들은 저 같은 평범한 사람과 다르다는 사실이었습니다. 지능의 문제가 아니라 본질적인 기질의 차이라고 봐야겠죠. 세 번째 깨달음은, 미친 듯이 일하지 않고도 만족스러운 삶을 살고 훌륭한 회사를 운영하면서 충분한 돈을 벌 수 있다는 사실이었습니다. 그걸 깨닫고 나면 주변에 있는 불만 가득한 부자와 그들의 불행한 가족이 눈에 들어오지요. 누군가 도널드 트럼프 (Donald Trump)에게 '당신은 좋은 아버지입니까?'라고 묻자 그는 '돈으로 남부럽지 않게 살게는 해줍니다'라고 대답했습니다. 저는 그걸 보고 경악을 금치 못했습니다.

어쨌든 저는 중독 회복에 들어갔습니다. 오랫동안 제 자신에게 계속 '앞으로, 앞으로, 앞으로!' 하고 외쳐왔는데, 멈춰도 괜찮다는 사실을 알게 됐습니다. 결국 이런 생각이 들었지요. 그 많은 돈을 모은다고 한들 그걸로 무엇을 할 것인가? 그러자 세상이 다르게 보이더군요."

골츠가 변화하기까지의 과정에는 또 다른 중요한 부분이 있었다. 바로 자신의 성공을 과소평가한다는 것으로, 이는 회사를 끝없이 키워야 한다는 생각을 가진 경영자들이 대개 지니는 특성이기도 하다. 그는 항상 자신이 부족하고 무능력하다는 생각에 시달렸다. 툭하면 그는 세계의 최고 경영자들과 자신을 비교하고, 그들에게는 있고 자신에게 없는 것이 무엇인지 생각하며 스트레스를 받곤 했다. 그는 자신의 결점에 너무 집착한 나머지 자신이 주변 사람들에게 기여한 점과 그들에게 미친 긍정적인 영향을 깨닫지 못했다(그리고 그런 자신의 공로를 인정하지 못했다). 마치 회사의 규모에 있어서나 그 자신의 개인적 부에 있어서나 온 세상이 인정하는 성공의 정점에 다다르지 못하면 다른 모든 것은 전혀 무의미하다고 생각하는 듯했다.

결국 그의 눈을 뜨게 만든 인물은 릴리 부커라는 고참 흑인 직원이었다. 그녀는 아티스트 프레임 서비스에서 8년 동안 근무하다가 월리 하드윅이라는 또 다른 여직원과 함께 은퇴를 앞두고 있었다. 은퇴식에서 짧게 소감을 말하면서, 릴리는 아티스트 프레임 서비스에 입사하게 된 과정을 이야기했다. 입사 전 그녀는 다른 액자 회사에서

10년째 근무하고 있었는데 회사가 텍사스 주로 이전하게 되어 실직하게 되었다고 했다. 그녀는 골츠를 쳐다보면서 말을 이었다. "그때 저는 50대였습니다. 사장님이 저를 고용했을 때, 저는 다시 직장을 얻게 되리라고는 꿈에도 생각하지 못했습니다. 제게 기회를 주셔서 감사하다는 말씀을 꼭 드리고 싶었습니다."

묘한 타이밍이었다. 골츠는 그 해에 마흔이 될 참이었고 늙어간다는 것에 대한 생각이 많아진 시기였다. 릴리 부커의 말은 그의 내면에 있는 무언가를 건드렸다. 그는 말한다.

"회사를 키우는 동안에는 불만족스러운 직원이나 제가 관리하는데 실패한 직원들만 눈에 들어오지요. 당시에 저는 그런 실패들만 집착하고 있었습니다. 부득이 해고해야 했던 매니저, 실수를 연발하고 문제를 일으키는 신참 직원, 부정행위를 하다가 들킨 고참 직원들 등등 말입니다. 그런데 릴리의 말을 들었을 때 제가 완전히 실패한 것이 아님을 깨달았습니다. 주변을 둘러보니 일할 수 있음에 감사하고 자기 일을 진심으로 사랑하는 직원들이 많았습니다."

그는 예전에 누군가에게 들은 이야기가 생각났다며 들려주었다. "한 소녀가 물 밖으로 나온 불가사리를 다시 바다로 던져주고 있었습니다. 한 노인이 다가오더니 소녀에게 말했습니다. '그래 봤자 무슨 차이가 있겠니? 바다에는 수없이 많은 불가사리가 있는데 그것들을 전부 구할 수는 없잖아. 몇 개 구한다고 해서 뭐가 달라질까?' 그러자 소녀는 손에 들고 있던 불가사리를 보더니 이렇게 말했습니다. '다른 건 몰라도 이 불가사리한테는 많은 게 달라지겠지요.' 그리고 소녀는 그 불가사리를 바다에 던졌습니다. 결국 릴리는 제가 바다에 던져준 불가사리인 셈이었죠."

이후 그는 자신이 구한 불가사리가 릴리 부커뿐이 아님을 알게 되었다. 그의 회사에는 항상 남아서 야근을 하려고 하는 직원이 한 사람 있었다. 나중에 알고 보니 그 직원은 티베트에 있는 가족들에게 조금이라도 돈을 더 보내기 위해서 그런 것이었다. 그리고 직원 가운데 남베트남 해군 대령이었던 루안레가 있었다. 그는 사이공 함락 후 체포되어 8년이 넘는 시간 동안 여러 수용소를 전전하며 포로생활을 했다. 1983년에 풀려난 그는 1년 후 100여 명의 난민을 모터보트에 태워 3일에 걸쳐 베트남에서 말레이시아로 이동시켰고, 도중에 태국 해적들을 만났지만 거기서도 용케 살아남았다. 그는 결국 필리핀으로 갔고 거기서 영어를 배운 뒤 시카고로 오게 된 것이었다. 아티스트 프레임 서비스는 베트남과 캄보디아 출신 난민들에게 직장을 알선해 주는 에이전시를 통해 루안레를 고용했다. 골츠는 그를 두고 이렇게 말했다. "그는 우리 회사에서 으뜸가는 조립공이자 제 불가사리 중 한 사람입니다."

작은 거인 회사들의 리더들이 지닌 공통점은 모두 자신의 불가사리를 소중하게 생각한다는 점이다. 어쩌면 이들 작은 거인이 지닌 마법은, 기업이 그 안에 속한 사람들의 삶에 긍정적인 변화를 만들어낼 수 있는 잠재력을 지녔다는 사실을 진정으로 이해하고 인정하는 데서 나오는 것인지도 모른다. 이 책에 소개하는 회사들은 모두 그러한 공통점을 갖고 있으며 바로 그 때문에 직원, 고객, 공급자, 그리고 지역사회와 밀접하고 친근한 관계를 형성할 수 있다. 이러한 친밀한 관계는 그들이 마법이 가져다 주는 혜택인 동시에 그 마법을 만들어내는 중요한 원동력이기도 하다. 당신이 원한다면 그러한 친밀한 관계를 직접 눈으로 목격할 수도 있다. 그 회사들이 위치해 있는 도시와 지역을 방문해 보기만 하면 되니 말이다.

모나리자 법칙

Chapter 03

애즈베리 델라웨어 감리교회는 뉴욕 주 버펄로 중심부로 들어가는 큰 길인 델라웨어 애비뉴에 위치해 있다. 이 지역에는 버펄로의 전성기였던 19세기 후반에서 20세기 초반 사이에 지어진 멋진 건축물들이 많이 남아 있는데 이 교회 역시 그 중 하나다. 이 교회는 가수 겸 작곡가인 애니 디프랑코가 설립한 음반회사 라이처스 베이브 레코즈의 본거지이기도 하다. 또한 이 건물은 버펄로라는 도시의 희망을 상징한다.

먼저 배경 이야기가 조금 필요할 듯싶다. 이리 호 동쪽 끝에 위치한 버펄로는 한때 교역의 중심지였다. 미 중서부에서 생산된 곡물은 버펄로에 도착한 후 이리 운하와 허드슨 강을 통해 뉴욕 시로 수송되었고, 다시 그곳에서 외국으로 수출되었다. 20세기 초반에 버펄로는 미국에서 여덟 번째로 큰 도시이자 전국에서 손꼽히는 아름다운 도시가 되었다. 실제로 버펄로는 프랑스인 건축가 피에르 랑팡이 워싱턴 D. C.를 설계할 때 사용했던 패턴을 적용했고, 프레더릭 로 옴스테드(Frederick Law Olmstead : 미국 도시계획의 선구자이자 뉴욕 센트럴 파크를 설계한 인물—옮긴이)가 공원 시스템을 디자인했으며, H. H. 리처드슨과 프랭크 로이드 라이트 등 당대의 유명한 건축가들이 건물들을 설계했다.

하지만 1950년경을 기점으로 버펄로는 쇠퇴의 길을 걷기 시작했다. 1959년에 세인트로렌스 수로가 개통되고, 선벨트 지역(미국 남부 15개 주에 걸쳐 있는 지역—옮긴이)에서 무역 경쟁이 증가하기 시작하면서 버펄로의 쇠퇴에는 더욱 가속이 붙었다. 기업들은 본거지를 다른 도시로 이전했고 교역의 활기도 사라져 갔다. TV 심야 프로에서는 버펄로의 길고 추운 겨울과 버펄로 미식축구 팀의 거듭되는 패배를 놀림감으로 삼기 일쑤였다. 주요 기업의 본사들도 빠져나가고 이렇다 할 산업도 활성화되지 않자, 버펄로의 경제는 바다으로 가라앉아 회복될 기미를 보이지 않았다. 시 당국이 뉴욕 주로부터 보조금을 받아 시민들에게 기본적인 공공서비스를 제공할 정도였다.

그러다가 1990년대 후반 버펄로에 구원자 같은 존재가 나타났다. 그것은 바로 리거스(Rigas) 가의 사람들이 운영하는 케이블 TV 회사 아델피아 커뮤니케이션스였다. 이 회사는 1997년에 4억 7,300만 달러였던 수익이 1999년에는 13억 달러로, 2001년에는 33억 달러로 뛰어오르면서 무섭게 급성장한 방송사였다. 아델피아 커뮤니케이션스는 근처의 다른 도시인 코우더스포트에 본사를 두고 있었지만, 리거스 사람들은 버펄로에 각별한 애정을 갖고 이 도시를 적극적으로 후원했다. 1998년 그들은 버펄로의 하키 팀인 세이버스(Sabres)를 인수했고, 2000년 도시 한가운데에 1억 2,500만 달러 규모의 자사 운영센터를 짓겠다는 계획을 발표했다. 이 운영센터가 완공되면 약 1,000개의 일자리가 창출되고 도시 발전이 활성화되는 좋은 계기가 될 터였다. 그것이야말로 버펄로에게 필요한 것이었다. 버펄로 주민들은 다가올 현실이 믿기지 않을 만큼 커다란 기대에 부풀었다.

하지만 애석하게도 그것은 꿈에 불과했다. 2002년 7월 24일, 리거스 가족은 투자자와 채권자들을 속이고 막대한 양의 회사 자금을 빼돌린 혐의로 기소당했다. 몇 달 후 아델피아는 파산 보호 신청을 하고 콜로라도 주로 본사를 옮겼다. 이후 로체스터 시에 위치한 페이첵스(Paychex Inc.)의 톰 골리사노가 세이버스를 인수하고 그것을 버펄로 지역 팀으로 계속 유지하기로 약속했다(그는 버펄로 출신도, 하키 팬도 아니었다).

이쯤 되자 버펄로 주민들의 심정은 낙담을 초월한 수준이었다. 약 50년 동안 도시가 점점 쇠퇴해 가는 것을 지켜보면서 그들은 버펄로의 미래에 대해 체념하기 시작했고 일종의 열등의식까지 갖게 되었다. 또 아무리 상황이 악화되어도, 자신들이 아무리 불평을 하더라도 버펄로를 돕기 위해 아무도(적어도 버펄로 출신은) 나서지 않을 것이라는 사실을 받아들이기 시작했다.

바로 그 즈음 애니 디프랑코와 그녀의 비즈니스 파트너인 스콧 피셔(Scot Fisher)가 나타났다. 피셔는 라이처스 베이브의 사장이었다. 그들은 둘 다 버펄로 출신이었고 디프랑코는 버펄로가 낳은 최고의 록 스타였다(물론 그 외에 구구돌스(Goo Goo Dolls)도 버펄로 출신이다). 디프랑코는 세계적으로 수많은 팬을 거느리고 있으며, 라이처스 베이브 레이블로 이미 수백만 장의 CD를 판매한 뮤지션이었다. 그보다 판매량은 적지만 라이처스 베이브 레이블에서는 다른 여러 아티스트들의 음반도 발매한 바 있었다. 그녀는 여러 메이저 음반회사들의 끈질긴 구애에도 불구하고 독립적으로 자신의 길을 걷기로 결심했으며, 때문에 라디오에서 그녀의 음악이 방송되는 경우는 매우 드물었다. 그래서 자신의 활동지역 밖에서는 다른 동료 여자 뮤지션들만큼, 예컨대 앨라니스 모리셋(Alanis Morissette)이나 사라 맥라클란(Sarah McLachlan)만큼 유명해지지는 못했지만, 전국의 대학 캠퍼스에서는 상당한 인기를 얻고 있었으며 고향인 버펄로에서도 역시 유명 인사였다. 버펄로에 사는 사람이라면 그녀의 음악은 들어본 적이 없을지라도 그녀가 누구인지는 알고 있었다. 디프랑코는 버펄로 지역에서 수많은 공연을 했고 라이처스 베이브를 통해 자선단체나 지역 활동에 수차례 기부도 한 바 있었다. 그녀가 자선공연을 할 때마다 그녀의 사진과 기사가 지역신문인 『버펄로 뉴스』의 1면을 장식했다. 비록 버펄로는 보수적인 노동자들이 많이 사는 지역이었지만 버펄로 주민들은 디프랑코를 사랑했다. 설령 그녀가 양성애자임을 밝혔고 레즈비언 팬들이 많다 해도 그것이 무슨 상관인가? 그녀가 드레드록 헤어스타일(여러 가닥의 로프 모양으로 땋아 내린 레게 특유의 헤어스타일—옮긴이)에 코에 피어싱을 하고 가슴에 문신을 하고 다닌들 무슨 상관인가? 그녀의 사상이 마르크스보다 더 좌익이라면 뭐 어떤가? 이것이 바로 그녀에 대한 버펄로 주민들의 생각이었다. 디프랑코는 버펄로 토박이였고 그 지역 클럽에서 기타를 치고 노래를 했으며 유명 스타가 된 후에도 자신의 고향을 절대 잊지 않았다.

그러한 것들이 바로 사람들에게 믿음을 주었다. 누구나 생각할 수 있듯이, 디프랑코는 사업을 다른 곳에 차릴 수도 있었다. 하지만 그녀는 현대적인 레코딩 시설과 다른 많은 뮤지션들이 있는 뉴욕이나 로스앤젤레스 같은 대도시를 버리고 버펄로를 선택했다. 또 그녀와 피셔는 라이처스 베이브의 티셔츠 등 관련 상품을 제작하거나, 앨범 재킷이나 포스터를 인쇄하거나, 카세트테이프와 CD를 제작할 때 반드시 버펄로의 공급자들만을 고집했다. 시간이 지나면서 디프랑코는 자신의 사업뿐 아니라 그 지역에 3개의 사업체가 만들어지는 데 큰 기여를 했고, 미국 북동부 지역에서 실업률이 높은 도시들 중 하나인 버펄로에 약 125개의 새 일자리를 창출하는 데 기여했다.

하지만 주민들의 마음에 가장 커다란 감동을 전해 준 것은 그녀가 애즈베리 델라웨어 감리교회를 수리한 일이었다. 비록 아름답고 역사 있는 건물이었지만, 라이처스 베이브가 그 교회에 눈을 돌렸을 즈음 교회 건물은 거의 폐허나 다름없었다. 수십 년 동안 아무도 수리나 보수작업을 하지 않은 채 방치되어 있었던 것이다. 뾰족탑 가운데 한 군데에서 거리로 돌이 떨어지기 시작했기 때문에, 만일 피셔가 5만 달러를 모아서 임시 수리를 하지 않았더라면 1995년에 철거되었을 것이다. 보수 공사를 마친 피셔는 이후엔 특별히 교회와 관련될 일이 없을 거라고 생각했다. 그런데 1999년에 한 버펄로 주민에게서 전화가 왔다. 교회 건물을 사들였는데 그것을 어떻게 활용해야 할지 모르겠다는 내용이었다. 그러면서 그는 혹시 라이처스 베이브가 그

건물을 사용하는 데 관심이 있는지 물었다. 피셔와 디프랑코는 의논을 한 뒤, 그 교회를 인수하고 다시 수리하여 음반사 본사로 사용하기로 결정했다. 뿐만 아니라 내부에 공연장과 재즈 바, 미술 갤러리, 아방가르드 예술 단체들의 사무실도 마련하기로 했다.

드디어 2003년 후반 애즈베리 델라웨어 감리교회에 비계(건축공사 때에 높은 곳에서 일할 수 있도록 설치하는 임시 가설물—옮긴이)가 세워지고 공사가 시작되었다. 아델피아 사건의 후유증에 시달리고 있던 버펄로 주민들은 그 광경을 보고 다시 힘을 내기 시작했다. 『버펄로 뉴스』의 칼럼니스트 돈 에스몬드는 "그때 바로 사람들의 희망이 다시 살아났습니다"라고 말한다. 에스몬드는 1990년대 중반부터 그 건물을 복구하기 위한 노력에 솔선수범한 사람들 중 하나다. "언제까지고 볼품없이 방치되어 있을 거라고 생각했던 건물에 공사가 시작되고 변화가 일어난 것이었죠. 교회가 서 있는 델라웨어 애비뉴는 도시 중심부로 이어지는 주요 도로입니다. 많은 사람들이 출퇴근할 때 그 앞을 지나가게 되죠. 사람들 모두 교회가 그냥 폐허로 남아 있을 거라고 생각했기 때문에 공사가 시작되자 진심으로 기뻐했던 겁니다."

택시 기사와 술집 주인들, 그리고 오랫동안 버펄로에 뿌리를 내리고 살아온 많은 사람들 모두가 똑같은 희망과 희열을 느꼈다. 라이처스 베이브의 인쇄물 작업을 담당하는 회사에서 일하는 직원인 팻 톰슨은 이렇게 말했다. "교회를 수리한 것은 정말 뜻 깊은 일이었습니다. 전 버펄로에서 거의 평생을 살아왔는데, 앞장서서 무언가를 하는 사람을 거의 못 봤습니다. 애니와 스콧이 그런 분위기를 뒤엎고 실제로 행동하기 시작하는 것을 보면서 우리는 '이제 때가 됐군' 하고 생각했습니다."

 이 작은 거인들을 보면 한 가지 특징이 유난히 눈에 띈다. 라이처스 베이브가 그랬듯이 그들은 모두 자신이 속한 지역과 떼려야 뗄 수 없는 관계이다. 징거맨스는 앤아버와 거의 동일시되고 앵커 브루잉은 샌프란시스코의 일부와도 같은 회사다. 시티스토리지는 브루클린의 특성을 속속들이 지닌 회사다. 레엘 프리시전 매뉴팩처링과 쌍둥이 도시(Twin Cities : 세인트폴과 미니애폴리스를 일컬음 – 옮긴이)는 말과 마차의 관계와 같다. 마찬가지로 클리프바는 버클리, ECCO는 보이시, O. C. 태너는 솔트레이크시티, 해머헤드는 스튜디오시티와 불가분의 관계다. 또 각 기업과 지역은 쌍방향으로 서로 영향을 미친다. 기업은 자신이 속한 지역사회의 삶을 변화시키며, 지역사회 또한 기업을 변화시키는 것이다.

 이러한 관계는 결코 우연이 아니다. USHG의 대니 메이어는 식당을 열 위치나 식당의 종류를 결정할 때 지역사회를 매우 중요한 요소로서 고려한다. 그는 이렇게 말한다. "저는 독특하지 않은 레스토랑은 경영하기 싫습니다. 그리고 그러기 위해서는 배경이 적절해야 합니다. 비유를 하자면, 저는 「모나리자」 그림이 어떤 액자에 들어 있고 어떻게 걸려 있으며 어떤 조명을 받는지는 모릅니다. 하지만 이것만은 확실하게 압니다. 만일 「모나리자」가 다른 나라의 다른 도시에 있는 다른 박물관에 존재한다면, 지금과 같은 그런 분위기는 나오지 않을 겁니다." 바로 그런 이유 때문에 마이어와 동료들은 라스베이거스에 유니언스퀘어 카페나 그러머시 태번을 내라는 사람들의 제안을 거절했던 것이다. "우리 식당들은 지역사회의 일부분이고, 지역사회 또한 우리 존재의 일부분입니다. 우리가 운영하는 식당들은 라스베이거스에 맞지 않습니다. 그곳을 방문하는 뜨내기손님들이나 그 도시의 특성을 감안하면 말입니다. 한마디로 배경이 적절하지 않은 거지요."

징거맨스의 애리 바인츠바이크는 기업과 지역사회 사이의 관계에 대해 비유를 들어 표현했다. "이를테면 와인을 만들 때 '테루아(terroir : 포도 재배 지역의 총체적 자연환경을 일컫는 말—옮긴이)'가 중요한 것과 비슷합니다. 특정한 지역의 토양과 기후는 와인의 맛과 향에 결정적인 영향을 미칩니다. 각 지역마다 토양의 무기물 함유량, 일조량과 강수량, 주요 식물군 등이 다르기 때문이지요. 만일 똑같은 제조법을 사용해 2개의 다른 지역에서 포도주나 치즈를 만들면 어떨까요? 두 지역에 있는 동물들이 먹는 풀이나 먹이가 다를 것이고, 두 지역의 포도나무는 각기 자라는 토양도 다르고 일조량과 강수량도 다를 것입니다. 이처럼 '테루아'가 다르기 때문에, 제조법이 동일하다 해도 두 곳에서 나오는 치즈와 포도주는 맛이 다를 수밖에 없습니다. 실제로 먹어보면 그 차이를 느낄 수 있지요. 비즈니스도 마찬가지입니다. 각 지역에는 그곳만의 특색이 있습니다. 일종의 정신적인 테루아라고 할 수 있겠죠. 한 지역에 깊게 뿌리를 내리면 그 지역의 테루아는 회사에 큰 영향을 미칩니다."

물론 그 반대 역시 성립한다. 음식을 대량으로 생산하는 경우에는, 가급적 테루아의 영향을 받지 않게 해야 한다. 균질한 음식을 만들기 위해 기후, 토양, 계절에 따른 특성이나 차이점을 최소화해야 하는 것과 마찬가지로, 지역적으로 넓게 퍼져 있는 기업은 차이를 없애고 공통적인 기업문화를 형성하기 위해 힘쓴다. 기업은 조직에 속해 있는 모든 사람들이 같은 규칙을 따르고, 같은 기준에 맞춰 일하고, 같은 목표를 위해 노력하고, 같은 가치관을 지니게 만들려고 노력한다. 물론 그것 자체가 틀린 방법은 아니다. 바인츠바이크는 유기농 식품 전문 유통업체로서 전국적으로 체인을 운영하는 홀 푸즈 마켓(Whole Foods Markets)을 예로 든다. 홀 푸즈 마켓은 강력하고 활기찬 기업문화를 갖고 있으며 훌륭한 기업시민으로서의 역할을 중요하게 생각하는 대기업이지만 '어느 특정한 지역사회'에 뿌리를 두고 있지는 않다.

이 책에 나오는 회사들은 모두 지역사회와 밀접한 관계를 맺고 있고 그것은 누가 보아도 쉽게 알 수 있다. 그들은 주변 지역의 분위기를 반영하는 독특한 개성을 지니고 있으며, 때로는 그러한 특성이 피상적이거나 다소 이상한 것처럼 보일 수도 있지만 실제로는 기업의 성공에 매우 중요한 역할을 한다. 라이처스 베이브가 좋은 예다. 아주 잠시만 살펴보아도 이 회사가 주는 느낌이나 분위기와 버펄로의 그것이 상당히 흡사하다는 것을 알 수 있다. 버펄로는 역전승으로 이기는 스포츠 팀 같은 느낌을 주는 도시다. 버펄로의 날씨에 대한 우스갯소리들에도 불구하고, 버펄로에는 끊임없이 분투하는 아웃사이더의 자존심 같은 것이 존재하며 시민들은 자신이 사는 도시에 대해 강력한, 어떤 면에서는 신비롭기까지 한 애착을 갖고 있다. 도시를 떠났던 이들도 언젠가는 돌아오고, 이곳에서 몇 개월을 지내본 사람은 다시 떠나지 않는다. 공항에서 만난 한 택시기사는 나를 태우고 갑자기 몰아친 눈보라 속을 달리면서 자기 아들이 캘리포니아로 갔다가 다시 버펄로로 돌아온 이야기를 들려주며 "이곳 사람들의 핏속에는 특별한 게 흐르는 것 같습니다"라고 말했다.

브라이언 그루너트(Brian Grunert)는 예전에 대학을 다녔던 미국 중서부 지역으로 이사를 하려고 했었지만 결국은 버펄로를 떠나지 못했고, 결국 라이처스 베이브의 기획자가 되었다. 그는 "마치 낚싯바늘에 걸려 있는 것 같다"라고 도시에 대한 애착을 묘사했다. 루이지애나 주 출신인 론 엠케(Ron Ehmke)는 버펄로에서 대학원을 마친 뒤에 라이처스 베이브의 작곡가로 활동하고 있다. 그는 "버펄로의 피가 제 몸속에 흐르는 걸 느낍니다"라고 말했다.

도시에 대한 이런 애정의 일부는 버펄로의 빛바랜 아름다움, 쾌적한 생활을 가능하게 하는 낮은 인구 밀도, 다른 북동부 도시에 비해 낮은 땅값과 물가 때문일 것이다. 하지만 그것이 전부는 아니다. 엠케는 이렇게 말했다. "버펄로는 작은 도시가 아님에도 불구하고 마치 작은 마을처럼 느껴집니다. 예를 들어, 이곳에서 예술 분야에 일하는 사람들은 웬만하면 서로에 대해 압니다. 다른 지역에 비해 예술 단체의 규모가 작을지는 모르지만, 여기만큼 분할되지 않고 서로 많은 것을 공유하는 단체는 없을 겁니다. 상당히 매력적인 점이죠."

도시의 그런 특성과 마찬가지로, 라이처스 베이브는 전국적인 명성을 갖고 있고 전 세계에 고객을 두고 있음에도 불구하고 작은 지역의 사업체 같은 느낌을 준다. 디프랑코는 1998년 『뉴욕타임스』와의 인터뷰에서, 왜 대형 레이블과 계약하지 않고 자신만의 회사를 만들었는지 설명하며 이렇게 말했다. "대기업을 택하는 것 이외에 다른 길도 있다는 것을 직접 알고 싶었습니다. 저는 아플 때 대형 약국체인이나 대형마트에 가지 않고 30년간 아내와 동네 약국을 운영해 온 약사를 찾아가도 되는, 그런 세상에서 살고 싶습니다."

피셔는 음반회사에서 일하기 전에 주택에 페인트칠 하는 일을 했는데, 거기서 배운 것들이 음반회사를 운영하는 데에도 적용된다고 말한다. "페인트공은 대개 작은 지역 범위 내에서 일을 하기 때문에 평판이 굉장히 중요합니다. 그래서 얼렁뚱땅 일을 처리해서는 안 되지요. 정직하게 일하고, 자기가 한 말에 책임을 지고, 사람들을 예의 바르게 대하고, 약속을 지켜야 합니다. 안 그러면 밥줄 끊어지는 건 시간문제니까요."

그는 작은 소도시는 오늘날 음악 업계나 대부분의 기업세계에서 보기 힘든 일종의 책임감을 갖게 만든다고 말한다. 그는 디프랑코와 밥 딜런이 함께 콘서트를 할 때 일했던 공연 프로모터의 이야기를 들려주었다. 콘서트는 북동부에 있는 한 주요도시 근처의 야외 공연장에서 진행될 예정이었다. "그곳의 주차 비용은 원래 무료였는데 그 프로모터는 티켓 한 장마다 주차비용 5달러를 추가해서 받았습니다. 공연자들에게 추가로 돌아가는 금액 없이 자기 혼자 2만 5,000달러에서 5만 달러를 챙기는 교묘한 방법이었지요. 작은 도시에서 그런 짓을 계속하기는 불가능합니다. 나중에는 아무도 그와 일하려고 하지 않으니까요. 이런 도시에서는 평판이 매우 중요하기 때문에 그런 사람에 대한 소문은 금세 퍼집니다. 우리는 그 반대의 사람들과 함께 일하면서 가급적 작은 사업체를 꾸리고 싶습니다. 때문에 전국적인 비즈니스를 하되 작은 마을의 분위기를 유지하려고 노력했습니다. 현재 우리와 함께 일하는 프로모터들은 절대 우리를 속이지 않을 사람들입니다. 가끔씩 저와 애니는 우리가 착하고 정직한 사람들만 모여 사는 판타지 세상에 살고 있는 게 아니냐고 농담을 주고받곤 하지요."

버펄로라는 도시는 라이처스 베이브에게 또 다른 영향도 미쳤다. 기획자인 그루너트는 이렇게 말한다. "이 회사가 성공하지 못할 만할 이유는 여러 가지가 있었고 그 가운데 하나는 위치였습니다. 얼핏 생각하기에, 전국 시장의 경쟁에서 살아남으려면 버펄로 같은 도시에 둥지를 트는 것은 상당히 불리합니다. 하지만 스콧과 애니는 오히려 그 점을 최대한 활용했습니다. 여기 있었기 때문에 경비를 절감하고 인쇄나 제조 부문의 비용을 줄일 수 있었고, 자신들과 직원들에게 만족스러운 라이프스타일을 즐길 수 있었던 겁니다. 라이처스 베이브는 결국 대도시가 아니라 버펄로에 있었기 때문에 성공할 수 있었던 셈입니다."

버펄로의 또 다른 이점 중 하나는 바로 가수나 작곡가를 지망하는 뛰어난 인재들이 풍부하다는 것이다. 피셔와 디프랑코는 그러한 인재들을 지원하기 위한 노력을 아끼지 않았다. 엠케는 이렇게 말했다. "스콧은 프로가 되려고 노력하되 겉멋이 들어서는 안 된다고 생각했습니다. 그렇다면 그 일을 해보지 않은 초짜를 고용하는 것이 적절하지요. 저는 수많은 록 스타들의 약력을 관리해 본 경험이 없었습니다. 우리 회사의 기획자들은 앨범이나 공연 포스터를 만들어본 적이 별로 없었습니다. 라디오 담당자도 대학 방송국에서 일을 시작한 사람이었죠. 우리는 모두 실제로 일을 하면서 일에 대해서 배워갔습니다." 비록 각자의 분야에서 초심자였지만 그들은 풍부한 재능을 갖고 있는 이들이었다. 그들이 만들어낸 앨범, 카탈로그, 홍보 자료들은 신선하고 창의적이었으며 아마추어가 만든 느낌은 전혀 나지 않았다. 2003년 음악계는 디프랑코와 그루너트에게 베스트 패키징 부문 그래미상을 수여함으로써 그들의 능력을 인정했다.

실용적이고 외면적인 혜택 이외에, 라이처스 베이브는 역경과 싸우는 아웃사이더이자 약자와도 같은 버펄로의 기질에서도 많은 힘을 얻었다. 그러한 기질은 회사 전체에 스며들어 사람들을 움직이는 원동력이 되기도 했다. 특히 피셔의 경우가 그랬다. 그가 라이처스 베이브의 사장이 됐을 때에 그는 디프랑코의 남자친구였다. 당시 그는 음반사 사장은커녕 뮤지션의 매니저가 될 수 있을 만한 경험이나 능력도 거의 없는 상태였다. 그가 임명되자 사람들은 당연히 의심스러운 눈으로 쳐다보았다. 피셔는 당시 상황에 대해서 이렇게 말했다. "나중에야 알게 되었지만, 당시 애니의 에이전트였던 짐 플레밍은 제가 처음으로 그에게 전화를 했을 때 '맙소사, 남자친구로군. 이런 상황은 좋은 결말이 나는 경우가 거의 없는데'라고 생각했었답니다. 저는 제 상황이 어떤지 잘 알았습니다. 사람들이 저를 그다지 인정하지 않는 분위기였다는 것도 알았습니다. 하지만 전 그런 것에 익숙했습니다. 버펄로 사람이니까요." 여담이지만 나중에 디프랑코와 피셔는 연인 관계를 정리했다.

어쩌면 피셔에게는 '뭔가 보여주겠다'는 독한 각오가 있었는지도 모르고, 아니면 그와 반대로 주변의 기대가 낮은 만큼 그 기대를 뛰어넘기도 쉬울 것이라는 여유가 있었는지도 모른다. 어찌 됐든 그는 자신의 일에 적극적으로 뛰어들었고, 디프랑코와 함께 다양한 분야에 참여하며 널리 인정받는 음반 사업체를 일궈냈다. 10년 후에도 라이처스 베이브는 여전히 건재했다. 반면 예전에 디프랑코에게 함께 일하자고 제의했던 메이저 음반 회사들 중 몇몇은 망한 지 오래였다.

피셔는 버펄로라는 도시가 라이처스 베이브가 오래 번영할 수 있는 토대를 제공했다고 믿는다. "IRS 레코드사가 애니를 섭외하려고 할 때, 우리는 LA로 가서 그들의 사무실을 보았습니다. 사무실은 정말 세련되고 멋졌지만, 우리에게 정말로 필요한 무언가가 그곳에 있다고는 생각되지 않았습니다. 그들에게 전화가 있는 것처럼 우리도 전화가 있었고, 그들에게 있는 팩스 기계가 우리한테도 있었습니다. 그들은 애니의 음악을 대중에게 더 널리 알릴 수 있을 거라고 했지만, 우리는 그들 없이도 할 수 있을 거라고 믿었습니다. 지금 IRS는 없어졌고, 우리는 여전히 남아 있습니다. 우리가 현명한 선택을 했다는 의미지요. 제 생각엔 버펄로에 남아 적절한 규모의 사업을 유지했던 것이 중요한 원인이었던 것 같습니다. 그게 올바른 관점을 유지하는 데 도움이 되었습니다."

이 책에 나온 회사들은 모두 그들이 위치한 지역과 공생하는 관계에 있으며, 이러한 지속적인 관계가 바로 이들 기업이 지닌 마법의 중요한 요소다. 이 회사들의 경영자와 직원들은 자신이 누구인지, 자신이 있어야 할 곳은 어디인지, 그리고 자신이 이웃, 친구, 그 외 관계를 맺는 주변사람들에게 어떤 영향을 미치는지 잘 알고 있다. 이러한 인식은 그들 사업의 번영과 그들의 일에 대한 열정에 신비로울 만큼 커다란 영향을 미친다.

앵커 브루잉은 샌프란시스코의 문화나 역사와 긴밀하게 융합되어 있기 때문에 지역의 관광 명소가 되었다. 회사 웹사이트를 보면 앵커 브루잉의 기원은 골드러시 시절 이 지역에 온 고트리브 브레클이라는 사람으로 거슬러 올라가며, 서부 지역의 양조 산업이 시작된 초기 역사도 소개하고 있다. 당시 그곳에서 만들어진 맥주는 스팀 맥주라고 불렸고 이 때문에 이 회사의 제품도 앵커 스팀 비어라는 이름을 갖게 되었다. 샌프란시스코 시가 그랬듯이 앵커 브루잉도 지진, 화재, 전쟁, 금주령, 재정적 위기 등 온갖 자연 재해와 사회적 위기를 겪으면서 살아남았다. 그때마다 양조장을 회생시키려고 안간힘을 쓴 이들이 있었기에 버틸 수 있었다. 그 구원자들 가운데 가장 최근 인물이 바로 프리츠 메이태그였고, 1965년 당시 스탠퍼드 졸업생이었던 그는 회사 지분을 상당수 사들이면서 앵커 브루잉을 맡았다.

메이태그는 회사를 처음 맡았을 때부터 앵커 브루잉과 샌프란시스코 사이의 특별한 관계와 그 중요성을 각별히 인식하고 있었다. 지금의 앵커 브루잉을 보면 이 도시의 과거를 고스란히 느낄 수 있다. 전통적인 양조 기법이나 회사 내에 있는 바의 독특한 분위기, 맥주 상표의 디자인, 마켓 스트리트 남쪽의 옛 공업지역에 있는 회사 위치에 이르기까지, 이 회사가 샌프란시스코와의 관계를 유지하기 위해 노력한 흔적이 보인다. 원래 운영하던 양조장에서 공간이 부족해지자 메이태그는 1977년에 옛 커피 제조 공장을 인수하여 이곳으로 위치를 옮겼다. 교외로 회사를 옮기면 비용 면에서 훨씬 부담을 덜 수 있었지만, 그에게 샌프란시스코를 벗어난다는 것은 생각도 할 수 없는 일이었다. 샌프란시스코를 떠난다는 것은 회사의 전통과 유산을 배

반하는 행동이었다.

제이 골츠와 아티스트 프레임 서비스도 마찬가지로 시카고의 북부 지역과 밀접한 관계를 맺고 있다. 골츠가 회사를 시작한 1978년에 그 지역은 뉴타운이라고 불렸다. 하지만 이름과 달리 그곳에는 폐허가 된 낡은 건물과 공터들뿐이었다. 당시 회사가 위치한 노스 클라이본 애비뉴의 길거리에는 하도 사람이 없어서, 금요일과 토요일 밤에는 동네 폭주족들이 단거리 경주를 할 정도였다. 골츠는 당시를 떠올리며 말했다. "그 시절에 누가 길거리에서 달리고 있으면 절도범일 가능성이 높았습니다. 요즘에는 그냥 조깅하는 평범한 사람일 가능성이 더 크죠."

오늘날 노스 클라이본 애비뉴는 번화한 상업의 중심지로 고급 상점과 식당이 즐비하게 늘어서 있다. 이곳이 되살아나면서 이 거리가 속해 있는 지역인 링컨파크도 활기를 띠기 시작했으며, 아울러 부동산 값도 껑충 뛰고 홀 푸즈 마켓, 스미스 앤 호큰(Smith & Hawken), 크레이트 앤 배럴(Crate & Barrel) 같은 유명업체들도 속속 들어섰다. 지역 상인과 부동산 업자들은 이러한 변화를 이끈 골츠의 공로를 인정한다. 골츠가 사업을 시작할 당시 그곳 땅값은 1제곱피트(약 0.09제곱미터, 약 0.03평)당 1달러 정도였다. 그는 그 가격으로 약 2,000제곱피트를 구입해서 사업을 시작했다. 현재 그곳 땅값은 제곱피트당 40달러에 육박하고 있으며 교통 체증도 심해지고 있다. 주차 지역 부족이 심각한 문제가 될 것이라고 예측한 골츠는 고객들을 위한 주차장 부지를 매입했다. 이 주차장은 그의 가정 및 정원 용품 매장 건물 맞은편에 있으며, 거기서 한 블록 떨어진 곳에 액자 가게와 미술 갤러리가 위치한다. 그의 매장에서는 주변지역에서 느껴지는 활기를 고스란히 느낄 수 있다(직원들은 자신들의 매장을 캠퍼스라고 부른다).

시티스토리지와 이 회사가 위치한 브루클린의 윌리엄스버그의 관계는 앞에 언급된 회사들의 경우와 조금 다르다. 골츠가 회사를 열 당시의 뉴타운처럼, 브로드스키가 1994년에 본사를 윌리엄스버그로 이전했을 때 그곳은 삭막한 동네였다. 당시 브로드스키는 거리에서 범죄가 일어날까 봐 신경이 쓰였고 직원들의 안전이 염려됐다. 또 회사 위치 때문에 직원들이 떠나거나 새 직원을 모집하는 데 어려움이 따를지도 모른다는 걱정이 들었다. 하지만 그는 사무실보다는 창고형 건물에서 일하는 것이 중요하다고 생각했다. 또 그곳으로 옮김으로써 연간 30만 달러라는 돈을 절약할 수 있었다. 결국 그는 대책을 마련했다. 회사를 옮기면서 최신 보안시스템을 설치하고 직원들을 위해 지하철역과 회사 사이를 왕복하는 셔틀 차량 운행을 개시했다.

하지만 그가 우려했던 위험한 사건은 일어나지 않았다. 회사 이전과 동시에 몇몇 직원들은 회사를 그만두었지만 남은 직원들은 오히려 더 활력을 찾은 듯했다. 또 윌리엄스버그에 보수가 괜찮은 업체들이 많지 않았기 때문에 새 직원을 모집하는 일은 오히려 더 쉬웠다. 지역 사람들이 회사에 계속 합류하자, 브로드스키와 아내 일레인(시티스토리지의 공동경영자이자 부사장이었다)은 지역사회와 밀접한 관계를 맺기 위해 노력했다. 그들은 주민들을 회사 파티에 초대했고 지역의 연극단을 위한 공간도 마련해 주었다. 또 매년 있는 휴가 파티를 계속 유지할 것인지, 아니면 그 돈으로 지역 자선단체에 기부를 할 것인지를 직원들로 하여금 직접 결정하게 했다. 직원들은 자선단체를 선택했는데, 그 단체는 자폐증이 있는 아이들이 다니는 학교를 지원하는 곳이었다. 시티스토리지 직원들은 매년 크리스마스마다 선물을 사고, 직접 조립하고 포장한 뒤에 그 학교에 전달했다.

오늘날 시티스토리지는 브루클린의 특성을 고스란히 갖고 있다. 다양한 배경을 지니고 다양한 언어를 사용하는 사람들이 혼재되어 있기 때문이다. 직원들 사이에는 현실적이고 진지하며 한군데 몰두하는 분위기, 그리고 따뜻함과 관용이 동시에 존재한다. 직원들은 대부분 이 회사가 아니었다면 얻지 못했을 기회를 얻었기 때문에, 회사에 대한 충성심과 의리가 남다르다. 그들은 브로드스키를 "엄하지만 공평한" 사람이라고 표현하는데 여기에는 칭찬과 존경의 의미가 담겨 있다. 여러 가지 면에서 브로드스키는 그들과 비슷하다. 많은 역경을 거치면서도 끈질기게 노력해서 결국 성공에 이른, 세상 물정에 밝은 브루클린 주민이기 때문이다.

그렇다면 클리프바는 어떨까? 클리프바를 만든 인물은 전형적인 버클리의 자유정신을 가진 젊은이인 게리 에릭슨이었다. 회사를 세우기 전 그는 서른세 살 미혼 남이었고 스키, 암벽 등반 장비, 자전거, 초등학교 때부터 연주해 온 2개의 트럼펫이 있는 차고에서 강아지와 함께 살고 있었다. 당시 그는 낡은 1976년형 닷선 자동차를 몰고 다녔고, 친구와 함께 칼리스 스위츠 앤 세이버리스(Kali's Sweets & Savories)라는 제과점을 운영하고 있었다. 그는 자전거 경주, 암벽 등반, 즉흥 재즈 연주를 좋아했고, 15년이 지난 후 클리프바를 운영하고 있는 시점에도 여전히 그것들을 좋아했다. 버클리 5번가에 위치한 클리프바 사무실을 방문해 보면 그간 얼마나 많이 건물을 수리하고 개조했는지 금세 느낄 수 있다. 건물에서 제일 눈에 잘 띄는 곳에는 커다란 암벽 등반용 벽이 서 있는데, 이곳에는 클리프바의 매출 목표 달성 현황을 나타내는 각양각색의 캐릭터 인형들이 매달려 있다(또 다른 벽은 진짜 암벽 등반을 위한 벽이다). 건물 안에는 체육관도 하나 있는데 이곳에서는 종종 댄스, 에어로빅 수업이 진행되고 개인 트레이너에게 교육을 받을 수도 있다. 뿐만 아니라 마사지 룸, 헤어살롱, 명상을 위한 방, 자전거 수리 센터, 게임 룸도 마련되어 있다.

더 중요한 것은 그 모든 것이 조화를 이룬다는 점이다. 클리프바를 설립하고 15년이 지난 후 에릭슨에게는 약간의 변화가 있었다(그 중 하나는 아내와 3명의 아이들과 함께 산다는 것이었다). 하지만 버클리는 거의 변하지 않았다. 조금 더 번영하게 되었다는 점을 제외하면 말이다. 클리프바도 마찬가지였다. 회사가 시작할 때 지녔던 특징들을 여전히 갖고 있었지만, 단 그것들은 더 강해졌고 회사는 더욱 건실해졌다. 그들은 환경 친화적인 방법을 택했고, 생산하는 제품에 유기농 재료를, 회사 티셔츠에는 유기농 면화를, 홍보물이나 회사 책자에는 재활용 종이를 사용했으며, 업무에 소비되는 전력을 꼭 필요한 만큼만 사용했다. 또한 다양한 사회복지기관에 지원을 제공함은 물론 〈2080 프로그램〉을 실시했다. 이는 직원 한 사람이 1년에 일하는 시간인 2080시간을 회사가 사회에 기부한다는 의미로, 직원들에게 급여를 제공하면서 일정 시간 동안 회사 업무 대신 자신이 선택한 자선단체를 위해 봉사활동을 하도록 하는 것이었다. 여러 가지 측면에서 클리프바는 자신의 배경지역인 버클리라는 도시를 닮아 있다.

레엘 프리시전 매뉴팩처링 또한 마찬가지다. 미네소타 주 세인트폴에 위치한 이 회사는 기업의 지역사회 참여에 관한 오랜 역사를 갖고 있는 쌍둥이 도시의 비즈니스 문화를 그대로 지니고 있다. 타깃/데이턴-허드슨(Target/Dayton-Hudson), H. B. 풀러(Fuller), 필스베리(Pillsbury), 제너럴밀스(General Mills) 등의 기업은 기업이 주변 지역사회에 대해 사회적 책임을 져야 한다는 주장을 옹호했으며, 실제로 지역사회에 많은 돈을 기부해 왔다. 특히 타깃은 1주일에 200만 달러를 기부한다. 레엘 프리시전 매뉴팩처링의 창립자들은 "비록 이익이 남지 않거나 빠르지 않거나 전통적이지 않은 방식처럼 느껴지는 상황일지라도 '올바른' 일을 하는 데 전념할 것"이라는 사상을 회사의 주춧돌로 삼았다. 그들이 추구하는 가장 중요한 목표는 "공익을 위해 가치 있는 공헌을 하는 것"이다.

직원들 역시 그러한 기준을 일상적인 업무 속에 융합시켰다. 레엘 프리시전 매뉴팩처링의 직원들에게서 느껴지는 건강하고 정직한 이상주의는 뉴욕, 시카고, LA 같은 곳에서라면 순진하다고 느껴질 만한 것이지만, 쌍둥이 도시에서는 지극히 자연스럽기만 하다. 이 회사는 직원들에게 비즈니스 결정의 윤리적인 측면에 대해 토론하고 갈등을 해결하는 데 적극적으로 참여하도록 권장한다. 리더들은 일상적인 업무에 영적인 관점을 적용하는 단체들과 밀접한 관계를 맺고 있으며, 그러한 주제에 관해 주변 대학들과 지역단체들에서 자주 강연을 한다. 또한 레엘 프리시전 매뉴팩처링은 '미네소타 주 비즈니스 윤리 상'과 '아메리칸 비즈니스 윤리 상'을 수상한 바 있다. 이 모든 것은 미니애폴리스와 세인트폴의 기업 문화와 밀접하게 연결되어 있는 것이다. 공동 CEO 밥 칼슨(Bob Carlson)은 "이 도시는 우리에게 커다란 영향을 미쳤습니다"라고 말한다.

물론 여러 대형 상장기업들도 그들이 시작한 본거지에서 많은 영향을 받은 바 있다. 월마트는 아칸소 주 벤튼빌에서 시작했고, 허시(Hershey's)는 펜실베이니아 주 허시에서 시작했다. 또 쌍둥이 도시는 레엘 프리시전 매뉴팩처링뿐만 아니라 타깃과 H. B. 풀러도 배출해냈다. 하지만 이런 기업들과 내가 소개하는 작은 거인들의 차이는 관계의 친밀도와 밀접함이다. 한 지역에서 인간적인 규모로 운영되는 기업은 그 지역을 지배하지 않으면서도 지역의 일부가 될 수 있다. CEO와 경영진은 이웃들, 주변의 비영리단체 리더들, 그 지역에 있는 다른 기업들, 그리고 지역 공무원들과 직접적인 관계를 맺을 수 있다. 그리고 이들의 관계는 매우 밀접하고 집중도와 헌신도가 높은데 이러한 특성은 기업이 커질수록 유지하기가 힘들어진다. 이것이 바로 바인츠바이크가 말하는 "뿌리를 두고 있다"라는 것의 특성이다. 전국이나 세계 곳곳에 지점을 갖고 있는 대기업도 여러 가지 좋은 일을 하고, 환경 보존에 힘쓰고, 기업 윤리를 준수하기 위해 노력하고, 가치 있는 대의에 많은 돈을 기부하고, 많은 자선사업을 지원할 수 있다. 하지만 그러한 기업이(그리고 그 직원들이) 할 수 없는 일이 한 가지 있다. 그것은 바로 특정한 지역사회와 깊은 관계를 맺어서 서로의 정체성에 영향을 미치고 모두가 만족하는 경험을 창출하는 일이다.

이러한 관계를 가장 잘 보여주는 대표적인 회사는 바로 징거맨스다.

1990년대 초반 바인츠바이크와 사기노가 다른 지역에 징거맨스의 지점을 내지 않기로 결정했던 것을 앞에서 언급한 바 있다. 그들이 그런 결정을 내린 부분적인 이유는 앤아버 지역사회와의 관계를 더욱 깊이 발전시키고 '앤아버의 사업체'라는 이미지와 특성을 보존하기 위해서였다. 누가 보아도 그들은 그 목표를 달성하는 데 성공을 거두었다. 라이처스 베이브나 앵커 브루잉과 마찬가지로, 징거맨스는 본질적으로 자신이 속한 지역인 앤아버의 독특한 문화를 반영하고 있으며 앤아버와 일체감을 지닌 기업이다. 앤아버는 미시간 대학을 중심으로 이루어진 도시로, 동부에서 이주해 온 사람들이 많이 사는 곳이다. 그것을 반영이라도 하듯 이 도시의 『뉴욕타임스』 구독률은 뉴욕을 제외하고 가장 높다. 위스콘신 주의 매디슨이나 아이오와 주의 아이오와 시티와 달리, 앤아버는 대도시(디트로이트)의 바로 옆에 있다. 그래서인지 빅텐(Big Ten : 시카고를 중심으로 미국 중부에 분포된 11개 명문 대학들—옮긴이)이 있는 다른 도시들에 비해 앤아버는 좀 더 대도시적인 느낌이 더 난다(적어도 앤아버 주민들은 그렇게 믿는다). 바인츠바이크는 원래 시카고에서 태어났지만 미시간 대학을 다니기 위해서 앤아버로 왔고, 이후 이곳에 눌러 앉았다. 그는 "이 도시는 서부보다는 동부 경향이 강한 것 같습니다"라고 말한다.

  이 도시의 특징을 어떻게 규정하든 징거맨스는 그 특징을 고스란히 반영한다. 바인츠바이크는 말했다. "우리는 사람들을 응대할 때에는 허물없이 대하지만 음식에 관해서는 진지합니다. 다른 지역에서는 그것이 불가능할 것이라는 얘기는 아닙니다. 하지만 분명 어디서나 가능한 것은 아니지요. 이곳 앤아버에서는 사람과 음식에 대한 그러한 대조적인 태도가 매우 자연스럽습니다. 우리 식당에서는 세계적으로 유명한 교수가 청바지를 입고 고등학생이나 9살짜리 꼬마 옆에서 그들과 똑같은 치즈를 먹으면서 그것의 역사에 대해 이야기를 나누는 장면을 쉽게 볼 수 있습니다. 그리고 우리는 음식에 대해 굉장히 지적인 접근 방식을 취합니다. 아무래도 앤아버가 대학을 중심으로 형성된 도시이다 보니 그런 것이지요. 만일 제가 어떤 음식에 대해 더 깊이 알고 싶으면 대학에 찾아가 바로 물어볼 수 있습니다. 그곳엔 전문가들이 있으니까요.

우리는 그런 식으로 음식에 대해 많은 연구를 합니다. 우리는 그런 공부가 즐겁고, 고객들도 마찬가지입니다. 만일 당신이 여기서 일하려고 하는데 그런 것을 배우는 데 관심이 없다면 적응하기 힘들 겁니다. 또 우리는 직원들을 고를 때 젊고 이상주의적인 사람을 뽑습니다. 그들은 앤아버를 대표하는 사람들이라고 볼 수 있죠. 그들은 자신이 받는 보너스의 양보다 이 회사가 어떻게 지역에게 공헌할 수 있는가 하는 점에서 동기를 부여받습니다. 물론 그들이 보너스를 마다하지는 않겠죠. 저도 그들이 보너스를 받을 만큼 열심히 일하기를 원하고요. 하지만 그들은 자신이 얻는 금전적 이익보다는 기부에 더 관심이 많고, 그것은 바람직한 현상입니다. 하긴 그들이 아직 젊어서 부양할 가족도 없고 주택담보대출금 같은 것에 신경 쓰지 않아도 된다는 점도 어느 정도 영향을 미치겠죠."

그러한 이상주의의 또 다른 측면은 모든 문제에 대해 오랫동안 토론하려고 하는 기질이다. 한 가지 예화를 소개하겠다. 2000년에 컴퍼스 그룹(Compass Group)이 바인츠바이크와 사기노에게 한 가지 제안을 했다. 개보수 및 확장 작업이 진행된 디트로이트 공항 내에 징거맨스 지점을 여는 것이 어떻겠냐는 것이었다. 바인츠바이크와 사기노는 좋은 기회라고 여겼고 징거맨스 커뮤니티 오브 비즈니시즈에도 유익한 보탬이 될 것이라고 생각했다. 그들은 매장을 낸다는 가정하에 '징거맨스의 1000가지 맛(Zingerman's Land of 1000 Flavors)'라는 이름을 생각해 냈다. 그리고 그들이 1994년에 만든 비전 선언문 '징 2009(Zing 2009)'의 정신에 충실하기 위해서, 이 새로운 식당을 책임질 경영 파트너도 따로 두기로 구상했다. 즉 식당의 운영을 책임지고, 징거맨스의 비즈니스 철학을 지키는 동시에 그곳만의 문화를 구축하고, 높은 품질과 서비스의 기준을 충족시킬 경영자 말이다. 사기노는 컴퍼스 그룹이 그 역할을 해낼 수 있을 것이라고 주장했다. 바인츠바이크와 나머지 경영진도 그의 주장에 수긍했다.

하지만 한 가지 문제점이 있었다. '징 2009'를 만들 때, 사기노와 바인츠바이크는 아무리 이익이 높아 보이는 기회가 온다 하더라도 앤아버에서 벗어나는 것은 택하지 않겠다고 못 박았었다. 그들은 앤아버와의 유대감을 약화시키고 싶지 않아서, 디트로이트 근처에 징거맨스 지점을 열어 달라는 제안을 예전에도 여러 번 거절한 바 있었다. 이 새 공항은 앤아버에서 40킬로미터 정도 떨어진 디트로이트에 있었다. 그곳에 식당을 연다면 '징 2009'의 원칙을 위반하는 것일까?

바인츠바이크는 이렇게 말한다. "당시 저희는 장시간 동안 그 문제에 대해 토론했습니다. 폴과 저는 경영진과 많은 시간을 투자해 이야기를 나눴고, 지금껏 앤아버에서 했던 것처럼 디트로이트 공항에서도 식당을 운영할 수 있을지에 대해 직원들과도 의논했습니다. 다른 많은 문제들에서 그렇듯, 딱 떨어지는 대답이 나오긴 힘들었지요. 어쨌든 '징 2009'에는 '앤아버 이내'라고 쓰여 있지는 않습니다. '앤아버 지역'이라고 표현되어 있는데, 앤아버 지역이라고 하면 앤아버 주변의 입실랜티 시도 포함하죠. 결국 우리는 공항이 앤아버로 들어오는 입구라는 결론을 내렸고, 그곳에서 사람들을 '앤아버에 오신 것을 환영합니다'라는 마음으로 맞는 것도 근사하겠다고 생각했죠. 하지만 우리는 그 계획을 추진하기 전에 많은 의논과 의견 충돌을 거쳐야만 했습니다." 하지만 컴퍼스 그룹이 막판에 마음을 바꿨다. 9/11 테러가 일어난 2001년 9월 11일 아침, 컴퍼스 그룹은 그 공항 프로젝트에서 손을 떼겠다는 소식을 전해 왔고 결국 '징거맨스의 1000가지 맛'은 현실화되지 못했다.

얼핏 보기엔 징거맨스 사람들이 왜 그런 문제에 대해 깊게 고민하고 토론하는지 이해가 잘 안 갈 것이다. '앤아버 지역이든 아니든 무슨 상관인가?'라는 생각이 들 수도 있다. 만약 충분히 감당할 수 있는 기회이고 또 그것이 회사를 발전시킬 수 있다면, 위치는 크게 상관이 없지 않은가?

이 질문에 대한 답을 알기 위해서는, 그리고 사기노와 바인츠바이크, 그들과 함께 일하는 사람들의 생각을 이해하기 위해서는 그들과 앤아버 사이의 관계에서 또 다른 측면을 봐야 한다. 즉 징거맨스가 앤아버를 위해 어떤 공헌을 했으며, 그들이 앤아버 주민이 기업을 바라보는 방식에 어떤 영향을 주었는지 살펴봐야 한다.

2002년은 징거맨스의 창사 20주년이 되는 해였다. 만일 당신이 그 해 봄에 앤아버에 있었다면 징거맨스가 이 도시에 어떤 영향을 미쳤는지 이해할 수 있었을 것이다. 당시 징거맨스에는 고객, 지역 공무원, 다른 사업체, 멀리 있는 징거맨스 팬이나 앤아버 출신 사람들로부터 감사와 찬사를 표현하는 수많은 편지들이 도착했다. 하지만 수많은 이들이 전한 감사의 표시 중에 특히 돋보인 것이 있었다. 징거맨스 델리 근처에 있으며 식사 공간과 세미나실이 마련돼 있는 징거맨스 넥스트도어(Zingerman's Next Door) 외벽에 걸려 있는 표지판이 그것이다. 거기에는 이렇게 쓰여 있다.

> 우리 모두가 징거맨스 직원들에게.
> 맛있는 음식과 편안한 쉼터를 제공해준 것에 대해,
> 많은 것을 가르쳐주고 우리를 고무시키고
> 지역사회에 힘을 불어넣어준 것에 대해
> 진심으로 감사합니다.
> 커다란 기여를 한 징거맨스의 생일을
> 기쁜 마음으로 축하합니다.

그 아래에는 앤아버와 이 도시가 속해 있는 와시터노 카운티의 13개 비영리단체들의 로고가 그려져 있었다. 그리고 그 아래 다시 이렇게 적혀 있었다.

> 당신들의 도움을 받는 수많은 사람들의
> 진심을 담아 전합니다.

이 표지판을 구상해 내고 제작 비용을 지불한 13개의 비영리단체들은 결코 과장되게 표현한 것이 아니었다. 징거맨스는 앤아버에서 비단 일자리를 창출하고, 훌륭한 음식을 제공하고, 지역경제를 이끈 것만이 아니었다. 그것을 보여주는 좋은 예가 1998년 징거맨스가 설립한 비영리단체 '푸드 개더러스(Food Gatherers)'다.

사기노는 뉴욕의 전문 음식사진가들에 대한 잡지 기사를 읽고 푸드 개더러스에 대한 영감을 얻었다고 한다. 그 사진가들은 음식사진을 찍고 난 뒤 보통 버려지거나 스태프들이 나눠 갖는 음식들을 모으기 시작했다. 그리고 소형 트럭을 빌려서 음식들을 모은 후에 자선단체에 기부했다. 사기노는 그걸 보고 멋진 아이디어라고 생각했다. 그의 식당에도 분명히 아무 문제가 없지만 손님들에게 팔기에는 약간 신선도가 떨어지는 음식이 많이 있었다. 그때까지는 그런 음식을 직원들이 식사할 때 먹거나 그냥 버리고 있었다. "우리는 최대한 효율적으로 일하려고 애썼습니다. '우리 식당에도 이렇게 많은 음식이 남는다면, 다른 식당들도 마찬가지일 거야. 우리도 뉴욕의 사진가들처럼 한번 해보자' 하는 생각이 들었습니다."

마침 그는 그 즈음 샌드위치 담당 매니저인 리사 드영(Lisa deYoung)이 법과대학원에 지원하려고 식당을 그만둘 예정이라는 사실을 알았다. 사기노는 드영을 설득해서 대학원 진학을 조금 연기하고 버려지는 음식을 '구출'하는 프로젝트에 참여하도록 설득했다. 그는 먼저 드영에게 그러한 프로그램의 필요성에 대해 조사해 보도록 시키고, 식당에서 일할 때와 똑같은 봉급을 주겠다고 약속했다. 사기노는 다른 식당과 식품업체들에게 연락을 취해 그들이 이 프로젝트에 대해서 어떤 반응을 보이는지 알아보았다. 그들 역시 이런 프로젝트가 필요하다고 느꼈고, 특히 농작물, 육류, 유제품에 대해 그렇다는 결론이 나왔다. 결국 사기노는 처음 뉴욕 사진가들의 기사를 읽은 지 3개월 후인 1988년 11월에 푸드 개더러스라는 자선단체를 만들었다. 그는 무버블 피스트(Moveable Feast)라는 업체에서 밴을 빌려서 드영과 함께 프로젝트를 시작했다.

갑자기 사기노는 비영리단체의 운영자가 된 것이다. 그는 비영리단체에 관해 해박한 지식을 갖추고 있지는 못했지만 단체가 어떤 방향으로 나아가야 할지는 알고 있었다. "저는 푸드 개더러스를 하나의 사업체처럼 운영하고 싶었습니다. 또 관료주의를 경험하기도, 사람들로부터 자금을 얻기 위해 단체를 특정한 기준에 끼워 맞추기도 싫었습니다. 그래서 애리와 저는 적어도 초반에는 징거맨스가 자금을 지원하는 것으로 결정했습니다." 이는 곧 드영에게 간부급의 보수를 지불하고, 사무실 공간을 만들고, 이런저런 행정적인 비용까지 지원해야 한다는 것을 의미했다. 사업을 시작한 지 오래되지 않은 회사로서는 상당히 과감한 결정이었다.

그 후 18년 동안 푸드 개더러스는 꾸준히 성장했다. 1997년에는 경영 미숙으로 인해 운영 허가가 취소될 위기에 처한 푸드뱅크를 인수하고, 점점 활동 분야를 확장하기 시작했다. 푸드 개더러스는 노숙자 숙소, 알코올 중독자 치료소, 구세군, 각 지역의 빈민구제활동 단체들에게 식품을 제공하기 시작했다. 그러한 단체들과 경쟁하는 구도를 피하고 그들에게 신뢰를 얻기 위해서, 푸드 개더러스는 필요한 사람들에게 직접 음식을 제공하는 방식을 택하지 않고, 특별한 종류의 음식을 확보할 때에 드는 비용만 이들 단체에게 청구했다('구출' 된 음식은 모두 단체들에게 무료로 제공했다). 따라서 사기노와 팀원들이 운영 확장에 필요한 자금을 모금할 때 그들 단체는 별다른 이의를 제기하지 않고 기꺼이 협력했다. 결국 그 성과와 결과물이 자신들에게도 돌아온다는 사실을 알고 있었기 때문이다.

푸드 개더러스는 매우 성공적으로 확장을 거듭했다. 활동한 첫 해에는 약 40톤의 음식을 확보해 재분배했으나, 17년 후에는 '하루에만' 약 2~3톤을 재분배하면서 12명의 정규직원을 거느리고 있었고 연간 운영 예산이 100만 달러에 달했다. 징거맨스가 예산의 대부분을 책임졌으며 금전적인 면 외에도 여러 가지 측면에서 지원을 제공했다.

푸드 개더러스는 시작일 뿐이었다. 징거맨스는 "지역사회에서 집 없는 사람들을 사라지게 한다"는 목표를 추구하는 11개 단체들로 구성된 '와시터노 하우징 얼라이언스(Washtenaw Housing Alliance)'에도 커다란 공헌을 했다. 또한 비영리단체들의 경영 상태를 개선하고 경영진을 훈련하며 웹사이트 제작을 지원하는 '비영리 엔터프라이즈 앳 워크(Non-Profit Enterprise at Work)', 장애인이나 저소득층 아이들에게 훌륭한 연극을 보여주기 위해 시작된 '와일드 스완 시어터(Wild Swan Theater)' 등에도 도움을 주었다. 또한 징거맨스는 '와시터노 커뮤니티 칼리지'에 장학금을 기부했으며, 노숙자 숙소를 운영하는 '와시터노 카운티 노숙자 숙소 연합'에도 지원을 제공했다. 그 외에도 여러 가지 활동에 기여했다.

이 움직임의 선두에는 사기노가 있었다. 그는 비영리단체 활동과 지역사회 활동을 위해 1주일에 25시간까지 투자했고, 그러면서도 징거맨스의 새로운 사업 기회를 모색하는 총괄자의 역할을 해냈다. 그는 사내에서 일명 '최고정신책임자(Chief Spiritual Officer)'라는 직함을 달고 일하면서(바인츠바이크는 CEO였다) 주변 지역사회와 회사 간의 관계를 돈독하게 하는 데 큰 공을 세웠다. 그리고 그는 그런 자신의 역할을 즐겼다. 그는 이렇게 말한다. "가끔씩 저는 비영리단체 활동을 하기 위해 영리 기업을 시작한 게 아닌가 하는 느낌도 듭니다. 우리는 번 돈의 상당량을 이 지역의 사회적, 문화적, 교육적 활동을 위해 투자합니다. 우리가 이런 활동을 하지 않았더라면 앤아버는 아마 매우 다른 분위기의 도시가 됐을 겁니다. 저는 우리가 앤아버에 이런 변화를 가져올 수 있었다는 것이 너무나 자랑스럽습니다."

한 가지 흥미로운 사실은, 그럼에도 불구하고 징거맨스가 자신들의 이러한 지역 활동을 마케팅 도구로 사용하지 않는다는 점이다. 사기노는 말한다. "우리의 활동을 비밀로 유지할 수는 없습니다. 이곳은 작은 도시니까요. 사람들이 모금 행사에 가서 항상 저희 회사의 이름을 보면 자연히 추론할 수 있죠. 하지만 우리는 그것을 회사를 홍보하는 데 사용하지 않습니다. 그런 것에 이용하는 회사들에게는 신뢰가 가지 않습니다. 과연 진짜 목적이 무엇인가 하는 의문이 들죠. 저희는 그것이 올바른 행동이라고 믿기 때문에 하는 것입니다. 우리가 사업을 시작할 때 세운 목표와 부합하기도 하고요."

사기노의 이런 의견에 그다지 공감이 가지 않는 사람들도 있을 것이다. 어떤 사람들은 징거맨스 같은 회사들이 다른 기업에게 모범이 되기 위해 자신의 활동을 널리 알려야 한다고 생각한다. 그들은 사회적 책임감을 지닌 기업이 마케팅을 통해서든 다른 방식을 통해서든 기업이 공익에 기여할 수 있다는 사실을 보여주는 것이 옳다고 믿는다. 또 어떤 사람들은 사기노가 시간과 노력과 돈을 그러한 대의에 사용하는 것은 좋지만, 그러한 활동과 회사를 결합시키는 것은 바람직하지 않다고 생각한다. 그들은 밀턴 프리드먼(Milton Friedman : 1976년 노벨경제학상을 받은 미국의 경제학자―옮긴이)이 말했듯이, 기업의 책임은 이윤을 창출하는 것이며 따라서 기업의 자원은 다른 부수적인 목표를 위해 함부로 쓰여서는 안 된다는 견해를 갖고 있는 것이다.

사기노는 그런 논란은 상관없다고 말한다. 징거맨스는 어떠한 정치적 목적 때문에 지역 활동에 참여하는 것이 아니며, 그는 그것이 부수적인 활동이라고 생각하지도 않는다. 오히려 그것은 그와 동료들이 사업을 시작한 중요한 이유 가운데 하나이며, 동시에 그들이 사업을 하면서 얻을 수 있는 제일 큰 보상 중 하나이다. 그는 말한다. "저희는 사람들로부터 온갖 요청을 받습니다. 어떤 것은 정말 엉뚱한 부탁이라서 가끔 웃음이 나기도 하지만, 따뜻한 마음에서 우러난 부탁이지요. 우리는 사람들의 그런 부탁들을 들어주는 것이 즐겁습니다. 이런 지역에서 함께 있을 수 있다는 건 행복입니다. 그런 행복은 돈으로 살 수 없는 것 아닙니까? 저로서는 이 모든 것이 정말 행복합니다."

이쯤에서 기업의 사회적 책임에 대해 몇 가지 더 언급하고, 아울러 기업의 마법을 생성하는 데 그러한 사회적 책임이 하는 역할에 대해 살펴보는 것이 의미 있을 듯싶다. 이 책에 소개하는 회사들은 모두 나름대로 자신이 속한 지역의 활동에 참여하지만, 1990년대에 널리 알려졌던 사회적으로 책임 있는 기업들(예: 벤앤제리스, 더 바디숍)과 달리, 자신의 활동을 대중에게 의도적으로 알리려고 애쓰지는 않는다. 14개 회사들의 경영자들은 대부분 사기노의 의견에 공감하여, 자신의 훌륭한 활동을 마케팅 도구로 사용하기를 꺼려한다. 그리고 일부 경영자는 프리드먼과 비슷한 견해를 표하기도 한다. 그 중 한 사람인 프리츠 메이태그는 "비즈니스의 본분은 비즈니스다"라는 견해의 강력한 지지자이다.

하지만 프리드먼이 실제로 이 주제에 대해 쓴 글(『뉴욕타임스 매거진(The New York Times Magazine)』 1970년 9월 13일자에 실린 글)을 읽어보면, 그가 언급한 대상은 바로 상장기업이란 점을 알 수 있다. 프리드먼은 인위적인 개체인 기업이 사회적 책임을 가질 수 있다는 생각에 대해 이의를 제기했다. 사람은 자신에게 사회적인 책임이 있다고 느낄 수 있지만 기업은 그렇게 느낄 수 없다는 것이다. 또한 이런 상장기업을 운영하는 사람들은 회사를 소유한 이들(즉, 주주들)이 고용한 직원인 셈이고, 따라서 그들에게는 주주들의 이익을 증진하는 방향으로 회사의 자원을 사용할 의무가 있다. 이런 기업의 경영진이 자신의 정치적 또는 사회적 어젠다를 성취하기 위해 마음대로 자원을 사용하면, 그들은 결과적으로 주주들의 돈을 동의 없이 갈취하는 것과 마찬가지다.

하지만 프리드먼도 인정했듯이 이런 논리는 소유권이 회사 내부에 존재하는 개인회사에는 적용되지 않는다. 프리드먼은 "개인기업의 경우는 상황이 다르다. 만일 개인기업의 경영자가 '사회적 책임'을 이행하기 위해 회사의 소득을 사용하면, 그것은 자신의 돈을 사용하는 것이지 남의 돈을 사용하는 것이 아니다. 만일 그가 그러한 목적에 자신의 돈을 사용하고 싶어한다면 그것은 그의 권리이며 그것이 잘못되었다고 항의하는 것은 어불성설이다"라고 말했다.

그의 말에서 주목해야 할 부분은, 대의를 위해 자기 소유의 돈과 시간을 쓰는 개인과 대의를 위해 다른 이들의 돈과 시간을 쓰는 기업의 차이점이다. 이 책에 나오는 작은 거인들을 보면 그 차이점을 알 수 있다. 그들은 어떤 숨은 동기나 딴 속셈이 있는 활동은 하지 않을 뿐만 아니라, 자선활동을 통해 베풀고 지원하는 마음을 진정으로 전달하기 위해서는 그것을 개인적이고 직접적이며 널리 알려지지 않은 상태에서 수행해야 한다고 믿는다(하지만 반드시 비밀리에 해야 한다고 생각하는 것은 아니다).

그것의 좋은 예가 앵커 브루잉이다. 메이태그는 이렇게 말했다. "우리는 사업적으로 성공하는 동시에 좋은 이웃이 되기 위해 노력했습니다. 우리는 이 근처에 있는 작은 중학교를 후원하고 있는데, 여러 가지 방식으로 그들을 지원하면서 가급적 비공개로 합니다. 또 양조장 근처에 있는 공공도서관을 지원하고 있습니다. 저는 어릴 때부터 도서관을 매우 좋아했기 때문에 도서관에 대해 약간 유별난 애착을 갖고 있습니다. 또 우리는 실내악 그룹을 지원했고, 자전거로 미국 횡단 기록을 갱신하려는 젊은이들을 지원한 적도 있습니다. 또 이 근처 만에서 활동하는 보트 경주 팀도 지원합니다. 하지만 이 모든 지원은 조용히, 비공개적으로 이루어집니다.

그리고 제가 특별히 아끼고 자랑스러워하는 프로그램이 하나 있습니다. 우리 직원들 중 한 사람이 개인적으로 자선단체에 기부를 하면, 회사가 그 두 배를 같은 곳에 기부하는 것입니다. 만약 샌타크루즈에 사는 직원이 해변을 깨끗하게 유지하기 위해 노력하는 단체나 해변의 공원을 확장하려는 단체에 100달러를 기부하면, 우리 회사는 그 단체에게 200달러를 기부합니다. 한때 이 비율은 2:1이 아니라 4:1까지 올라간 적도 있습니다. 저는 '기부하는 직원들의 수가 더 늘어날 때까지 비율을 계속 올리겠다'라고 말했습니다. 몇 년 전 다시 비율을 2:1로 비율을 낮출 수 있었죠. 남들이 어떻게 볼지 몰라도 저에게는 그것이 참 보람찬 일입니다.

전 기업들이 정확히 '공익을 위한 일'이 무엇인지 알고 있는지 의심스러울 때가 많습니다. 솔직히 저는 자신의 회사가 후원한 오페라에서 칵테일을 손에 들고 찍은 사진이 신문 사회면에 실리는 경영자들을 그다지 좋게 생각하지 않습니다. 오히려 천박해 보인다고 할까요. 하지만 저는 제 직원들의 기부를 장려하는 것은 자랑스럽게 생각합니다. 가끔은 전혀 생각지도 않았던 단체에 수표를 끊어주는 경우도 있습니다. 하지만 직원들이 그 단체가 좋다고 생각하는데, 제가 뭐라 왈가왈부하는 건 말이 안 되지요. 어쩌면 직원들이 제대로 보고 있는지도 모르니까요. 이런 식으로 우리는 직원들과 밀접한 관계를 맺고 있습니다. 작은 회사에서야말로 진정한 팀이 생겨납니다. 그래서 직원이 무언가를 지원하면 저희도 지원하게 되죠."

이것은 모두 직접적으로 친밀한 관계 속에서 이루어지는 일이며, 메이태그는 자신의 회사가 지역사회와 그러한 관계를 맺고 있다고 믿는다. "제가 매우 좋아하고, 오랫동안 해왔고 지금도 자주 하는 일이 하나 있습니다. 우리는 양조장을 소규모 자선단체, 특히 사설 자선단체들에게 공개하고, 어떤 특별한 행사가 있으면 이곳에 와서 저녁식사를 하거나 간단한 다과와 함께 회의 등을 할 수 있게 공간을 제공합니다. 그리고 그 단체들에게 사람들을 초청하는 것은 환영이지만, 그들에게 참가 티켓을 팔거나 기부를 강요하지는 말라는 조건을 붙입니다. 이것을 우리는 약 40년 동안 해왔습니다. 예로부터 유럽이나 미국에서는 양조장이 주민생활의 중심지로서 그러한 역할을 했지요. 회의 같은 것을 하고 싶으면 양조장으로 가면 된다니, 참 좋은 전통 아닙니까?"

다른 회사들까지 '주민생활의 중심지'라고 부르기는 무리겠지만, 그들 역시 지역사회와 갖는 관계는 결코 그에 뒤떨어지지 않으며 직원들 또한 이 관계에 대해 강한 애착을 지니고 있다. 바인츠바이크는 이렇게 말했다. "우리 같은 소규모 회사는 지역사회와 하나가 될 수 있는 기회를 얻을 수 있습니다. 여러 곳에 지사를 둔 대기업은 결코 얻을 수 없는 기회이지요. 재밌는 일화를 하나 말씀드리죠. 우리가 처음 사업을 시작했을 때부터 지금까지 우리 식당을 찾는 고객이 있습니다. 우리 식당에 1주일에 세 번씩 오시죠. 생화학 분야에서 훌륭한 업적을 쌓으신 교수님인데, 얼마 전에 75번째 생일을 맞으셨습니다. 그분은 아들들에게 자신의 이름을 딴 징거맨스 샌드위치를 갖는 것이 소원이라고 했고, 그 아들들이 저희에게 연락을 했습니다. 그래서 우리는 그분만을 위한 특제 샌드위치를 만들었고 샌드위치 이름을 메뉴에 붙여놓았죠. 그 주 토요일에 샌드위치를 선보일 계획이었습니다. 금요일 밤에 저는 로드하우스에서 일하고 있었는데, 그곳에 그의 전 부인과 아들들이 찾아왔습니다. 그래서 그들과 함께 샌드위치에 대해서, 그리고 이 식당이 교수님의 삶에서 얼마나 큰 비중을 차지하는지 대해 이야기를 나누었지요. 다음날 아침 그분을 뵙게 됐는데 정말 행복해 보이더군요. 나중에 교수님은 세상에서 최고의 샌드위치였다며 이메일을 보내왔습니다.

그분이 어떤 이름 없는 사람은 아니지 않습니까? 그는 샌드위치와는 전혀 상관없는 분야의 전문가이고 세계적으로 유명한 분입니다. 이 교수님의 예화는 제가 말한 테루아의 중요성을 잘 보여줍니다. 그분은 이 지역에서 중요한 분인데, 우리는 그런 분과 밀접한 관계를 맺을 수 있는 거죠. 그게 가능한 건 우리가 이곳에 위치했기 때문입니다. 만약 우리가 이곳에 남지 않았다면 불가능했을 거고, 우리가 보편적인 방식으로 성장했으면 이곳에 남지 않았을 것입니다."

지역사회와의 이러한 밀접한 관계는 이 책에 나오는 회사들의 공통적인 특징이다. 또 위의 일화는 또 다른 중요한 점을 시사한다. 이 회사들과 지역사회와의 관계는 그들이 고객이나 직원들과 형성하는 관계와 겹치는 부분이 많다는 사실이다. 고객이나 직원과의 관계에서도 친밀함은 매우 중요한 역할을 한다.

유대감을 구축하라

Chapter 04

피츠버그 지역신문 『피츠버그 포스트-가제트(Pittsburgh Post-Gazette)』의 칼럼니스트인 마릴린 맥데빗 루빈(Marilyn McDevitt Rubin)이 동료들과 함께 점심식사를 하러 대니 메이어의 네 번째 식당인 타블라를 찾았을 때, 그녀도 이미 USHG에 대해 어느 정도 알고 있었다. 타블라는 미국 음식에 인도식 향료와 허브를 조화시킨 색다른 음식으로 유명했다. 루빈은 이미 다른 식당 세 곳(유니언 스퀘어 카페, 그러머시 태번, 일레븐 매디슨 파크)에서 식사해 본 경험이 있었다. 매번 음식도 훌륭했고 서비스도 흠잡을 데 없이 완벽했기 때문에 그녀는 타블라에서도 비슷한 경험을 하리라고 기대했다. 하지만 메이어가 추구하는 것은 완벽한 서비스가 아니라 '지혜로운 서비스'다. 루빈은 타블라에서 그것이 어떠한 것인지 깨닫는 경험을 했다. 음식을 주문을 한 직후, 그녀는 갑자기 옆으로 몸을 돌리다가 물잔 쟁반을 들고 있던 웨이터와 부딪치고 말았다.

루빈은 나중에 자신의 칼럼에 이렇게 썼다. "나는 쟁반이 기울어지고 물잔이 쏟아지고 거의 슬로모션으로 잔들이 쟁반에서 떨어지는 모습을 멍하니 쳐다보았다. 잔들이 깨지는 소리가 마치 대포 소리처럼 느껴졌다. 빤히 쳐다보면 내가 무안해질까 그랬는지 옆 테이블의 손님들은 아무 일 없는 듯 계속 식사를 했는데, 갑자기 여기저기서 식당 직원들이 나타났다. 걸레와 물통, 쓰레받기와 빗자루가 그들의 손에 들려 있었다. 몇몇 직원은 냅킨을 갖고 와서 내 옷에 묻은 물을 꼼꼼히 닦아주었다…… 소동이 가라앉는 데 몇 분이 걸렸지만, 이내 테이블은 다시 정리가 되고 내 앞에 기다란 샴페인 잔이 놓여졌다. 그들은 내게 놀란 마음을 가라앉히라며 잔에 특급 샴페인을 따라주었다."

어느 식당에서라도 그 정도면 특급 서비스에 해당하는 대우였고, 루빈도 거기에 매우 흡족해했다. 하지만 그것이 끝이 아니었다. 잠시 후 메이어가 직접 나와서 혹시 불편한 게 없는지 살폈다. 루빈은 메이어에게 자기 잘못이었다고 말했다.

하지만 메이어는 "손님 잘못이 아니었습니다"라고 대답했다. 루빈은 전적으로 자기 실수 때문이었다는 것을 알고 있었지만, 그녀의 식사 분위기를 망치지 않고 그녀의 죄책감을 조금이라도 덜어주기 위해 메이어가 그렇게 말한다는 것을 깨달았다. 그녀는 동료들과 함께 아주 즐거운 식사를 했다고 썼다. "우리는 누릴 수 있는 모든 친절을 누렸고, 그날 아주 즐거웠다."

그들이 식사를 마치고 코트를 챙겨 입고 있을 때, 루빈과 부딪쳤던 운 없는 웨이터가 주방에서 나오더니 자신의 서투른 행동에 대해 사과했다. "나는 내 잘못이라고 진심을 담아 말했다. 하지만 식당의 사장과 마찬가지로 그는 내가 하는 말을 거부하고 자신의 잘못이라고 거듭 말했다."

이것이 바로 루빈이 100만 명에 가까운 독자들에게 전달한 이야기다.

대니 메이어도 잘 알고 있듯이, 아무리 훌륭한 회사라고 해도 실수는 일어나게 마련이다. 그는 『구어메이』지와의 인터뷰에서 언젠가 이렇게 말했다. "만약 리조토(risotto)에서 조그만 나사가 나오면, 당연히 그걸 주문한 손님은 주변 사람들에게 그 경험에 대해 말할 겁니다. 그건 제가 어떻게 할 수 없죠. 하지만 제가 할 수 있는 건, 그가 그 말을 한 다음 '그런데 그 식당에서 어떻게 대응했는지 알아? ……' 하며 얘기를 들려줄 수 있게 만드는 일입니다."

이것이 바로 훌륭한 서비스가 비즈니스에서 중요한 이유다. 사람들을 놀라게 하는 뛰어난 서비스는 업계의 전설이 되고, 미디어의 찬사를 이끌어내고, 사람들의 입에서 입으로 전해지며, 그것은 그 무엇보다 효과적인 마케팅 도구의 역할을 한다. 그러나 메이어가 제공하는 서비스는 일반적인 기준과 약간 다르며 그것이 생겨난 배경도 다른 회사들의 경우와는 차이가 있다. "제게는 사람들이 만족하는 모습을 보고 싶어하는, 노이로제에 가까울 만큼 강렬한 바람이 있습니다." 그래서 나온 것이 바로 그가 말하는 '지혜로운 서비스'다.

『초우량 기업의 조건』의 공저자인 톰 피터스(Tom Peters)는 "꼭 멍청하다고는 볼 수 없는 강박관념"을 지닌 사람들이 위대한 기업을 만든다고 말한 바 있다. 이는 메이어가 '지혜로운 서비스'를 중시하는 것과 관련이 깊다. 그는 전통적이고 일반적인 고객 서비스가 지닌 가치를 부인하지는 않지만, 그것은 일종의 기술이라고 생각한다. 그는 다음과 같이 말한다. 식당에서 마땅히 해야 할 서비스는 주문을 빨리 제대로 받는 것, 음식이 식기 전에 내오는 것, 그리고 물잔이 넘어졌을 때 재빨리 깨끗하게 치우는 것 등이다. 그것은 사람들에게 잘하도록 가르칠 수 있는 일들이다. 반면, 그가 말하는 '지혜로운 서비스'란 고객들로 하여금 직원이 자신의 편이라고 느끼게 만들 수 있는, 정서적인 측면이 포함된 기술이다. "손님들로 하여금 직원이 자기편이라고 느끼게 만들라." 이것은 바로 메이어의 직원들이 늘 상기하는 주문과도 같은 문구다.

비록 간단하게 들릴지 모르지만 이것은 결코 쉽게 가능한 것이 아니다. 메이어가 직원들에게 '지혜로운 서비스'라는 것을 가르치는 데에는 분명히 한계가 있다. 물론 그 예가 되는 행동이 어떤 것인지 알려줄 수는 있다. 예를 들어, 두 가지 디저트 중 고민하는 손님을 보고 나머지 하나의 디저트는 무료로 서비스하는 웨이터, 손님이 지갑을 놔두고 가면 그것을 가지러 올 때까지 보관하는 대신 심부름센터나 택배회사 직원을 통해 직접 가져다주는 매니저가 되라고 얘기할 수 있다. 또 아내에게 처음 프러포즈한 자리이기 때문에 매년 결혼기념일마다 27번 테이블에 앉는 한 부부를 위해 그 테이블에 장미 한 송이를 꽂아주는 웨이터가 되라고 가르칠 수 있다. 그 외에도 메이어는 손님들의 세부적인 특징들을 기억하기 위해 정리해둘 수 있는 컴퓨터 시스템도 갖춰두었다. 어떤 손님이 단골인지, 어떤 손님이 마티니를 시킬 때 얼음을 다른 컵에 따로 담아주길 원하는지, 어떤 손님이 성격이 까다로운지(그런 손님의 이름 옆에는 〈특별주의 요망〉이라는 메모를 적어둔다) 등에 대해서 말이다. 하지만 메이어가 가르칠 수 없는 것들이 있다. 원래 타인에 대한 공감 능력이 없는 사람에게 그것을 갖도록 만들 수는 없으며, 자신의 행동 하나하나가 상대방에게 주는 영향에 민감하지 않은 사람에게 민감해지라고 강요할 수도 없다. 또 고객이 "누릴 수 있는 친절을 다 누렸으며" 특별한 식사 경험을 했다고 느낄 만큼 최선을 다하라고 말할 수는 있어도 직원 마음속에서 진심으로 그런 마음이 우러나게 만들 수는 없다. 또 고객이 만족하는 모습을 보면서 메이어가 즐거워하듯이 그들 역시 즐거워하게 만들 수는 없다. 그래서 그는 직원을 뽑을 때 그러한 자질과 사람을 대하는 지혜로움을 갖추었는지 먼저 보고, 나머지 일반적인 기술은 고용한 다음에 가르친다.

그리하여 그는 점차 자신이 원하는 바를 달성했다. 사실 그는 '지혜로운 서비스'라는 표현을 생각해 내기 전부터 이미 그것을 제공하고 있었다. 그가 그 개념에 대한 깨달음을 얻은 것은 1995년이었다. 두 번째 식당인 그러머시 태번이 예상만큼 성공을 거두지 못해 고군분투하고 있던 때였다. 상황은 점점 악화되었고, 예전에 그의 아버지가 그랬던 것처럼 파산하지 않을까 하는 걱정이 될 정도였다. 지푸라기라도 잡겠다는 심정으로 컨설턴트를 고용했는데 그 컨설턴트가 이상한 점을 한 가지 지적했다. 『저갯 서베이』의 조사 대상이 된 고객들 사이에서 유니언스퀘어 카페는 음식에서 10위, 서비스에서 11위, 그리고 실내 인테리어 면에서는 아예 순위에 들지도 못했지만, 이상하게도 인기도에서는 뉴욕에서 3위를 차지했다는 사실이었다. 분명 뭔가 다른 요소가 있는 것이었다. 메이어와 동료들은 그 요소가 손님에 대한 따뜻한 환대라고 생각했고, 그때부터 그것을 새롭게 정의하려고 노력했다. 결국 그들은 그것이 다섯 가지 핵심가치에서 나온다고 정의했다. 그것은(중요도가 높은 것에서 낮은 순으로) 직원들, 손님, 지역사회, 공급업자, 투자자와 수익성에 대한 전념에서 나오는 것이었다.

이러한 새로운 관점으로 무장한 메이어와 동료들은 그러면서 태번을 일신하고 뉴욕에서 유니언스퀘어 카페 다음으로 가장 인기 있는 레스토랑으로 만들었다. 그 이후로도 다섯 가지 가치는 회사의 주춧돌로 남았다. 『구어메이』의 브루스 페일러(Bruce Feiler)는 유니언스퀘어 카페에서 3주간 웨이터로 일해 본 뒤 이런 기사를 썼다. "대니 메이어가 경영하는 식당에서 일어나는 모든 행동은 얼핏 보기엔 감상적이고 촌스럽게 들리는 가치들을 실현하기 위한 것이다. 그곳에서 일하다 보면 가끔은 내가 무슨 컬트 종교집단이나 세상에서 가장 유쾌한 소프트볼 팀에 속해 있는 느낌이 들었다. 또한 그곳의 모든 직원은 식당의 일을 온전히 자기 자신의 일처럼 생각한다."

식당의 일을 자기 일처럼 여긴다는 것은 유심히 여겨볼 점이다. 훌륭한 고객서비스에는 고객의 관심사와 고객의 일을 중요하게 여기고 그들을 위해 필요 이상의 것까지 할 각오가 되어 있다는 자세가 동반

되어야 한다. '지혜로운 서비스'는 고객을 대할 때 손님과 주인이라는 관계가 아니라 한 인간과 다른 인간의 관계라고 여기는 것이다. 그들을 만족시키는 것만으로는 안 된다. 그들이 행복하기를 원해야 한다. 이것은 단순한 서비스를 넘어선 것이며, 이를 지속하기 위해서는 고객과 1:1 방식으로 밀접한 관계와 정서적 유대감이 형성되어야만 한다.

비단 레스토랑 사업에서만 고객과 그러한 밀접한 관계를 쌓을 수 있는 것은 아니다. 이 책에 등장하는 다른 회사들은 비록 '지혜로운 서비스'라는 말을 사용하진 않더라도 결국 그와 똑같은 것을 추구하고 있다. 이것은 그들이 지닌 마법의 중요한 측면이며 외부에서 바라볼 때 가장 눈에 띄는 요소이기도 하다.

클리프바를 예로 들어보자. 이 회사의 마케팅 전략은 고객들과 직접적인 관계를 구축하는 것을 핵심으로 삼는다. 물론 전통적인 의미의 광고도 하지만, 경쟁업체들이 클리프바보다 광고에 약 열 배의 돈을 소비하는 것에 비하면 이 회사의 광고비는 매우 적은 규모에 해당한다. 대신 클리프바는 마케팅 예산의 75%를(그리고 직원들의 근무시간의 상당 부분을) 전국적 혹은 지역적으로 매년 열리는 1,000~2,000개의 행사를 후원하고 조직하는 데 사용한다. 이들 행사의 대부분은 클리프바의 직원들이 직접 조직하고 운영한다. 또한 이 회사는 1,000명 이상의 아마추어와 프로 운동선수들을 후원한다. 이러한 방법으로 회사는 초기의 주요 고객들이었던 사이클리스트, 암벽 등반가, 기타 종목의 운동선수들과 계속 관계를 유지한다. 그들이 참가하는 각종 대회와 직원들이 진행하는 행사들, 회사가 후원하는 기타 프로젝트들〔예를 들면, 루나페스트(LunaFest) 여성영화제 등〕을 통해 클리프바는 고객들과 매주 직접 만나면서 밀접한 관계를 형성한다. 이러한 고객들로부터 클리프바는 제품에 대한 솔직한 피드백과 참신한 아이디어를 얻기도 한다. 그리고 고객들은 자신이 좋아하는 제품을 판매하는 회사와 긴밀하고 직접적인 관계를 맺는 즐거움을 경험한다.

이것이 바로 중요한 점이다. 〈서문〉에서 에릭슨이 직원들에게 한때 마법을 갖고 있었다가 지금은 잃어버린 기업들과 그렇게 된 이유가 무엇인지 생각해 보라는 과제를 내준 이야기를 소개한 것을 기억하는가? 직원들이 꼽은 가장 큰 이유는 "고객과의 정서적 유대감을 상실하고 이윤 창출에만 집중했기 때문에"였다. 그들은 한때 고객이 친밀한 연결감을 느끼는 기업이었다가 그렇지 않은 기업으로 변한 것이었다. 고객이 기업에게 동질감과 친밀감을 느끼게 되는 이유는 여러 가지다. 기업이 추구하는 가치관에 공감해서 그럴 수도 있고, 기업이 진정성을 갖고 비즈니스에 임한다고 느껴서, 또는 무언가 해낼 수 있는 기업이라는 신뢰감 때문에, 또는 그냥 단순히 멋있다고 느껴서 그럴 수도 있다. 클리프바는 그러한 점을 염두에 두고 마케팅 계획을 수립했다. 전통적인 마케팅 전략에서는 매출을 빠르게 증진시키기 위해 대량 광고, 수많은 판매촉진 활동, 유명인 스폰서 계약 등을 이용한다. 하지만 에릭슨은 그와 다른 목표를 갖고 있었다. 그것은 바로 고객과 정서적인 공감대와 유대감을 형성하는 것이었다. 만약 그것에 성공하면 매출은 자연스럽게 늘어날 것이라고 믿었고, 그런 그의 믿음은 나중에 옳은 것으로 증명되었다.

물론 USHG나 클리프바가 사용한 전략이 모든 회사들에 맞지는 않을 것이다. 기업은 주어진 환경, 비즈니스의 종류와 특성, 고객의 성향에 따라서 적절한 고객 관계를 형성해야 한다. 예를 들면, 시티스토리지가 기록 보관 서비스를 제공하는 대상은 주로 법률회사, 회계회사, 병원, 정부기관 등과 같이 개인이 아닌 단체나 조직이다. 따라서 이 회사가 주로 만나는 사람들은 고객사의 경영자나 중역이 아니라 서류나 기록 관리 업무를 담당하는 중간급 관리자나 직원들이다. 시티스토리지의 CEO인 놈 브로드스키는 그 고객들이 시티스토리지와 친밀한 유대감을 느끼도록 만들기 위해 노력한다. 회사 경영에서 중요한 역할을 담당하고 있는 브로드스키의 아내 일레인은 새 고객들에게 직접 손으로 쓴 편지를 보내 반가움을 표현하면서, 필요하거나 궁금한 점이 있으면 자신이나 남편에게 연락하라고 당부한다. 브로드스키 자신도 가망고객을 직접 만나는 일을 절대로 귀찮아 하지 않는다. 고객이 너무 많아지기 전까지는 각각의 기존고객들과 1년에 한 번씩 정기적으로 만나 이야기를 나누기도 했다. 지금도 가능한 범위 내에서 많은 고객들과 직접 만나고, 매년 시티스토리지가 여는 독립기념일 파티를 비롯한 여러 행사에 고객들을 초대한다. 또 기록 보관 창고의 일부 통로에 고객사의 이름을 붙이면서 화려한 축하 이벤트를 열기도 한다.

하지만 제일 주목할 점은 바로 시티스토리지의 400여 명의 직원들이 하는 역할이다. 이 회사의 직원들 대부분은 도심 빈민가 출신이며 시티스토리지로 오기 전에는 보너스나 승진 기회를 주는 회사에서 일해 본 적이 없는 경우가 태반이었다. 다른 작은 거인들과 마찬가지로 시티스토리지는 친밀한 직장 분위기를 만들려고 노력하며(이에 대해서는 5장에서 자세히 살펴본다), 직원들이 존중 받으며 일하고 있다고 느끼도록, 그리고 즐겁게 일할 수 있도록 노력한다. 이를 위해 회사 경영진은 스스로 아이디어를 짜내기도 하고 때로는 다른 회사의 훌륭한 방식을 도입하기도 한다. 한 예를 들면, 보관하는 기록상자의 수가 일정 수치를 돌파할 때마다 전 직원에게 보너스를 지급하는 방식을 취하고 있다. 그리고 상자 수가 일정 수준에 가까워져 가면, 직원들에게 정확히 어느 날짜에 목표 수치에 다다를지 예측하게 하고 맞춘 직원에게는 포상을 준다. 그 외에도 순전히 재미를 위한 게임(예 : 어느 부서의 아마릴리스 화분이 제일 크게 자라는지)과 건강 유지를 위한 대회들(예 : 어느 직원이 가장 체중을 많이 감량하는지)도 진행된다. 무엇보다도 시티스토리지는 직원 복리후생 시스템이 매우 잘 갖춰져 있다. 의료보험은 물론 연금제도인 401(k)도 도입되어 있는데, 이 연금에 직원이 1달러를 내면 회사는 1.30달러를 보탠다. 또 직원이 외부에서 강의를 들을 때 B학점 이상만 유지하면 그 비용을 회사에서 부담하는 교육 시스템도 갖고 있다.

또 이 회사는 좋을 때나 힘들 때나 항상 직원들에게 신경 쓰고 그들을 배려한다. 9/11 테러가 발생한 이후, 일레인은 그 참사를 목격한 직원들이 정신적 충격을 극복하는 것을 돕기 위해 전문 상담가를 고용했다. 또 브로드스키는 다시 활기를 불어넣기 위한 목적으로 사내 농구대회를 열었고 그것은 실제로도 효과가 있었다. 한 달에 한 번씩 마사지 전문가가 회사를 찾아와 직원들의 지친 몸을 풀어주기도 한다. 또한 이 회사는 직원들에게 할인 영화표를 제공하고(회사가 나머지 금액을 부담한다), 성과가 뛰어난 직원에게 뉴욕 농구팀과 야구팀의 홈경기 시즌 티켓을 나눠준다. 그리고 이 모든 것은 시티스토리지가 직원들에게 하는 노력의 단지 일부일 뿐이다.

그 결과 회사에는 따뜻하고 긍정적이며 굳게 결합된 기업 문화가 형성된다. 이는 또한 가망고객들에게 커다란 호감을 주는 요소로 작용한다. 가망고객들에게 회사 시설을 보여줄 때, 브로드스키는 앞에서 언급한 상자 수량 게임의 진행상황을 적어놓은 게시판 앞에 멈춰 서곤 했다. 그러면 가망고객은 그것에 대해 묻는다. 그때마다 브로드스키는 회사가 중요시하는 가치관과 방침에 대해 설명해 주었다. 그럴 때마다 사람들은 웃으면서 자기도 여기 취직해도 되냐고 농담을 했다. 새 고객 가운데 한 사람은 시티스토리지의 직원이 빨리 보너스를 받으면 좋겠다면서 보관이 필요한 상자 5,000개를 보내겠다는 편지를 보내기도 했다.

하지만 고객과의 관계에서 직원들이 엄청나게 중요한 역할을 할 수 있다는 가능성을 누구보다도 정확히 파악한 사람은 일레인이었다. 그녀는 고객서비스 부서의 직원뿐만 아니라 회사 전체의 정규직 원들에게 고객서비스 교육을 시켜야 한다고 주장했다. 거기에 들 예상 비용도 상당했고(전문 트레이너 고용에 1만 달러, 그리고 3일 코스에 투자할 직원들의 시간까지 감안하면 말이다) 브로드스키는 그러한 방식의 효과에 대해 회의적이었지만, 일단 추진해 보기로 결정했다. 예상과 달리 이 교육 프로그램에 대한 직원들의 반응은 폭발적이었다. 그래서 일회성 행사로 끝내는 것이 아니라 이후 매달 한 번씩 정기적으로 고객서비스 교육을 실시하기로 했다. 이 수업을 통해 일레인은 회사에 몸담은 모든 사람들이 회사에 대한 고객들의 인식에 영향을 줄 수 있다는 사실을 직원들에게 각인시켰다. "제 남편이나 다른 직원이 사람들에게 시설을 구경시켜 주고 있으면, 그들은 가망고객인 경우가 많습니다. 가급적이면 그들이 환영받고 있다는 느낌을 줘야 하죠. 그러자면 모든 직원이 미소를 보내면서 인사해야 합니다."

이 교육 프로그램의 효과는 예상보다 컸으며 외부적으로뿐만 아니라 사내에서도 영향력이 나타났다. 직원들 서로가 다른 직원이 무슨 역할을 하고 어떤 어려움을 겪고 있는지 이해하게 되면서, 그리고 함께 일하는 것의 중요성을 깨달으면서 부서들 간의 관계가 현격히 좋아진 것이다. 그 과정에서 부서들 사이에 의사소통과 피드백도 훨씬 늘어났다. 고객이 만족스러운 서비스에 감사하는 전화를 하면, 그 전화를 받은 고객안내 담당자는 기록 보관 창고에서 일하는 모든 직원들에게 그 이야기를 전했다. 또 불만이나 특별한 주문이 들어오면 직원들이 서로 손발을 맞춰 일을 처리하고 문제를 해결했다.

브로드스키는 프로그램의 효과를 즉시 느낄 수 있었다. 고객들이 그에게 새 직원을 고용했느냐고 물었고 서비스에 대한 칭찬이 담긴 전화가 부쩍 늘었기 때문이다. 교육 프로그램을 시작한 후 6개월 동안 들어온 칭찬과 감사가 담긴 전화와 편지의 숫자는 이전 14년 동안 들어온 것보다 더 많았다. 그 가운데 한 가지 일화는 직원들(고객서비스 부서에 근무하지 않는 직원이라도)이 고객에게 미칠 수 있는 영향을 극명하게 보여준다.

어느 날 오후, 시티스토리지의 사장인 루이스 와이너(Louis Weiner)가

한 가망고객에게 회사의 시설을 보여준 뒤 경영진 사무실로 그를 데려왔다. 브로드스키를 만나기 위해서였다. 브로드스키는 가망고객에게 혹시 고려하고 있는 다른 업체가 있느냐고 물었다. 그러자 고객은 두 회사를 염두에 두고 있다고 하면서 시티스토리지의 주요 경쟁업체 두 곳을 언급했다.

브로드스키가 물었다. "그들과 저희 회사 사이에 차이가 있던가요?"

그러자 고객은 이렇게 대답했다. "한 가지 큰 차이가 있었습니다. 이 회사의 직원들은 모두 웃으면서 일하고, 모두 제게 인사를 건네더군요. 다른 회사에서는 한 번도 본 적이 없는 모습이었습니다. 정말로 일하면서 행복을 느끼는 것 같더군요."

"저도 직원들이 그러길 바랍니다. 관심을 가져주셔서 감사합니다."

"사실 그 점 때문에 당신 회사와 거래를 트고 싶습니다."

브로드스키는 깜짝 놀랐다. 대개 거래가 즉석에서 성사되는 일은 없었기 때문이다. 대부분의 경우, 고객들은 결정하기 전에 한참을 심사숙고하고 주변의 조언을 구한 뒤에 마음을 정했다. 하지만 브로드스키는 그런 놀란 감정을 숨기고 태연하게 대답했다.

"감사합니다. 현명한 선택을 하신 겁니다."

고객이 떠날 때까지 그들은 담소를 나눴고, 고객과 헤어진 후 브로드스키는 바로 아내 일레인을 찾았다. 그는 "방금 무슨 일이 있었는지 당신 상상도 못할걸" 하며 이야기를 들려주었다. 일레인 역시 깜짝 놀랐고, 그녀는 바로 사내방송용 마이크를 집어 들고 모든 직원에

Chapter 04 유대감을 구축하라

게 방금 일어난 일을 알렸다.

기업의 마법을 유지하는 데 고객과의 밀접한 관계가 중요한 것은 제조업체도 마찬가지다. 하지만 제조업체가 고객과 형성하는 관계는 소매업체나 서비스 회사들이 고객과 갖는 관계와 다르며, 어떻게 보면 더 복잡하다고 볼 수도 있다. 고객 각각의 니즈에 맞는 제품을 생산하는 것에 초점을 맞춰야 하기 때문이다. 어떤 이들은 그것을 '가치규율(value discipline)'이라 부른다.

가치규율이라는 개념은 컨설턴트인 마이클 트레이시(Michael Treacy)와 프레드 위어시마(Fred Wiersema)가 공동집필한 1995년 베스트셀러 『초일류기업의 시장지배전략(The Discipline of Market Leaders)』에 소개되었다. 그들은 기업이 성공하기 위해서는 고객에게 세 가지 유형의 가치 가운데 하나를 제공하는 데 집중해야 한다고 주장했다. 그 세 가지는 최상의 가격, 최고의 제품, 최고의 해결책이다. 이 세 가지 가치를 구현하는 데에 필요한 기업의 유형, 문화, 마음자세는 각기 다르기 때문에, 셋 중 하나 이상을 동시에 훌륭하게 성취하려고 하면 문제가 발생한다. 예를 들어, 최상의 가격을 제공하려고 한다면 '효율적인 운영'에 집중해야 한다. 즉, 오랫동안 한 가지 분야에 매진해 그것을 뛰어나게 잘해서 비용을 최소화하는 것이다. 최고의 제품을 노린다면 효율보다는 창의성이 필요하다. 그런 회사들은 고객보다 한발 앞서 제품을 생각해 내고, 고객이 필요하다고 느끼기 전에 제품을 개발하고, 현 시장의 수요보다는 앞으로의 가능성에 더 초점을 맞춰야 한다. 만약 최고의 해결책을 노린다면 다른 접근법이 필요하다.

고객과의 친밀함과 유대감을 높이고, 다양한 고객의 니즈에 부응할 수 있는 유연성 높은 제품을 개발하고, 고객에게 필요한 것을 제공하기 위해 그들과 밀접하고 협력적인 관계를 형성해야 한다. 이를 위해서는 회사 전체의 운영에서 고객과의 관계 형성을 우선적인 가치로 삼아야 한다. 물론 효율성과 창의성을 무시해도 되는 것은 아니지만, 항상 고객 개개인의 독특한 니즈를 비용효율적인 방식으로 충족시키는 제품과 서비스를 제공하기 위해 노력해야 한다.

내가 소개하는 작은 거인들은 모두 고객과 밀접한 관계를 형성하고 있지만, 그런 관계를 형성할 때 제조업체는 다른 종류의 기업들에 비해 조금 더 어려움을 겪는다. 또한 고객과의 관계 형성에서 좀 더 세심한 주의를 기울여야 한다. 고객의 니즈나 고객과의 관계에 따라서, 그들이 고용하는 엔지니어의 수에서부터 작업 현장의 업무방식 조직에 이르기까지 회사의 많은 측면들을 다시 생각해 봐야 하기 때문이다. 이것을 잘 보여주는 예가 보이시에 위치한 차량용 후진 경보음 발생기 및 황색 경고등 제조회사인 ECCO다.

ECCO는 일렉트로닉 컨트롤스 컴퍼니(Electronic Controls Company)라는 이름하에 1972년에 설립되었다. 이 회사가 탄생하게 된 직접적인 원인은 미 연방 산업안전보건청(OSHA)이 일부 특정한 종류의 차량에 후진 경보음 발생기 부착을 의무화한 일이었다. 당시 보이시에는 경보음 발생기를 제작하는 회사인 피터슨 리빌딩 앤 익스체인지 (Peterson Rebuilding and Exchange Co.: PRECO)가 있었다. 이 회사는 바로 얼마 전까지 두 창립자이자 형제인 칼 피터슨(Carl Peterson)과 에드 피터슨(Ed Peterson)이 함께 소유하고 있었다. 그러다가 두 형제가 서로 각자의 길을 가기로 결정한 이후, 에드는 회사를 갖고 칼은 건물에 대한 소유권을 갖고 헤어지기로 했다. 그때만 해도 칼은 후진 경보음 발생기 업계에 뛰어들 생각은 없었지만, (OSHA의 결정을 접한 이후) 마음을 바꾸어 ECCO를 만들었다. 예상할 수 있듯이, 이후 두 회사 사이에는 오랜 법적 투쟁과 반목, 치열한 경쟁이 이어졌다.

짐작할 수 있다시피 이는 회사를 발전시키기에 결코 이상적이라고 볼 수 없는 상황이었다. 1984년 짐 톰슨이 ECCO에 왔을 때, 이 회사는 휴렛패커드와 디스크 드라이브 부품 제작 장기계약을 맺고 있었고 경보음 발생기를 다수의 업체에 납품하고 있었음에도 불구하고 여전히 고군분투하며 허둥대고 있었다. 금융과 회계 분야의 전문가였던 톰슨은 인수할 회사를 물색하던 중 ECCO를 알게 되었고, 이 회사를 "재정 상태는 엉망이지만 잠재력이 풍부한 업체"로 판단했고 기업문화도 형편없는 회사라고 봤다. 그는 종업원지주제로 운영되던, 자신이 일하던 식품 서비스 회사의 지분을 팔아 생긴 돈으로 ECCO의 지분 50%를 매입했다. 그리고 1985년에 다른 친구 2명과 함께 나머지 지분까지 전부 매입했고, 1988년 ECCO를 종업원지주제 회사로 전환했다.

새 경영진이 온 뒤에도 ECCO는 산더미 같은 빚에 둘러싸인 채 살아남기 위해 발버둥 쳐야 했다. 톰슨은 당시 상황을 이렇게 묘사했다. "처음 몇 년 동안은 제품을 어떻게 납품할까, 그리고 고객에게 어떻게 돈을 받아낼까만 궁리했습니다. 하루하루가 살아남기 위한 투쟁이었죠." 그리고 그것은 근무시간에만 해당되는 것이 아니었다. 하루 일이 끝나면, 그와 파트너이자 세일즈 매니저인 에드 짐머는 회로기판들을 집으로 가져와 가족들과 함께 수리하곤 했다. 톰슨의 아들 크리스는 당시에 맡은 분량의 작업을 끝내기 전에는 저녁도 먹지 않았다고 농담 반 진담 반으로 말한다.

다혈질에 거친 성격의 소유자이며 보스 기질이 강한 리더이자 종업원지주제에 굳은 신념을 갖고 있던 톰슨으로서는 참으로 스트레스가 심한 시기였다. 하지만 톰슨과 짐머가 회사의 고객들, 그리고 ECCO가 제품을 납품하는 자동차회사나 유통업자들과 형성한 밀접한 관계를 바탕으로 회사 형편은 조금씩 나아지기 시작했다. 톰슨은 이렇게 말한다. "저희 둘은 예전에 다른 회사에서 일할 때도 고객과 그러한 관계를 형성했고, 그것을 매우 중요하게 여겼습니다. 그래서 저희는 이 회사에도 그러한 방식을 도입하면 좋은 결과가 나올 것이라고 믿었죠. 하지만 어떤 거창한 전략을 토대로 그렇게 한 것은 아니었습니다." 이러한 고객 중심적인 운영은 경영자의 신념을 반영했으며, 또한 고객과의 관계를 중요시해야 한다는 톰 피터스의 책에서 영향을 받은 것이었다.

1990년대 초반 ECCO는 번창하기 시작했다. 이 회사의 후진 경보음 발생기 시장 점유율은 1984년에 5%도 채 안 되었지만 1993년에는 33%나 되었다. 1984년에 64만 달러에 그쳤던 매출은 1993년에 950만 달러를 돌파했다. 그리고 그 해 톰슨은 심장마비를 겪었다. 그는 심장마비로 쓰러진 후에 자신의 삶을 변화시켜야 한다는 진지한 깨달음을 얻었다고 한다. 그는 짐머에게 회사의 사장 자리를 맡으라는 제안을 한 뒤 그에게 결정할 시간을 한 달 주었다. 1주일 후, 짐머는 자신이 사장이 아니라 총괄 매니저가 되는 것이 어떻겠냐고 물었다. 짐머는 이렇게 말했다. "그러면 혹시 회사를 망쳐도 자네가 다시 돌아와서 되돌려놓으면 되잖나."

톰슨은 대답했다. "만약 자네가 망쳐놓으면 난 회사를 팔아버리겠네. 결정할 시간은 23일 남았어." 짐머는 결국 불안한 마음으로 사장 자리를 맡았다.

리더가 바뀌자 회사의 운영 스타일도 변했다. 그때까지 고객에게 '우호적'이었던 ECCO는 점차 고객과 '친밀한' 회사로 변하기 시작했다. 경영 팀의 변화를 모색하던 짐머는 보이시 주립대학의 행동과학자인 로이 글렌(Roy Glen)을 영입했다. 글렌은 톰슨, 짐머, 그리고 다른 고위 경영진과 함께 전략계획을 수립하고 1년에 한 번 있는 3일간의 비즈니스 워크숍을 추진하는 데 기여했다. 또한 글렌은 경영진에게 가치규율에 관한 트레이시와 위어시마의 주장을 소개했다. 그들이 세 가지 가치규율 가운데 어떤 것을 추구할 것인지 결정하는 데에는 그다지 긴 시간이 걸리지 않았다. 하지만 고객과의 친밀함을 중심으로 운영되도록 회사를 재정비하는 것은 생각보다 어렵고 시간이 걸리는 도전과제였다.

그것은 곧 이미 성공가도를 달리고 있는 회사를 다시 혁신적으로 변화시켜야 함을 의미했다. 수치만으로 보면 회사의 상황은 아주 좋았다. 1994년 매출은 전년보다 31% 증가한 1,240만 달러였으며, 세전 수익은 55만 달러였다(전년 대비 1,000% 증가). 한편 ECCO는 차량 경고등 제조 분야에도 뛰어들어 높은 품질을 인정받고 있었다. 그해 ECCO는 100명 이하의 종업원을 가진 회사로서는 처음으로, 그리고 비상 경고등 제조업체로서도 처음으로 ISO-9001 인증을 받았다. 또한 전국 최고의 유통업체 100여 곳을 포함해 많은 고객들과 훌륭한 관계를 맺고 있었다.

하지만 고객과 '친밀한' 관계를 형성하기 위해서는 그저 좋은 관계를 유지하고 좋은 품질의 제품을 제공하는 것으로는 부족했다. 그들이 새로 세운 목표는 고객의 다양한 니즈를 충족시키는 제품을 다른 어떤 업체보다도 싸게 제공하는 것이었다. 이를 위해서는 먼저 경영진의 변화가 필요했다. 짐머가 사장이 된 후 4개월 동안, 9명의 경영진 중 7명은 다른 직위로 옮기거나 회사를 그만두었다. 또한 ECCO는 제품개발 시스템을 전면적으로 재정비하고, 엔지니어링 부서를 재편하고, 새로운 직원들을 확충하고, 하드웨어와 소프트웨어에 많은 자본을 투자하고, 경험이 풍부한 세일즈맨들을 새로 영입하고, 기존직원들을 교육하고, 부서 간 커뮤니케이션과 협력을 위한 새로운 시스템을 개발해야 했다. 쉽게 말해서 모든 걸 새롭게 바꿔야 한다는 의미였다. 그리고 ECCO는 외부 투자자들을 원치 않았고 외부 자본을 끌어와 채무가 늘어나는 것도 원치 않았기 때문에, 내부의 현금흐름을 최대한 활용해 이 모든 재편 과정을 추진해야 했다.

이 변화에는 수년이라는 시간이 걸렸고 그 과정에서 뼈아픈 경험도 해야 했다. 예를 들면, ECCO는 새 고객을 위해 새로운 제품을 개발하는 데 너무 많은 시간과 돈을 투자해서는 안 된다는 것을 깨달았다. 이 업계의 고객들은, 설령 해당 제품이 자신에게 필요한 것이라 할지라도, 판매하는 회사가 그 제품이 속하는 업계에서 알려진 실적이 없으면 구매를 하지 않았기 때문이다. 기존고객들에게도 역시 제품과 관련된 실적을 제시하지 않는 한 신제품을 판매하기가 힘들었다. 한때 ECCO는 버스의 배선 구조를 훨씬 간단하게 만들 수 있는 독창적인 시스템을 개발했지만, 이미 그들의 경보음 장치를 구매하고 있던 버스 제조 회사에게 그 시스템을 구매하도록 설득하는 데 실패했었다. 그 분야에서 아직까지 실적이 없으므로 신뢰도가 떨어지기 때문이었다.

하지만 그들은 그것을 실패가 아닌 경험으로 간주했고, 시간이 지나면서 ECCO는 고객과 친밀한 관계를 유지하는 제조업체의 본보기가 되었다. 고객들이 선택할 수 있는 ECCO의 경보음 장치는 600여 종류에 이르렀다. 각각의 장치가 다양한 차량들의 각기 다른 용도에 맞도록 쉽게 변환할 수 있었기 때문이다. 경쟁업체들이 보통 30~40여 종류밖에 제시하지 못하는 것과 큰 차이가 있었다. 비상 경고등도 마찬가지였다. 한 경고등의 종류가 약 30가지가 있다면 두 종류의 렌즈만으로 그 모든 경고등의 사용이 가능했다. 또한 하나의 램프를 약 50가지의 경고등에 사용할 수 있었다. 다중전압 회로판은 전압이 얼마인지 스스로 인식해 자동으로 전환되었고, 경고등의 경우 전선의 연결 방식에 따라서 다양한 깜빡임 패턴을 만들어낼 수 있었다.

이러한 제품들을 만들기 위해서 ECCO는 일급 엔지니어들이 필요했다. 1994년에는 엔지니어가 2명밖에 없었고 둘 다 전문자격증을 지닌 기사는 아니었다. 10년 후, ECCO는 전문자격증을 지닌 18명의 엔지니어를 거느리고 있었다. 2004년 당시 톰슨은 경영 일선에서 물러나고 이사회 회장을 맡고 있었는데, 자신이 회사를 운영할 때보다 더 엔지니어들이 늘어났다며 웃었다. 이들은 제품을 개발하고 그 과정에 고객 참여를 유도하는 데 사용하는 최첨단 도구를 갖춘 최고의 엔지니어들이었다. 엔지니어들이 '볼트(The Vault)'라고 부르는 소프트웨어 프로그램은 고객이 인터넷을 통해 제품 디자인을 직접 볼 수 있도록 만들었다. 즉 ECCO의 엔지니어가 제품 디자인을 약간 수정한 후에 볼트에 넣어두면, 고객이 그것을 보고 의견을 제안할 수 있었다. 이 시스템은 고객들에게 큰 인기를 끌었다. ECCO의 주 고객이자 세계에서 후진 경보음 발생기를 가장 많이 사용하는 회사인 캐터필러(Caterpillar)의 직원들은 새로운 디자인이 업로드 되고 불과 5분도 안 돼서 전화를 걸 만큼 볼트를 자주 애용했다.

ECCO는 이 모든 것에 수익의 5%만을 투자했다. 10년 전에 3%를 투자했던 것에 비하면 그다지 크게 증가하지 않은 비율이었다. 이것이 가능했던 것은 회사의 변화와 함께 생산성이 큰 폭으로 증가했기 때문이었다. 1994년에는 직원 1인당 매출이 7만 달러였지만, 2004년에는 15만 6,000달러로 두 배 이상 증가했다. 그와 동시에 기술의 발달로 인해 ECCO는 고객의 니즈를 더 신속하게, 훨씬 낮은 비용으로 충족시킬 수 있었다. 예를 들어, 공작기계의 리드타임(lead time : 발주에서 납품까지 걸리는 기간—옮긴이)이 26주에서 8주로 줄어들었다. 또 새로운 공작기계 한 대를 제작하는 데 드는 비용도 7만 달러에서 1만 2,000달러로 떨어졌다.

ECCO는 이러한 신기술을 적극적으로 활용했다. 그 결과 해당 업계 내에서 고객과 긴밀한 관계를 중시하는 업체들(즉, ECCO와 마찬가지로 여러 가지 용도에 쓰일 수 있는 경고 장치를 만드는 업체들) 가운데 생산 비용이 가장 낮았고, 그래서 더 싼 가격에 제품을 내놓을 수 있었다. 또 ECCO는 업계에서 제일 창의적인 회사 중 하나였다. 2004년 매출의 80%는 8년 전에는 존재도 하지 않았던 제품들에서 나온 것이었다. 이 중 절반은 새로 개발해 낸 제품이었고, 나머지 절반은 기존제품을 개량한 것이었다. 그리고 어느 시점에든 20개의 제품개발 프로젝트가 상시 진행되고 있었으며, 프로젝트 하나당 30개에서 40개의 새로운 부품들이 나왔다. 2002년과 2003년에만 제품개발팀은 850개의 부품을 새로 만들어냈으며 이는 900만 달러의 매출을 가능하게 만드는 가치를 갖고 있었다.

때때로 ECCO와 고객의 관계는 또 다른 관계로 변화하기도 한다. 엔지니어들의 작업시간을 현저하게 단축시켜 주는 솔리드 웍스(Solid Works)라는 CAD 프로그램을 판매하는 세일즈맨이었던 토드 맨스필드는 이렇게 말했다. "솔리드 웍스를 사용하는 회사를 30~40개 정도 봤는데, ECCO만큼 제대로 활용하는 곳은 본 적이 없었습니다. 그들은 그 프로그램으로 무엇을 할 수 있는지 정확히 알고 있었습니다." ECCO에서 커다란 인상을 받은 그는 이후 ECCO로 직장을 옮겼다.

이 책에 나오는 회사들은 고객들하고만 긴밀한 관계를 유지하는 것이 아니다. 그들이 성공하는 데에는 공급자들도 커다란 역할을 했다. 일례로, 식재료를 납품하는 공급업자들에게 징거맨스 커뮤니티 오브 비즈니시즈(ZCoB)는 자신들을 알릴 수 있는 하나의 통로가 된다. 징거맨스는 식당과 ZCoB 뉴스레터, 그리고 수많은 시식회를 통해 고객들에게 공급자들을 소개한다. 다행히도 이들 공급자에게는 ZCoB의 직원들이 소개할 만한 흥미로운 이야기들이 한두 개씩은 존재한다. 언젠가 바인츠바이크는 이메일로 발송한 주간 뉴스레터에서 벤 앤 블레어 리플(Ben & Blair Ripple)이라는 공급자를 소개했다. 벤 앤 블레어 리플은 인도네시아 발리에 농장을 운영하고 있으며, 유럽과 미국에서는 약 400~500년간 구할 수 없었던 발리산 소금과 고추를 징거맨스에 공급한다. 신디 앤 데이비드 메이저(Cindy and David Major)는 징거맨스에 버몬트 셰퍼드(Vermont Shepherd) 치즈를 제공한다. 이 치즈는 직접 기른 양의 젖으로 만드는데, 프랑스 오소 지방의 양 치즈 제조법을 도입해서 제조되기 때문에 고객들은 징거맨스 식당에 오면 그 두 가지 치즈의 맛을 비교해 볼 수 있다. 징거맨스 델리에서 사용하는 쌀은 미네소타 주의 인디언 부족 오지브웨이족이 제공하며, 시중에서 판매되는 인공적으로 재배된 쌀과 달리 이 쌀은 자연 상태에서 그대로 자란 것을 수확해 보내는 것이다. 그 외에도 다양한 공급자들이 징거맨스와 관계를 맺고 있다.

물론, 많은 기업들이 고객과의 관계를 돈독히 하기 위해 제품의 생산과정에 대한 다양한 정보를 알려주는 방식을 택한다. 그러나 바인츠바이크는 고객들을 그들이 먹는 음식 재료를 공급하는 이들과 연결시켜 주는 것, 식재료 공급자를 음식 소비자와 연결시켜주는 것을 매우 의미 있게 여긴다. 결과적으로 다른 업체들의 경우보다 징거맨스에서는 공급업자들과의 거래가 공개되어 있는 편이다. 물론 고객에게 공급업체를 알리지 않고 제품이나 서비스를 판매하는 것이 잘못되었다는 의미는 아니다. 우리 사회를 움직이는 대부분의 경제 부문은 그런 방식으로 운영되고 있다. 하지만 이처럼 고객과 공급자를 연결하는 것은 기업의 마법을 강화하는 데 크게 기여하며, 이는 아마도 단순히 물질적인 니즈가 아니라 사람들의 정서적인 니즈에 다가가 그것을 만족시켜 주기 때문일 것이다.

　표현상 뭔가 약간 부족한 감이 느껴지기는 하지만 위의 모든 것은 모종의 공동체 의식이 형성되는 과정이라고 말할 수 있을 것이다. 즉 기업, 직원, 고객, 공급자들이 어떤 공통된 대의를 향해 나아간다는 느낌말이다. 그리고 이러한 공동체 의식은 세 가지 기둥을 토대로 유지된다. 첫째는 성실함이다. 즉 외부에 비치는 기업의 모습과 실제 기업 모습이 일치해야 한다. 이러한 기업은 세상에 거짓된 이미지를 발산하지 않는다. 둘째는 프로 정신이다. 이는 기업이 하겠다고 한 일을 실천하고 자신이 한 약속을 지키는 것이다. 셋째는 직접적이고 인간적인 관계의 형성이다. 이러한 관계가 구축되면 상호이해에 근거한 강한 정서적 유대감이 생겨난다.

　공급자나 고객들과 이러한 공동체의식을 성공적으로 구축한 기업은 세상에서 가장 강력한 비즈니스 도구를 손에 쥐고 있는 것과 다름없다. 이러한 측면에서 가장 성공적인 모습을 보여준 회사는 라이처스 베이브다. 실제로 라이처스 베이브의 고객들은 그 어떤 비즈니스에서도 보기 드문 헌신을 보여준다.

　이것은 라이처스 베이브 고객들(즉, 애니 디프랑코의 팬들)의 충성도에 잘 나타난다. 그들의 충성도와 의리는 음반계에서 거의 전설적인 수준이다. 일부 팬들은 라이처스 베이브의 홍보대사로 일하면서 디프랑코가 콘서트를 할 때마다 앞장서서 홍보를 진행한다(물론 그 보상으로 돈 대신 무료입장권을 받는다). 자원해서 홍보를 하겠다는 팬들이 연락해 오면 라이처스 베이브는 그들에게 공연 포스터를 보내주고 팬들은 그것을 대학 캠퍼스나 시내 곳곳에 붙인다. 또 인터넷을 통한 파일 공유가 확산되자, 디프랑코의 팬들은 누가 시키지도 않았는데 인터넷을 순찰하면서 그녀의 음악을 허가 없이 공유하거나 판매하는 웹사이트들을 적발해 냈다. 그리고 라이처스 베이브가 개축한 교회로 이전하기 훨씬 전에도, 오스트레일리아나 스위스처럼 멀리 있는 곳의 사람들이 찾아와 디프랑코의 공연을 관람하기 위해서가 아니라 버펄로 다운타운에 있는 이 회사의 사무실을 구경하기 위해 들르곤 했다. LA에서 온 한 방문객은 방명록에 "경외감이 일 정도로 기쁘다"라고 적었고, 또 다른 방문객은 "휴스턴에서 여기까지 날아왔다. 내가 지금 여기 있다는 것이 믿기지 않을 정도로 흥분된다"라고 적었다.

라이처스 베이브는 그런 고객들과의 각별한 관계를 대단히 중요하게 생각한다. 고객들이 편지를 보내오면(그들에게 오는 우편물의 양은 엄청나다) 직원들이 손수 답장을 써서 서명한 후 보낸다. 이메일의 경우에는 전담 직원이 답장을 보낸다. 또 고객이 수신자 부담 전화번호로 전화를 걸면 라이처스 베이브의 직원들과 직접 이야기를 나눌 수 있다. 이 회사는 다른 음반회사들과 달리 고객서비스 전화를 아웃소싱하지 않기 때문이다.

사장인 스콧 피셔는 이렇게 말한다. "고객을 친절하게 대하는 것만으로는 부족합니다. 우리는 그들과 인위적이고 꾸며낸 관계가 아니라 직접적이고 진정성 있는 관계를 쌓고 싶습니다. 우리가 우편물에 손수 답장을 보내고 전화를 직접 받는 것은, 고객이 자신을 진심으로 배려하는 누군가와 소통하고 있다는 느낌을 받게 하기 위해서입니다."

Chapter 04 유대감을 구축하라

이러한 각별한 관계 때문에 때로는 난감한 상황이 발생하기도 한다. 디프랑코의 열렬한 팬인 한 젊은이는, 그녀의 콘서트를 놓친 것에 대해 낙심한 나머지 손목을 긋고 진통제를 무더기로 삼킨 뒤에 라이처스 베이브에 전화를 걸었다. 직원 중 한 사람이 전화를 받았고 그는 곧 수화기를 피셔에게 넘겨주었다. 피셔는 그 젊은이와 40분 동안이나 이야기를 나누다가 그를 도와줄 사람이 곁에 도착해서 안전해졌다는 것을 확인한 후에야 전화를 끊었다. 전화를 끊기 전에 젊은이는 감사를 표현하며 말했다. "당신들이 항상 제 곁에 있을 거라고 믿었어요. 난 알았습니다."

피셔는 이렇게 말한다. "그 팬은 다른 지역에 있는 콜센터 직원이 아니라, 우리 회사 내의 누군가가 전화를 받을 것이란 사실을 알고 있었습니다. 사람들이 그만큼 우리를 믿는다는 것은 매우 흡족한 일이지만, 어떻게 보면 약간 겁이 나기도 합니다. 상당히 신중하게 처신해야 하지요."

고객과의 관계를 중시하는 태도는 라이처스 베이브의 마케팅 방식에도 드러난다. 피셔와 디프랑코는 고객들이 회사 로고가 새겨진 티셔츠, 냉장고 자석, 포스터 등을 구입할 때 참고할 수 있는 카탈로그를 만들기로 결정했을 때, 카탈로그에 실릴 카피 문구 작성하는 일을 론 엠케에게 맡겼다. 엠케는 그때를 이렇게 회상한다. "스콧은 카탈로그가 어떻게 구성되면 '안 되는지' 분명하게 말해주었습니다. 스콧은 이렇게 얘기했죠. '우리 팬들을 생각해 봐. 지금까지 독특하고 튀는 그림엽서를 받아왔는데, 갑자기 구매 아이템들이 즐비한 호화로운 카탈로그를 받는다면 어떻겠나? 그냥 물건 아이템을 제시하는 것 이상의 의미가 있어야 해. 사람들에게 물건을 사라고 들이대는 이미지를 주어서는 안 돼.'"

피셔는 "헤이, 친구들!"이라는 이름의 편지를 카탈로그에 포함시키자는 아이디어를 냈다. 라이처스 베이브의 여러 가지 소식과 근황을 알려주는 편지였다. 엠케는 그 편지에 어울리는 말투를 만들어내기 위해 많은 노력을 기울였다. 그는 말한다. "진짜 사람이 말하는 것 같은 분위기가 느껴지도록 만들려고 애썼지요. 이를테면 디프랑코의 이름이 그 편지에 적히지는 않지만, 그녀의 목소리를 제 버전으로 표현하는 식이랄까요." 피셔와 디프랑코가 매번 편지의 초안을 꼼꼼하게 확인했고 때로는 내용을 전면적으로 수정하기도 했다. "편지의 말투에 어떤 것을 넣어야 하고 어떤 것을 빼야하는지 정확히 깨닫는 데는 오랜 시간이 걸렸습니다. 그리고 이후 그러한 말투는 보도자료를 작성할 때나 팬들과 소통할 때도 적용됐지요."

그들은 말투뿐만 아니라 사용하는 어휘에도 각별한 주의를 기울였다. 몇몇 표현은 가급적 사용하지 않으려고 노력했다. 예를 들면, '오프닝 공연'이라는 말 대신 '오프닝 가수'라는 표현을 사용하고, '팬'이라는 말보다는 '고객' 또는 '친구'라는 표현을 사용했다. 이는 라이처스 베이브가 일종의 컬트 종교집단 같은 성격으로 변하는 것을 디프랑코가 원치 않았기 때문이다(마찬가지로, 디프랑코는 팬클럽이 조직되거나 자신의 얼굴이 티셔츠에 새겨지는 것을 원치 않았다). 엠케는 이렇게 말한다. "우리는 우리끼리 금지한 단어나 표현들을 놓고 농담을 많이 나눴습니다. 우리는 우리만의 느낌을 중요시했지요. 한번은 애니가 보도 자료를 읽어보다가 '이것보다는 재밌게

써야하지 않겠어?'라고 하더군요. 우리는 과대선전이나 광고를 강력하게 반대했습니다. 마케팅이나 판촉을 신뢰하지 않고 그저 필요악으로 보는 우리들로서는, 음반 홍보 방식에 대해 늘 뜨거운 토론을 펼 수밖에 없었지요."

버펄로 지역의 광고 분야에서 잔뼈가 굵은 기획자 브라이언 그루너트는 마케팅에 대해 그러한 혐오감까지 갖고 있지는 않지만, 라이처스 베이브가 추구하는 방식을 보고 적잖이 놀랐다고 말한다. "그들은 음반을 팔려고 의도적으로 노력하지 않았습니다. 그보다는 사람들에게 보여주는 것에 가까웠습니다. 결코 음반을 사라고 사람들을 현혹시키지 않았지요. 그들은 구매할 만한 가치가 있는 앨범을 만든 뒤 대중에게 보여주고 저절로 끌리도록 만들었죠. 또 사지 않아도 그만이고요."

이 모든 것들은 라이처스 베이브의 성실함에 대한 평판을 더욱 공고히 만들었으며, 이러한 평판은 고객뿐 아니라 공급자들 사이에서도 마찬가지였다. 공급자들이 라이처스 베이브에게 보이는 충성은 라이처스 베이브가 그들에게 보이는 충성만큼이나 강력하다. 한 예로, 1995년에 피셔는 전국적인 음반 배급사인 코흐 엔터테인먼트(Koch Entertainment)의 마이클 코흐를 만났다. 어떤 독립 음반회사에게도 그렇듯, 라이처스 베이브에게도 역시 전국적인 배급망을 확보하는 것은 아주 중요한 일이었다. 하지만 문제가 있었다. 라이처스 베이브는 이미 다른 배급사들과 일을 하고 있는 상태였는데, 코흐는 자신이 라이처스 베이브의 음반을 독점 배급하기를 원했다. 비교적 최근에 일을 시작했거나 성과도 기대한 수준 이하인 배급사들과 거래를 끊는 것은 쉬울 터였지만, 여성 아티스트 음반 배급사 두 곳(골든 로드(Goldenrod)와 레이디슬리퍼(Ladyslipper))과 관계를 끊는 것은 난감한 일이었다. 이들은 디프랑코가 무명이던 시절부터 그녀를 밀어주고 함께 일해 온 회사였기 때문이다. 피셔는 말한다. "당시 저는 코흐에게 그 두 업체와는 계속 같이 일하고 싶다고 말했습니다. 코흐는 그러면 곤란하다고 말했고, 그래서 전 '그렇다면 할 수 없군요'라고 대답했습니다. 코흐와의 계약을 포기하려고 했죠. 하지만 결국 코흐는 나중에 저희 조건에 동의했습니다."

또 하나의 일화는 라이처스 베이브가 버펄로 내에 있는 공급자들과 얼마나 밀접한 관계를 맺고 있는지 보여준다. 디프랑코는 1988년 데모 테이프를 녹음할 때부터 지금까지 CD와 카세트테이프 제작을 ESP사에게만 맡겨오고 있다. 1988년 당시 ESP는 건물 지하에서 운영되는 조그만 회사였다. 지금은 40명의 직원을 거느리고 1주일에 14만 장의 CD를 제작하고 있으며, 이렇게 성장하기까지는 꾸준히 지원해 준 라이처스 베이브의 공이 컸다.

라이처스 베이브와 거래하는 인쇄업자인 토너 프레스(Thorner Press) 역시 이 회사의 변치 않는 지원과 버펄로에 대한 의리 덕분에 많은 혜택을 보았다. 토너 프레스와의 계약을 담당하는 팻 톰슨은, 피셔가 처음 일을 시작할 때부터 라이처스 베이브에 필요한 모든 인쇄 작업을 토너 프레스의 캐나다 공장이 아닌 버펄로 공장에서 진행할 것을 당부했다고 말한다. 하루는 아주 급히 포스터를 찍어야 할 일이 생겼다. 톰슨은 캐나다 공장에서 인쇄해야만 필요한 시간에 맞출 수 있다고 말했다. 피셔는 어쩔 수 없이 허락했지만, 톰슨이 포스터를 들고

Chapter 04 유대감을 구축하라

왔을 때 그녀를 사무실로 데리고 들어가 조용히 말했다. "팻, 이런 상황이 다시 발생해서는 안 돼. 이번은 어쩔 수 없었지만, 버펄로에서 처리할 수 있는 일은 반드시 버펄로에서 이뤄져야 해." 그녀는 알겠다고 대답하고 방을 나왔다.

라이처스 베이브는 이와 같은 충성과 의리를 디프랑코의 공연을 진행하는 프로모터들에게도 보여준다. 다시 그레더(Darcy Greder)는 1992년 애니 디프랑코의 콘서트를 처음으로 맡았는데, 블루밍턴에 있는 일리노이 웨슬리언 대학에서 열린 이 콘서트에는 약 150명의 관객이 참석했다. 하지만 6년 후에는 관객이 5,000명에 이르는 콘서트를 진행하고 있었다. 지금도 그레더는 중부 일리노이에서 디프랑코의 공연이 있을 때마다 그녀와 함께 일한다. 일리노이 웨슬리언 대학의 학생처 부처장으로 일하고 있는 그레더는 "자신이 성장하는 데 도움을 준 이들과 끝까지 의리를 지키는 게 라이처스 베이브의 철학입니다"라고 말한다.

혹자는 라이처스 베이브의 그러한 의리가 회사의 발전을 방해하고, 디프랑코를 더 많은 대중에게 알리는 데 걸림돌이 된다고 주장할 수도 있다. 분명 이러한 의리를 지키자면 어느 정도 희생이 뒤따르게 마련이다. 12년간 디프랑코와 함께 일해 온, 디프랑코의 출연계약 담당자인 짐 플레밍은 이렇게 말한다. "우리는 현재 프로모터들과 계약을 해지하고 자기네와 일하면 더 많은 돈을 주겠다는 제의를 여러 번 받았고, 그때마다 거절했습니다. 우리는 돈이 주목적이 아니니까요. 애니, 스콧, 그리고 저는 우리와 초창기부터 함께하면서 많은 도움을 준 이들을 존경합니다. 저희는 그것이 현명한 것이라고 생각합니다."

하지만 공급자들이 라이처스 베이브를 의리를 지키는 회사로만 바라보는 것은 아니다. 이 회사는 프로 정신이 뛰어난 것으로 평판이 높으며 그 프로 정신의 출발점은 물론 애니 디프랑코다. 디프랑코는 순회공연을 하던 도중, 줄리아 로버츠가 출연하는 영화「내 남자친구의 결혼식(My Best Friend's Wedding)」의 삽입곡을 작곡해 줄 수 있냐는 다급한 요청을 받았다. 요청이 들어온 것은 화요일이었는데 주말까지는 곡이 완성되어야 한다는 것이었다. 디프랑코는 그 요청을 승낙했고, 순회공연을 하는 바쁜 일정 속에서도 틈틈이 작곡을 진행해 금요일에 완성된 곡을 영화 제작진에게 보내주었다. 제작진은 매우 고마워한 것은 물론 크게 감명을 받았다.

피셔는 말한다. "그게 애니의 방식이죠. 사람들이 그녀의 음악을 어떻게 생각할지 몰라도, 그녀가 절대 프로 정신이 부족하다고 말할 수는 없을 겁니다. 그녀가 그런 만큼 우리 회사도 프로 정신을 가지려고 노력했습니다. 독립 뮤지션들은 약속 시간을 잘 안 지킨다는 생각이 널리 퍼져 있는데, 우리는 그렇지 않습니다. 청구서는 제때 지불하고 CD도 제때 배달합니다. 저희 회사에는 이월 주문이란 존재하지 않습니다. 오후 2시 전에 주문을 하면 다음날 반드시 배송이 됩니다."

라이처스 베이브와 같이 일하는 업체들은 라이처스의 그러한 성실함과 프로 정신을 인정한다. 1990년대 중반부터 뉴욕에서 디프랑코의 프로모터로 일한 버지니아 지오다노는 이렇게 말한다. "그들과 함께 일하는 것이 정말 즐겁습니다. 그들은 적극적으로 임하고, 앨범

Chapter 04 유대감을 구축하라

179

에 강한 애착을 갖고 있으며, 정직하고, 프로 정신이 풍부하고, 주의 깊고, 항상 문제를 해결하려고 노력하며, 이득에 눈이 멀지 않은 사람들입니다. 많은 회사들과 일해 보았지만 이런 회사는 드물지요."

음반 유통업체들도 비슷한 반응을 보인다. 노스캐롤라이나와 사우스캐롤라이나 주에 체인 매장을 갖고 있는 매니페스트 디스크 앤 테이프스(Manifest Discs & Tapes)의 창립자이자 얼마 전까지 경영주였던 칼 싱마스터는 이렇게 말한다. "그들은 완벽한 독립 음반사를 보여주는 모델입니다. 앨범 제작에 노력을 아끼지 않으며 마케팅 비용을 언제 어떻게 사용해야 할지 알고 있습니다. 어리석은 행동은 절대 하지 않는 회사죠."

하지만 라이처스 베이브가 고객이나 공급자들과 갖는 관계에서 가장 특별한 점은 바로 그 관계의 본질적 특성에 있다. 라이처스 베이브에게 단순히 비즈니스 관계라는 것은 거의 존재하지 않는다. 그들은 그런 관계를 멀리 하며, 고객과 공급자에게 친구이자 같은 목표를 지닌 공동체의 일원이라는 느낌을 주기를 원한다. 론 엠케는 말한다. "이 회사 직원들은 자신이 단순히 거대 음반회사에 대한 대안이 아니라, 점점 더 기업화되어 가고 있는 미국 문화에 대한 대안적 모델을 만들고 있다고 믿습니다. 그것이 이 회사의 본질적인 특성이지요."

직원들이 그러한 신념을 가질 수 있는 것은 디프랑코와 피셔가 직원들의 신뢰를 얻었기 때문이다. 다시 그레더는 이렇게 말한다. "그들이 사업을 하면서 추구하는 가치관은 곧 그들의 삶을 움직이는 가치관이기도 합니다. 애니의 말과 음악과 예술관과 실제생활에는 한결같은 일관성이 존재합니다. 개인적인 일과 비즈니스적인 일 모두에 대해서 말입니다."

이 모든 것이 바로 라이처스 베이브와 관련된 모든 사람들이 느끼는 공동체 의식을 강화한다. 그들 가운데 비교적 보수적인 비즈니스맨들까지도 그러한 공동체 의식에 공감한다. 코흐 엔터테인먼트 디스트리뷰션(Koch Entertainment Distribution)의 사장인 마이클 로젠버그는 말한다. "만약 라이처스 베이브가 우리와 거래를 끊는다면 타격이 클 겁니다. 하지만 금전적인 측면보다는 정신적인 충격이 더 심할 겁니다. 우리 회사 직원들 모두는 애니 디프랑코와, 그리고 라이처스 베이브와 함께 일하는 것을 자랑스러워합니다. 그들이 떠난다면 정서적으로 적지 않은 충격을 받을 테고, 특히 세일즈와 마케팅 부서 직원들이 더욱 그럴 것입니다."

또 한 가지 주목할 점은 이 모든 것에서 디프랑코가 직접적으로 개입하는 부분은 제한되어 있다는 사실이다. 코흐 엔터테인먼트의 세일즈맨과 마케팅 직원들은 디프랑코나 피셔와 직접 접촉하는 일이 거의 없다. 그들이 라이처스 베이브에게 느끼는 연대감은 레이블 담당자인 메리 베글리, 소매(小賣) 부장인 수전 태너를 비롯한 담당 직원들과 형성한 관계에서 나오는 것이다. 로젠버그는 "그 회사 직원들과 함께 일하는 것은 굉장히 즐겁습니다"라고 말한다.

그의 말에는 마법을 가진 회사들이 고객이나 공급자들과 맺는 관계의 핵심이 담겨 있다. 긴밀한 관계를 형성하는 것은 기업이나 단체의 고위 간부들이 아닌, 매일매일 업무를 처리하는 부장이나 과장, 일반 직원들인 것이다. 그들은 회사의 가치관과 분위기를 외부인에게 전달하는 통로가 된다. 따라서 그들은 회사에서 가장 중요한 자원이라고 할 수 있다. 그리고 어떻게 보면 아이러니컬하지만, 작은 거인들이 고객에게 남들과 다른 특별한 서비스를 제공함에도 불구하고, 그들을 타 업체들과 구별지어주는 진정한 요소는 바로 고객을 두 번째로 여기는 그들의 신념이다. 다음 장을 읽어보면 이 말의 의미를 알 수 있을 것이다.

친밀함의 문화

Chapter 05

미셸 하워드는 아이다호 주 보이시에 위치한 ECCO에서 일한다. 2003년 가을 당시 미셸은 31세의 젊은 나이였지만 이미 ECCO에서 일한 지 9년이나 되는 고참이었다. 통통한 체구에 반짝거리는 눈을 가진 열정적인 성격의 그녀는 현재 고객서비스 부서에서 일하며, 자신의 일을 매우 사랑한다. "전 항상 새로운 것을 배우고 문제를 해결하면서 바쁘게 일합니다. 제 일은 고객을 만족시키는 것인데, 그걸 달성하는 방법은 여러 가지입니다. 예를 들어 우리가 주문 수량을 적게 보냈다면, 다음날 아침 8시 전까지 나머지 양을 배달하면 됩니다. 또는 크레딧 포인트를 줄 수 있고, 그 외에도 해당 상황에서 최선이라고 생각되는 방법을 쓸 수 있습니다."

다른 동료직원 약 140여 명과 마찬가지로 미셸 역시 ECCO 지분을 소유하고 있다. 종업원지주제도를 시행하는 이 회사는 지분의 약 58%를 직원들이 갖고 있다. 내가 그녀를 만났을 때 그녀가 소유한 지분의 가치는 약 1만 2,000달러였다. 더 중요한 것은, 그녀는 자신이 회사의 소유자라고 느끼고 있었으며 그에 합당한 대우를 받는다고 느낀다는 점이었다. 그녀는 CEO인 에드 짐머와 만나는 기회가 많다. 짐머는 매달 그 달에 생일이 있는 직원들과 함께 점심식사를 하며, 그 자리에서 직원들은 자신에 대해, 또 회사 내에서 중요하다고 생각되는 문제들에 대해 많은 대화를 나눈다. 또 매달 회사 재무 상태를 살펴보는 전 직원 회의가 있으며, 그 외의 업무시간에도 여러 가지 재무 정보를 적극적으로 공유한다. 미셸은 이렇게 말했다. "이 회사에 비밀이란 없습니다. 모든 정보가 공유되기 때문에 직원들이 안정감을 느끼지요. 우리는 회사가 다른 기업에 넘어갈 위험이 없다는 것을 알고 있고, 저도 직장을 잃을 일이 없다는 것을 알고 있습니다. 전 개인적으로, 우리 회사가 다른 기업에게 매각되는 일이 절대 없었으면 좋겠습니다. 대기업에서 일하기는 싫거든요. 지금의 ECCO 같은 환경에서 일하는 게 너무 좋아요. 만약 무슨 안 좋은 일이 일어나면, 저나 다른 직원들을 보호하기 위해 우리 회사가 무슨 일이든 할 것이란 사실을 아니까요."

미셸이 그렇게 믿는 데에는 이유가 있다. 그녀는 1994년 8월에 ECCO에 입사했다. 당시 그녀는 네 살과 두 살짜리 딸들과 7개월 된 아들과 함께 사는 스물셋의 미혼모였다. 고등학교 졸업 직후 결혼한 전 남편이 떠난 이후, 그녀는 3명의 아이를 혼자 책임져야 했다. 학력도 낮고 별다른 재주가 없던 그녀는 생계를 어떻게 꾸려나갈지 막

막했다. 그전까지 직장생활을 해본 적도 없었다. 얼마 동안은 정부에서 저소득층에 지원하는 식량 배급으로 끼니를 이어야 했고, 도와줄 사람은 마찬가지로 가난한 어머니밖에 없었다. 당시에 대해서 그녀는 이렇게 말한다. "정말 최악의 상황이었죠. 제 인생에서 경험할 수 있는 제일 끔찍한 시기였어요."

그 무렵 그녀는 기회를 얻게 되었다. 그녀 어머니의 친구 한 분이 ECCO에서 일하고 있었는데, 물량이 큰 주문이 발생해서 임시직원들을 모집하고 있다는 얘기를 그분한테서 들은 것이다. 미셸은 즉시 지원했고 회사에 고용되었다. 아이들을 어머니에게 맡긴 채 그녀는 램프에 라벨 붙이는 일을 하게 되었다. 그 해 12월, 주문이 계속 많아지면서 ECCO는 그녀를 정규직원으로 채용했다.

비록 단순한 노동을 반복하는 것이었지만 그녀에게는 직장이 있다는 것 자체가 행복이었다. 몇 달 동안 그 일을 계속했고 얼마 동안이든 일을 계속할 각오가 되어 있었다. 그러나 1995년 2월, ECCO 세일즈 담당 부사장인 댄 맥캔이 그녀에게 고객서비스 부서로 직책을 옮기는 것을 제안했다. 고객서비스 부서에서는 전화를 받고 질문에 답하고 주문을 받고 문제에 대한 해결책을 제시해야 했다. "당시 저는 그것이 내키지 않았습니다. 제겐 너무 버거운 일처럼 느껴졌으니까요. 경험도 없었고요. 하지만 부사장님은 '충분히 해낼 수 있을 거야' 하고 용기를 주셨습니다."

그녀가 맡은 새로운 일은 상당히 어려웠다. 고객서비스 업무를 위해서는 회사가 생산하는 모든 제품에 대해 통달해야 했다. 제품 설치와 분리 방법을 알아야 했고, 고객 검색 방법을 익혀야 했으며, 필요한 정보를 찾기 위해 컴퓨터 사용법도 배워야 했다. 또 가끔은 다루기 까다로운 고객들도 상대해야 했다.

새 업무를 맡은 이후에도 미셸의 가정 형편은 나아지지 않았다. 취직한 2년 반 동안 전 남편에게 자녀 양육비를 한 푼도 받지 못했기 때문이다. "ECCO는 제 처지를 이해하고, 돕기 위해 할 수 있는 건 다 해줬습니다. 때론 월급도 가불해 주었지요." 특히 미셸은 당시 그녀의 상사로부터 많은 도움을 받았는데, 상사 역시 이혼을 경험한 상태라 그녀의 처지를 많이 이해해 주었다. 한 번은 미셸의 아들이 백일해에 걸렸을지도 모른다는 진단을 받아서(나중에 단순한 천식으로 판명되었다) 가족 전부가 외부와 5일 동안 격리되어 있어야 했다. 당시 ECCO 인사관리 책임자였던 카렌 캠벨은 음식과 꽃을 들고 미셸의 집을 직접 방문했다. 미셸은 너무나 감동해서 울었다고 털어놓았다.

미셸은 그런 모든 역경을 어떻게 이겨낸 것일까? 그녀는 하느님과 ECCO가 있었던 덕분이라고 말한다. "대학을 나오지 않았기 때문에 ECCO가 아니었으면 다른 데 취직하긴 힘들었을 겁니다. 하지만 이곳에서는 말 그대로 모두를 평등하게 대합니다. 한번은 사내 크리스마스 파티에서 특수 경고등 생산라인에서 일하는 여직원이랑 이야기를 나누게 됐는데, 내가 사무실에서 일하는 게 너무 부럽다고 하더군요. 그래서 저는 '저도 라벨 붙이는 일부터 시작했어요. 당신도 노력하면 높은 직위로 올라갈 기회를 얼마든지 얻을 수 있어요'라고 말해 줬지요. 지금 그녀는 생산라인의 책임자입니다."

현재 미셸과 그녀의 아이들은, 부동산 거래시 드는 제반 비용만 본인이 부담하면 모기지 대출을 받을 수 있게 회사가 지원해 주는 사내 프로그램을 통해 구입한 집에서 살고 있다. 당시 ECCO의 인사관리 부서에서 지원을 제공하여, 그녀는 필요한 자금 2,800달러를 401(k) 연금에서 빌릴 수 있었다. "그전까지만 해도 방 하나뿐인 임대 아파트에서 아이들 셋이랑 살았습니다. 지금은 아이들이 각자 방을 갖고 있죠. 제게 이런 날이 오리라고는 생각도 못했습니다." 또 아이들도 학교에서 좋은 성적을 내고 있다. "맏딸은 지금 중학교 2학년인데 자기 반 부반장입니다. 전 제 딸이 너무나도 자랑스럽습니다."

이런 상황을 감안하면 그녀가 과다할 정도로 감사를 표시하는 건 당연하다고 볼 수도 있다. 재무 정보를 공유하고 논의하는 한 회의에 참가했을 때, 미셸은 한 방문객이 자신이 쓰려는 책에 ECCO를 소개하기로 결정한 이유를 설명하는 것을 듣고 "ECCO 파이팅!"이라고 크게 외쳤다. 그녀는 그날 오후에 이렇게 말했다. "나중에 어떤 직원이 제게 '굳이 그렇게까지 아부할 필요가 있었어요?'라고 묻더군요. 저는 '무슨 소리예요? 당신도 저와 같은 기분이잖아요?'라고 대답했죠. 저는 이 직장에서 일하게 된 것과 여기서 얻을 수 있는 모든 배움, 존경, 그리고 사랑에 대해 하느님께 늘 감사드립니다. ECCO는 직원들을 진심으로 아끼며, 직원들 또한 서로를 존중하고 존경합니다. 저는 다른 데서 일하는 것은 상상할 수 없습니다. 회사가 원하는 만큼 저는 이 회사에 남을 각오가 되어 있습니다. 회사의 성공에 조금이라도 보탬이 된다면 저는 행복할 겁니다."

직원에게 동기부여를 하는 방법을 담은 수많은 책, 기사, 그리고 비디오와 테이프가 세상에 나와 있다. 하지만 그 방법을 직접 터득한 회사들을 알고 싶다면, 이 작은 거인들이 일하는 모습을 보면 된다. 그들의 마법은 회사와 직원들 간의 관계에서 나오는 것이다. 이러한 관계가 없다면 마법은 생겨날 수 없다. 직원들 대다수가 회사를 사랑하지 않거나, 그들이 존중받고 있으며 권한을 갖고 있다고 생각하지 않거나, 자신에게 배우고 성장할 수 있는 기회가 없다고 생각하거나, 그들이 일과 동료들에게 만족을 느끼지 않으면, 마법은 나올 수 없다. 회사를 특별하게 만드는 모든 요소들(훌륭한 브랜드이든, 최고급 제품이나 서비스이든, 고객이나 공급자와 갖는 긴밀한 관계이든, 지역사회에서의 중요한 역할이든)을 좌우하는 것은 결국 그 회사에 매일 출퇴근하며 일하는 직원들이기 때문이다.

이는 단순히 직원들의 사기 문제가 아니다. 마법이 없는 회사들에도 행복해하는 직원들이 있고, 마법을 지닌 회사에도 불만을 가진 직원들이 있을 수 있다. 또한 단순히 보수나 특혜나 복리후생의 문제도 아니다. 물론 그러한 것들이 중요하기는 하지만 말이다. 이 책에 등장하는 회사들에는 근무 분위기를 조성하는 뭔가 특별한 것이 존재한다. 그들에게는 깊은 소속감과 주인의식을 높이는 무언가가 있으며, 그것은 그들이 지향하는 목표를 달성하기 위해 반드시 있어야 하는 필수조건이다. 또한 친밀감도 하나의 큰 요소다. 내가 말하는 친밀한 관계란, 직원들과 회사의 관계가 너무나 돈독하여 직원들이 자신에게 어려운 상황이 닥치면 회사와 경영자와 동료들이 발 벗고 도와줄 것이라고 확신할 수 있는 관계를 말한다.

그리고 이러한 친밀한 관계를 형성하는 데 중요한 요소는 회사의 규모다. 몇몇 특이한 경우를 제외하면, 회사의 직원 수와 직원들이 회사에 느끼는 친밀감의 정도는 반비례한다. 물론 직원 수를 무조건 적게 유지한다고 해서 그러한 관계가 형성되는 것은 아니고, 직원 수가 늘어난다고 해서 그러한 분위기가 파괴되는 것도 아니다. 하지만 친밀하고 직접적인 관계를 유지하기 위해서 필요한 직원의 수에는 한계가 있다. 많은 이들이 그러한 한계점이 존재한다는 것은 인정하지만, 그 한계가 정확히 어디인지에 대해서는 의견이 분분하다. 이 한계점은 사업의 종류, 경영진의 창의성과 능력, 그리고 리더의 성향에 따라 달라지기 때문이다.

앵커 브루잉을 살펴보자. 이 회사 소유주이자 CEO인 프리츠 메이태그는 직원 수를 가능한 한 적게 유지하기 위해 노력해 왔다. 지난 20년간 정규직원 수는 50명 근처에 머물렀으며, 공급량과 회사의 필요에 따라 채용하는 임시직원이 5명에서 10명 사이였다. 메이태그는 그 이상으로 고용하는 것에 대해 생각해 본 적이 없다고 한다. 『하버드 비즈니스 리뷰』와의 인터뷰에서 메이태그는 이렇게 말했다. "저는 개인적으로, 대장들만 있고 졸병은 없는 상태이면 더 재미있지 않을까 하는 생각을 해봅니다. 제가 생각하던 회사는 이렇습니다. 서로가 어떻게 연결되어 있는지 알 만큼 직원 수가 적고, 가급적 모두가 책임과 권한을 갖고, 아무도 남을 감시하지 않고, 업무시간을 기록하지 않는 그런 회사 말입니다."

이것은 그가 아이오와 주 뉴턴에서 자라면서 배운 경영철학이었다. "제 아버지는 그런 방식으로 가족을 이끄셨습니다. 저는 많은 책임감을 느껴야 했지요. 아버지는 늘 말씀하셨어요. '너에게 기대를 많이 걸고 있고, 너를 믿는다.' '실수하면 감추지 말고 솔직하게 말해라.' '실수하라고 권하는 것은 아니지만, 설령 실수한다 해도 걱정하지 마라.' '우린 함께 나아가고 있고, 무얼 해야 할지 확실히 모르는 것은 우리 모두 마찬가지야. 그러니 너무 근심하지 마라.' 이것은 작은 그룹의 사람들 사이에서 가능한 것들입니다. 그래서 저는 큰 그룹보다 작은 그룹을 선호하는 편입니다."

메이태그는 대규모 조직에서 일해 본 경험이 있다. 젊은 시절 그는 여름이면 메이태그 가문이 운영하는 공장에서 일을 했다. 공장의 직원 수는 3,000명이었고 대부분 노조에 가입한 사람들이었다. 당시 메이태그 집안에 속해 있다는 사실에 대한 그의 감정은 여러 단계를 거치며 변했다. 처음에는 그냥 당연한 것으로만 받아들이다가, 언젠가부터 불확실함과 약간의 수치심을 느꼈고, 그 후에는 자신이 메이태그라는 것이 자랑스러웠다. "저는 훌륭한 가문 출신이면 그만큼 열심히 일해야 한다고 생각했습니다. 메이태그는 세탁기를 만들어 많은 여자들의 가사노동을 줄여주었고, 제 증조부는 그것을 훨씬 훌륭하게 개량하셨습니다. 제 아버지가 경영할 당시 메이태그사는 제품의 품질과 신뢰도로 널리 유명해졌고, 저는 그것이 자랑스러웠습니다."

하지만 메이태그는 공장에서 일하면서 대규모 기업의 문제들을 직접 볼 수 있었다. "좋은 점도 있고 나쁜 점도 있었습니다. 당시 저는 어른들도 일하기 싫어할 수 있다는 점을 알고 많이 놀랐습니다. 앵커 브루잉의 경영을 맡기 시작하면서, 저는 그곳을 직원들이 일하고 싶어하는 곳으로 만들기로 작정했습니다. 그래서 직원들이 일하는 것을 즐기고, 서로를 경쟁 상대가 아니라 도울 수 있는 존재로 인식하는 일터를 만들기 위해 노력해 왔습니다."

그는 직원 수가 적을수록 그런 환경을 조성할 가능성이 높다고 생각했다. 사업 초기에는 정규직원이 4명밖에 없었다. 맥주를 병입할 때는 모든 직원이 매달려야 했고, 어떤 때는 추가 인력을 동원해야 했다. 병입 작업을 하는 날에는 공장 문에 '영업 끝'이라는 문구를 걸어놓고 문을 잠근 뒤 직원들과 함께 작업을 했다. 나중에 앵커 브루잉 맥주의 수요가 증가하자, 메이태그는 추가 인력 투입은 최소화하는 대신 생산량을 증가시킬 수 있는 장비에 투자를 했다. 무엇보다도 직원 수가 증가하면 품질이 떨어질 것이라는 게 메이태그의 생각이었다. 또 마찬가지 이유로 그는 근무시간을 주 5일제로 유지하고 싶었으며 그에 따라 근무방식을 조직했다. 그는 『하버드 비즈니스 리뷰』 인터뷰에서 이렇게 말했다. "저는 그것이 품질과 직결된다고 믿습니다. 자기 근무시간에 들어와서 '도대체 우리랑 교대한 앞의 녀석들은 무슨 일을 이따위로 한 거야?'라고 말하는 상황이 저는 싫습니다. 앵커 브루잉의 모든 직원은 '내가 맥주를 만들었다'라는 자존심과 책임감을 가질 수 있습니다. 그들이 식당에 가서 우리 회사 맥주를 보면, '내가 저걸 만들었지' 하며 뿌듯해합니다. 그런 자부심이 품질을 향상시킨다고 믿습니다. 진정한 품질 관리는 매순간 진행되고 있어야 합니다. '나중에 하자'라는 말이 나와서는 안 되는 겁니다. 그룹의 규모가 작을수록 품질에 대해 더 신경 쓸 수 있습니다. 우리 회사에는 맥주 품질과 양조법의 선두에 있다는 어떤 열의가 있습니다. 또한 창의적인 분위기도 생성됩니다. 이것은 우리가 소규모 팀이고, 회사가 돌아가는 상황을 모두가 알고 있기 때문에 가능하다고 생각됩니다."

메이태그는 회사를 소규모로 유지함으로써 경영상의 이런저런 골치 아픈 문제도 줄일 수 있었다. 예를 들어, 적응하지 못하는 새 직원들을 해고하지 않아도 되었다. 그들은 제 발로 떠나기 때문이다. 조직의 규모가 작을수록 동료들의 지원과 신뢰를 받지 못하면 버티기 힘들다. 반대로 회사의 분위기와 문화에 빨리 적응한 직원들은 메이태그가 시키지 않아도 스스로 더 많은 책임을 지고 적극적으로 일했다.

또한 소규모 조직이기 때문에 여러 가지를 함께할 수 있었다. 회사 내 파티를 열거나 피크닉을 자주 나갔으며, 때로는 가족 동반인 경우도 있었고 아닌 경우도 있었다. 매년 가을이면 메이태그는 그 해 크리스마스용 에일을 위한 보리가 수확되는 가족 농장에 직원들을 데리고 갔다. 오리건 주의 경계 근처인 북부 캘리포니아에 위치해 있는 농장이었다. 여기서 직원들은 직접 콤바인을 타고, 보리를 맥아로 만드는 과정을 직접 보았다. '고무 타이어를 만드는 사람이라면 말레이시아에 가서 직접 고무나무를 봐야 한다'는 게 메이태그의 신념이다. 그는 1년에 한 번씩 직원들을 데리고 유럽의 소형 양조장에 견학을 갔으며, 직원들에게 양조법에 관한 수업을 듣게 했다. 이런 모든 과정을 통해 직원들은 동료애가 돈독해졌고 고품질과 저질 맥주의 차이점을 더 정확히 알 수 있었다. 메이태그는 이렇게 말했다. "만일 맥주 거품이 제대로 안 나오면 직원들은 이렇게 말하겠죠. '이런, 지난번에 유럽의 한 양조장에서 산화된 맥주를 보고 비웃었는데, 우리가 그 지경이 되면 안 되잖아!'"

구성원들이 서로를 친구같이 여기고 함께 많은 시간을 보내면 가족 같은 분위기가 형성되기 마련이며, 앵커 브루잉 역시 예외는 아니었다. "조금은 쑥스럽기도 합니다." 메이태그는 『하버드 비즈니스 리뷰』 인터뷰에서 말했다. "자랑스럽고 좋은 현상인 건 분명하지만, 제가 그 가족의 가장이라고 말하기는 뭐하니까요." 하지만 그래도 그는 직원들끼리 돈독한 관계를 형성하는 것을 보면서 매우 흡족했다고 털어 놓았다. "일부 직원들은 어떤 대상에 함께 투자를 하거나 협력해서 프로젝트를 진행하기도 합니다. 저는 그것을 아주 바람직하게 여깁니다."

회사가 더 크다 해도 그가 똑같은 것을 느낄 수 있을까? "사람들이 많아지면 분위기는 변하게 마련입니다." 그는 말했다. "저는 정확히 몇 명부터가 너무 많은 건지는 잘 모르겠습니다. 직원들이 200명에 달하는 회사에서도 서로 다 이름을 알고 가깝게 지내는 경우가 있으니까요. 약 1,000명이 일하는 회사가 그런 경우도 들어본 적이 있고요. 하지만 저는 사람 이름을 잘 외우지 못하는 편입니다. 저한테는 50명 정도가 딱 알맞은 것 같습니다."

위와 같은 친밀함을 형성하고 유지하는 데에는 고용주와 직원들의 관계가 적지 않은 영향을 미치는 것이 분명하다. 당신에게 생계를 의지하고 있는 직원들 대다수와 직접적인 관계를 형성하지 못하면, 그들이 어떤 사람이고 그들이 무엇을 하고 있는지 당신이 알지 못하면, 직원들이 회사에 대해 애착과 열정을 가질 가능성이 매우 적어진다. 물론 경영자와 직원들 사이에 상당한 거리가 있음에도 불구하고, 직원들에게 엄청난 충성심과 의리가 존재하는 대기업이 전혀 없다는 뜻은 아니다. 하지만 그러한 대기업에 존재하는 충성심은 미셸 하워드가 ECCO에 느끼는 감정이나 프리츠 메이태그가 앵커 브루잉의 직원들에게 느끼는 감정과는 질적으로 다르다. 하워드와 메이태그가 느끼는 감정은 오랫동안 반복해서 이루어진 직접적인 소통에서 생겨난 것이기 때문이다.

그렇다면 과연 회사가 어느 정도 이상으로 커지면 회사 내의 모든 직원을 아는 것이 불가능해질까? 이 책에 나온 회사들 중 1,900명의 직원을 거느린 O. C. 태너가 그 한계에 제일 가깝다고 볼 수 있다. O. C. 태너 내에서도 과연 자신의 회사가 가족 같은 분위기를 형성할 수 있는 한계선을 넘었는지 아닌지에 대해 의견이 분분하다. 일부 고참 직원들은 창립자인 오버트 태너(Obert Tanner)가 1993년 세상을 떠난 이후 그 한계선을 넘었다고 말한다. 그러나 또 다른 직원들은 태너의 후계자들이 그의 모범을 따르면서 회사의 결속력을 더욱 굳건하게 만들었고 주장한다. 하지만 그들 모두가 공감하는 것은, 오버트 태너가 직원 1,000명이 넘는 상황에서 우리가 논하고 있는 종류의 결속력과 회사 분위기를 창출하는 뛰어난 업적을 남겼다는 점이다.

대부분의 회사들이 그렇듯 O. C. 태너 역시 작은 회사로 시작했다. 태너는 1927년 어머니가 살던 솔트레이크시티 집의 지하실에서 사업을 시작했다. 당시 그는 스물세 살이었고 유타 주립대학을 다니는 학생이었다. 그는 학비를 내기 위해 매일 새벽에 일어나서 부유한 가정을 방문해 난방장치를 가동해 주는 일을 했다. 태너의 근면함을 눈여겨 본 한 고객이 그에게 자기가 운영하는 보석상에서 점원으로 일하는 것이 어떻겠냐고 제안했다. 태너는 제안을 받아들였다. 보석상에서 일하면서 그는 새로운 사업을 구상했다. 바로 고등학교를 졸업하는 학생들에게 기념 반지와 핀을 판매하는 사업이었다.

이 발상에는 다소 이상주의적인 측면이 있었다. 그는 학생들이 고등학교 졸업이라는 인생의 중요한 순간을 썰렁한 졸업장만으로 기념해서는 안 된다고 생각했다. 그는 북부 유타 주에서 자신의 제품을 학생들에게 선전하면서 그렇게 주장했다. 본격적으로 사업을 해도 되겠다고 느껴질 만큼 학생들의 반응은 괜찮았지만, 그는 납품업자에게 공급받은 핀과 반지의 품질이 마음에 들지 않았다. 그래서 직접 핀과 반지를 만들기 시작했다. 그러는 와중에 공부도 소홀히 하지 않은 그는 1929년 유타 주립대학에서 문과 학사학위를 땄고, 1936년에는 법과 학사학위를, 1937년에는 스탠퍼드 대학에서 석사학위를 땄다. 그는 스탠퍼드 대학에서 1939년부터 1944년까지 종교학 강의를 했고 1945년에는 유타 주립대학 철학교수가 되었다. 그 동안 결혼을 했고, 자녀를 6명 낳았으며, 5권의 책을 썼다(후에 그가 저술한 책을 모두 합치면 11권이다). 그리고 그는 이 모든 것을 자신의 회사를 키우면서 동시에 해냈다.

1940년대 초반 태너는 고객을 기업들로까지 확장하기로 결심했다. 그는 회사들이 장기 근속한 직원들을 표창하기 위해 반지와 핀을 수여하는 방식에 관심을 가질 것이라고 생각했다. 그의 생각은 적중했고, 결국 그의 사업은 직원 표창이라는 개념을 중심으로 구축되기 시작했다. 그럼에도 불구하고, O. C. 태너는 서비스 회사라고 여겨지지 않았고 회사도 자신을 그렇게 생각하지 않았다. 그보다는 고급 귀금속 제조업체로 여겨졌다. 회사는 실제로 값비싼 보석과 금속을 박아 고객 맞춤형으로 제작된 반지와 핀을 판매하여 수익을 올렸다. 그러한 귀금속류가 직원 표창에 사용되기는 했지만, 이 회사의 비즈니스를 지탱하는 것은 서비스가 아니라 그 제품들 자체였다.

O. C. 태너는 그러한 제조업체로서의 가치관을 60년 넘게 유지했고 커다란 성공을 거두었다. 전성기는 1960년대였는데, 이즈음 우수한 직원의 노고를 치하하기 위해 더 고급스러운 물건이나 상패를 주문하는 기업 고객들이 점점 늘기 시작했다. 이후 1960년에 270만 달러였던 연매출은 1980년에 8,640만 달러로 껑충 뛰었고, 직원 수는 200~300명에서 1,000명 이상으로 증가했다. 그 다음 10년 동안 태너는 손목시계, 벽시계, 펜, 팔찌 등을 포함한 고급 액세서리 분야로 사업을 확장했고, 서비스 부문을 향상시키기 위해 고객사의 직원 데이터베이스를 파악하여 언제 어떠한 상패가 필요한지 파악하는 자체 프로그램을 개발했다. 또한 상패에 들어가는 문구를 인쇄하는 팸플릿 사업을 시작하여 결국 연매출 2,000만 달러의 사업으로 키웠다. 1980년대 중반에 약간의 슬럼프를 겪었지만 80년대 후반 들어 다시 매출이 연간 8~10%씩 증가하면서 1993년 매출은 2억 1,400만 달러를 돌파했다.

하지만 시간이 지나면서 오버트 태너는 자신이 젊은 시절부터 간직해 온 마음속 유산에 더욱 많은 관심을 기울이게 되었다. 1974년 그는 CEO를 사임하고 그 자리를 오랫동안 세일즈 담당 부사장으로 일해 온 돈 오슬러(Don Ostler)에게 넘겨준 뒤 자신은 이사회 회장이 되었다. 당시 70세였지만 그는 아직 에너지가 넘쳤고, 그런 자신의 에너지를 공익사업, 자선활동, 장학금 조성, 그리고 직원들의 미래를 위해 노력하는 데 쓰고 싶어했다.

그는 이미 그 네 가지 분야에서 많은 활동을 해오고 있었다. 그는 일부 사람들 사이에서 "미스터 유엔"으로 통했는데, 그 이유는 그가 미국과 다른 여러 나라의 단체들에게 많은 지원을 제공했기 때문이다. 또 그는 수많은 위원회와 이사회에서 주도적 역할을 수행했으며, 백악관 청소년회의, 미 헌법 200주년 기념위원회, 유타 주 오케스트라 위원회, 솔트레이크시티의 주요 문화시설 건축을 기획하는 위원회 등에서 활약했다.

그는 자선사업 분야에서도 활발하게 활동했다. 오버트 태너와 아내 그레이스는 매년 미국의 일류 대학들에서 개최되는 〈태너의 인간 가치에 대한 강의〉를 설립했다. 태너 부부는 또한 여러 극장, 박물관, 콘서트홀이 건설되는 데 재정적인 지원을 했다. 여러 지역사회와 기관들에 40개 이상의 분수를 설치해 주었고, 전국 곳곳에 있는 대학 도서관들에 철학 자료실을 만들었다.

학문적인 측면의 경우, 태너는 자신이 공부했던 종교학과 철학을 더욱 연구했다. 1967년 유타 주립대학에서 법학 박사학위를 받았고, 1945년부터 1972년 공식 은퇴할 때까지 그곳에서 철학교수로 재직했다. 은퇴하면서는 명예교수 직위를 받았다. 그의 공헌은 사람들에게 인정받아 1990년 조지 H. W. 부시 대통령은 태너에게 학문공로 훈장을 수여했다. 또한 영국학사원으로부터 명예연구원 자격을 부여받았고 전국 여러 곳의 대학에서 명예학위를 받았다.

하지만 오버트 태너는 회사 내에서도 외부에서 못지않게 많은 것을 보여주었다. 고참 직원들은 태너가 사내 복도를 돌아다니며, 직원들의 가족이나 취미, 꿈, 그리고 다양한 주제에 대해 자유롭게 대화를 나누던 모습을 기억한다. 솔트레이크시티에 위치한 본사의 벽에는 태너의 말이 커다란 액자 속에 걸려 있다. 그 중 하나는 "직원 여러분 모두가 커다란 행복과 만족을 찾기를 진심으로 기원합니다"이다. 또 다른 액자에는 "나는 O. C. 태너가 하는 일이 본질적으로 자유기업제도라는 커다란 기계에 기름칠을 하는 것이라고 생각합니다"라고 쓰여 있다.

 1990년대 초반 O. C. 태너의 솔트레이크시티 본사에 근무하는 직원은 약 1,700명이었는데(캐나다에도 공장이 있었으며 북미 각지에 지점을 두고 있었다), 들리는 얘기에 의하면 오버트 태너는 모든 직원의 이름을 알고 있었다고 한다. 그의 목표는 O. C. 태너의 지점이 있는 모든 곳에서 근로자들이 가장 일하고 싶어하는 회사가 되는 것이었다. 그는 이러한 목표를 염두에 두고 인사관리 직원인 케이 요르겐슨을 직접 훈련시켰다(그는 나중에 인적자원 담당 선임 부사장이 되었다). 그 결과 O. C. 태너는 유연한 스케줄 관리, 일자리 나누기, 직장 내 직업보건서비스, 직원 표창 프로그램, '근무시간을 하루 중 가장 행복한 시간으로 만들기 위한' 정기적인 직원 설문조사 등을 실시함으로써 근무환경 관리 부문에서 선두를 달리는 기업이 되었다. 또한 기업의 보상제도에서 '변동 급여'라는 개념이 유행하기 훨씬 오래 전부터, O. C. 태너는 품질 보너스, 효율성 보너스, 납품 보너스 등을 직원들에게 지불하고 있었다. 추수감사절에는 오버트 태너 자신도 전 직원에게 100달러를 나눠 주는 것에 참여했다. 또 직원들은 생일마다 월급 외에 100달러를 받았으며, 이익분배제도에 따라 1년에 두 번씩 추가 수당을 받았다. 크리스마스 시즌에는 회사가 100만 달러 이상을 직원 보너스로 지출했다. 이런저런 보너스를 모두 합하면 O. C. 태너의 직원은 1년에 연봉 이외에 추가로 약 2,000달러를 받을 수 있었으며, 이는 일반적인 기업의 보너스 수준을 훨씬 넘는 것이었다.

하지만 오버트 태너가 직원들에게 준 가장 큰 혜택은 자신의 사망 후를 대비해 만들어둔 규정에 담겨 있었다. 그는 전체 지분의 65%에 달하는 자신의 소유 지분을(지분의 나머지 35%는 태너의 조카와 그 가족이 소유했다) 사망 후에 소위 '100년 트러스트'에 맡기도록 정해두었는데, 이 트러스트의 조항에 의하면 태너가 사망한 후 회사는 매각되거나 합병되거나 상장될 수 없었다. 이를 통해 태너는 외부 주주들의 금전적 이익 때문에 직원들이 일자리를 잃거나 휘둘리는 것을 막으려 했던 것이다(법적으로 이 트러스트는 태너의 사망 시점에 생존한 후손들이 죽을 때까지, 그리고 거기에 21년을 추가한 기간만큼 지속될 수 있었다).

태너가 직원들을 아끼는 만큼 직원들 역시 태너를 존경하고 그에게 감사했다. 어느 모로 보나 직원들이 회사와 태너 개인에게 느끼는 친밀함은 각별했다. 1993년 10월 태너가 사망했다는 소식이 솔트레이크시티 본사에 전해지자 회사는 마치 낙뢰라도 맞은 듯 충격에 휩싸였다. O. C. 태너에서 15년째 근무하고 있던 일러스트레이터 쇼나 라소는 말했다. "정말 충격적이었죠. 모두가 울었습니다. 그는 그런 존경을 받을 만한 분이었습니다. 직원들에게 엄청난 열정을 보였으니까요. 직원들은 벽에 걸린 그의 격언들을 매우 좋아했습니다. 가끔씩 그분은 주차장에 가득 찬 자동차를 보며 '내가 이 모든 사람들을 책임져야 하네'라고 말하시곤 했습니다. 직원이 반지에 다이아몬드를 끼우는 일을 하고 있으면, 그분은 직원 옆에 가서 가족의 안부를 물으셨지요. 저는 그것이 단순히 온정주의적 태도라고 생각하지 않았습니다. 그것보다 훨씬 친밀하고 직접적인 관계였고, 그의 그러한 태도는 자신의 철학과 인생관을 전달하는 하나의 방법이었습니다."

아이러니컬하게도, 태너가 직원들과 맺었던 이런 긴밀한 관계는 후에 그의 후계자들에게 난관이 되었다(7장에서 다시 살펴보겠다). 그렇다 해도 어쨌든 오버트 태너는 조직의 리더가 1,000명이 넘는 직원들 개개인과 직접적이고 친밀한 관계를 맺을 수 있다는 사실을(비록 쉽지는 않지만) 보여주었다.

물론 직원들과 이러한 친밀한 관계만 형성한다고 해서 이 책에 나오는 작은 거인들에서 일하는 직원들이 보여주는 수준의 헌신과 충성을 얻을 수 있는 것은 아니다. 만일 그렇다면 모든 소규모 회사에서 그러한 헌신과 충성이 나타날 텐데, 실제로 꼭 그렇지는 않다. 그렇다면 직원들이 자신의 삶과 회사의 삶이 긴밀하게 연결되어 있다고 느끼고, 회사의 흥망을 자신의 자존심이 걸린 문제로 인식하며, 그렇기 때문에 회사의 목표를 이루고 최고가 되기 위해서 전력을 기울이는, 그러한 분위기를 창출하려면 어떻게 해야 할까?

그러기 위해서는 먼저 출발을 제대로 해야 한다. 짐 콜린스가 『좋은 기업을 넘어… 위대한 기업으로』에서 고용 결정의 중요성을 언급하며 말했듯이, 우선 적절한 인재를 조직에 들여야 한다. 비록 짐 콜린스는 대형 상장기업을 염두에 두고 한 말이었지만 이 원칙은 비상장 중소기업에도 똑같이 적용된다. 진정성을 지닌 기업이 되려면 그곳에서 일하는 사람들이 진정성을 지녀야 하고, 그러기 위해서는 단순히 돈만이 그들을 움직이는 원동력이 되어서는 안 된다. 물론 돈은 훌륭한 동기 유발 매체다. 누구나 자신이 한 일에 대해 훌륭한 보수를 받고 싶어하기 마련이다. 하지만 직원이 일하는 이유가 오로지 돈 때문이라면 그 기업의 미래는 별로 밝지 않다.

그래서 게리 에릭슨은 클리프바에 대한 1억 2,000만 달러 매각 제의를 거절한 후 기업 내 핵심직원들을 찾아갔다. 그는 이렇게 회상한다. "저는 그들에게 이렇게 말했습니다. '독립회사로는 5년 정도 수명이 남은 것 같군요. 저는 계속 개인회사로 유지하면서 운영할 예정입니다. 지금 포기하기에는 너무 아깝지 않습니까? 저와 함께하면서 해결책을 찾아봅시다.' 나중에 『좋은 기업을 넘어… 위대한 기업으로』를 읽으니 제가 바로 적절한 사람들을 고용했다는 생각이 들더군요. 그들의 가치관과 저의 가치관은 일치했고, 회사 역시 그러한 가치관을 반영하고 있었습니다."

올바른 사람들을 고용하는 것만으로는 부족하다. 그들을 태우고 움직이는 조직 역시 최상의 컨디션을 유지하도록 만들어야 한다. 이는 얼핏 들으면 당연하게 여겨지지만, 많은 회사들이 훌륭한 목표와 의도를 갖고 있음에도 불구하고 형편없는 내부 커뮤니케이션, 부서 간 협력 실패, 결정사항에 대한 미흡한 실천, 그 외에 여러 가지 관리

상의 실수로 낭패를 본다. 세상에서 가장 불만족스러워하고 냉소적인 직원들을 어디에서 목격할 수 있는지 아는가? 바로 기업의 사회적 책임 구현을 표방하며 세상을 구원하는 데 집중하느라 정작 자기 자신(그리고 거기서 일하는 직원들)을 구원하는 데에는 실패한 기업들에서 목격할 수 있다. 이들 중 일부는 초반에 자신이 지닌 마법으로 유명했지만 어느새 그것을 잃어버렸으며, 그 원인의 일부는 기초를 돌보지 않았기 때문이다.

물론 이 책에 언급되는 회사들에 경영상의 문제가 전혀 없다는 말은 아니다. 당연히 문제가 발생하지만 그들은 문제를 숨기는 것이 아니라 밖으로 이끌어내 해결하도록 만드는 장치를 갖고 있기 때문에 성공한 것이다. 애리 바인츠바이크는 징거맨스 커뮤니티 오브 비즈니시즈에 대해 이렇게 말한다. "우리도 다른 회사와 똑같은 문제들을 안고 있습니다. 다만 우리는 다른 회사들보다 더 효율적으로 대응하고, 그 과정을 더 즐기며 서로 더 적극적으로 협력합니다. 아마 우리처럼 노력하는 기업은 없을 겁니다. 대개 사람들은 우리 같은 회사를 보고 단순히 '기업문화 때문에 성공했군'이라고 결론지어 버립니다. 하지만 그건 부정확한 표현입니다. 우리가 추구하는 종류의 기업문화를 만들고 그것을 유지하기 위해서는, 가치관을 중심으로 하며 세심하게 설계된 적절한 시스템과 프로세스가 반드시 있어야 하니까요."

다른 회사들보다도(심지어 다른 작은 거인들보다도) 징거맨스는 비즈니스를 운영하면서 발생하는 문제들을 다루기 위한 시스템을 조직하는 데 훨씬 많은 노력을 기울였다. 그것을 보여주는 예가 1994

년 그들이 세운 인력교육 자회사 징트레인이다. 사실 징트레인의 설립을 자극한 것은 외부 사람들이었다. 특히 징거맨스의 기업문화를 부러워하고 자신들의 경영관리 문제를 해결하는 데 있어 징거맨스의 방식을 배우고 싶어하는 전국의 소매 사업체들의 요청이 강했다. 징트레인의 공동설립자이자 경영 파트너인 매기 베일리스(Maggie Bayless)는 이렇게 말한다. "우리는 잘못된 것을 분석하고 그것을 해결하는 방식을 가르쳐주기보다는 우리에게 효과가 있었던 방식을 알려주는 것이 더 낫다고 생각했습니다."

무언가를 가르치기 위해서는 가르치는 입장에서도 상당한 훈련과 규율이 수반되어야 했다. 징트레인이 다른 사업체를 교육하기 위해서는 먼저 징거맨스가 실행하고 있는 것들을 설명하는 데 필요한 용어를 만들어야 했다. 아울러 바인츠바이크, 사기노를 비롯한 핵심 경영진은(그들이 직접 교육을 실시하는 경우가 많았다) 자신들의 비즈니스 운영 방식이 보다 체계적이고 세련되어야 한다는 간접적인 압력을 느꼈다. 그들에게는 '가치관을 중심으로 하며 세심하게 설계된 적절한 시스템과 프로세스'가 필요했다. 이는 그들의 회사를 운영하고 기업문화를 강화하기 위해서뿐만이 아니라 다른 사람들에게 그것이 운영되는 방식을 보여주기 위해서이기도 했다.

징트레인은 다양한 경영 프랙티스(Practice)들을 이해하기 쉽고 가르치기 쉬운 개념과 원칙들로 정리하기 시작했다. 바인츠바이크는 말한다. "우리에겐 이미 〈훌륭한 서비스를 위한 3단계〉가 있었습니다. 그리고 다른 원칙들도 만들어가기 시작했지요." 그들은 고객 불만을 다루는 다섯 가지 단계, 주문 정확도를 위한 4단계, 훌륭한 재무 상태를 달성하는 3단계, 생산적인 해결방안 모색을 위한 4단계 원칙, 핵심적인 변화를 위한 5단계 등을 만들었다.

하도 종류가 많아서 자칫 따분하다는 느낌이 들 수도 있지만, 자세히 살펴보면 각 원칙들은 경영원리의 핵심을 담고 있는 동시에 보다 깊은 토론과 사고에 대한 발판을 마련해 준다. 훌륭한 서비스를 제공하기 위해서는 (1)먼저 고객이 원하는 바를 파악하고 (2)그것을 정확하고 예의바르고 성심성의껏 제공하고 (3)그것을 뛰어넘은 노력을 더 기울여야 한다. 동시에 직원들 모두가 그것을 알고 있어야 한다. 바인츠바이크는 자신이 제시하는 그런 방안을 대니 메이어가 말하는 '지혜로운 서비스'와 동격으로 볼 수는 없다는 사실을 순순히 인정한다. "이미 뛰어난 서비스를 제공하는 사람들은 저희가 제안한 내용을 보고 '그렇게 단순한 것이 아니다'라고 말하겠지요. 그것도 틀린 말은 아닙니다. 하지만 우리는 사람들이 훌륭한 서비스에 필요한 모든 미묘한 부분까지 파악할 때까지 기다릴 수 있는 상황이 아니었습니다. 배워서 바로 적용할 수 있는 지침이 필요했지요."

이후 바인츠바이크와 경영진은 이러한 생각을 직원훈련, 리더십, 조직개발 등 여러 측면에도 적용하기 시작했다. 독서광이자 여러 책을 저술한 저자이기도 했던 바인츠바이크는 징거맨스가 '청지기 정신'이나 '기업가적 경영 방식' 등의 개념을 실제로 적용한 사례에 대한 긴 보고서를 작성해 내기 시작했다. 그 다음엔 징트레인 직원들과 함께 그런 무형의 개념들을 실제적인 경영 도구로 만들었다. 그는 말한다. "우리가 추구하는 것은 단순하면서도 효율적인 방식입니다. 누구든지 이해하고 사용할 수 있는 그런 도구를 만들고 싶습니다."

이러한 과정을 통해 개발된 도구와 자료들은 징트레인의 세미나에서 꾸준히 활용되었다. 또한 징거맨스 직원들도 징트레인의 수업을 들었기 때문에 이러한 교육 체제는 징거맨스 자체에도 커다란 영향을 미쳤다. 교육을 받은 직원들은 비즈니스 세계에 눈을 뜨게 되었다. 그들은 빵을 굽고 젤라또를 팔거나 커피를 끓이면서, 그와 동시에 비즈니스와 경영에 대해 배웠고 음식의 역사와 사회적인 특성에 대해 배웠다. 징트레인이 마치 학교 같은 역할을 했기 때문에 징거맨스 사내에서는 "징거맨스 대학"이라고 불렀다.

이 모든 것은 지적인 자극을 제공할 뿐만 아니라 모두를 융합하고 결속하는 기업문화를 형성하는 결과도 가져왔다. 징거맨스 베이크하우스의 경영 파트너인 에이미 엠버링(Amy Emberling)은 이렇게 말한다. "우리가 가르친 단계와 도구들은 실제로 효과를 발휘합니다. 하지만 그뿐만 아니라 서로 대화할 때 사용할 수 있는 언어를 제공했다는 의미도 있습니다. 회사 내 다른 부서에서 일하는 사람들도 같은 표현을 사용했기 때문에, 전체적이고 결속력 있는 기업문화가 생성될 수 있었던 겁니다."

아마도 가장 중요한 것은, 이러한 "단계와 도구들"들 덕분에 직원들 모두가 경영 프로세스에 대해, 그리고 회사가 어떻게 운영되어야 하고 비즈니스를 어떻게 행해야 하는지에 대해 항상 생각하는 분위기가 형성되었다는 점일 것이다. 이러한 분위기에서는 문제가 은폐될 위험이 거의 없다. 문제가 발생하면 자연스럽게 수면 위로 끌어올려 적극적으로 해결하도록 시스템이 짜여 있기 때문이다. 징거맨스는 기본적인 문제들 때문에 발목이 잡히거나 낭패를 겪게 될 위험을 최소화한 것이다.

 하지만 친밀한 기업문화를 형성하는 것에는 단순히 실수를 피할 수 있다는 것 이상의 의미가 있다. 또 그러한 문화를 형성하는 방법이 한 가지만 있는 것도 아니다. 이 책에 언급된 작은 거인들은 모두 다른 경영철학과 접근방법을 갖고 있고 몇몇은 서로 완전히 대조적이지만, 모두 나름대로 효과를 발휘한다. 예를 들어, W. L. 버틀러 컨스트럭션의 빌 버틀러는 직원들 상당수가 서로 친족 관계라는 사실을 자랑스럽게 여긴다면서 이렇게 말한다. "우리는 가족 회사인 동시에 가족처럼 운영되는 회사입니다. 우리 직원은 125명인데, 만약 친척관계인 사람들을 다 해고하면 50명 정도밖에 안 남을 겁니다. 한 멕시코 가족에서 우리는 가장과 그의 아들, 그의 두 형제, 그리고 그의 사촌 한 사람을 고용했습니다. 우리는 연고주의를 권장하는 편입니다. 이 회사에는 남매, 삼촌, 이모, 시가족 등 여러 가족관계가 존재합니다. 우리는 말 그대로 가족 회사라고 볼 수 있지요."

 시티스토리지는 이와 정반대다. 놈 브로드스키는 같은 집안 사람들을 동시에 고용하는 것에 반대한다. "저는 규칙을 별로 좋아하는 편은 아닙니다만, 우리 회사엔 세 가지 규칙이 있습니다. 첫째, 마약 금지, 둘째, 건물 근방 5미터 이내에서 금연, 셋째, 이곳에서 일하는 사람의 친척이나 친구는 고용할 수 없는 것입니다. 어떤 사람들은 이 규칙에 별로 공감하지 않을 수도 있지만, 회사를 운영하면서 그런 규칙이 필요하다는 걸 느끼게 된 사건이 서너 번 있었습니다. 한 사람을 내보내야 할 때, 자칫 잘못하면 그 사람과 연결된 다른 직원들까지 잃을 수 있고, 그러면 상당히 골치 아파지기 때문입니다. 전 지금 저와 함께 일하는 직원들을 아낍니다. 괜히 친척이나 친구를 고용했다가 아끼는 직원들까지 잃기는 싫습니다."

이 회사들은 각자 사용하는 방식은 다르지만 공통적으로 세 가지 원칙을 따른다. 내가 목격한 바에 의하면, 친밀한 기업문화를 형성하고 자신만의 마법을 만들기 위해서는 이 세 가지 원칙을 반드시 지켜야 한다.

첫째, 전 직원에게 회사의 높고 의미 깊은 목표를 정확히 제시하고 목적의식을 고취한다. 그 목표는 회사가 하는 일 자체와 관련된 것일 수도 있고, 또는 일하는 방식, 또는 그 일을 함으로써 얻어지는 좋은 결과에 관한 것일 수도 있다. 때로는 그 세 가지가 섞여 있을 수도 있다. 목표의 내용과 틀이 무엇이든 그것은 동일한 역할을 수행한다. 즉 직원들이 하는 일을 의미 깊은 무언가로 만들어준다. 목표는 그들의 노력이 왜 중요한지, 왜 최선을 다해야 하는지 그 이유를 끊임없이 상기시켜 준다.

단순히 미션 선언문의 존재 여부를 말하는 것이 아니다. 작은 거인들 가운데는 미션 선언문을 갖고 있는 회사도 있고, 그렇지 않은 회사도 있다. 결국 이들이 다른 기업과 다른 점은 그 목표가 조직과 조화롭게 하나로 융합되어 있다는 사실이다. 목표는 회사의 모든 업무에서 중심축을 이루어야 하며, 직원들이 절대로 그것에서 눈을 떼거나 그것을 잊어버려서는 안 된다.

이러한 관점에서 볼 때 대니 메이어의 '지혜로운 서비스'는 단순히 훌륭한 고객 서비스를 제공하는 것이 아니다. 그것은 고객이 다른 곳에서 얻을 수 없는 특별한 경험을 제공하고, 그들에게 행복을 주는 것이다. 이것이 바로 메이어의 회사가 추구하는 보다 높은 목표다.

마찬가지로, ECCO와 레엘 프리시전 매뉴팩처링은 단순히 생산성을 제고하기 위해 직원들에게 지분을 분배하거나 그들과 재무 정보를 공유하는 것이 아니다. 그들은 하나의 선언을 하고 있는 셈이다. 즉 회사의 궁극적인 목표가 그곳에서 일하는 직원들의 삶을 윤택하게 하는 것임을 공표하는 것이다. 이 역시 평범한 회사들이 지닌 것과는 다른 보다 높은 목표다.

징트레인의 교육 과정도 직원들에게 단순히 업무에 활용할 수 있는 정보와 도구를 제공하기 위한 것이 아니다. 그들에게 회사의 보다 높은 목표를 알게 하려는 것이다. 그 목표란 고객에게 훌륭한 음식을 제공하고 그들을 음식 만드는 사람과 긴밀하게 연결시킴으로써, 고객의 삶을 한층 풍부하게 만드는 것이다. 마찬가지로 앵커 브루잉의 직원들은 다른 양조장에 견학을 갔을 때 회사의 보다 높은 목표, 즉 최고의 양조법을 마스터하고 으뜸가는 양조업체가 된다는 목표를 인식하게 된다.

그리고 이들 회사가 지역사회와 협력하거나, 자선사업을 지원하거나, 주변 지역을 개선하거나, 환경보존에 앞장서는 등의 활동을 하면, 거기에 함축된 보다 높은 목표가 무엇인지 굳이 설명할 필요가 없다. 훌륭한 비즈니스는 세상을 더 나은 곳으로 만드는 하나의 방법이라는 사실을 모두가 느낄 수 있기 때문이다.

친밀한 문화를 만들기 위한 두 번째 원칙은, 회사가 직원들을 얼마나 배려하고 아끼는지에 대해 예상하지 못한 방식으로 일깨워주는 것이다. 여기서 중요한 말은 '예상하지 못한 방식으로'다. 오늘날 많은 기업들이 직원을 새로 뽑는 데 얼마나 많은 비용이 들어가는지, 또 훌륭한 인재를 유지하는 것이 얼마나 중요한지 절감하고 있다. 그래서 그들은 직원들이 인정받고 있다는 느낌을 받도록 성과 보너스, 특혜, 유연한 업무 스케줄, 표창, 회사 파티, 승진 등 여러 가지 도구를 활용한다. 이 책에 나온 회사들도 이런 도구를 사용하기는 하지만 평범한 회사들과 차이가 있다. 이들은 회사가 직원들을 아낀다는 느낌이 확실히 전달되도록 하기 위해, 다른 회사들이 사용하지 않는 방법을 쓰거나 또는 기존의 도구를 전혀 다른 방식으로 사용한다.

시티스토리지의 놈 브로드스키가 쓰는 방식 중에는 '뒤로 넘어가게 만들기'라는 것이 있다. 그는 직원에게 포상을 내리려면 너무나 기뻐서 뒤로 넘어질 정도로 만들어야 한다고 생각한다. 그러기 위해서 전혀 예상하지 못한 시점에 전혀 예상하지 못한 무언가를 제공한다. 그 좋은 예는 시티스토리지의 신참 비서인 패티 라이트풋(Patty Lightfoot)과 관련된 일화다. 브로드스키는 라이트풋이 대학 진학에 필요한 돈을 마련하기 위해 퇴근 후에 사무실 청소 아르바이트를 하면서 1주일에 75달러를 벌고 있다는 사실을 우연히 알게 되었다. 비록 시티스토리지에 입사한 지 3개월밖에 안 되었지만, 그녀는 신뢰가 가는 성격과 재치와 명석한 두뇌 회전으로 주변 직원들에게 좋은 인상을 심어준 터였다. 회사 방침상 비서는 6개월 이상 근무해야 임금 인상이 가능했지만, 브로드스키는 회사가 그녀를 아낀다는 사실을 보여줄 수 있는 좋은 기회라고 생각했다. 그는 말한다. "저는 경영진을 모아놓고 말했습니다. '만약 지금부터 3개월 이후에 임금을 인상해 주면 그녀는 그냥 고마워할 것이오. 하지만 지금 인상해 주면, 그녀는 절대 잊지 못할 것이오.' 다들 제 의견에 동의했습니다."

다음날 브로드스키는 라이트풋을 사무실로 불렀다. "자네, 퇴근 후에 아르바이트를 한다는데, 사실인가?"

라이트풋은 불안함을 감추지 못하면서 대답했다. "그렇습니다만……"

"안 됐지만 그것은 허용할 수 없네. 전날 충분히 쉬고 충전한 다음에 출근해야 아침에 제대로 업무를 할 수 있지 않겠나?" 그러자 라이트풋의 얼굴에는 당황하는 기색이 역력했다. 브로드스키는 곧 말을 이어갔다.

"자네 아르바이트 수당이 1주일에 75달러라면서? 자네가 버는 수입이 줄어들지 않도록, 임금을 그 액수만큼 인상해 주겠네."

"예……? 고맙습니다."

"아, 그리고 한 가지 더. 우리 회사에는 특별한 제도가 있어. 여기서 일하는 직원들은 봉급을 받으면서 학교를 다닐 수 있네. 그리고 성적을 B학점 이상만 유지하면 등록금도 회사가 부담해 준다네."

브로드스키의 표현에 따르면, 라이트풋은 사무실을 나가면서 입이 찢어질 만큼 크게 웃고 있었다고 한다. 그녀의 마음속에는 회사가 자신을 생각해 준다는 확신이 심어졌을 것이 틀림없다.

프리츠 메이태그는 그와 약간 다른 철학을 갖고 있지만 의도하는 바는 크게 다르지 않다. 앵커 브루잉의 직원들에게 몇 년간 보너스를 지급한 후, 그는 그것이 보너스로서의 의미가 없어졌다는 사실을 깨달았다. 직원들은 보너스를 받을 때쯤이면 이미 그전에 받은 보너스는 다 써버린 상태였다. 즉 메이태그는 보너스를 직원의 기여를 인정한다는 메시지를 담은 특별한 보상이라고 생각했지만, 직원들은 언젠가부터 그저 당연히 받는 보수라고 여겼던 것이다. 그래서 그는 정기 보너스 지급을 중단했다. 그리고 회의에서 이유를 설명했다. 그리고 직원들이 이유를 듣고 충분히 이해했다는 것을 파악한 후에 다시 곧바로 보너스를 지급했다. 그리고 한참 시간이 흐른 후 다음 보너스를 주었다. 메이태그는 『하버드 비즈니스 리뷰』 인터뷰에서 말했다. "일종의 게임과 비슷한 겁니다. 저는 직원들에게 합리적인 시기에 후한 보상을 주는 것이 최선의 방법이라고 결론 내렸습니다. 그리고 금전적인 보수 이외에 보리 수확, 유럽 양조장 견학, 양조법에 관한 강의 수강, 저녁 행사나 소프트볼 게임, 이사할 때 회사의 트럭을 빌려주기 등을 보너스로 치는 거지요. 이 모든 것은 하나의 패키지를 이룬다고 볼 수 있습니다. 또 만약 시부모님이 예고 없이 집을 방문해서 회사에 나올 수 없게 되면, 그렇다고 말하면 됩니다. 그리고 우리 회사에는 '병가로 쓸 수 있는 날짜는 며칠로 제한한다'와 같은 규칙이 없습니다. 규칙은 적을수록 좋다고 생각합니다."

빌 버틀러는 또 다른 방식을 사용하는데 그의 방법은 직원들과 지닌 남다른 관계를 토대로 한다. 버틀러에게는 직원과의 각별한 관계가 사업을 하는 중요한 이유이기도 하다. 심지어 그는 자신이 고용한 직원들에 대한 책임감을 인식하기 전까지는 W. L. 버틀러가 진짜 회사처럼 느껴지지도 않았다고 한다. 그는 자신이 책임지는 사람들에 대해 알아야 한다고 생각했다. 그래서 개개인 모두를 알 수 없을 정

Chapter 05 친밀함의 문화

도로 직원 수가 늘어나려고 하자 브레이크를 걸었다. 1989년 이 회사의 직원은 129명이었다. 16년 후 직원 수는 125명이었다. 그는 말한다. "저는 직원 모두를 알고 싶기 때문에 규모를 작게 유지합니다. 모든 직원들을 알지 못한다면, 과다하게 성장한 것이라고 생각합니다."

버틀러를 따라 회사 내부를 돌아다니다 보면 그는 눈에 띄는 직원들 한 사람 한 사람에 대해 이야기를 풀어놓는다. 멕시코에서 이민 온 미겔(Miguel)은 이 회사에서 18년 동안 일해 왔고 버틀러에게 건식 벽 시공법을 가르쳐준 직원이다. "저는 미겔의 자녀들의 세례식에 전부 참석했습니다. 현재 그는 건식벽 총감독입니다. 그는 신형 코베트를 몰고 다니고, 연봉이 10만 달러에 가까우며, 아파트 한 채를 소유하고 있습니다. 미겔의 딸은 산타클라라 대학을 우등생으로 졸업했고 현재 의과대학에 지원한 상태입니다. 실로 그는 아메리칸 드림을 이뤘다고 볼 수 있지요.

안내 데스크에 있는 제이미(Jaime)는 우리 회사에 근무하는 여러 미혼모들 중 한 사람입니다. 2년 전에 문제가 좀 있었습니다. 당시 미혼모 직원들은 대개 방 하나에서 아이들을 데리고 살았는데, 통근거리가 너무 멀어서 회사를 그만두려고 생각하더군요. 그래서 저는 침실 2개와 욕실 2개가 딸린 아파트를 구입했습니다. 여기서 여섯 블록 떨어진 곳이었지요. 월세를 우리가 보조해 주기로 했고요. 아이들이 아프면 엄마들을 따라서 직장에 올 수 있습니다. 제이미의 아들은 주의력 결핍 장애아동인데 이곳에 와서 잔심부름을 합니다. 어떻게 보면 저희에게 이득이 안 되는 것으로 보일 수도 있지만, 덕분에 직원들은 업무에 빠지는 일도 없이 더 집중할 수 있고 아이들 걱정을 안 해도 되니 결국 생산성이 높아지는 셈이지요.

CFO(최고재무책임자)인 지나(Gina)는 경영진에서 유일하게 대학 교육을 받은 사람입니다. 그녀는 준문학사 학위, 이학사 학위, 이학석사 학위를 갖고 있습니다. 처음에는 서류를 정리하고 전화 받는 일을 했는데, 지금은 재무담당 부사장이 되었죠. 우리는 그녀의 교육비를 지원해 줬습니다. 저는 제 주변에 저보다 명석한 사람이 있어야 한다고 생각하는데, 그녀는 그런 사람들 중 한 사람입니다.

사장인 프랭크(Frank)는 원래 일반 노동자에서 시작했습니다. 지금 그의 부하직원들 중에는 한때 그의 상관이었던 사람도 많습니다. 프랭크는 제 유언의 공동집행인이기도 합니다. 저는 그에 대해 인사고과를 실시해 본 적도 없고, 그가 연봉 인상을 요구한 적도 없지만, 그래도 저는 적절한 때가 되면 연봉을 올려줍니다. 저는 한때 그에게 그가 마흔쯤엔 백만장자가 되게 해주겠다고 말했는데, 그 약속을 지킨 셈이 되었지요.

그리고 저쪽에 앉아 있는 올가(Olga)는 원래 직원교육 부서에서 일했습니다. 처음엔 안내담당 직원으로 일했는데 그 일을 하기엔 영어 실력이 부족해서 서류정리원으로 자리를 옮겼죠. 지금 그녀는 저희가 아주 아끼는 프로젝트 보조직원 중 한 사람입니다. 우리 회사에는 승진하거나 부서를 옮기는 일이 자주 있습니다. 또 직원교육에 많은 예산을 책정하지요. 우리의 교육 시스템을 '버틀러 대학'이라고 부릅니다. 온라인으로 실행되고요. 직원 한 사람당 랩톱 컴퓨터가 한 대씩 있습니다. 그 외에 필요한 도구도 지원합니다. 직원 125명 중

50명은 외국계입니다. 멕시코 사람, 스페인 사람, 인도 사람, 러시아 사람…… 다양한 인종이 함께 일하고 있지요. 한 포르투갈 출신 직원은 입사할 땐 영어를 못했는데, 회사에서 영어 독해와 작문을 가르쳤습니다. 이후 그는 건물 유지 보수에서 고객서비스 부서로 옮겼죠. 올가의 경우는 자신의 단점을 장점으로 만든 케이스입니다. 예를 들어, 스페인어밖에 할 줄 모르는 직원이 인사부에 질문할 것이 있으면, 그녀가 통역을 담당하죠. 그녀는 우리와 함께 일한 지 11년이 되었는데, 자기 집을 갖고 있고 신형 SUV를 몰고 다닙니다. 또 올가도 아메리칸 드림을 실현한 모델인 셈이죠."

직원들 모두가 회사가 자신을 아끼고 존중한다는 것을 느끼고 있다는 사실을 버틀러는 언급하지 않았다. 그것은 굳이 말로 하지 않아도 알 수 있는 사실이었다.

세 번째는, 직원들 간의 협력관계와 팀워크 형성이다. 얼핏 보면 이것은 회사가 통제할 수 있는 것이 아니라고 느껴질 수도 있다. 내가 말하는 협력관계란 직원들이 서로에게 느끼는 신뢰와 존중, 함께 일하면서 느끼는 즐거움, 문제와 갈등을 기꺼이 해결해 나가는 자세, 일에 대한 자부심, 최선의 성과를 함께 이끌어내겠다는 마인드가 수반된 관계를 말한다. 작은 거인들에서 일하는 직원들을 보면 이러한 덕목을 갖추고 있다는 사실을 금세 눈치챌 수 있다. 아마 그들을 처음 본 사람들은 "참 좋은 직원들이군" 하고 생각하며 어쩌면 그것이 전부라고 여기는 데 그칠지도 모른다. 하지만 좀 더 자세히 살펴보면 그러한 협력적인 분위기가 형성되는 데 회사가 중요한 역할을 했다는 것을 알 수 있다.

　라이처스 베이브의 부속회사인 LFS 투어링(LFS Touring)의 예를 들어 보자. LFS 투어링은 애니 디프랑코의 전국 순회공연과 매년 해외 각국에서 80~100회 열리는 콘서트를 기획, 관리하는 회사다(LFS는 'little folk singer', 즉 작은 포크싱어라는 뜻이다). 그녀가 밴드와 함께 공연하는 경우가 아닌 때는, 공연을 하면서 함께 이동하는 스태프들은 10명 정도밖에 안 된다. 여기에는 공연 매니저, 조명기사, 음향 엔지니어, 프로덕션 매니저, 모니터 엔지니어, 무대 담당자, 홍보 책임자, 기타 전문가, 레코딩 엔지니어 등이 포함되어 있다. 그들은 1년에 거의 6개월을 함께 보내는데, 한 번에 약 2주에서 4주 동안 도시들 사이를 버스로 이동한다. 대부분의 스태프들은 디프랑코와 함께 일한 지 7년 이상 된 이들이고 몇몇은 10년도 넘은 사람들이다. 음악계에서 순회공연 스태프들이 대개 1~2년밖에 같이 일하지 않는 것을 감안하면 상당히 특이한 케이스다.

　LFS 투어링의 직원들은 자신을 모두 한 가족이라고 여긴다. 공연 매니저인 수전 알즈너는 "가족 '같은' 것이 아니라 가족입니다"라고 말한다. 물론 실제 가족이라는 것이 아니라 그만큼 친밀하고 가까운 관계라는 뜻이다. 제이 골츠가 말했듯이, 회사 구성원은 실제 가족이 아니며 그렇게 될 수도 없다. 그는 말한다. "가족에게는 무조건적인 사랑이 존재합니다. 회사에는 조건적인 사랑이 있습니다." 기업이 가족 같은 분위기를 형성하기 위해서는 각 직원들이 다른 동료의 신망과 신임을 얻을 만큼 자기 일에서 능력을 발휘해야 한다.

　하지만 그렇다고 해서 알즈너가 한 말, 즉 LFS 투어링의 직원들이 서로 강한 애정과 의리를 느낀다는 사실을 부인하려는 것은 아니다. 실제로 이 회사의 직원들은 대부분의 실제 가족들보다 더 친밀하고 가깝다. 예컨대 이들에게는 가족에게서 흔히 볼 수 있는 형제간의 대립이나 불화가 거의 없다. 알즈너는 말한다. "우리 직원들은 모두 자기 분야에서 최고라는 평판을 갖고 있습니다. 그럼에도 불구하고 자존심이나 오만함 때문에 갈등이 생기는 경우는 거의 없습니다. 우리는 서로를 지원하고 아이디어나 생각을 공유합니다. 예를 들면, 조명 기사는 언제든지 와서 저를 도와줍니다. 자존심을 무엇보다 중시하는 업계인 점을 감안하면 우리 회사는 특이한 편에 속하지요."

다른 직원들 역시 자신들의 결속력과 협력심이 다른 업계에서는 찾아보기 힘든 것이라고 생각한다. 그들은 대개 다른 가수들의 공연 스태프로 일해 본 경험이 있는 이들이다. 무대 매니저 겸 모니터 엔지니어인 션 기블린은 블루스 트래블러(Blues Traveler), 슈가 레이(Sugar Ray), 조안 오스본(Joan Osborne) 등 여러 유명 밴드와 가수들의 공연 스태프로 일했던 사람이다. 그는 이렇게 말한다. "이 회사 같은 분위기는 다른 곳에서는 좀처럼 보기 힘듭니다. 예전에 제가 일한 몇몇 공연에서는 스태프들이 공연 그룹과 불화가 생겨 일종의 파업을 선언한 일도 있었습니다. 거의 의도적으로 분열을 일으켰죠. 그런 대형 사고가 생기지 않더라도, 팀워크를 유지하기는 상당히 힘든 일입니다. 순회공연을 할 때는 마치 잠수함에서 생활하는 것 같습니다. 하루 24시간 동안 다른 스태프들과 함께 생활해야 하니까요. 대개의 경우엔 하루 휴가가 생기면 각자 흩어지지만, 저희는 휴가일에도 다 함께 모입니다. 같이 박물관 관람을 가거나 저녁식사를 하거든요. 다른 순회공연에서는 그렇게 하는 걸 본 적이 없습니다."

그렇다면 그들의 결속력은 왜 그렇게 남다른 것일까? 인터뷰 당시 회사에서 8년째 일하고 있던 프로덕션 매니저 스티브 슈렘스는 이렇게 말한다. "그건 애니에게 어떤 숨은 의도나 꿍꿍이가 없기 때문입니다. 어떤 스태프들을 보면 마치 흥겨운 파티에 참석하러 온 것처럼 느껴집니다. 그 정도로 즐겁게, 열정적으로 일하죠. 우리는 모두 우리가 사랑하는 일을 하기 위해, 즉 좋은 음악을 만들기 위해 모여 있습니다. 애니 또한 마찬가지고, 그녀는 자신과 함께 일하는 이들에게 의리와 충성을 지킵니다."

의리를 지키고 목표를 공유하고 있다는 사실은 틀림없이 중요하다. 그러나 LFS 투어링이 여느 공연 진행 회사들과 다르게 운영된다는 사실 또한 주목할 필요가 있다. 먼저, LFS 투어링의 직원들은 모두 봉급을 받으면서 일한다. 이쪽 업계에서는 흔하지 않은 방식이다. 뿐만 아니라 LFS 투어링의 전 직원은 건강보험과 연금제도에도 가입되어 있다. 밥 딜런의 공연 스태프로 3년 반 동안 일한 후, 1998년 LFS에 들어온 조명기사 필 카라즈는 이렇게 말한다. "같은 업계에 있는 친구들은 저를 많이 부러워합니다. 봉급을 받으면서 일하자 저로서는 많은 문제가 해결됐습니다. 전에는 여러 공연 스태프로 계속 옮겨 다녀야 일정한 수입을 유지할 수 있었는데, 이제는 여기 한 곳에서만 일하면 되니까 집세 내는 것도 고민할 필요가 없어졌죠. 애니의 순회 콘서트가 없을 때는 가끔 다른 가수들의 일도 하지만, 그렇게 빈번하지는 않습니다."

처음 봉급제를 제안한 것은 프로덕션 매니저로 오랫동안 일해 온 슈렘스였다. 때는 1999년이었는데 당시 그는 결혼 5년차였고 어린 딸이 있는 상태였다. 보다 안정된 수입을 원하던 그는 순회공연 단위로 보수를 받는 대신(당시 업계의 관행이었다) 주급으로 보수를 받는 방식을 사장인 스콧 피셔에게 제안했다. 피셔는 슈렘스와 함께 구체적인 봉급 체계를 구상했고 다른 직원들에게도 제안해 보았다. 일부 직원들은 처음엔 달가워하지 않았지만 시간이 지나자 곧 마음을 바꿔 봉급제를 선택했다. 이 제도를 통해 수입이 안정되자 직원들 사이에 훨씬 여유 있는 분위기가 형성되고 협력심도 증가했으며, 이에 따라 재능 있는 인재들이 더 들어오고 싶어하는 회사가 되었다.

피셔는 말한다. "어떤 회사든 우리 직원들을 부러워할 겁니다. 직원들 모두가 애니를 위해서라면 총알이라도 대신 맞아줄 각오가 되어 있으니까요. 우리는 그들에게 안정된 느낌을 주고 싶습니다. 몇 년 전에 호주 투어를 계획했다가 취소된 적이 있습니다. 그때 직원들은 '그 투어 수입이 없으면 운영이 힘들어지지 않을까요?'라고 물었죠. 우리는 '어떤 상황이 되더라도 직원들 봉급은 챙겨줄 거야'라고 대답했습니다. 그들이 우리를 위해 다른 데서 제안하는 일을 거절할 정도라면, 우리가 그들을 챙겨주는 것이 마땅한 도리 아니겠습니까?"

여기서 우리가 주목해야 할 점은, 그러한 회사 방침이 직원들이 회사에 갖는 느낌에만 영향을 주는 것이 아니라 직원들 서로간의 관계와 사내 분위기에도 영향을 준다는 사실이다. 그런 방침이 존재한다는 것은 마법을 지닌 회사들의 또 다른 특징을 시사한다. 그 특징이란, 회사 안에 만들어진 하나의 작은 세계를 리더가 정확히 인식하고 이해하고 있다는 점이다. 모든 기업은 자신만의 규칙, 위계 질서, 옳고 그름에 대한 기준 등을 가진 하나의 작은 사회다. 하지만 대개 우리는 그 사회를 비즈니스의 중심점으로 보기보다는 다른 활동들의 부산물 정도로만 생각한다. 기업이라는 것은 왜 존재하는가? 자신만의 생태계와 사회를 창조하기 위해서가 아니라, 고객에게 제품과 서비스를 제공하거나 주주에게 이익을 안겨주거나, 또는 일자리를 창출하기 위해서 존재한다. 그것이 기업에 대한 일반적인 생각이다. 그 과정에서 생겨나는 작은 사회는 계획된 것이 아니라 어쩌다 보니 생겨난 결과물이요 부산물일 뿐인 것이다. 우리는 그것이 그냥 기업문화의 일부라고만 생각한다.

하지만 작은 거인들에게 기업문화는 중요한 역할을 하기는 하지만 그것이 전부는 아니다. 프리츠 메이태그는 이렇게 말한다. "저는 기업문화라는 것이 일종의 불문법이라고 생각합니다. 로마는 불문법을 중심으로 유지되었습니다. 사람들이 어떻게 행동해야 하는지에 대한 공통적인 생각을 바탕으로 했지요. 그 생각이 무너지자 로마제국도 몰락한 것입니다." 작은 거인들의 리더는 기업문화를 형성하는 데 중심이 되는 실제적인 시스템과 절차를 만드는 데 엄청난 시간과 에너지를 투자한다. 자신이 만들고 싶은 작은 사회의 종류를 염두에 두고 그러한 노력을 기울이는 것이다. 그들은 이 세상의 한 공간을 차지하는 자신들만의 세상을 보다 나은 곳으로 만들기 위해 끊임없이 노력한다. 또한 자신의 회사가 구성원들이 만족스러운 삶을 살 수 있는 공간이 되기를 바라며, 그러한 회사를 만드는 도전이 그 자체로 의미 있는 소명이라고 생각한다.

그리고 그러한 목표를 추구할 수 있는 이유는, 그들이 내린 선택으로 인해 모종의 실험을 할 수 있는 자유, 비즈니스를 조직하고 운영하는 새로운 방식을 시도해 볼 수 있는 자유를 얻었기 때문이다. 앞으로 살펴보겠지만 몇몇 회사들은 그러한 자유를 매우 창의적인 방식으로 활용했다.

골트의 협곡

Chapter 06

2002년 가을에 나온 레엘 프리시전 매뉴팩처링의 첫 번째 사보 『레엘 스토리스(Reell Stories)』에 일반적으로 사보에 실리지 않을 법한 글이 하나 실렸다. 「양심의 문제」라는 제목이 달린 이 기사는 조 아놀드(Joe Arnold)라는 직원이 어느 프로젝트를 진행하면서 겪은 내면의 갈등을 자세히 소개한 글이었다. 당시 어떤 디자인 회사가 편의점과 무역박람회에서 사용될 진열용 상자의 힌지(경첩)를 제작해 달라고 레엘 프리시전 매뉴팩처링에 의뢰를 해왔다. 상자의 뚜껑이 열려 있도록 지지하면서, 손으로 한 번 건드리면 뚜껑이 천천히 닫히도록 하는 힌지를 만들어달라는 주문이었다. 엔지니어인 아놀드는 쉽지 않은 프로젝트라는 생각이 들었지만 즉시 아이디어를 구상하기 시작했다. 그러다가 디자인 회사에게 상자를 의뢰한 고객이 담배 회사라는 사실을 우연히 알게 되었다.

그렇다면 힌지가 쓰일 진열용 상자는 담배를 판매하는 데 사용될 것이 분명했다. 아놀드는 사람을 죽게 만들 수도 있는 제품을 위한 상자에 쓰일 부품을 만든다는 생각에 양심의 가책이 느껴졌다. 하지만 그와 동시에, 디자인 회사가 원하는 바를 정확히 충족시키는 동시에 값도 저렴한 힌지를 구상해 놓은 상태에서 그것을 그냥 버리기에는 너무 아까웠다. 그는 얼마 동안 아무에게도 말하지 않고 혼자서 고민했다. 그러던 어느 날, 속으로는 아놀드와 똑같은 고민을 하고 있던 동료 한 사람이 그에게 다가와 이 프로젝트에 대해 어떻게 생각하느냐고 물었다. 아놀드는 갈등하고 있는 마음을 솔직히 털어놓았다. 그날 밤 그는 아내에게 고민을 얘기하며 의견을 물었다. 아내는 "난 사업에 대해서는 잘 모르지만, 나라면 그런 프로젝트에 참여하지 않겠어"라고 말했다. 아놀드는 마음속으로 아내의 의견에 동의했다. 그는 자녀가 여섯이었다. 그 진열상자가 만약 아이들에게 담배를 판매하는 데 사용된다면? 아놀드는 세일즈맨인 존 스트롬(Jon Strom)과 상의해 봐야겠다고 결심했다.

마침 스트롬과 세일즈 부서 직원들은 지난 1년 동안 큰 압박을 받아온 상태였다. 불경기 탓에 레엘 프리시전 매뉴팩처링의 주요 고객인 PC 제조업체들이 타격을 입으면서 매출이 급격히 줄어든 것이다. 강제해고를 피하기 위해, 경영진은 자신들의 연봉을 12~16% 삭감했고 최저수당을 받는 근로자들을 제외한 모든 직원의 임금을 7% 삭감했다. 세일즈 부서가 새 거래처를 많이 끌어와 임금 삭감을 취소할 수 있을 만큼 매출이 올라가기를 회사 전체가 기대하고 있었다. 그 디자인 회사와의 계약은 회사가 절실히 기다리고 있던 기회인 셈이었다. 그 힌지 제작방식은 응용도가 높아서 다양한 제품에 사용될 수 있었고, 따라서 다른 많은 회사들에 판매해 장기적인 이익을 창출해 낼 가능성을 갖고 있었다. 이런 측면에서 볼 때 이 힌지는 전형적인 레엘 프리시전의 스타일이었다. 고객사의 문제를 해결해 주는 동시에 다른 제품에도 적용할 수 있는 방식을 갖고 있는 제품이었기 때문이다.

아놀드의 이야기를 들은 스트롬은 아놀드가 과민반응을 보이는 것이라고 생각했다. 레엘 프리시전 매뉴팩처링에게 의뢰를 한 회사는 디자인 회사이지 담배 회사가 아니었다. 또 그 상자는 담배 이외에도 여러 가지 용도에 쓰일 수 있는 제품이었다. 어쩌다 보니 담배 회사의 필요 때문에 그 힌지를 개발하게 되었지만 나중에 포테이토칩 회사나 캔디 회사가 사용할 수도 있는 것이었다. 스트롬은, 만일 그 상자가 스니커즈 초코바를 판매할 용도로 만들어졌다면 그런 갈등이 있었겠느냐고 물었다.

그래도 여전히 아놀드는 마음이 편치 않았다. 어찌 되었든 그가 만든 부품이 사람을 죽일 수도 있는 중독성 강한 제품의 판매를 위해 사용될 것이었다. 둘은 결국 문제를 해결하지 못하고 사업개발 부서 팀원들과도 상의해 보았지만, 역시 만족스러운 결론을 내리지 못했다. 그러자 아놀드는 레엘 프리시전 매뉴팩처링의 공동 CEO인 밥 칼슨에게 조언을 구했다. 칼슨은 자초지종을 들은 뒤 "여러분이 과연 이 문제를 어떻게 해결하게 될지 흥미로운데요"라고 말했다.

결국 아놀드와 스트롬은 사업개발 부서를 책임지고 있는 리더 세

223

명에게 이 문제를 들고 찾아갔다. 그들은 아놀드에게, 회사가 이번 계약을 포기하지 않으면 회사를 그만둘 만큼 양심의 가책이 강하냐고 물었다. 아놀드는 아니라고 하면서 만일 회사 측에서 이 프로젝트를 몹시 중요하게 여긴다면 힌지를 계속 만들겠다고 말했다. 하지만 이렇게 덧붙였다. "몇 년 동안, 저는 학교에 가서 아이들에게 제가 하는 일에 대해서 이야기해 왔습니다. 가끔은 제품 샘플을 가져가 보여주기도 하죠. 만일 제가 이 힌지를 만들면 자랑스럽지 못할 겁니다. 그리고 아이들에게도 보여주지 않을 겁니다. 아이들도 편의점에서 그 상자를 금방 알아볼 테니까요." 양측의 의견을 들은 뒤, 리더들은 계약을 포기하기로 결정했다.

그 결정은 약간 찜찜한 감정을 남기기는 했다. 아놀드는 자신이 이겼다고 의기양양해하지는 않았지만 이따금 그 사건을 언급하며 스트롬에게 농담을 던졌다. 그때마다 스트롬은 "그 얘기 좀 그만 해. 별로 기분 좋은 얘기도 아니잖아"라고 말했다. 하지만 시간이 지나면서 스트롬도 점차 마음이 바뀌었다. 스트롬은 그 결정에 대한 불만은 좀 남아 있지만 과정은 옳았다고 생각했다. "조와 제가 문제를 해결하려고 애쓰다가 잘 안 돼서 우리보다 규모가 큰 사업개발 부서의 팀원들과 상의해 본 것은 잘한 일이라고 생각합니다. 비록 그들도 답을 찾지는 못했지만요. 그 다음 우리는 더 고위직의 리더들에게 문제를 제시했고, 그들은 양쪽의 의견을 들은 뒤 결론을 내렸습니다. 그 모든 과정에서 저는 사람들이 제 의견을 존중하고 경청한다고 느꼈고 그건 조도 마찬가지였습니다. 어떻게 보면 그게 제가 기대할 수 있는 최선 아닐까요?"

혹자는 그냥 해당 프로젝트를 아놀드처럼 양심의 가책을 느끼지 않는 다른 엔지니어에게 맡겼으면 되지 않느냐고 생각할 수 있다. 하지만 그런 가능성은 아예 고려 대상이 되지 않았다. 칼슨은 말한다. "그런 제안을 하는 사람은 아무도 없었습니다. 그렇게 단순히 엔지니어를 교체하는 것은 우리 방식이 아닙니다. 만일 어떤 직원이 그 작업을 간절히 맡고 싶어했다면 고려해 봤겠지만, 그런 직원은 없더군요."

어찌 됐든, 스트롬과 아놀드와 경영진은 그 사건의 핵심이 힌지도, 계약 성사 여부도, 담배 판매에 일조한다는 윤리적 문제도 아니었다고 생각한다. 이 에피소드의 핵심은 바로 신뢰다. 아놀드와 스트롬은 해결책을 찾기 위해 함께 협력할 수 있을 만큼 서로를 신뢰했다. 그리고 칼슨과 경영진 역시 그들과 다른 팀원들이 스스로 문제를 해결해 보도록 놔둘 만큼 그들을 신뢰했다.

하지만 위와 같은 과정과 결과에 대해 의문을 제기하는 사람도 분명히 있을 것이다. 사실 매출 부진으로 모든 직원과 그 가족들이 고통을 겪고 있는 시기에 그 의뢰를 받아들이자고 스트롬이 강하게 주장한 것은 타당한 일이다. 과연 한 직원의 양심이 회사 전체의 니즈보다 더 중요한가? 또한 직접 결정을 내리지 않은 공동 CEO인 밥 칼슨과 스티브 윅스트롬(Steve Wikstrom)은 자신의 책임을 회피하고 있는 것은 아닌가? 어려운 결정을 내리는 것이 CEO의 역할 아닌가? CEO가 어려운 문제를 다루지 않는다면 CEO의 존재 이유가 무엇인가?

CEO인 칼슨과 윅스트롬은 자신들에게 그러한 책임이 있다는 것을 부인하지 않는다. 그들은 어려운 결정을 내리는 것이 자신들의 역할

임을 인정한다. 단, 그들이 생각하는 어려운 결정이란 직원들이 회사를 위해 옳은 일을 할 것이라고 신뢰하는 것이었다. 사실 레엘 프리시전은 그 디자인 회사의 일을 의뢰받지 않아도 살아남을 수 있었다. 하지만 직원들이 자신에게 회사의 존망이 걸려 있다는 책임감과 주인의식을 잃어버리면, 회사는 살아남을 수 없는 것이다. 이러한 관점에서 보면, 위의 일화는 회사의 핵심가치에 대해 리더가 얼마나 헌신하고 있는지를 그 어떤 연설이나 미션 선언문보다도 훌륭하게 보여주었다. 그리고 만일 이 사건과 거기에 담긴 메시지를 알지 못했을 직원들을 위해 사보를 통해 그 이야기를 알린 것이다.

새로운 회사를 세운다는 것은 창립자가 어떠한 방식으로든 세상을 바꾸어보려는 모종의 시도라고 할 수 있다. 하지만 대부분의 창립자들은 그것에 대해 별로 많이 생각해 보지 않고 사업을 출범시킨다. 그리고 자신이 세상을 얼마나 바꿀 수 있을지 생각해 보는 사람은 거의 없다. 놈 브로드스키는 모든 사업가의 첫 번째 과제는 자신이 구상하는 사업체가 과연 생존력 있는 비즈니스가 될 수 있을지, 즉 내부의 현금 흐름만으로 스스로를 지탱해 나갈 수 있는 비즈니스가 될 수 있을지 판단하는 것이라고 말한다. 자본이 너무 이른 시기에 바닥나지 않는 한(이 경우엔 생존력을 따지는 것 자체가 무의미하다) 회사는 계속 돌아갈 것이며, 그러한 사업체를 확립하기까지는 오랜 시간이 걸릴 수 있다(때론 몇 년이 걸린다). 만일 10년 후에 회사가 어떤 모습이며 어떻게 운영되고 있기를 원하는지 미리 생각해 두지 않으면, 생존력을 키우느라 고군분투하는 동안에는 그러한 것들을 생각해 볼 여유가 생기지 않는다. 만일 운 좋게도 생존하는 것 이상으로 사업이 번창하면, 두 가지 중 하나가 일어난다. 너무 많은 문제와 기회들에 둘러싸이게 되어 도저히 큰 그림을 볼 여유가 생기지 않거나, 또는 전략과 전술에만 집중한 나머지 자신이 원하는 조직의 종류나 기업문화의 성격에 대한 기본적인 질문을 던지는 데 소홀해진다.

이 책에 실린 회사들의 창립자와 경영자들은 그러한 문제에 대해 많은 생각을 했기 때문에 남들과 다른 것이다. 물론 그들이 전부 똑같은 해답에 이른 것은 아니다. 이들 회사의 경영철학과 문화와 운영방식은 제각기 다르다. 그러나 그들 모두는 소유권을 내부에 두고 있는 개인기업이 자신만의 벽 안에서 만들어낼 수 있는 세계에 대한 다양한 가능성을 보여준다. 그런 의미에서 볼 때, 이들 각 회사는 에인 랜드(Ayn Rand)의 소설 『아틀라스(Atlas Shrugged)』에 등장하는 '골트의 협곡(Galt's Gulch)'의 또 다른 모습이라고 할 수 있다. 즉, 이상으로 여기는 사회의 종류에 대해 공통된 비전을 공유한 사람들끼리 모여 살아가는 보금자리 말이다.

레엘 프리시전 매뉴팩처링은 창립자들의 비전에 맞게 세상을 바꾸려고 시도하면서 다른 회사들보다 더 많은 노력을 기울였다. 그 과정에서 보편적으로 받아들여지는 경영 개념은 거의 거들떠보지도 않았다. 레엘이 어떻게 돌아가는지 완전히 이해하려면 이 회사만의 지도와 용어집이 있어야 할지도 모른다(구조가 계속 발전하며 변화하기 때문에 수시로 업데이트를 받는 것이 좋다). 레엘의 조직도는 일반적인 피라미드 모양이 아닌 직사각형이다(그들은 '매트릭스'라고 부른다). 사각형의 중앙에는 동료(직원)들이 있다. 위쪽에는 각 부서의 책임자들이 있다. 즉 품질서비스 부서(품질관리), 재무서비스 부서(회계), I 서비스 부서(IT), 동료서비스 부서(인사관리) 등을 책임지는 이들이다(괄호 안은 일반적인 다른 회사에서 쓰이는 표현이다). 매트릭스의 왼쪽 변에는 2개의 SBU(전략사업단위)와 유럽 지사의 책임자들이 적혀 있다. 그리고 윗변과 측면을 따라 별도로 마련된 칸에는 두 CEO 중 누가 어느 부서나 SBU를 총괄하고 있는지 명시되어 있다.

또한 이 회사에는 동료들이 주도하는 '작업그룹'이라는 것이 있다. 레엘의 회사 방침 중 하나에는 "동료들이 자유롭게 성장하고 잠재력을 충분히 발휘할 수 있는 근무환경을 창출하고 유지하는 것이 회사의 1차적인 목표다"라고 쓰여 있다. 다음으로 대부분의 회사에서 관리자라고 불리는 '조언자'가 있다. 조언자의 가장 중요한 역할은 "조언을 구하는 직원이 그의 현재 업무 범위 내에서 성장할 수 있도록 도와주는 것"이다. 고위 간부들은 '내각'이라고 불린다. 내각의 멤버는 CEO, SBU의 리더, 각 부서 책임자들이다. 내각 멤버들은 매주 모여서 전략적 이슈들을 논의한다. 그리고 '포럼'은 동료서비스 담당 부사장, 자원한 동료들 가운데 무작위로 선택된 7명으로 구성된다(이들 7명은 회사 내 7개 부문을 대표하며 3년 이상 근무 경력을 갖고 있다). 이 포럼은 매달 두 번씩 모여 직원들의 관심사항과 문제를 논의하고, 회사 전체가 자신의 〈방향 선언문(Direction Statement)〉에 얼마나 충실하게 운영되고 있는지 진단해 본다.

하지만 다른 회사들과 마찬가지로 경영상의 최종 권한은 두 CEO에게 있으며 그들은 이사회에 보고할 책임이 있다. 이사회는 매년 주주들이 선출하는데, 이때 주주들이란 종업원지주제에 포함된 직원들, 대부분의 내각 멤버, 세 사람의 창립자와 그 가족들을 말한다. 결국 주주들이 회사에서 궁극적인 권한을 갖고 있는 것이다. 이렇게 보면 레엘의 전체적인 지휘 계통은 다른 회사들과 크게 다르지 않다. 하지만 그 권한을 행사하는 방식이 특이하며, 이는 이 회사가 지향하는 가치관과 신념을 잘 보여준다.

레엘 프리시전 매뉴팩처링은 3M의 전 직원 세 사람이 설립했다. 이 중 두 사람은 1960년대에 제조업체를 대상으로 하는 광고 세일즈 회사의 파트너들로 만나게 되었다. 회사 이름은 데일 메릭 컴퍼니(Dale Merrick Company)였는데 먼저 사업에 뛰어든 사람의 이름을 따서 지은 것이었다. 회사를 운영하면서 데일 메릭과 파트너인 밥 발슈테트는 틈새시장을 하나 발견했다. 바로 OEM 업체들을 위해 '랩 스프링 클러치(wrap spring clutch)'를 만드는 일이었다. 랩 스프링 클러치는 복사기에서 컨베이어 벨트에 이르기까지 다양한 종류의 기계에서 동작을 조절하는 데 쓰이는 장치다. 메릭과 발슈테트가 운영하는 회사의 고객사 중 한 곳에서 공작기계 등에 쓰이는 랩 스프링 클러치를 만들고 있었는데, 그 랩 스프링 클러치를 사용하는 회사들은 소량씩 구매했고 가격이나 리드타임에 대해 그렇게 까다롭지도 않았다. 하지만 3M이나 제록스 등의 OEM 업체들이라면 얘기가 달라진다. 만일 복사기에 랩 스프링 클러치를 사용해야 한다면, 해당 업체는 그것을 대량으로 그리고 공작기계 제조업체보다 훨씬 낮은 가격에 구입해야 한다. 게다가 업계의 일반적인 리드타임보다 훨씬 짧은 시간 내에 물건이 납품되어야 한다. 메릭과 발슈테트는 이 시장에 엄청난 잠재력이 있다고 보고 자신의 고객사 한 곳에 그것을 추천했지만 아무도 받아들이지 않았다. 그래서 그 고객사를 인수한 뒤 OEM 시장을 타깃으로 사업을 키워볼까 생각도 해봤지만 그것도 생각처럼 쉽게 추진되지 않았다.

결국 그들은 자신들이 직접 제조업체를 시작하기로 결심했다. 1970년대 초반 그들은 세 번째 파트너인 리 존슨을 3M에서 데려왔다. 당시는 경기가 침체되고 있던 때였다. 노동력은 남는데 일거리는 없자 세 사람은 여름 내내 사업을 구상하고 랩 스프링 클러치 시장이 가진 잠재력에 대해 열띤 토론을 했다. 가을 무렵, 그들은 계획을 완성했고 회사 이름도 결정했다. 아니, 정확히 말하면 회사 이름의 약자를 결정했다. 사람들이 기억하기 쉽도록 RPM이라고 했다 〔RPM은 보통 '분당 회전수(revolutions per minute)'의 뜻으로 많이 쓰인다 — 옮긴이〕. P와 M이 의미하는 바를 결정하는 것은 어렵지 않았지만 R로 시작하는 좋은 단어가 떠오르지 않았다. 그러던 어느 날 존슨이 독일어 사전에서 '정직한, 신용 있는, 진실의'라는 뜻을 가진 'reell'이라는 단어를 찾아냈다. 셋은 그 단어가 자신들이 이상적으로 생각하는 회사를 정확히 표현한다는 데 동의했고, 그 해 10월 '레엘 프리시전 매뉴팩처링'이 정식으로 탄생했다.

그 후 몇 년 동안, 세 사람은 랩 스프링 클러치의 생산라인을 성공적으로 구축했을 뿐만 아니라 남들과 다른 독특한 업무 협력 방식도 고안해 냈다. 그들은 어떤 결정을 내리거나 회사의 방향을 바꿀 때에는 반드시 세 사람이 전부 동의해야 한다고 정해 두었다. 현실적으로, 이는 곧 어떤 일에 대한 결정을 내릴 때 며칠씩 걸린다는 것을 의미했다. 문제를 충분히 토론하고 각자의 의견을 듣고 이해하려면 시간이 필요했기 때문이다. 토론 후에도 합의점을 찾지 못하면, 그들은 질문을 약간 달리 변형해서 다시 만장일치가 나올 때까지 논의를 계속했다. 세 사람 모두 거부권을 행사할 수 있었기 때문에 세 사람 모두 사실상 CEO의 역할을 하고 있었다. 물론 나중에는 각자 다른 직함을 갖게 된다(회장, 사장, 최고운영책임자). 그들은 종종 '3인조'라고 불렸다.

 이상하게도 이러한 구조는 효과적으로 돌아갔다. 이 3인조가 함께 내린 결정은 시간이 흐르면서 옳은 판단이었던 것으로 드러나는 경우가 많았다. 더 신기한 것은, 이후 30년 동안에도 세 사람이 각별한 우정을 유지했다는 점이다. 이 우정은 회사에서 은퇴한 후에도 유지되었다.

 그들이 성공한 이유 가운데 일부는 세 사람이 공유한 종교적 신념에서 찾을 수 있다. 회사를 처음 설립했을 때는 메릭만 기독교 신자였지만, 나머지 두 사람도 회사를 시작한 지 얼마 안 돼서 종교적 깨달음을 얻었다. 그리고 종교에 대한 그들의 믿음은 회사 운영방식의 모든 측면에 영향을 미쳤다. 그들은 성경을 함께 읽었고 기독교 오디오 테이프를 같이 들었으며, 이는 회사 초기의 중요한 결정에 많은 영향을 끼쳤다. 먼저, 그들은 레엘의 가장 중요한 목표는 정직하고 훌륭한 품질의 제품을 만드는 것이라고 정했다. 또 비즈니스 책무보다 가족에 대한 의무를 우선시한다는 방침을 정했고, "이득이 되지 않거나 빠르지 않거나 전통적이지 않은 길이더라도 '올바른' 일을 추구하는 데 전념하겠다"고 문서상으로 정해 두고 그것을 지키기로 약속했다. 세 사람은 이러한 결정들의 토대가 된 것이 기독교 신앙이라고 말한다. 3인조는 기독교 신앙에서 그 결정들의 유래를 찾을 수 있다고 말한다.

이러한 신념은 그들이 첫 재정 위기를 맞았을 때도 중요한 역할을 했다. 1975년에 불경기가 닥치자, 레엘의 유일한 고객인 3M이 앞으로 1년간은 랩 스프링 클러치를 추가로 주문하지 않겠다고 통보해왔다. 다행히 3인조는 제록스를 새 고객으로 끌어들여 어느 정도 타격을 줄일 수 있었다. 하지만 매출이 전년에 비해 40% 떨어진 상황에서 직원 수가 너무 많다는 것을 깨달았다. 그들은 언제나 그랬듯이 긴 회의를 한 뒤 아무도 해고하지 않기로 했다. 대신 자신들의 연봉을 50% 삭감했고, 직원들에게도 10%의 임금 삭감을 참아달라고 부탁했다. 그 해 말에는 급료 삭감 비율이 20%로 올라갔다. 비록 보수가 줄어들어 모두 힘든 시기를 보내야 했지만, 결국 그 때문에 회사는 한 사람도 해고할 필요가 없었고 이는 이후 레엘의 기업문화를 형성하는 데 중대한 영향을 미친 선례가 되었다.

회사 초기에는 복음을 전파하는 분위기가 있었다. 경영자인 세 사람은 직원들에게 복음을 전파하고 싶었지만 자신의 생각이나 종교를 남에게 강요하는 것은 싫었기 때문에, 두 가지 사이에서 균형을 맞추는 데 많은 노력을 기울였다. 그들은 근무시간 내에 성경 공부시간을 매주 마련했는데, 직원들에게 의무가 아닌 선택사항으로 했다. 그리고 그들의 종교적 믿음을 무조건 따르라는 것이 아니라 회사의 목표와 가치관에 공감하게 하기 위한 것임을 분명히 했다. 아울러 그들은 다양한 종교적 배경을 지닌 사람들과 무신론자들도 환영했다. 그럼에도 불구하고 수업에 참가한 후 기독교에 귀의한 직원들 가운데 일부는 기독교를 믿지 않는 사람들에게 관대함을 보이지 않았다. 나중에 성경 수업 시간이 결속감과 상호 이해를 촉진하기보다는 오히려 직원들 사이를 갈라놓는다는 이야기가 들려오자, 그들은 성경 수업 시간을 없앴다.

한편 그들의 비즈니스는 새로운 단계에 접어들고 있었다. 그들은 제록스의 제안에 따라 물리적 힘이 아니라 전력으로 구동되는 랩 스프링 클러치를 만들기 시작했다. 얼마 후 샘플 제품을 제록스에 납품하기 시작했지만, 시장에 내놓아도 안심할 만한 수준의 제품을 만들기까지는 5년이 걸렸다. 그러나 5년이라는 시간을 기다린 보람이 있었다. 1년도 채 안 되어 그것이 다양한 용도로 적용할 수 있다는 사실이 확실해졌고, 레엘이 그때까지의 성장 속도보다 훨씬 빠르게 성장할 수 있다는 전망이 나왔다. 문제는 그들 3인조가 과연 그러한 빠른 성장을 원하는가 하는 것이었다. 그들은 고문 한 사람과 함께 회의실 문을 잠그고 하루 종일 의논했다. 결국 그들은 성장을 택해야만 직원들이 직장을 옮기지 않아도 새로운 기회를 얻고 발전할 수 있다는 사실에 동의했고, 얼마 후 보다 큰 규모의 생산시설을 짓기 시작했다.

두 번째 큰 변화는 그로부터 몇 년 후에 찾아왔다. 이번에는 종교나 기술과는 전혀 관련이 없는 것이었다. 레엘은 상당히 전통적인 방식의 품질관리 프로그램을 갖고 있는 상태였고, 검사관들이 공장에서 실려 나가는 모든 제품을 일일이 검사했다. 이러한 별도의 점검 과정은 시간이 걸려서 제품 출하까지 지연시키는 경우가 많았다. 결국 직원 한 사람이 제안하기를, 제품을 만드는 사람들이 직접 품질관리를 하고 점검하는 것이 더 낫지 않겠냐고 했다. 경영진은 그 제안을 좋은 아이디어라고 생각하고 그 방식대로 즉시 시행했다. 결과는 대성공이었다. 효율성과 품질이 함께 향상된 것이다.

이 사건은 레엘의 기업문화를 근본적으로 변화시키는 과정의 시발점이 되었다. 세 창립자들은 언젠가부터 자신의 회사가 명령 위주의 질서로 돌아가는 조직이 되어 있다는 사실을 깨달았다. 품질관리 사건 이후 레엘의 전반적인 운영방식이 변하기 시작했다. 회사 내의 각 측면에서 권한위임(empowerment)을 많이 실시하게 된 것이다. 레엘 프리시전 매뉴팩처링 직원들은 이를 자신들만의 용어로 'TET(teach-equip-trust : '가르치고, 준비시키고, 신뢰한다' 라는 뜻으로)'라고 불렀다.

나중에 발슈테트는 그것이 혁명이라고 말했다. 그는 회사의 역사를 기록하는 한 지면에서 이렇게 적었다. "경영방식을 변화시키면서 우리는 제조업 회사들에 존재하는 가장 커다란 착각이 무엇인지 깨달았다. 제조업 회사들은, 생산직 근로자들은 믿을 수 없으며 그들이 강제적으로 명령을 받아야만 일을 한다고 생각한다. 우리는 그들에게 잠재력을 마음껏 발휘할 수 있는 환경을 만들어주었고, 그러자 그들은 놀라울 만큼 자발적으로 품질과 생산성 향상을 위해 노력했다."

창립자들의 이러한 마인드는, 거의 20년 후에 직원들로 하여금 담배 상자를 만들지 말지의 여부를 스스로 결정하도록 한 회사의 태도와 맥을 같이한다. TET 방식은 레엘 운영방식의 모든 측면에 적용되었고, 회사의 경영철학을 담은 다양한 문서들에 정식으로 기록되었다.

 이 문서들 가운데 제일 중요한 것은 경영진에 새로 합류한 스티브 윅스트롬의 주도로 1989년에 만든 〈방향 선언문〉이다. 윅스트롬은 1982년에 제조 현장 감독으로 입사했고, 이후 얼마 지나지 않아 은퇴를 준비하고 있던 데일 메릭의 후임 후보자로 부상했다. 윅스트롬은 창립자들의 정신적 유산을 지키는 것이 중요하다고 생각했지만, 창립자들이 만든 회사 지침 문서("레엘에 온 여러분을 환영합니다"라는 제목이었다)가 비록 내용은 훌륭하지만 어조 측면에서는 마치 독실한 기독교도가 아닌 사람을 배격하는 느낌을 준다고 생각했다. "창립자들이 전하는 메시지"라는 제목하에 보다 포괄적인 언어로 회사의 방향을 규정하는 문서를 다시 만들자고 제안했다.

 그래서 이후 10년에 걸쳐 〈방향 선언문〉이 작성되었다. 창립자들의 가치관, 경영철학, 이상을 유지하고 그들이 중시하던 종교적 신념을 존중하되 기독교 복음주의적인 어조만 없애는 것을 목표로 삼았다. 예를 들어, 새로운 선언문에서는 다음과 같이 창립자들의 본래 뜻을 재확인했다. "직원들과 그 가족들, 고객들, 주주들, 공급자들, 지역사회의 이익을 위하여 기독교적 가치를 실천하고자 노력하는 것을 회사 운영의 목표로 한다." 또한 "일과 윤리적 가치관과 가족에 대한 책임 사이에 균형 있는 조화를 이루며 모두가 공평하게 대우받는 일터를 창출하는 것"의 중요성을 강조했다. 또한 "하나님이 인간을 창조하신 목표에 부합하는 일을 하고 그러한 결정을 내릴 수 있도록"이라는 말도 사용했다. 하지만 "레엘에 온 여러분을 환영합니다"라는 문서에서와는 달리, "직원들에게 직장생활과 기독교적인 삶을 통합할 수 있는 기회를 제공한다"고 말하지는 않았다.

시간이 지날수록 많은 직원들이 신앙과 비즈니스의 관계에 대한 토론에 참여했다. 1992년 〈방향 선언문〉에 약간의 수정을 가할 때, 원하는 직원은 수정 작업에 참여할 수 있도록 기회의 문을 열어두었다. 결국 이 작업은 17명이 함께 진행했는데, 이들은 어떻게 하면 회사 본래의 종교적, 정신적 유산을 유지하는 동시에 다른 종교를 가진 직원들에게 소외받는다는 느낌을 주지 않을 수 있을지 오랜 시간 토론하고 고민했다. 다양한 배경의 직원들이 늘어났기 때문에 이는 매우 중요한 문제였다. 때마침 세계적으로 영적인 정신과 신앙이 비즈니스에서 맡는 역할을 탐구하는 움직임이 일어나고 있던 터라, 레엘은 자연스럽게 그러한 움직임의 선두주자가 되었다(레엘의 이야기는 나중에 세인트토머스 대학 경영대학원의 한 윤리학 교수가 사례 연구에 사용했다).

1998년, 발슈테트의 주도하에 레엘 프리시전은 또 하나의 중요한 문서를 만들어냈다. 발슈테트는 회사의 가치관, 기본방침, 중요한 목표를 담고 있는 〈방향 선언문〉이 물론 훌륭하다고 생각했지만, 레엘의 전반적인 비즈니스 접근방식 밑에 깔려 있는 근본적인 믿음을 나타내는 문서도 필요하다고 여겼다. 그래서 만들어진 〈믿음 선언문(Declaration of Belief)〉은 이 회사가 교파를 초월한 세계교회주의의 성격을 띠고 있음을 잘 보여주었다. 이 선언문에는 이렇게 쓰여 있었다. "많은 종교적 전통들이 공익 실현과 개인적 발전 함양과 인간 존엄성 존중에 필요한 조건들을 강조하고 있으므로, 우리는 직원들이 다양한 신앙으로부터 삶의 지혜를 얻기를 장려한다."(2004년에 〈방향 선언문〉이 다시 수정되었는데 이 역시 훨씬 세계교회주의적인 성격을 띠게 되었다.)

이 두 문서는 마치 조직의 헌법과도 같은 역할을 했다. 즉 이것들은 레엘이 스스로를 지탱하는 기준을 명시해 놓은 것이었다. 이 선언문들을 통해 레엘은 다음과 같은 것을 실천하기로 공식적으로 선언했다. 즉 그들은 옳은 것을 행하고, 끊임없이 발전하고자 노력하고, 직원들이 역량을 최대한 발휘하도록 돕고, 황금률을 지키기로 했다. 또한 광범위하고 예측 불가능한 영향을 미칠 수 있는 결정을 내릴 때는 신앙적 지혜에서 도움을 얻고, 관련 당사자들의 모든 동의가 있을 때에만 행동을 취하고, 동료, 고객, 주주, 공급자, 지역사회에 대한 책임을 수행하기로 약속했다. 실로 쉽지 않은 약속들이었지만 레엘은 진지한 태도로 거기에 충실하기로 마음먹었다. 실제로 이 회사는 위에서 언급한 〈포럼〉을 통해 이러한 약속에 충실하게 회사가 운영되고 있는지 확인하고 미진한 부분에 대해서는 수정 행동사항을 제안한다.

한편으로 레엘은 또 하나의 문제를 처리해야 했다. 창립자 세 사람의 은퇴를 앞두고 회사의 소유권과 경영권 계승 문제를 해결해야 했다. 이는 회사를 계승할 때 처리해야 할 핵심적인 이슈이며 이에 대해서는 다음 장에서 보다 자세히 살펴볼 예정이다. 일단 여기서는 창립자들이 이에 대해서도 다른 여느 문제들에 대해 취하는 것과 동일한 접근방식을 취했다는 점만 말해두겠다. 그들이 처음부터 중시한 원칙들을 감안하면 그들의 결정은 놀라운 것이 아니다. 사실 그들이 믿는 가치와 신념에 충실하려면, 직원과 가족들 이외의 사람들에게는 지분을 판매할 수 없었다.

하지만 이러한 세대교체는 회사의 지배구조와 관련된 일련의 문제들을 제기했다. 앞으로 이사회는 어떠한 역할을 해야 하는가? 이사회 멤버들은 어떻게 선출되어야 하는가? 그들이 대표하는 사람은 누구인가? 그들의 구체적인 책무는 무엇인가? 이러한 질문들에 대한 답을 찾기 위해 경영진은 수많은 자료를 참고했다. 그 과정에서 그들은 로버트 K. 그린리프(Robert K. Greenleaf)의 글을 접하게 되었다. 그린리프는 전(前) AT&T 경영연구 책임자이자 조직운영에 관한 혁신적인 사상가였다. 그는 1964년 AT&T에서 은퇴한 뒤 응용윤리연구소(Center for Applied Ethics: 후에 〈로버트 K. 그린리프 센터〉로 이름을 바꿨다)를 설립하고 대학 강사, 컨설턴트, 저술가로서 제2의 인생을 살기 시작했다. 그는 '서번트 리더십(servant leadership: 섬김의 리더십)'을 주제로 독창적인 일련의 글을 썼으며 그의 글은 그가 1990년 세상을 떠난 뒤에도 세상에 많은 영향을 끼쳤다.

이 개념은 레엘뿐만 아니라 징거맨스에도 큰 영향을 미쳤다. 징거맨스는 직원들에게 서번트 리더십에 대해 교육하고 회사의 전반적인 경영방식의 기본 개념으로 삼았던 것이다. 레엘의 상황은 그와 약간 달랐다. 레엘은 그린리프의 경영 개념들 가운데 많은 것을 이미 실천하고 있었다. 비록 그것들은 스스로 생각해 낸 개념이었고 '서번트 리더십'이라는 표현도 사용하지 않았지만 말이다. 이미 유사한 개념들을 실천하고 있었음에도 불구하고, 그린리프의 에세이 「섬기는 자로서의 기업」은 레엘의 이사회에 큰 영향을 끼쳤다. 이사회는 그린리프의 접근 방식을 이사회 멤버의 선출 방식과 그들의 책무를 정의

하는 데 기초로 삼았다. 특히 그린리프는 이사회가 다양한 주주 그룹을 대표해야 한다는 생각에 반대했다. 그는 그것이 분열을 초래하는 길이라고 보았다. 그는 이사회란 회사가 목표를 성취하도록 지원하는 원동력이 되어야 한다고 주장했고, 따라서 그 역할을 수행할 수 있는 능력을 지닌 사람을 이사회 멤버로 뽑아야지 특정한 주주들의 이해관계를 대표하는 사람이어서는 안 된다고 주장했다.

레엘은 이를 염두에 두고 2000년 3월 이사진을 새로 선출했다. 이사회의 주요 역할은 회사가 세상을 변화시키는 과정을 지속적으로 감독 관찰하는 것이었으며, 여기에는 〈방향 선언문〉에 제시된 목표와 약속들도 포함되어 있었다.

지금까지의 내용에서 볼 수 있듯이, 레엘 프리시전 매뉴팩처링이 택한 시스템은 그들의 조직에 훌륭하게 들어맞았다. 또한 그들이 회사 운영의 기초로 삼은 원칙들은 클리프바, ECCO, O. C. 태너, 리듬 앤 휴스, 라이처스 베이브, USHG, 징거맨스 등이 갖고 있는 원칙과 매우 비슷하다. 이들은 각자 다른 기업문화와 지배구조를 갖고 있지만, 경영과 비즈니스에 대한 시각과 접근방식은 상당히 흡사하다(그리고 그 대부분은 로버트 K. 그린리프의 사상과 일치한다).

하지만 작은 거인을 만들기 위해서 반드시 서번트 리더십의 개념을 추구해야 하는 것은 아니다. 실제로, 몇몇 작은 거인의 창립자나 CEO들에게 이 개념을 제시하면 고개를 갸우뚱거릴지도 모른다. 골츠 그룹의 제이 골츠는 말한다. "저는 비즈니스맨이지 사회사업가가 아닙니다. 비유를 하자면, 자녀에게 친구 역할을 해주기 위해 부모 역할을 포기해서는 안 되죠. 창업 초반부터 저와 함께 일해 온 직원이 한 사람 있었습니다. 그는 하는 일마다 실수투성이였죠. 그럼 저는 어떻게 해야 합니까? 얼마만큼 동정을 베풀어야 할까요? 물론 피도 눈물도 없어서는 안 되겠죠. 하지만 동정에 휘말려서 필요한 순간에 냉정함을 잃어서는 안 되는 법입니다.

인생은 자비롭지만 불공평합니다. 착한 일만 하고 살아도 뇌종양에 걸릴 수 있습니다. 사업은 무자비하지만 대개는 공평한 편입니다. 빈털터리가 되는 사람들은 결국 자신이 자초한 것입니다. 회사가 성공하려면 구성원 모두가 각자 맡은 역할을 해내야 하고, 리더는 그것을 요구해야 합니다. 예컨대 아침에 지각하지 않는 것도 중요하지요. 우리 회사에는 규칙이 하나 있습니다. 3개월 동안 4번 지각까지는 허용됩니다. 5번 지각하면 정직을 당하고, 6번 지각하면 해고입니다. 변명도 필요 없고 예외도 없습니다. 사람들을 이끄는 리더가 되면 직원들에게 이것저것 요구하게 됩니다. 단 그 수준을 얼마만큼으로 잡을 것인가를 현명하게 판단해야 하지요. 그 정도를 1에서 10까지로 수치화한다면, 잭 웰치 같은 경우는 10에 해당할 겁니다. 저는 10이 되기는 싫습니다. 아마 8 정도가 적당할 것 같군요. 차이가 뭐냐고요? 어떤 직원의 성과가 형편없으면, 10의 기준을 가진 리더는 그를 해고하면서 퇴직금도 주지 않습니다. 8인 리더는 해고하고 퇴직금은 줍니다. 그리고 6의 기준을 가진 리더는 직원들에게 권한 부여를 한다는 생각으로 아무 조치도 취하지 않을 겁니다. 그것은 말도 안 되는 행동입니다. 사람들을 이끄는 위치에 있는 사람에게는 때론 적극적인 요청을 할 책임이 있습니다."

그렇다면 '올바른' 일을 하기 위해 이익을 포기한다는 개념에 대해서는 어떻게 생각할까? 골츠는 그것도 터무니없는 소리라고 말한다. "만일 수익을 내지 못하면 정말 진지하게 걱정해야 합니다. 회사를 설립하고도 이윤이 없으면, 그건 뭔가 잘못하고 있다는 뜻입니다. 어딘가에 심각한 구멍이 뚫려 있다는 소리죠. 사업에서 이윤은 선택사항이 아닙니다. 이윤을 내지 못하고 있다면 파산에 가까워져 간다는 의미 아닙니까? 또 직원들에게 무책임하다는 뜻도 됩니다. 그들이 직장을 잃게 될지도 모르니까요. 조직의 리더로서 수익을 유지하는 것은 의무입니다. 우리는 모두 일종의 회계사가 되어서 '이 바보야, 지금 뭐 하고 있는 거야?' 하고 가끔씩 자신에게 물어봐야 합니다."

비록 너무 단호하고 냉혹하게 들릴지 모르지만, 골츠가 운영하는 아티스트 프레임 서비스는 다른 작은 거인들과 마찬가지로 활기차고 친밀한 기업문화를 갖고 있다. 예컨대, 데일 제이멘(Dale Zeimen)은 액자 제조 공장의 생산 매니저다. 골츠는 그 직책을 8년 동안 자신이 직접 맡고 있다가 다른 사람에게 넘겨야겠다는 판단이 들어 새로운 적임자를 물색했다. 처음에 그는 경력이 있고 나이도 웬만큼 들었으며 자신보다 관리 능력이 뛰어날 만한 사람을 찾았다. 그런 사람을 찾기 위해 컨설턴트에게 조언을 구하기까지 했다. 하지만 별 성과가 없었다. 새로 뽑은 사람들이 하나같이 형편없었기 때문이다. 그러던 어느 날, 골츠는 경력자가 아니라 젊은 인재를 고용해 자신이 직접 교육시키는 것이 낫겠다는 판단이 들었다. 그래서 제이멘을 고용했고 그는 골츠의 가르침 아래 무럭무럭 성장했다.

그로부터 2년 후, 다른 회사에서 제이멘을 스카우트하기 위해 아티스트 프레임 서비스보다 1만 달러나 높은 연봉과 함께 일자리를 제안했다. 골츠로서는 그런 수준의 연봉을 맞춰주기가 무리였지만, 제이멘을 잃고 싶지 않았기 때문에 인상해 주겠다고 말했다. 제이멘은 그 다른 회사를 직접 살펴보러 찾아갔다. 그는 당시를 이렇게 기억한다. "그곳은 체계가 잡혀 있지 않고 직원들 대우도 형편없었습니다. 저는 돌아와서 골츠에게 '연봉 인상은 필요 없습니다. 그리고 여기남을 겁니다'라고 말했지요. 저는 그 회사를 포기한 것이나 골츠의 연봉 인상 제의를 거절한 것에 대해 한 번도 후회한 적이 없습니다. 전 우리 회사가 좋고 언제까지고 여기서 일하고 싶습니다. 우리 회사가 세계 최고의 액자회사가 되기를 진심으로 바랍니다."

그렇다면 제이멘을 비롯한 다른 직원들이 골츠 밑에서 일하는 것을 그토록 좋아하는 이유는 무엇일까? 제이멘은 골츠가 "선생님 같다"고 말한다. "그는 우리에게 부족한 점을 보여주기 위해 무역박람회에 데리고 갑니다. 그만큼 그는 고품질을 추구합니다. 여기서 일하기 전, 저는 타깃이나 월마트에 납품하는 액자를 대량 생산하는 회사에서 일했습니다. 그곳에서는 품질 불합격 비율이 1%면 좋은 것이라고 여겼죠. 여기서는 그런 것은 통하지 않습니다. 품질이 최우선이니까요. 그렇다고 제이가 세세한 것까지 참견하는 건 아닙니다. 그는 우리에게 일종의 한계 범위를 주고, 우리는 그 범위 내에서 자유롭게 일합니다. 간혹 실수를 하면 그는 우리에게 몇 마디 하지만, 그건 벌이나 꾸짖음 차원이 아니라 우리를 가르치기 위한 것입니다. 그리고 그에게는 온갖 아이디어가 있습니다. 각 부서들의 부장들이 모여서 회의를 하면서 이런저런 얘기들을 듣다 보면 우리는 지치기 시작하죠. 골츠는 가만히 앉아서 듣고만 있다가 갑자기 기관총 같은 속도로 아이디어들을 쏟아내기 시작합니다. 가끔은 그 속도가 너무 빨라서 난감해지고요. 그럴 때는 '사장님, 잠깐만요. 생각 좀 정리하고 넘어가자고요'라고 말하죠."

실제로 무궁무진한 골츠의 아이디어의 흔적은 회사 여기저기서 볼 수 있다. 액자 제조 공장 건물은 원래 양털 깎는 공장의 일부분이었는데 골츠의 액자 판매 매장에서 1.5킬로미터 정도 떨어져 있다. 1978년부터 사용해 오던 노스 클라이본의 건물로는 부족하다는 것을 깨닫고 2002년에 약 2,700제곱미터에 달하는 그 공간을 사들였다. 모든 작업은 여러 부서로 나누어져 한 층에서 이루어진다. "말하자면 완벽한 분업이 이뤄지고 있죠." 골츠는 공장 내부를 안내하며 말했다. "확인증이 발부되면 액자 틀이 잘라집니다. 그럼 그 옆 부서에서 조립하고, 세밀하게 다듬은 뒤, 맞춤 파트로 갑니다. 그 다음은 액자공들의 몫이죠. 여기서 일하는 40명의 직원들은 절차의 처음부터 끝까지 다 파악하고 있지만, 그 중 한 과정만을 전담하고 있지요. 직원이 무엇을 제일 잘 하는지 파악되면 해당 파트에서 일하게 하는 거죠."

시설을 돌다 보면 벽에 걸린 여러 게시물이 눈에 들어온다. 마치 포춘 쿠키(얇게 구워진 초승달 모양의 과자 속에 메시지가 적힌 쪽지가 들어 있음─옮긴이) 속에 담긴 문구들 같다. "핑계라는 배를 타는 사람은 평범함이라는 바다에서 익사하고 만다." "고객을 돌보는 것은 곧 자신을 돌보는 것이다." "우리가 만든 액자가 우리가 어떤 사람인지 말해준다." "행복한 고객은 나에게 안정된 직장을 보장하는 최고의 힘이다." 이는 모두 골츠의 입에서 나온 말이다. 그는 말한다. "남의 말을 인용한 게 아니라 모두 제가 직접 생각해 낸 말입니다. 전 직원들에게 비즈니스란 무엇인가 늘 말해줍니다. 지금 하고 있는 일이 무엇인지 직원들로 하여금 정확히 이해하게 만드는 것이 리더의 임무죠. 한편에는 세탁기 공장에서 일하다가 해고당하고도 자신이 왜 잘렸는지 모르는 직원들이 있고, 또 한편에는 새로 산 세탁기가 제대로 작동하지 않아서 불만스러워하는 고객들이 있는 그런 상황이 발생해서는 안 됩니다. 어떤 사람은 저를 보고 일종의 사상 주입을 한다고 말할지도 모르겠습니다. 저는 두 달에 한 번씩 신참 직원들을 모아놓고 회사의 역사, 우리가 이 일을 하는 이유, 문제가 발생하면 어떻게 해야 하는지 등을 가르칩니다. 그리고 이렇게 당부하죠. '내가 오늘 말한 내용이 틀렸다고 생각되면 언제든 연락하십시오'라고 말입니다."

건물 안을 돌아다니다 보면 더 많은 문구들이 보인다. "우유를 엎질러도 젖소를 죽이지 않았으면 괜찮다." "가치관은 깨지는 것이 아니다. 무너지는 것이다." "우리가 물리쳐야 할 가장 큰 적은 평범함이다."

골츠는 말한다. "마지막 문구는 바로 저 자신을 나타냅니다. 평범함만큼 제가 싫어하는 건 없습니다." 그는 완성된 액자를 들어 올려 뒷면에 박힌 파란색 나사를 보여주었다. "직원마다 정해진 색깔이 하나씩 있습니다. 일종의 주인의식을 심어주는 거죠. 액자가 불량품이라서 반송되면 누가 만들었는지 금방 알 수 있습니다. 이렇게 하니까 순식간에 품질이 올라가더군요."

생산 플로어에서 조금 떨어진 곳에는 웹스터 카페(Webster Café)라고 불리는 식당이 있다. 여기서 골츠와 제이멘은 매주 전 직원과 회의를 연다. "소규모 사업에는 회의가 많을수록 좋습니다. 개인적으로는, 모든 직원이 1주일에 한 번은 대면해야 한다고 생각합니다. 그래야 친밀하고 직접적인 관계가 유지되니까요." 한쪽 벽에는 전자레인지 여덟 대가 있고 옆에는 냉장고 세 대와 자판기 여러 대가 있다. "저것도 제가 생각한 겁니다. 전자레인지가 한두 대밖에 없으면 사람들은 줄을 서서 기다려야 합니다. 그러면 자기 차례가 될 무렵에는 휴식시간이 끝나 있죠. 그럼 안 되지 않겠습니까? 요즘은 가전제품 가격도 얼마 안 하는데 충분히 사놓지 않을 이유가 없죠."

어딘가에서 버저가 울리고 조립공들이 일하던 구역에 붉은 등이 켜졌다. 관리자 한 사람이 타이머를 리셋하고 나서 직원들이 각자 위치에서 외치는 숫자들을 화이트보드 위에 쓰기 시작했다. "월요일 3개", "토요일 1개, 월요일 1개", "토요일 4개, 월요일 1개" 등등.

골츠는 나에게 그것이 무슨 작업인지 설명해 주었다. "저런 식으로 매일 생산량을 관리하는 겁니다. 직원들은 해당 날짜와 완성한 수량을 말하지요. 이때 해당 날짜란 고객이 제품을 받기를 원하는 날짜입니다. 우리의 목표는 하루에 100개 완성입니다. 이 제도를 도입한 후에는 목표를 달성하지 못한 날이 없습니다. 관리자들은 예전엔 일명 '꽝'인 날이 많았다고 합니다. 작업을 제 시간에 끝내지 못했던 거죠. 이 방법을 쓰면 직원들이 자신이 잘 하고 있는지, 얼마나 끝냈는지 알 수 있습니다. 그들에게 성취감도 주고 문제가 생기기 전에 미리 방지하는 효과도 있죠. 예를 들어, 고객이 1시까지 액자가 필요한데, 회의가 길어지거나 누군가가 깜빡 잊으면, 바로 발견해 해결할 수 있습니다.

 이런 식의 시스템이 반드시 있어야 합니다. X이론과 Y이론 알고 계시죠? 저는 Y이론에 속하는 직원을 원합니다. 즉 주어진 책무 이상으로 노력하고, 책임감과 만족감을 느끼며 일하는 사람들 말입니다. 그들을 위해서는 엄격하게 경영해야 합니다. 예를 들면, 지각을 철저히 단속하는 거죠. 훌륭한 직원들은 다른 사람들이 지각하는 것을 싫어하니까요." (X이론과 Y이론은 미국의 경영학자 더글러스 맥그리거가 제창한 종업원에 대한 경영자의 인간관에 관한 이론이다. X이론은 "인간은 선천적으로 일을 싫어하며, 기업의 목표달성을 위해서는 통제, 명령, 상벌이 필요하며, 직원들은 대체로 자발적으로 책임을 지기보다는 명령받기를 좋아한다"는 것이고, Y이론은 "일에 심신을 바치는 것은 인간의 본성이고, 조건에 따라 인간은 스스로 목표를 향해 전력을 기울이며, 책임 회피, 야심의 결여, 안전제일주의는 인간의 본성이 아니다"라는 관점이다 — 옮긴이)

 항상 회사가 그리 철저히 경영된 것은 아니었다. 골츠는 오랜 시간 동안 많은 것을 배웠고 그것이 얼마나 힘든 시간이었는지 털어놓았다. "저는 사업에는 세 가지 단계가 있다고 믿습니다. 시작 단계, 구토 단계, 그리고 성장 단계가 그것이죠. 저는 10년 동안 허덕이고 나서야 주변 상황을 컨트롤할 수 있을 만큼 안정을 찾았습니다. 그리고 경영자는 비단 사람들에게 동기를 부여하는 법뿐만 아니라, 사람들의 동기를 꺾지 않는 방법도 알아야 한다는 것을 깨달았습니다."

 그는 또한 잘못된 조언을 이겨내야 했다. "누군가가 '믿음직한 오른팔 역할을 할 사람을 찾아서 많은 돈을 줘서라도 옆에 묶어두게'라고 말했습니다. 사장이라면 으레 들을 만한 조언이지요. 하지만 그건 옳지 않습니다. 리더가 해야 할 일은 훌륭한 조직을 만드는 것입니다. 하지만 저는 그걸 뼈아픈 경험을 통해서야 배울 수 있었죠. 처음에 제 대신 회사를 운영할 만하다고 여겨지는 부사장을 고용했습니다. 하지만 그걸 계기로 경영이란 어떤 것인지 확실히 깨달았습니다."

시간이 갈수록 상황이 악화된다는 징조에도 불구하고, 부사장은 이 회사에서 7년 동안이나 머물렀다. 언젠가 골츠가 매우 신임하던 매니저 한 사람이 와서 회사를 그만둘까 생각 중이라고 말했다. 회사가 이상하게 변해 가는 것이 싫다고 하면서 말이다. 매니저의 말로는, 부사장이 회사에 제대로 신경도 안 쓰고, 직원들은 자신이 해야 할 일도 파악하지 못하며 책임감도 결여된 상태라고 했다. 골츠는 겨우 그를 회사에 남으라고 설득할 수 있었다.

그러던 어느 날, 골츠는 액자 진열실에서 먹다 남은 커피 잔을 발견했다. 그는 불같이 화를 냈다. "진열실에 커피는 절대 반입 금지!"라고 직원들에게 입사 첫날부터 말해둔 터였기 때문이다. 이미 몇 달 전에도 굴러다니는 커피 잔을 보고 진열실 매니저와 이야기를 나눈 적도 있었다. 커피 잔이 굴러다닌다는 것은 나태함과 부주의, 그리고 그가 무엇보다 싫어하는 평범함을 나타내는 징후였다. 그는 매니저를 불러서 단단히 혼을 냈다.

조금 진정이 되자 그는 생각하기 시작했다. 왜 이렇게 된 것인가? 왜 젊은 매니저를 불러다 커피 잔 때문에 화를 내야 할 상황까지 온 것일까? 이유를 알아내는 데에는 몇 주가 걸렸다고 골츠는 말한다. "결국 제가 고용한 부사장이 '나태함'을 직원들에게 퍼뜨렸다는 사실을 깨달았습니다. 그는 경영을 하는 것이 아니라 방관을 하고 있었습니다. 규칙과 목표에 신경 쓰지 않는 분위기를 만들어버린 것이죠. 그리고 직원들은 '이크, 사장님 잔소리가 또 시작된다'라고만 생각했습니다. 이런 분위기는 모든 부서에서 볼 수 있었습니다. 직원들은 훈련을 받고 연마되지도 않았고, 그들을 끌어주는 사람도 없었습니다. 부사장은 '문제가 생기지 않도록 해. 그리고 만일 문제가 생기면 내가 도와주지' 하는 방식이었습니다. 비유를 들어보죠. 갓난아이가 장난감을 입에 넣으면, 부모는 그것을 보고 바로 빼냅니다. 또 스토브에 불이 붙으면 바로 불을 끕니다. 하지만 '왜 이런 일이 일어났지? 누구 탓이지? 여기서 무엇을 배워야 하지?' 하는 질문은 던지지 않습니다. 부사장에게는 그런 분위기가 편했을지 몰라도 제가 원하는 방식은 아니었습니다. 하지만 궁극적으로는 제 잘못이었죠. 제대로 된 경영진을 만들었어야 했는데 말이죠. 저는 제가 혼낸 매니저에게 미안하다고 말했습니다. 그러자 매니저는 저와 부사장으로부터 엇갈린 신호를 받아서 혼란스러웠다고 말하더군요."

골츠는 부사장을 해고했고, 각 부서 담당자들에게 이후로는 자신에게 직접 보고하게 될 것이라고 말했다. 하지만 약간의 걱정도 남아 있었다. "제가 부사장을 고용한 이유는 더 많은 시간과 유연성을 갖기 위해서였습니다. 이후 8명의 매니저가 모두 저한테 보고하면 제가 감당하기 힘들지 않을까 하고 걱정도 되었습니다." 그러나 예상과 달리 이후 상황은 훨씬 좋아졌다.

"그 이후 매니저들은 모두 몇 배 향상된 기량을 보여줬습니다. 그들은 저와 한동안 일해 온 사이였기 때문에 힘들게 서로 적응할 필요도 없었습니다. 그들 덕분에 저는 오른팔 역할을 할 사람 같은 건 필요 없다는 사실을 깨달았습니다."

그에게 오른팔 보좌관이 필요 없었던 부분적인 이유는, 직원들이 잘 지키기만 하면 대부분의 문제들을 방지할 수 있는 시스템을 회사 곳곳에 만들어두었기 때문이기도 하다. 골츠는 시스템을 만드는 데에 일가견이 있으며, 이는 그의 성격 덕분이기도 하다. "저는 상황을 파악하고 이해하는 것을 즐깁니다. 해결책 찾기를 좋아하죠. 제가 친구한테 '난 아무래도 강박중 같은 게 있나 봐' 하고 말하니까, 그 친구가 웃으면서 '그걸 이제 알았어? 자네가 열 살 때 마당 잔디 깎는 것도 시간 재면서 할 때부터 알아봤는데'라고 대답하더군요. 그래서 저는 '그건 아직도 그렇게 한다네'라고 대답했죠."

그가 고안한 시스템 중 하나가 앞에서 언급한 생산량 관리 보드였다. 그리고 작업상의 실수를 막기 위한 또 다른 시스템이 있었다. "우리에겐 중요한 네 가지 원칙이 있습니다. 첫째, 고객에게 주문 요청서 및 청구서 내용을 반드시 확인시킨다. 둘째, 만약 고객이 액자를 더 다듬길 원한다면 고객이 보는 앞에서 다듬을 부분의 라인을 그린다. 셋째, 그런 라인 표시가 없는 경우엔 절대 추가로 다듬거나 깎아내지 않는다. 넷째, 고객이 가기 전에 그림에 원래 존재하던 손상 내용을 문서로 작성해 놓는다. 저는 매니저들이 이 원칙을 지키고 있는지 반드시 체크합니다. 이 원칙만 잘 지켜지면 99.7%는 문제가 생기지 않습니다. 즉 의뢰가 들어온 1,000개 가운데 문제가 발생하는 건 불과 3개뿐이라는 얘기지요."

하지만 골츠에게 오른팔 보좌관이 필요하지 않았던 데에는 또 다른 이유가 있다. 바로 그가 경영인으로서 충분히 성숙했기 때문이었다. 그는 말한다. "우리 회사가 이곳으로 이사를 할 때 제가 그다지 많이 관여하지 않아도 이런저런 일들이 제대로 돌아갔다는 사실이 자랑스럽습니다. 모두 데일 제이멘, 아그리피노 베탄코트, 렌 배틀 덕분이었죠. 배틀은 도매업 부서와 구매를 담당하고 있습니다. 사실, 이사할 때 저는 거의 이곳에 와 있지 못했습니다. 그 당시에 회사 세 곳을 동시에 이사하고 있었으니까요. 이사할 때 사용할 트럭을 한 대 샀는데, 직원 아르만도가 아내를 태운 채 그 차를 몰고 저쪽에서 후진을 하고 있었습니다." 그는 화물 반입 창고 쪽을 가리켰다. "그러다가 빔을 하나 들이받았는데 그게 무너지면서 트럭의 지붕이 뭉개졌습니다. 다들 행여나 건물이 무너질까 봐 걱정했지만, 다행히 그러지는 않았습니다. 제가 도착했을 때 아르만도는 당황해서 어찌할 바를 몰라 하고 있었습니다. 그는 자기가 변상하겠다며 용서를 빌었고, 그의 아내는 옆에서 엉엉 울고 있었습니다. 다행이었던 건, 제가 이런저런 일들을 겪고 경험을 쌓은 다음이었다는 사실입니다. 저는 깨달았습니다, '괜찮네'라고 말해야 한다는 것을. 그들은 이사 전에 하루에 14시간씩 일하고 있었습니다. 아르만도는 머릿속으로 어떤 생각을 했을까요? '이런 젠장, 사장님의 새 트럭을 박살내다니!' 하고 겁이 잔뜩 났겠지요. 예전 같았으면 저는, 소리까진 지르지 않았어도, 시쳇말로 똥 씹은 표정을 지었을 겁니다. 하지만 저는 일을 하면서, 제 커다란 임무 중 하나가 바로 그런 상황에서 사람들을 용서해 주는 것이라는 걸 깨달았습니다. 저는 아르만도 부부에게 '나라도 할 수 있는 실수야. 그러니 신경 쓰지 말게'라고 말했습니다. 이러한 대응은 보기보다 큰 영향력을 지닙니다. 당시 주변에는 수많은 직원들이 있었습니다. 그들은 내 행동을 주의 깊게 보고 있었지요. 설령 그전까지 직원들의 사기를 끌어올리기 위해 보너스도 주고, 단합대회나 파티를 열었다 해도, 그 자리에서 아르만도한테 고래고래 소리를 지르며 화를 내면 사장으로서 당신이 해왔던 노력은 다 날아가는 셈입니다. 전 젊었을 때는 상당히 자주 화를 냈습니다. 그때는 리더의 역할을 제대로 이해하지 못하고 있었던 거죠. 저는 그 동안 이해할 수 있는 실수와 용납할 수 없는 무책임한 행동을 구별해야 한다는 사실을 깨달았습니다. 후진하다 빔을 들이받은 건 실수지만, 제품 라벨을 비뚤어지게 붙인 건 무책임한 행동입니다."

그러면서 골츠 자신의 역할도 변해 가고 있었다. "사업을 시작할 때에는 제 자신의 75%가 사업가고 25%가 경영인이었는데, 요즘은 75%가 경영인이고 25%가 사업가라는 생각이 듭니다. 저는 사업의 비밀은 바로 두 가지에 내포되어 있다고 봅니다. 바로 '수단을 활용하는 능력'과 '통제력'입니다. 저는 수단을 활용하는 능력에서는 항상 뛰어난 편이었습니다. 갖고 있는 자산을 활용해 새로운 사업을 키우는 것 말입니다. 흔히 정육업자들은 자신이 돼지 울음소리 빼고는 다 판다고 말하지요. 저는 그 울음소리까지도 판매하는 사람이죠. 하지만 통제력은 좀 다릅니다. 통제력이란, 현재의 상황을 파악하고 자신이 원하는 방향으로 상황이 진행되도록 만드는 능력에 관한 것입니다. 현명한 통제력이 좀 더 필요한 몇몇 측면들이 아직 남아 있습니다. 가격 문제, 배송료, 세일즈맨 훈련 등과 관련해서 말입니다. 그래서 요즘은 그런 쪽에 좀 더 신경을 쓰는 편입니다. 한 오래된 고객이 제게 사업이 커질수록 힘들어진다고 말했지만, 저는 꼭 그렇게 생각하지 않습니다. 저는 적절한 시스템을 만들어두었고 적절한 사람들을 고용했습니다. 제게는 그 시스템을 전적으로 지지하는 8명의 매니저가 있고, 그들과 함께 많은 시간을 보냅니다. 그래서 요즘은 일이 잘 되면 저절로 웃음이 나옵니다. 참으로 행복하고 자랑스러운 일이죠."

골츠의 세계와 레엘의 세계가 사뭇 달라 보일지도 모른다. 하지만 해머헤드 프로덕션스나 셀리마와 비교해 보면, 골츠와 레엘은 그래도 공통점이 있는 편에 속한다. 먼저, 골츠 그룹과 레엘은 둘 다 장기 근무 직원의 수가 많다는 점과 이직률이 낮다는 점에 대해 상당한 자부심을 갖고 있다. 그러한 면에서는 다른 작은 거인들도 대부분 마찬가지다. 그러나 해머헤드 프로덕션스와 셀리마는 예외에 속한다. 이 두 회사는 창업자들이 개인적으로 원하는 것들을 추구할 자유를 얻을 수 있어야 한다는 신념에 따라 만들어진 회사다. 이를 위해서는 직원의 수가 적을수록 좋았다.

셀리마 스타볼라의 경우, 그녀가 생각하는 이상적인 직원 숫자는 한 사람이었다. 또 그녀는 원래 사업에 뛰어들려는 생각을 갖고 있지도 않았다. 1921년 태어난 그녀의 원래 이름은 셀리마 코헨(Selima Cohen)이었다. 바그다드에서 자란 그녀는, 부유하고 지역 인맥이 넓으며 정치계에까지 알려진 저명한 유대인 사업가의 딸이었다. 그녀의 증조부는 오스만투르크 제국에서 쿠르디스탄 지역의 통치자였다. 제2차 세계대전 도중 그녀는 이라크에 파견된 미국 군인과 사랑에 빠져 결혼했다. 이 결혼은 이라크 사회의 고위층에서는 상당한 스캔들이 될 정도로 이례적인 사건이었다. 전쟁이 끝난 후 그녀와 남편 토니는 뉴욕 브루클린으로 이사했다. 원래는 나중에 바그다드로 다시 돌아갈 생각이었지만 여러 가지 상황으로 인해 그 계획은 실현되지 못했다. 이스라엘이 건국된 이후 이라크 당국은 유대인을 잠재적인 스파이로 간주했고 결국 셀리마의 부친은 피살당하고 말았다. 나머지 가족들은 입은 옷만 걸치고 가까스로 이라크를 빠져나왔다.

고향에서 그런 일이 일어나는 동안, 셀리마는 브루클린에서 패션 디자인 일을 시작했다. 그녀는 비록 그 분야의 정식 교육을 받은 적은 없었지만 엄청난 재능을 소유하고 있었다. 셀리마는 맨해튼의 유명한 패션 디자이너 플로렌스 러스티그(Florence Lustig)의 눈을 끌었고, 결국 러스티그 밑에서 8개월 동안 일했다. 그러다가 그 디자인 숍의 부유한 고객 하나가 자신이 직접 패션 사업체를 차릴 생각인데 셀리마에게 같이 일해 보지 않겠냐고 제안했다. 셀리마는 조건을 하나 걸고 그 제안을 받아들였다. 어린 딸을 재우기 전에 목욕시킬 수 있도록 매일 정시에 퇴근할 수 있게 해달라는 것이었다. 하지만 몇 달이 지나자 그녀의 고용주는 더 많은 근무시간을 요구했고, 둘 사이에는 툭하면 의견 차이가 생겼다. 결국 1년 반이 지난 후, 셀리마는 사직했다. 그때 그녀는 결코 다른 사람 밑에서는 일하지 않겠다고 다짐했다.

그리고 그 이후 59년 동안 그녀는 직접 가게를 꾸리고 운영해 왔다. 처음에는 뉴욕에서 시작했지만 나중에는 마이애미비치로 장소를 옮겼고, 그 동안 직원을 한 사람 이상 고용한 적이 없었다. 그녀는 상당히 많은 돈을 벌었으며 자신의 마음에 드는 사람들만 고객으로 받았다. 그녀는 이렇게 말한다. "저는 좋아하지 않는 사람을 위해서는 뭘 못하는 성격입니다. 상대방을 좋아하지도 않는데 그를 아름답게 만들어주고 싶은 마음이 생기겠습니까? 그런 사람을 어떻게 고객으로 삼을 수 있겠습니까?" 셀리마는 하는 행동이나 질문이 마음에 들지 않는 손님은 돌려보내기 일쑤였다. "누군가 제게 전화를 해서 '당신을 고용하는 데 얼마나 듭니까?'라고 물으면, 저는 '그쪽이 고용할 수 있을 만큼 싸지는 않습니다'라고 대답합니다." 그리고 실제로도 그 말은 사실인 경우가 많았다.

그녀의 깐깐한 성격은 그녀의 명성에 흠집을 내기는커녕 오히려 그녀를 더 유명하게 만들었다. 그녀는 아까운 재능을 썩히고 있다며 사업을 더 확장하라는 사람들의 제안을 여러 번 거절했다. "사람들이 '함께 해봅시다. 분명히 우린 성공할 겁니다'라고 말하면, 저는 그 자리를 일어납니다. 그건 새빨간 거짓말입니다. 상표를 단 대형 제조업체가 되는 순간 인간적인 맛이 사라지고 맙니다. 저는 제 작품들에 대해 엄청난 자부심을 갖습니다. 돈 때문에 타협할 생각은 추호도 없습니다. 저한테는 일이 끝난 후 받는 수표의 액수가 중요한 게 아닙니다. 고객들이 아름다워지고, 더 특별해지는 데에서 저는 자부심을 느낍니다. 그 성취감이 바로 제가 일하는 이유입니다. 캘빈 클라인(Calvin Klein) 같은 회사에서 일한다면 어떻게 그런 것을 느낄 수 있겠습니까?"

그녀는 원하는 때에, 원하는 사람들을 위해서, 자신이 원하는 일을 할 수 있는 자유를 추구했다. 만일 커다란 사업체를 거느렸다면 그것은 불가능했을 것이다. "제가 왜 사업을 작게 유지했냐고요? 첫째,

저는 사업을 운영하고 싶지 그것에 얽매이기는 싫습니다. 사업이 너무 커지면 주객이 전도되죠. 다른 사람들을 고용하게 되면 결국 타협을 할 수밖에 없습니다. 둘째, 제 사업이 가족보다 더 중요한 존재가 되기를 원치 않습니다. 셋째, 저는 남이 저한테 이래라저래라 하는 것이 아주 싫습니다. 상대방이 맘에 들지 않으면 저는 내보냅니다. 돈은 결코 중요하지 않습니다. 제 아버지는 '부유해질 운명을 타고난 사람은 결코 가난을 생각하지 않는다'라고 말씀하셨습니다. 지금껏 저는 가난해질 거라고 생각해 본 적이 없습니다." 고객들의 성원과 그녀 자신의 사업 감각 덕분에 실제로 그녀는 그럴 필요가 없었다.

캘리포니아 주 스튜디오시티에 위치한 특수효과 회사인 해머헤드 프로덕션의 창립자인 4명의 영화업계 베테랑들도 마찬가지다. 셀리마와 마찬가지로, 그들은 자신의 창의적인 열정을 자유롭게 사용할 수 있게 해주는 회사를 원했다. 많은 회사들이 업계 경력이 풍부한 그들을 고용하고 싶어했지만 그들은 대형회사에서는 답답함을 느꼈다. 물론 그런 회사에서는 많은 돈을 벌고, 많은 혜택을 받고, 많은 영향력을 행사할 수 있었다. 하지만 그런 곳에서 일하면, 그들이 진심으로 소중하게 여기는 일을 하기 위한 스케줄상의 유연성이 있을 수 없었다.

그들에게 기회가 찾아온 것은 1994년이었다. 그들은 캘리포니아 주 서니베일에 있는 퍼시픽 데이터 이미지스(Pacific Data Images, PDI)에서 일하고 있었는데, 이 회사가 매각 준비를 진행하면서(PDI는 결국 드림웍스(Dream Works)에 인수되었다) 로스앤젤레스 사업부를 폐쇄하기로 결정했다. 로스앤젤레스 사업부를 운영하고 있던 제이미 딕슨(Jamie Dixon)과 댄 츄바는 PDI에 일을 맡겼던 프로듀서들에게, PDI가 계약을 끝까지 이행할 수 없겠지만 대신 일을 해줄 다른 유능한 사람들을 찾아주겠다고 말했다. 그러자 프로듀서 한 사람이 그 제안을 거절하며 이렇게 말했다. "난 당신들을 고용한 것이지 당신들의 회사를 고용한 것이 아닙니다. 돈을 줄 테니 일을 해주십시오."

당시 딕슨과 츄바는 얼마 전부터 독립하는 것에 대해 생각해 오고 있던 터였다. 그들은 프로듀서의 제안을 받아들이고, 그것을 바탕으로 새 사업을 시작하기로 했다. 그들은 자신들의 부족한 부분을 메워줄 수 있는 능력 있는 또 다른 두 사람을 PDI에서 데려와 창립 멤버로 합류시켰다. 크리에이티브 디렉터인 레베카 마리(Rebecca Marie)와 소프트웨어 부문 총괄 책임자인 타드 바이어(Thad Beier)였다. 그들 모두의 공통점은, 직장 일 때문에 미뤄둬야 했던 자신이 원하는 일을 추구하고 싶어한다는 점이었다. 딕슨은 자신의 영화를 만들고 싶어했고, 바이어는 소프트웨어를 개발하고 싶어했다. 마리는 그림 그릴 시간을 갖고 싶어했고, 츄바는 영화 각본 집필과 애니메이션 작업을 하고 싶어했다.

그 후 11년 동안 네 사람은 해머헤드 프로덕션스를 할리우드에서 잘 나가는 소규모 특수효과 업체로 성장시켰으며, 동시에 그들이 추구하던 자유를 찾을 수 있었다. 그러기 위해서는 직원 수를 적게 유지해야 했고(창립자 4명을 포함해서 정규직원은 14명밖에 되지 않았다) 의뢰받는 프로젝트의 수와 규모를 제한해야 했다. 만일 받아들인 프로젝트가 그들만으로 감당하기 힘들면 그때그때 외부 인력을 고용해 일을 마치곤 했다. 프로젝트가 끝나면 임시 고용했던 사람들은 다시 다른 일을 하러 떠나고, 해머헤드는 원래 크기로 되돌아왔다.

회사가 성공하려면 어느 정도는 운이 따라야 하는 법인데 해머헤드도 예외는 아니었다. 그들이 해머헤드를 설립할 무렵 특수효과 업계에는 변화가 몰아치고 있었다. 일단, 장비 비용이 급격히 떨어지고 있었다. 츄바는 이렇게 말한다. "PDI에서 일할 때는 애니메이션 작가를 고용하려면 장비 비용만 10만 달러가 들었습니다. 요즘 장비 비용은 거의 공짜나 다름없고 품질도 훨씬 좋아졌습니다. 우리는 6개월에서 8개월마다 장비를 모두 새로 교체합니다." 또 당시 많은 회사들이 비독점 소프트웨어를 사용하기 시작했는데, 이는 소규모 독립 업체들이 시장에 뛰어드는 것을 용이하게 만들었다. 하지만 제일 중요한 건 그 무렵 프리랜서 애니메이션 작가의 수가 부쩍 늘어났다는 것이다. 이들은 한 곳에 소속되지 않고 여러 프로젝트로 옮겨 다니는 것을 즐기는 능력 있는 인재들이었으며, 바로 해머헤드가 필요로 하던 유연성을 지닌 사람들이었다. 이러한 인력이 풍부했을 뿐 아니라 그들은 각자 다양한 재능을 갖고 있었기 때문에, 해머헤드는 훨씬 많은 종류의 프로젝트를 받아들일 수 있었다. 기술이 급격한 속도로 변하는 업계인만큼 그것은 매우 중요한 측면이었다. 폭넓은 역량을 필요로 하는 프로젝트를 수행하지 못하면 경쟁력을 유지할 수 없기 때문이다. 그러한 프리랜서들이 많아진 덕분에, 해머헤드는 회사 규모를 확장하지 않으면서도 의뢰가 들어오는 프로젝트들을 감당해 낼 수 있었던 것이다.

유연성을 추구하는 것 외에도, 해머헤드의 창립자들은 다른 특수

효과 회사들보다 더 열린 분위기를 가진, 그리고 계급주의가 덜한 회사를 만들고 싶어했다. 또한 그들은 상사의 감독이나 감시가 없어도 스스로 자율적으로 일하는 회사 분위기를 만들고자 노력했다. 창립자들 자신이 그런 분위기를 원하기도 했고, 그래야만 그들이 원하는 애니메이터들을 끌어올 수 있다고 믿었기 때문이다. 창립 직후 그들은 버뱅크에 있는 아파트에서 일했지만, 회사가 어느 정도 자리가 잡힌 후에는 스튜디오시티에 있는 한 오래된 사냥꾼 별장을 발견했고 1998년에 회사를 그곳으로 이전했다. 이 별장은 로스앤젤레스에 있는 구릉지에 위치한 약 1만 6,000제곱미터의 삼림지에 있었다. 주변 숲에는 사슴과 코요테도 있었다. 또 수영장도 있고 멋진 계곡이 내려다 보였는데, 이것은 해머헤드가 새 인재들을 끌어올 때 상당히 유리하게 작용했다. 내부 분위기는 마치 컨트리클럽이나 부유층의 사교 모임 장소 같았다. 그리고 격식을 차리지 않은 자연스러운 분위기가 풍겼다. 점심시간에는 모두가 중앙 홀에 모여 상어를 전시해 놓은 벽난로 앞에 둘러앉아서 식사를 했다. 츄바는 이렇게 말한다. "우리는 점심시간이 되면 함께 모여서 일에 대한 이야기를 나눕니다. 애니메이터들은 식당 옆에 있는 두 개의 커다란 방에서 일합니다. 서로 허물이나 경계도 없고 비밀도 없습니다."

당구 테이블도 있었다. 츄바의 말에 의하면, 처음에는 컴퓨터가 작업을 처리하기를 기다리는 동안 수영을 하거나 당구를 쳤지만, 요즘은 기술이 발달해서 그런 일은 거의 없어졌다고 한다. 어쨌든 이 회사에는 시간 제한도 없고 감시하는 사람도 없다. 신참 직원들은 이런 분위기에 약간은 당황스러워한다고 했다. 츄바는 말한다. "저희 회사에서 일하는 사람들 대부분은 직원들을 혹사시키는 회사에서 근무해 본 경험이 있는 이들입니다. 그 중 몇몇은 그런 분위기에 익숙해져서 여기도 그럴 것이라고 생각하고 들어오죠. 우리는 그들에게 시간외 근무를 좋아하지 않는다고 분명히 말합니다. 우리는 일정 수당을 받고 스스로 적절하다고 여기는 스케줄에 따라 일하는 것이 바람직하다고 생각합니다. 그리고 그런 스케줄은 사람마다 다른 법이죠. 어떤 직원은 아침 7시 반에 출근하고, 어떤 직원은 오후가 되어야 나옵니다. 우리 창립 멤버들은 가족이 있기 때문에 대개는 일정하게 근무시간을 유지하는 편입니다. 만약 누군가가 시간외 근무를 해야겠다고 하면, 우리는 '그렇게 해요. 여기선 아무도 시간을 체크하는 사람이 없어요. 하지만 생산성은 체크합니다'라고 분명히 말해줍니다. 우리는 시간외 근무에 대해서는 자율에 맡깁니다. 우리에게 와서 그 사실을 알려주기만 한다면요."

이러한 시스템은 해머헤드의 초기 프로젝트들에는 적합했지만, 인력이 많이 필요한 프로젝트들을 맡기 시작하면서 약간씩 난관에 부딪혔다. 예를 들어, 2003년에 유니버설 픽쳐스(Universal Pictures)는 「리딕-헬리온 최후의 빛(The Chronicles of Riddick)」이라는 영화의 특수효과 부분을 해머헤드에 맡겼다. 이것은 당시 해머헤드가 맡아온 프로젝트 가운데 가장 큰 규모였고, 과거에 동원했던 인원 수보다 훨씬 많은 30명 정도가 필요할 것으로 예상되었다. 언덕 위의 별장은 그 정도의 인원을 수용할 수 없었기 때문에 그 프로젝트가 진행되는 동안에는 회사 전체가 근처 유니버설시티에 위치한 유니버설 스튜디오로 옮겨서 작업했다. 그곳에서 해머헤드 직원들은 익숙해져 있던 탁 트인 넓은 공간 대신 답답한 사무실에서 일했다. 일종의 희생이 필요한 시간이었지만, 이 프로젝트가 주는 기회를 놓치기 아까웠기 때문에 그들은 그런 희생을 감수할 만한 것이라고 판단했다. 「반지의 제왕」이나 「해리 포터」 시리즈 같은 영화로 인해 한층 주목받고 있는 분야인 특수효과의 최신 기술을 접할 수 있는 기회였다. 또한 그들의 실력을 향상시킬 좋은 기회였고, 앞으로 유사한 프로젝트를 의뢰받는데 필요한 경력과 신용을 쌓을 수도 있었다.

그들이 예상한 방식대로 일이 돌아가지는 않았지만, 결국 그들은 원하는 바를 달성할 수 있었다. 당초 그들이 예상했던 인력은 약 30명이었지만 실제로 들어간 인원은 두 배 이상인 65명이었다. 이는 많은 인원을 단기간 내에 고용해야 함을 뜻했으며, 그 과정에서 예상치 못한 여러 어려움을 겪어야 했다. 츄바는 이렇게 말한다.

"과거에는 인원이 그다지 많이 필요하지 않았기 때문에, 인재를 고용할 때 상당히 까다롭게 해도 상관없었습니다. 적은 인원을 뽑아서 우리가 그들을 교육하고 훈련시키면 됐으니까요. 하지만 그 프로젝트에서는 많은 인원을 필요한 시간 내에 반드시 뽑아야 했습니다. 그럴 때는 평소처럼 까다로운 기준을 내세울 수 없고, 그렇기 때문에 때로는 결과에 실망하게 됩니다. 이력서는 빵빵한데 실제로 함께 일해 보면 기대에 훨씬 못 미치는 경우도 많거든요. 그들은 우리가 생각했던 것보다, 또는 과거에 고용했던 사람들보다 더 일을 못하는 경우가 많습니다.

또 우리가 일하는 방식에 익숙하지 않은 사람들을 고용해야 하는 때도 생기죠. 이 사람들은 대기업에서 일하는 방식에, 그러니까 정확히 무엇을 어떻게 해야 하는지 지시받는 것에 익숙해져 있습니다. 그들에겐 우리가 즐기는 유연성과 자유가 낯설기만 한 셈이죠. 그래서 우리는 원치 않지만 어쩔 수 없이 관리를 강화해야 했습니다. 원치 않는 일이다 보니 자연스럽게 관리 체계를 세우는 데 늑장을 부리게 됐고, 그로 인해 직원들의 사기도 떨어졌습니다. 그 과정에서 우리가 갖고 있던 고유의 문화를 상실했죠. 우리에게 익숙한, 그리고 과거에는 성공적으로 활용하던 탁 트이고 열린 운영방식을 활용할 수 없는 상황이었으니까요.

또 기존의 유능한 직원들을 관리직으로 승진시키는 바람에 직원들의 수준이 약간 하향되었습니다. 실무에 뛰어난 사람들에게 관리직을 맡기니까 타격이 컸죠. 결국 한 사람을 승진시킬 때마다 직원 2, 3명을 새로 고용해야 하는 상황이 발생했습니다. 그리고 나중에는 관리직으로 승진시킨 사람들에게 다시 실무로 돌아가서 작업을 검토하고 수정해 달라고 부탁해야 했습니다. 그들보다 더 믿음직한 사람들은 없으니까요."

하지만 결국 그들은 여러 가지 난관들을 극복하고 약속한 것 이상의 성과를 냈을 뿐 아니라, 다른 하청업체들이 끝내지 못한 일들까지 맡아서 마무리했다. 츄바는 이렇게 말한다. "처음 한동안은 비행기가 제대로 뜨지 못하고 땅 가까이 아주 낮게 날았던 셈입니다. 부품을 빼고 다른 새 부품을 끼워 맞추고 하는 조정기간이 있어야 했지요. 원래 우리는 장비를 구입할 때 가격을 제일 중요시했었는데, 이 프로젝트를 수행하면서 속도를 제일 중요시하게 되었습니다. 분명히 스트레스가 많은 기간이었습니다. 우리가 해내지 못할 것이라고 의심한 적은 없지만 그만큼 힘들 줄은 예상하지 못했습니다. 하지만 일단 부품을 조율한 뒤 작동을 시작하자 훌륭하게 해냈지요."

「리딕」프로젝트는 예상보다 몇 주 더 걸렸다. 프로젝트를 완료한 뒤 해머헤드는 원래 규모인 14명으로 직원들을 축소하고 본거지인 별장으로 다시 이전했다. 그들은 나중에 뒤돌아보니 여러 중요한 성과가 있었다고 말한다. 첫째, 해머헤드의 전문 기술이 한층 향상되었고, 해당 업계의 숨 가쁠 만큼 빠른 기술 변화 속도에 뒤떨어지지 않을 수 있었다. 둘째, 추가적인 비용을 부담하지 않고도 프로젝트에 주어졌던 예산을 통해 그들의 기술 장비를 훨씬 높은 수준으로 업그레이드할 수 있었다. 이렇게 업그레이드한 장비로 해머헤드는 향후 1년 동안 작업할 수 있었다. 셋째, 그들은 대형 프로젝트를 수행한다는 것이 어떤 것인지 경험함으로써 한층 높은 자신감을 갖게 되었다. 그들은 이전에는 겪어본 적이 없는 문제들에 부딪혔고, 그런 문제들에 대한 창의적인 해결책을 찾아냈다. 이후 그들은 프로젝트의 어느 부분을 아웃소싱에 맡기고 어느 부분을 사내에서 해결해야 하는지 더 잘 알게 되었다. 앞으로 그들은 대규모 프로젝트 때문에 일시적으로 인원 확장을 해야 하는 경우가 생길 때 훨씬 효율적으로 대처할 수 있을 터였다.

무엇보다도 그들은 실수를 통해 많은 교훈을 배웠고, 그 교훈을 발판으로 다음번 대형 프로젝트를 진행할 때는 훨씬 잘해낼 수 있을 것이라고 믿었다. 츄바는 말한다. "우리는 지금도 직원들에게 긍정적인 마인드를 심어주고 그들이 창의성을 최대한 발휘할 수 있게 만드는 동시에 효율적으로 돌아가는 일터를 만드는 데 중점을 둡니다. 그 프로젝트를 경험한 이후, 우리는 뛰어난 인재를 좀 더 빨리 고용해서 우리가 일하는 방식에 익숙하게 만들어야 한다는 사실을 깨달았습니다. 이 프로젝트로 인해, 우리는 핵심 인물들을 더 빨리 고용해서 우리 회사 분위기에 익숙하게 만들어야 한다는 것을 깨달았습니다. 또한 이 프로젝트를 하면서 답답한 느낌과 물리적 제약을 느껴본 이후엔, 틈틈이 부동산을 관찰하면서 우리가 사용할 만한 괜찮은 건물이 있는지 살펴보고 있습니다. 다음에 대규모 프로젝트를 하게 되면, 해머헤드 스타일로 일하되 더 효율적으로 일하고, 더 많은 이익을 올리고, 더 훌륭한 결과물을 만들어낼 수 있다고 확신합니다."

실제로 해머헤드는, 비록 평소의 수익보다는 약간 낮았지만, 리딕 프로젝트를 통해 나쁘지 않은 수익을 올렸다. 특수효과 업계에서는 성공한 회사들이 경기가 좋은 해에 보통 순이익률이 10%이고, 이익도 손해도 없이 본전이라 해도 그럭저럭 받아들이는 분위기다. 그런 업계임을 감안할 때 해머헤드는 수익률이 높은 업체에 속한다. 츄바의 말로는, 해머헤드는 대부분의 프로젝트에서 약 10% 정도의 이익을 올린다고 한다. 또한 대규모 회사들과 달리 해머헤드는 프로젝트가 없는 기간에 돈을 많이 잃지 않는다. 해머헤드의 사장인 제이미 딕슨은 이렇게 말한다. "큰 회사에서는 매력적인 대형 프로젝트를 의뢰받으면 바로 직원 수를 늘립니다. 프로젝트에 따라 직원이 200명까지 늘기도 합니다. 그러다가 프로젝트가 끝나면 돈은 들어오지 않지만, 그 많은 직원들 봉급을 줘야 하니까 손해가 날 수밖에요. 게다가 다음 프로젝트가 언제 들어올지 아무도 모르지요. 운이 없으면

두 달쯤 기다려야 프로젝트가 생길 수도 있습니다."
　해머헤드는 그런 패턴에 빠지지 않았다. 회사를 처음 시작했을 때 규모가 작은 작업만 의뢰받을 수밖에 없었는데, 오히려 그 점이 나중에 가서는 커다란 장점으로 작용했다. 그런 소규모 프로젝트는 수익률이 높기 때문이다. 해머헤드의 경우에는 수익률이 다른 업체보다 높았다. 공동경영자들이 직접 일을 했기 때문에 직원에게 들어가는 비용이 비교적 적었고, 이렇게 발생한 수입은 자신들이 원하는 목표를 위해 사용하기도 했다. 그들이 진행한 작업물의 품질 역시 뛰어났고, 이는 회사의 명성을 높이는 동시에 수익성 높은 다른 대형 프로젝트를 맡을 수 있는 길을 닦아 놓았다. 정규직원 수를 제한하고 특정 프로젝트 종료 후에는 원래의 규모로 되돌아감으로써, 해머헤드는 일이 없는 공백기에 생기는 손실을 줄일 수 있었다. 결과적으로, 안정적인 현금 흐름을 확보하는 데에는 아무런 문제가 없었다. 얼마 지나지 않아 특수효과 업계에는 해머헤드의 성공을 모델로 삼아 모방하는 소규모 업체들이 생겨나기 시작했다.
　물론, 대규모 특수효과 회사들이 제공하는 작업에 대한 높은 수요는 여전히 존재했다. 해머헤드 같은 소규모 업체는 수백 명의 인력이 필요한 거대 규모의 애니메이션 프로젝트를 수행할 수 없다. 그러한 프로젝트를 진행하는 대형회사들 가운데 해머헤드만큼 우리의 이목을 끄는 곳이 하나 있다. 바로 로스앤젤레스에 위치한 리듬 앤 휴스다. 이 회사는 영화「꼬마돼지 베이브」에서 말하는 동물을 만들어낸 뛰어난 기술로 아카데미상을 받기도 했다. 이 회사는 그 외에도「터미네이터 2」「너티 프로페서」「나니아 연대기」「슈퍼맨 리턴즈」등의 영화에서 특수효과를 담당했다. 누가 보더라도 뛰어난 경력을 자랑하는 회사가 아닐 수 없다. 그런데 리듬 앤 휴스는 이 책에서 소개하는 다른 회사들과 거의 비슷한 특징들을 갖고 있지만 한 가지 중요한 차이점이 있다. 바로 수익이 매우 적다는 점이다. 리듬 앤 휴스의 창립자이자 사장인 존 휴스는 2003년 12월에 이렇게 말했다. "이 업계에선 본전치기면 잘 하는 겁니다. 회사를 제대로 굴러가게 만드는 것도 어렵고, 실제로 망해서 나가는 업체도 무척 많습니다. 우리가 처음 이 업계에 뛰어들었을 때 있었던 경쟁업체들 중 오로지 한 곳만이 아직 살아남아 같은 일을 하고 있지요. 그건 바로 인더스트리얼 라이트 앤 매직(Industrial Light & Magic : 영화 「스타워즈」의 특수효과를 담당했음 - 옮긴이)입니다."

리듬 앤 휴스는 현대적이고 탁 트인 널찍한 빌딩에 자리 잡고 있다. 휴스와 파트너들은 이 건물로 1995년에 이사했다. 빌딩 옆에는 한때 재벌 하워드 휴스(Howard Hughes)의 비행기 격납고로 쓰였던 건물이 있는데, 지금은 영화 촬영 스테이지로 사용되고 있다. 리듬 앤 휴스의 건물을 돌아보면 복도 벽에 애니메이션의 역사를 볼 수 있는 그림들이 걸려 있다. 디즈니의 캐릭터들(초창기의 미키 마우스부터 피터 팬까지), 워너브러더스의 캐릭터인 엘머 퍼드(Elmer Fudd), 벅스 버니(Bugs Bunny), 대피 덕(Daffy Duck)의 스케치가 눈에 들어온다. 조금 더 걸어가다 보면 애니메이션 「판타지아(Fantasia)」의 주인공들도 보인다. 또 다른 곳에는 만화가 줄스 파이퍼(Jules Feiffer)의 만화 주인공들이 있고, 「꼬마돼지 베이브」에 나오는 동물 캐릭터의 점토 모형, 껌 포장지로 만든 조그만 미니어처 말들도 보인다. 또한 리듬 앤 휴스가 지역사회에서 하는 활동의 흔적도 볼 수 있다. 한쪽에 쌓여 있는 장난감, 식품, 옷들을 보고 휴스에게 물으니 그는 사우스 LA에 있는 유치원에 지원하는 물건들이라고 설명해 주었다.

우리가 방문했던 달은 리듬 앤 휴스가 유난히 바쁜 시기였다. 평소 규모의 두 배에 달하는 650여 명의 사람들이 일하고 있었다. 인원이 많아진 이유는 「가필드(Garfield)」 「스쿠비두 2(Scooby-Doo 2)」를 비롯한 대형 프로젝트가 많이 진행 중이었기 때문이다. 건물이 거의 터질 만큼 포화 상태로 일하고 있었다. 어딜 가나 애니메이터, 화면 합성 전문가, 프로그래머, 시스템 관리자를 비롯한 다양한 전문가들이 컴퓨터 앞에 모여 있거나, 회의를 하거나, 스케치를 그리거나, 점토 모형을 만들거나, 신문을 읽거나, 화이트보드에 무언가 쓰거나, 그 밖에 여러 가지 일을 하고 있었다. 건물 안의 모든 공간이 빠짐없이 무슨 일엔가는 사용되고 있었다. 어떤 방에는 불도 켜지 않은 채 사람들이 꽉 차 있었고, 회의실도 컴퓨터와 책상으로 채워져 있었다.

하지만 그렇게 회사가 분주했음에도 불구하고 휴스는 걱정이 되었다. 다음 작업으로 대기 중인 프로젝트가 없었기 때문이다. 그는 이렇게 말했다. "내년 5월까지는 프로젝트 계획이 있지만 그 이후에는 아무 일정도 없습니다. 대형 프로젝트가 없어지면 우리 회사는 적자가 나기 시작하죠. 수백만 달러를 잃을 수도 있습니다. 이 사업을 시작한 지 16년이나 되었지만, 그때나 지금이나 늘 생존을 위해 늘 고군분투하긴 마찬가집니다."

휴스는 이런 상황의 원인이 바로 이 업계가 지닌 경쟁 환경의 특성 때문이라고 본다. 시장이 가격을 결정하기 때문에 끊임없이 수익률에 압력을 받게 되는 것이다. 하지만 휴스가 대개 다른 회사에서는 수익으로 분류하는 돈의 일부를 직원들을 위해 사용했다는 점도 고려해야 한다. 예를 들어, 휴스는 의료보험에 대해 열정적인 의견을 표현한다. 그는 미국이 전국민 의료보험제도를 실시하지 않는 것을 이해할 수 없다면서, 만일 자신이 할 수만 있다면 로스앤젤레스에 사는 모든 사람에게 의료보험을 제공하고 싶다고까지 말한다. 현재 그는 상당한 금액을 투자해 전 직원에게 의료보험 혜택을 제공하고 있으며, 전국 어느 회사에서도 자신의 회사만큼 높은 혜택을 제공하는 곳은 없을 거라고 자신 있게 말한다. 이 제도로 인해 리듬 앤 휴스는 회사가 연간 직원 1인당 평균 8,000달러에서 1만 1,000달러를 부담하며, 6개월 이상 근무할 것이라고 예상되는 직원이면 누구든 이 제도의 혜택을 받을 수 있다. 필요한 때만 고용되어 일하는 프리랜서들은 3개월까지 혜택을 받을 수 있다. 리듬 앤 휴스는 직원 1인당 8만 5,000달러까지 의료비를 대주고 그 이상 발생하는 비용은 외부 보험회사에 청구한다. 이 제도의 한 가지 단점은, 만일 회사가 부도를 내면 의지할 수 있는 외부 보험회사가 없기 때문에 직원들 스스로 모든 의료보험 비용을 부담해야 한다는 것이다.

휴스가 보험 혜택을 제공하기로 결정한 것은 1990년대 초반이었다. 당시 그는 직원들이 청구하는 보험금에 대해 자꾸 의문을 제기하는 보험회사들에 신물이 나서 자신이 직접 직원들을 책임지기로 결심했다. 그는 다른 경영진이 이 제도 자체에 반대하지는 않지만 거기에 들어가는 적지 않은 비용에 대해 불만을 갖고 있다는 점을 잘 알고 있다. 그들은 회사가 그 비용을 감당하면서 운영을 유지할 수 있을지 회의적인 마음을 품고 있다. 회사 운영이 힘들었던 2002년에 휴스는 '건강세'를 도입하기로 했다. 보험제도에 가입된 직원들의 봉급에서 1.3%씩을, 가족 전체가 가입된 경우에는 최대 3.9%까지 건강세로 공제하는 것이었다. 하지만 그는 의료보험 혜택을 줄이거나 보험 가입 자격을 엄격하게 제한하는 방식은 채택하지 않았다. 휴스는 이러한 의료보험제도가 사업에 필수적인 요소라고 생각한다. "이익을 극대화하는 것이 중요한 게 아닙니다. 저에게는 직원들을 책임지고 돌보는 것이 더 큰 목표입니다. 가부장적인 태도로 그들에게 간섭하겠다는 뜻이 아닙니다. 우리는 그들을 성인으로 대우합니다. 어떤 사람들은 제 방식에 대해 '너무 감상적이다'라고 비난하지요. 하지만 저와 파트너들은 제 방식이 옳다고 믿습니다. 좋은 일을 하는 것은 때로 감상적으로 보일 수 있습니다. 훌륭한 일도 마찬가지고요. 사람은 자신이 하는 일에 자부심을 가져야 합니다. 자신이 하는 일이 가치가 있다고 믿어야 하지요."

의료보험은 리듬 앤 휴스가 직원들을 돌보는 여러 방법 가운데 하나일 뿐이다. 그 외에 회사가 순수익의 10%를 납입하는 연금제도도 마련되어 있다. "물론 수익이 있다는 전제하에 말입니다. 하지만 회사 형편이 어려울 때라도 어떻게든 조금씩 넣지요"라고 휴스는 말한다. 또한 직원의 개인 수강비용 중 750달러까지 회사가 내주는 교육보조 프로그램이 있다. 그리고 휴가제도도 상당히 잘 돼 있는 편이다. 모든 직원은 1년에 최소 3주 휴가를 받고, 2년을 근무한 후에는 4주, 5년 후에는 5주, 10년 후에는 6주를 받는다. 또 모든 직원은 5년마다 8주의 안식 휴가를 쓸 수 있다. 즉, 고참 직원은 1년에 약 13주에서 14주를 유급 휴가로 보낼 수도 있다는 얘기가 된다.

그 외에 회사에서 아침과 점심을 제공한다. 다른 스튜디오의 직원들은 대개 외부에 나가서 식사를 하지만, 리듬 앤 휴스 직원들 대부분은 사내에서 식사하는 것을 선호한다. 밖에서 먹는 것보다 음식도 맛있고 회사가 밥값을 지원하기 때문이다. 직원들은 점심시간이 되면 구내식당으로 모여 줄을 선다. 그 중에는 휴스도 포함된다. 이곳에서는 경영진이나 VIP들도 별다른 특혜 없이 다른 직원들과 똑같이 순서대로 식사를 받는다. 직원들은 식당에 있는 긴 테이블에 앉아서 먹거나, 날씨가 좋은 날엔 뒷문 밖에 있는 마당에 둘러앉아 먹는다.

이 회사는 지배구조에 관련해서도 평등주의적인 태도를 유지한다. 15~20명으로 구성된 집행위원회와 10명으로 구성된 정책수정위원회가 있으며, 정책수정위원회는 회사 내에 새로운 제도가 필요한지, 옛 제도를 수정할 필요가 있는지 등을 결정한다. 휴스는 말한다. "만일 그들이 의료보험제도를 수정하고 싶어하는 경우, 제게 거부권을 행사할 권리가 있습니다. 저는 모든 제안들에 대해 거부권을 행사할 수 있지만 실제로 그렇게 하는 경우는 거의 없습니다." 사내 컴퓨터 시스템에는 업무, 잡담, 회사정책과 관련하여 대화를 나눌 수 있는 온라인 공간이 각각 마련되어 있다. 이를 통해 직원들은 원하는 주제에 관한 자신의 의견을 자유롭게 주고받고 토론을 나눌 수 있다.

리듬 앤 휴스는 이 책에 나온 많은 회사들과 마찬가지로 재무정보를 직원들에게 공개한다. 휴스와 매니저들은 매주 금요일에 직원들을 강당에 모아놓고 TV 광고 입찰 현황, 영화 제작 계약 진행상황, 그리고 현금 흐름 변동 등에 대해 설명한다. 1분기에 한 번씩은 재무

제표를 함께 보면서 잘된 점이나 개선할 측면을 언급하고 예산을 검토한다. 무엇보다도, 휴스는 긍정적인 현금 흐름과 이윤 사이의 차이점을 직원들에게 이해시키려고 노력한다. 리듬 앤 휴스가 매년 손해만 발생하지 않아도 성공적이라고 여기는 회사라는 것을 감안하면, 그 두 개념 간의 차이는 매우 중요하다. 휴스는 직원들이 회사의 미래 모습을 어느 정도 그려볼 수 있는 것이 중요하다고 생각한다. 그는 말한다. "저는 경영방식을 공개하는 것이 정직한 방식이라고 봅니다. 회사가 위기를 맞아서, 직원들이 봉급을 못 받게 되거나 인력 감축이 필요하다는 걸 갑자기 알고 충격 받는 상황을 절대 만들고 싶지 않습니다." 하지만 그의 노력에도 불구하고, 휴스는 리듬 앤 휴스가 고수하는 재정 모델을 진정으로 이해하는 직원들이 소수일 것이라고 짐작하고 있다.

그러한 재정 모델의 핵심이 되는 것은 현금 흐름이며, 휴스는 항상 현금 흐름을 주시한다. 그의 현금 흐름 관리 능력이 바로 리듬 앤 휴스를 19년 동안 생존할 수 있게 만든 힘이다. 그는 말한다. "현금 흐름을 예측하는 것이 가장 중요합니다. 저는 손익계산서에 의지하지 않는 편입니다. 우리는 분기별로 마감 정산을 하는데, 이때 현금 흐름 예측을 이용해 우리에게 필요한 현금의 양을 계산합니다. 예전부터 우리는 특정한 수치의 변화를 파악하곤 했습니다. 예컨대 기술 책임자(디지털 아티스트) 1인당 매출을 파악하는 것이었지요. 지금은 회사가 커져서 현금 흐름 예측이 한층 복잡해졌지만, 예산계획을 세울 때 기술 책임자 1인당 매출은 여전히 중요한 판단 근거가 되고 있습니다. 매출을 올리지 못하면 자를 수밖에 없습니다. 우리가 쓰는 비용의 85%가 직원들한테 들어간다는 사실을 감안하면, 의료보험 지원을 대폭 줄이거나 그냥 절약하는 것만으로는 충분치 못하니까요."

이쯤에서 한 가지 의문점이 생기지 않을 수 없다. 겨우 살아남을 정도의 수익만 올리는 회사라 하더라도 마법을 갖고 있다고 말할 수 있을까? 나는 리듬 앤 휴스를 여러 측면에서 판단해 본 결과 '그럴 수 있다'는 결론을 내렸다. 또한 나뿐만 아니라 이 회사의 직원, 고객, 공급업자, 이웃, 영화업계의 많은 관계자들도 같은 의견일 것이라고 확신한다. 리듬 앤 휴스는 많은 이들에게 존경받는 회사다. 마법을 지니고 있으며 높은 수익도 올리는 회사들과 마찬가지로, 리듬 앤 휴스 역시 특유의 카리스마와 힘을 지니고 있었다. 또 그들과 마찬가지로 리듬 앤 휴스에서도 직원이나 고객과의 친밀한 관계, 탁월함에 대한 열정, 혁신에 대해 개방된 자세, 보다 나은 방법을 찾기 위한 끊임없는 노력 등을 목격할 수 있었다. 다른 회사들에서는 그러한 특성들과 마법이 한데 어우러져 높은 수익을 올리는 데 기여했다. 하지만 리듬 앤 휴스는 마법은 지니고 있으되 수익 면에서만 부족할 뿐이다. 물론, 수익이 전혀 없다면 마법도 의미가 없을 것이다. 제이 골츠가 말했듯이, 이익을 내지 못하는 회사는 존재 의미가 없으니 말이다.

회사와 직원들 사이에 강력하고 친밀한 관계가 형성되는 과정에 대해 논의할 때 고려해야 할 요소가 한 가지 더 있다. 이것은 어떻게 보면 신비스럽고, 매우 정의하기 어려우며, 회사들마다 각기 다르지만, 기업문화와 회사의 이미지를 결정하는 데 매우 중요한 역할을 한다. 그것은 바로 직원들이 회사의 창립자(또는 경영자)를 어떻게 바라보는가 하는 점이다.

대부분의 창립자들은 특히 이러한 점의 중요성을 이해하지 못한다. 어떤 이들은 그것에 대해 언급하는 것 자체를 꺼린다. 어떤 이들은 그것 때문에 속으로 고민하면서 바꿔보려 애쓰지만 대개는 실패하고 만다. 또 어떤 이들은 직원들이 자신을 바라보는 방식을 어차피 바꿀 수 없기 때문에 아예 신경 쓰지 않는다고 말한다.

하지만 일부 창립자들은 직원들이 자신을 어떻게 바라보는지에 관해 생각하고, 그것을 분석하고, 회사를 운영하는 데 활용하기도 한다. 앵커 브루잉의 프리츠 메이태그가 좋은 예다. 그는 『하버드 비즈니스 리뷰』 인터뷰에서 이렇게 말했다. "저는 민주적이고 개방되어 있고 평등주의적인 분위기를 추구하는 동시에, 약간은 신비스럽고 강력하고 자애로운 경영자의 이미지를 형성하려고 노력하는 편입니다. 직원들은 제가 언제 어떤 강력한 발언을 할지, 규칙을 바꿀지, 화를 낼지 모르고 있어야 합니다. 정확하게 설명하기는 조금 힘들군요. 우리 회사의 고위 경영진은 3명에서 4명 정도로 구성되는데, 일반 직원들은 그들에게 가서 하고 싶은 말을 하는 편입니다. 그런데 저한테 직접 와서 말하는 것은 약간 어려워하는 것 같더군요…… 그 힘이 어떤 것이라고 딱 집어 표현하기는 힘듭니다. 저는 약간 신비스럽고 모호한 요소가 있는 것이 바람직하다고 봅니다. 자유로움과 엄격함이 균형 있게 조화를 이룬 사내 분위기, 그게 좋습니다. 하고 싶은 대로 행동할 수 있지만, 농땡이를 치거나 나태해지는 것은 허용되지 않는다는 거죠."

하지만 그러한 신비스러움을 유지하기 위해서는 경영자인 당신이 궁극적으로 통제권을 쥐고 있어야 한다. 이는 곧 통제권을 쥐는 데 필요한 핵심적인 도구들을 파악하고 그것을 유지해야 함을 뜻한다. 예를 들어, 식당에서는 대개 메뉴에 대한 통제권을 지닌 사람이 곧 힘을 가진 핵심인물이다. 필요한 경우 당신이 직접 주방에 들어가 주방장의 역할을 대신 해낼 수 없다면, 당신은 주방장의 말을 들을 수밖에 없다. 기계 제조업체에서는 금속 공작기계를 다룰 줄 아는 사람에게 힘이 있다. 당신이 기계공이나 현장감독에게 어떤 일을 요청했는데 그가 불가능하다고 말했다고 치자. 당신이 그 일이 가능하다는 것을 직접 보여주지 않는 한, 당신은 그의 말을 따를 수밖에 없다.

마찬가지로, 양조장의 권력자는 바로 브루마스터(brewmaster, 양조 책임자)다. 전체적인 양조 과정을 속속들이 파악하고 총괄 관리하는 사람 말이다. 이 때문에 메이태그는 항상 자신이 직접 브루마스터 자리를 맡아왔다. 그의 말에 따르면, 다른 직원들은 브루마스터를 제외한 어떤 직위라도 맡을 수 있다고 한다. 그는 이렇게 말한다. "다른 소형 양조장들을 보면 대개 사장이나 회사 소유주가 브루마스터를 엄청나게 두려워합니다. 또는 양조 과정 자체에 관여하는 것도 겁을 내고요. 양조에 대해 아는 게 없기 때문입니다. 예를 들어, 양조장 사장이 업계 컨퍼런스에 갔다가 아이디어를 얻고 돌아와서 어떤 특정한 에일, 혹은 밀로 만든 맥주를 만들려고 한다고 칩시다. 그가 회사에 가서 아이디어를 얘기하니까 양조 책임자가 제압적인 말투로 '그건 불가능합니다'라고 말한다면? 그를 설득하는 방법은 바로 '불가능하긴 뭐가 불가능하다는 건가? 이러이러하게 하면 가능하지 않은가?' 하며 조리 있게 주장을 펼치는 것입니다. 경영자가 그러지 못한다면, 문제가 있는 겁니다. 저는 소유주가 양조 과정에 대해서 조금 더 지식을 갖고 있다면 훨씬 크게 성공했을 소형 양조장을 많이 봐왔습니다. 그래서 저는 항상 브루마스터 직책을 직접 맡고 있습니다. 그래야만 직원들에게 '이제부턴 이렇게 할 것이다'라고 자신 있게 말할 수 있으니까요."

이 때문에 메이태그는 그가 이상적으로 여기는 약간의 신비성과 불분명함을 유지할 수 있었다. "누가 이곳의 총책임자인지는 모든 직원들이 잘 압니다. 하지만 정확히 누가 무엇을 어떻게 관리하는가에 대해서는 약간 막연하고 모호한 측면이 있죠. 물론 실제 사내 분위기는 제가 생각하는 것과 약간은 다를 수도 있습니다. 하지만 어쨌든 저는 그런 방식을 선호합니다."

나는 그러한 회사의 특성과 경영방침을 좀 더 구체적으로 설명해달라고 부탁했지만 메이태그는 정중하게 거절했다. "사실 이런 부분은 정확하게 설명하기가 참 힘듭니다. 신비로운 것이니까요. 우리 회사에는 어떤 마술 같은 것이 있다고 생각합니다. 그것을 이해할수록, 또는 이해했다고 생각할수록, 그것을 잃어버리게 될지도 모릅니다. 규모가 크지 않은 기업을 훌륭하게 경영하려면 말로 정확히 표현하기 힘들고 정의하기 힘든, 모종의 생동감과 반향성(반응성)과 자연스러운 느낌이 있어야 합니다."

그의 말은 분명히 옳으며 이 책에 나온 회사들 모두에게 해당되는 말이기도 하다. 생동감과 반향성(반응성)과 자연스러운 느낌 없이는 회사에 친밀하고 결속력 있는 분위기를 창출할 수 없다. 어쩌면 회사 운영에서 이러한 자연스러운 특성들이 중요한 역할을 할수록 그 회사에 마법이 생겨날 가능성이 높은 것인지도 모른다.

하지만 메이태그의 말은 이 회사들이 부딪쳐야 하는 한 가지 쉽지 않은 문제를 시사한다. 신비감을 지닌 창립자의 역할이 그만큼 크다면, 그가 떠나거나 죽으면 어떻게 되는가? 후계자가 뒤를 이은 다음에도 마법을 유지할 수 있는 것인가? 또는 회사의 독립적 특성은 유지될 수 있는가? 유지할 수 있다면, 그것이 어떻게 가능한가? 회사만의 고유한 특성을 형성하는 데 가장 핵심 역할을 담당했던 인물이 사라져버리면, 그러한 특성을 유지하기 위해서는 어떻게 해야 하는가?

이 질문은 모든 회사들이 언젠가는 직면하게 되는 문제들이지만, 작은 거인들에게는 특히 중요하다. 경영권과 소유권이 이양되는 과정이 순탄하지 않으면 많은 것을 잃어버릴 수 있기 때문이다. 어떤 회사들은 그러한 과도기를 성공적으로 보냈지만, 안타깝게도 어떤 회사들은 그렇지 못했다.

다음
사람에게로

Chapter 07

만일 내가 1992년에 이 책을 쓰기 시작했다면, 캘리포니아 주 팔로알토에 있는 유니버시티 내셔널 뱅크 앤 트러스트(University National Bank & Trust Co, UNBT)를 포함하는 것을 진지하게 고려해 봤을 것이다. UNBT는 상장기업이기는 하지만 모든 면에서 작은 거인의 기준에 정확히 들어맞았기 때문이다. 『인크』는 1991년에 UNBT를 소개하면서 "제한된 성장이 빠른 성장보다 더 많은 기회를 제공한다는 단순한 아이디어를 시험하는 실험실"이라고 표현했다. 사실 UNBT는 작은 거인으로 소개하기에 너무나 적합한 사례여서, 나는 상장기업을 제외하기로 한 내 결정(상장기업은 외부 투자자들에 대해 재정적 책임이 있기 때문에)을 부득이하게 재고해야 했을지도 모른다. UNBT는 제한된 성장이라는 경영철학을 지지하는 주주들을 끌어 모았고, 주주들은 그러한 전략에 따라 회사가 달성한 자기자본이익률에 상당히 만족했다. 적어도 1992년에는 그렇게 보였다.

1992년은 UNBT 창사 12주년이 되는 해였다. 그 기간 동안 UNBT와 창립자인 칼 슈미트(Carl Schmitt)는 혁신적인 경영 방식에 관심을 지닌 수많은 사람들 사이에서 명성을 얻었다. 이는 주로 톰 피터스와 『비즈니스의 성장(Growing a Business)』의 저자 폴 호켄(Paul Hawken) 덕분이었다. 그들은 자신의 저서나 강연에서 특이한 기업문화, 인습 타파적인 마케팅 기법, 특별한 고객서비스를 가진 기업으로 UNBT를 꼽았다. UNBT는 은행에 관한 모든 고정관념을 거부했다. 이 은행의 트레이드 마크는 비행접시를 탄 외계인이 벽에 부딪히는 장면을 표현한 이미지였다. 처음에 은행 건물의 외벽에 벽화로 그려졌던 이 이미지는 나중에 UNBT가 발행하는 신용카드에도 사용됐다. 자신들은 평범하고 흔해빠진 다른 금융기관들과 다르다는 메시지를 전달하기 위한 것이었다. 슈미트는 자신의 방식을 "언-콜라 뱅킹(Un-cola banking)"이라고 불렀고, 자사의 업무용 트럭 번호판에 "언뱅크(UNBANK)"라는 문구를 집어넣었다〔세븐업(Seven Up)은 콜라가 지배하는 음료시장에서 '콜라가 아닌(Un-Cola) 음료'로 포지셔닝해서 성공을 거뒀으며, 슈미트는 여기에서 힌트를 얻어 언뱅크(UNBANK, 은행이 아니다)로 자신을 다른 은행과 차별화한 것이다-옮긴이〕. 트럭의 옆면도 그러한 메시지를 전달하는 데 사용됐다. 예를 들어, 어떤 트럭에는 죄수복을 입고 감방에서 포커를 치는 슈미트의 캐리커처가 그려졌다. 다른 트럭에는 UNBT의 한 고위간부가 지폐를 인쇄하고 있고 다른 두 간부가 돋보기를 사용해 위조 지폐의 품질을 검사하는 모습이 그려져 있었다.

UNBT는 매년 워싱턴 주 월라월라(슈미트와 그의 아내는 이곳에서 대학을 다녔다)에서 약 10톤의 맛좋은 양파를 수송해 왔다. 캘리포니아에 있는 슈미트의 친구들은 그가 월라월라에 갈 때마다 그 고장의 특산물인 양파를 사다 달라고 부탁하곤 했다. 슈미트는 여기에서 아이디어를 얻었다. 그는 은행의 고객들도 월라월라의 양파를 좋아할 거라고 생각했고, 해마다 7월이 되면 양파를 대량으로 들여왔다. 그리고 UNBT는 작은 자루에 양파를 5킬로그램씩 담아 조리법과 함께 고객들에게 나눠주었다.

UNBT의 고객서비스는 대단히 훌륭했고 이는 팔로알토에 있던 톰 피터스에게 주목을 받았다. 그는 UNBT의 색다른 고객 대응 방식에 특히 감명을 받았다. UNBT는 고객을 단순한 수입원이 아니라 친구처럼 대했던 것이다. 톰 피터스는 한 칼럼에 다음과 같이 썼다. "수표를 부도내보라. 그러면 UNBT의 은행원은 당신이 부도 수표 수수료를 지불하는 일이 발생하지 않게 하려고 애를 쓸 것이다. '휴가에서 늦게 돌아오셨나 봐요.' '잔고 확인을 깜빡하셨나 봅니다'라고 하면서 말이다. 그들은 당신이 선의를 지녔으며 바른 정신의 소유자라고 가정한다."

그러나 대부분의 사람들은 그들의 훌륭한 서비스와 별난 마케팅 뒤에 숨겨진 전략을 간파하지 못했다. 그들의 방식은 단순히 영리한 상술에서 기인한 것도, 슈미트의 독특한 성격이나 스타일을 반영하는 것도 아니었다. 그것은 애초에 슈미트가 사업을 시작한 이유에서 기인했다. 엘리자베스 콘린(Elizabeth Conlin)이 『인크』에 실은 기사에서 말한 바와 같이, UNBT는 "기업의 성장에는 근본적이며 거의 예정되어 있다고 할 수 있는 한계가 존재한다는 이단적인 생각"을 토대로 설립되었다. 그리고 만일 그러한 한계를 넘어서 지나치게 빠른 속도로 성장하면, 기업은 훌륭한 고객서비스를 제공하고, 직원들을 위한 바람직한 근무환경을 창출하며, 주주의 이익을 극대화할 수 있는 능력에 손상을 입게 된다는 것이 UNBT의 생각이었다. 슈미트는 콘린에게 다음과 같이 말했다. "우리는 더 빠르게 성장할 수도 있습니다. 하지만 그렇게 하면 많은 것을 잃게 됩니다. 성장이라는 틀에 갇혀 자신만의 독특함을 잃고 말지요."

슈미트가 이러한 신념(성장을 제한하고 비교적 작은 기업에 머물러 있는 것이 바람직하다는)을 갖게 된 것은 1970년대에 캘리포니아주의 은행감독원으로 일했을 때로 거슬러 올라간다. 당시 그는 소형은행이 대형은행보다 지속적으로 더 높은 수익을 창출한다는 사실을 발견했다. 그는 그것이 누가 봐도 분명한 사실이었다고 말했다. 소형은행은 간접비를 낮게 유지하고 특정 시장에 집중함으로써 보다 효과적으로 운영할 수 있다는 게 그의 설명이었다. 성장을 좇기 시작하면 어디에 중점을 둬야 할지 잊게 되고, 따라서 효율성과 수익성이 감소한다. 그러나 집중 분야를 고수하는 은행은 최상의 수익을 지속적으로 낼 수 있다고 그는 판단했다.

이는 대단히 흥미로운 이론이었고 슈미트는 자신이 직접 그 이론의 성공 여부를 시험해 보기로 결심했다. 그는 은행을 설립했다. 확실하게 초점을 맞춘 시장(팔로알토와 인근 네 도시)만을 대상으로 했으며, 시장점유율은 최대 15%로 정했다. 그는 목표 점유율을 단기간에 달성하기 위해 사업을 억지로 밀어붙이지 않았다. 그보다는 모든 것을 시장에 맡겼다. 슈미트는 먼저 최고의 직원들을 끌어 모을 수 있는 기업문화와 운영방식, 그리고 일련의 임무들을 설정했다. 다음으로 UNBT와 거래하기 위해서라면 기꺼이 초과 비용도 지불할 용의가 있는 고객들을 끌어올 수 있는 고객서비스를 제공하도록 했다. 그는 마지막으로 투자자들을 만족시켜서 붙잡아놓을 수 있을 만큼의 견실한 재정적 수익을 지속적으로 창출해야 했다.

그의 계획은 크게 성공했다. 성공의 요인은 특히 슈미트 자신에게 있었다. 그는 현실감각 뛰어난 기업가적 면모, 노련한 은행가의 명민함, 지도자로서의 단호함, 그리고 남다른 유머감각 등을 두루 갖춘 사람이었다. 그러한 자질 덕분에 그는 소규모 은행에서는 찾아보기 힘든 유능한 인재를 끌어 모을 수 있었다. 그는 웰스 파고(Wells Fargo)와 같은 주요 경쟁사에서도 노련한 간부들을 스카우트해 올 수 있었다. 높은 연봉뿐 아니라(어쩌면 그들 생애 최초로) 즐겁게 일할 수 있는 근무환경을 제공했기 때문이다. UNBT는 상급 관리자들뿐 아니라 모든 직원이 스스로 책임 있는 결정을 내리고 주도권을 발휘하도록 장려했다. 심지어 창구직원에게조차도 어느 정도의 재량권이 주어졌다. UNBT는 직원들에게 사내 규정 지침을 제공하기보다는 스스로의 직관에 따라 결정을 내리라고 독려했다(이를테면 특정 어음이나 수표를 받을지 여부를 결정할 때). 슈미트는 다음과 같이 말했다. "규정집이나 각종 안내서만 들여다보는 직원들이 우리 은행을 망칠 것입니다."

슈미트는 일하고 싶은 근무환경을 만드는 것이 자신의 책무라고 생각했다. 그것은 일종의 거래이기도 했다. 그는 화려한 직책이나 지점 운영권을 제공할 수는 없지만, 즐겁고 만족스러운 일터를 직원들에게 약속했던 것이다. 그는 높은 임금, 소유 지분, 풍부한 복지 후생을 제공했고 특별한 혜택(훌륭한 구내식당이나 여러 가지 특별한 '언뱅크' 상 등)을 추가로 제공했다. 무엇보다도 UNBT의 직원들은 즐겁고 자유롭게 자신의 능력을 최대한 발휘할 수 있었다. 그 결과 UNBT의 이직률은 거의 제로에 가까웠다. 심지어 창구직원들도 거의 이직을 하지 않았다. 창구직원의 이직률이 약 50%에 달하는 은행업계에서는 상당히 이례적인 일이었다.

고객관리 분야에서 슈미트는 투자자들을 충족시킬 만한 수익 창출을 가능하게 하는 전략을 추구했다. 거기에는 세계적인 수준의 서비스를 제공하는 것도 포함돼 있었다. 은행 로비에서 무료로 구두를 닦아주는 것, 창구에서 우표를 원가로 제공하는 것 등. 하지만 그렇다고 해서 은행에 오는 모든 사람을 고객으로 받아들인다는 의미는 아니었다. 슈미트는 UNBT의 고수익 양도성 예금증서만을 원하는 고객은 거부했다. 그는 모든 은행 업무를 UNBT와 하려는 장기 고객만 받아들였다. 이를 위해 슈미트는 고객들로 하여금 당좌예금 계좌에 최소한의 잔고를 유지하도록 했다. 그렇게 하면 다른 은행을 찾아다닐 확률이 줄어든다는 논리가 깔려 있었다. 이에 더해 UNBT는 잠재 고객의 신용 기록을 철저히 검사했고 기준에 부합하지 않은 사람은 고객으로 받아들이지 않았다. 이것이 바로 슈미트의 고객 수준 관리법이었다.

그러나 일단 UNBT의 고객이 되고 나면 그들은 다른 어떤 은행과도 견줄 수 없는 수준의 서비스를 제공받았다. 고객들은 자신이 수표를 부도내거나 지불 기한을 놓치거나 혹은 어떤 방식으로든 실수를 하면 은행이 대신 해결해 줄 거라는 사실을 알고 있었다. 게다가 맛좋은 양파와 슈미트가 보내는 월간 뉴스레터도 받았다. 때로 슈미트는 장난삼아 금고실 안에 드라이버와 유리케이스에 담긴 양초로 구성된 '안전 탈출 도구상자'를 놓아두기도 했다. 고객들은 그 모든 것을 좋아했다. UNBT의 고객이 다른 은행으로 옮기는 비율은 그 지역의 타 은행들과 비교할 때 3분의 1도 안 되었다.

그러한 노력의 결과는 확연하게 드러났다. UNBT의 주가는 처음 12년 동안 500% 상승했다. 창립 5년 이후 줄곧 자기자본이익률은 14% 혹은 그 이상이었으며 주주들은 세후 수익의 30%를 배당금으로 받았다. 이는 비슷한 규모의 다른 은행들보다 5% 높은 수준이었다. 게다가 UNBT가 목표 시장점유율 15%를 달성하게 되면, 은행이 확장에는 더 이상 투자하지 않으므로 주주 배당금은 40%로 높아질 터였다.

이러한 성과는 충성스러운 주주들을 만들어냈다. UNBT가 기업공개를 할 당시인 1980년에 이 은행에 투자한 사람들은 11년 후에도 여전히 주식의 63%를 보유하고 있었다. 그리고 주주 가운데 65%는 고객이기도 했다. 칼 슈미트는 평소와 다름없이 정직한 태도와 유머로 고객들을 대했다. 예를 들어, 어느 해에 그가 만든 연례보고서는 폈다가 다시 접으면 은행 건물 위에서 직원들이 손을 흔들고 있는 모양이 됐다. 주주들은 그것을 보고 대단히 재밌어했다. "칼은 괴짜입니다. 그는 함께 일하기 즐거운 사람이죠. 대단히 쾌활하고 낙천적인 사람입니다. 자유로운 생각을 가진 사람이기도 하고요. 이 업계에서는 드문 사람이죠." 스탠퍼드 경영대학원 교수이자 은행 이사회 멤버인 조지 G. 파커의 말이다.

그러나 슈미트는 그런 유머만으로는 장기간의 성공을 보장할 수 없다는 것을 잘 알고 있었다. 그는 자기자본이익률을 15% 이상 지속적으로 내지 못하면 주주들이 회사 매각을 고려할 수 있으며, 그런 상황이 닥치면 수많은 대형은행을 비롯해 사겠다는 사람들이 도처에서 나설 것이라는 사실을 잘 알고 있었다. 슈미트는 소위 브로커 예금증서(brokered deposit : 양도성 예금증서의 일종으로, 은행이 브로커에게 판매하는 대단위 액면가의 예금증서를 말한다-옮긴이)를 발행함으로써 보호 장치를 마련할 수도 있었다. 이는 약간 더 높은 이자율을 적용해 주면서 다량의 현금을 보유한 머니 매니저들로 하여금 양도성 예금증서(CD)를 10만 달러 또는 그 이상의 단위로 구매하게 하는 것이다〔그래야만 연방예금보험공사(Federal Deposit Insurance Corporation)의 보호를 받을 수 있기 때문〕. 그렇게 들어온 자금으로 은행은 대부금 기반을 확충할 수 있다. 그러나 이 돈은 '핫머니'이다. 다시 말해서 한 곳에 오래 머물지 않는 단기성 투기 자금인 것이다. 머니 매니저들은 더 수익성 높은 곳을 발견하면 그 즉시 해당 CD를 팔아서 현금을 확보한 다음 투자처를 옮긴다. 슈미트는 그런 종류의 자금을 원하지 않았다. 그가 보유한 포트폴리오의 가치를 떨어뜨릴 것이 분명하기 때문이었다. 따라서 장기적인 관점에서 보면 끊임없는 혁신을 통해 생산성과 효율성을 증대시키는 것이 바람직했다. 더 어려운 길이긴 했지만 슈미트는 그 길을 따르기로 결정했다.

슈미트는 성장을 위한 성장을 추구할 생각은 추호도 없었다. 그는 방심하지 않고 목표에 집중하기만 하면 성장은 자연히 따라올 것이라고 믿었다. 이것은 원칙과 신조의 문제였다. 슈미트는 만일 자신이 전혀 다른 사업에 종사한다 해도 그러한 신조에는 변화가 없을 것이라고 말했다. 그는 콘린에게 다음과 같이 말했다. "수많은 지류가 나 있는 강을 항해하는 것과 같습니다. 어느 지류로 가야 할지 매번 멈춰서 고민해야 하지요. 하지만 여행의 끝에 도착하고 싶은 곳이 어디인지 분명히 알고 있으면 절대 길을 잃지 않습니다." 이는 작은 거인들의 성장 철학을 잘 보여주는 말이다.

그러나 운명이 방해를 했다. 1993년에 슈미트는 가벼운 심장발작을 일으켰다. 그는 회복해서 은행으로 돌아오긴 했지만 은퇴해야 할 시기가 임박했음을 깨달았다. 통상적인 업무 스트레스는 차치하더라도 연방 규제 당국에 대응하기가 점점 더 힘겹게 느껴졌다. 규제 당국은 1980년대의 저축대부조합 위기 이후 압박에 시달리고 있었으며, UNBT 같은 은행들에 대해 점점 적대적인 태도를 취하고 있었다. 미국 통화감독청(Office of the Controller of the Currency, OCC)은 UNBT가 저소득층에게 연방법에서 규정하는 만큼 충분한 대부를 제공하지 않았다며 고발했다. 슈미트는 UNBT가 동부 팔로알토에 있는 소득이 낮은 중소기업들에 많은 돈을 빌려줬는데 OCC가 그 점은 고려하지 않았다면서 강하게 반박했다. 그는 정부의 판결에 맞서 싸웠으며 9개월에 걸친 싸움 끝에 판결을 뒤집었지만, 이 사건은 은행에 치명적인 상처를 남겼다. 그가 주주들에게 보낸 편지에는 다음과 같은 내용이 적혀 있었다. "이제 OCC가 '국가적' 시각에서 은행 규제에 접근하고 있다는 사실이 명백해졌습니다. 또한 우리 고객들이 익숙해져 있는 양질의 서비스를 제공하는 데 방해가 되는 경영 관료제도의 기준을 강요하고 있습니다." 당시의 압박이 너무나도 컸던 나머지, 유니버시티 내셔널 뱅크 앤 트러스트는 1994년에 상호에서 '내셔널'을 빼고 유니버시티 뱅크 앤 트러스트(University Bank & Trust, UBT)가 되었다. 전국(내셔널)이 아닌 지역 기반의 은행임을 천명한 셈이었다. 그러나 규제 압력은 여전했다.

슈미트는 상황이 심상치 않음을 직감했다. 그는 경영에서 단계적으로 물러나 은퇴할 필요가 있었고, 이는 후임자 혹은 인수자를 결정해야 한다는 의미였다. 그리고 곧 인수자를 찾는 쪽이 훨씬 쉬울 거라는 사실이 명백해졌다. 1995년 1월 19일 이사회에서 슈미트는 다음과 같이 발표했다. 능력 있는 경영인을 영입하기 위해 쏟은 노력과 금융업계, 시장, 은행에 관한 자신의 광범위한 지식을 바탕으로 고심한 결과 "적절한 후임자를 찾지 못할 것 같다"는 판단을 내렸다고 말이다. 그로부터 1주일도 채 지나지 않아 주주들은 은행 회의실에 모여 UBT를 코메리카(Comerica, 디트로이트에 본사를 둔 거대 은행 지주회사)에 매각하는 안을 결정했다. 매각 절차에 따라 UBT의 주식 1주당(총 159만주) 코메리카 주식 1.75주와 교환하기로 했다. 당시 코메리카의 주식은 주당 27달러 이상이었으므로 총 인수가격은 7,500만 달러 이상이었다. 슈미트와 그의 가족이 그 가운데 약 910만 달러를 받고 그의 퇴직금 및 경업금지 조건으로 220만 달러를 추가로 받기로 했다.

매각 결정을 위한 투표를 하기 전, 슈미트는 주주들에게 매각 이후에도 코메리카가 지역사회와의 유대관계를 꾸준히 유지하고 최고의 고객서비스를 제공할 것이라고 말했다. 하지만 엄밀히 말하면 UBT는 결국 대기업의 목구멍 속으로 삼켜지는 것이었다. 이후 UBT는 변할 수밖에 없었다. 오늘날 이 은행은 코메리카 뱅크-캘리포니아 유니버시티 트러스트 디비전(Comerica Bank-California University Trust Division)이라는 이름으로 불린다. 지금 남아 있는 것은 매년 7월마다 새 소유주들도 여전히 고객들에게 나눠주는 월라월라산(産) 양파뿐이다. 인수합병 이후 10여 년 동안 130톤이 넘는 양파가 고객들에게 전해졌다. 마치 그 양파들이 과거 시절 이 은행의 성공에 대한 비밀을 간직하고 있기라도 한 것 같았다.

작은 거인에게 주어진 가장 커다란 과제는 자신이 지닌 마법을 오랫동안 유지하는 것이다. 아무리 주변 여건과 환경이 좋다 하더라도 이는 쉽지 않은 일이다. 우리는 한때 마법을 갖고 있었지만 일반적인 성장과 변화를 겪으면서 잃어버린 회사들을 많이 알고 있다. 그러나 일반적인 비즈니스 환경에서 그 마법을 유지하는 것도 쉽지 않지만, 경영권이나 소유권이 이양되는 과도기를 거치면서 그와 동시에 마법을 지켜내기는 훨씬 더 어렵다.

경영권이나 소유권에 변화가 있는 시기에 마법을 잃지 않고 지키려면, 거의 대부분의 경우 기존 소유주가 적지 않은 희생을 감내해야 한다. 먼저, 다른 인수자에게 넘겼을 때 받을 수 있는 것보다 낮은 가격을 받게 되더라도 감수해야 한다. 대부분의 인수자는 피인수 기업을 보면서 이윤을 증진할 방안을 가장 먼저 생각하게 마련이다. 그것을 위해서 그들은 회사를 합병 정리하고, 중앙집권적으로 재편하고,

회사 운영에 꼭 필요하지 않거나 이익에 직접적으로 기여하지 않는 부분들을 없애버릴 수도 있다. 이 가운데는 회사의 마법을 창출하고 유지하는 데 도움이 되던 운영방식도 포함될 수 있다. 인수자는 피인수 기업에서 비용을 절감할 수 있는 부문을 많이 파악할수록, 그리하여 더 많은 양의 현금 흐름을 기대할수록 인수에 더 많은 비용을 기꺼이 들인다. 반면 회사의 마법을 그대로 유지하기를 원하는 인수자는 삭감이나 폐지의 방법(즉, 비용절감을 통한 현금 흐름 확대 방법)을 택하지 않을 것이고 따라서 높은 (인수) 가격을 정당화할 수 없게 된다. 물론 전략적인 이유로 인해 그 회사를 원하기 때문에 높은 가격을 기꺼이 지불할 인수자를 만날 수도 있다. 하지만 그러한 전략적 인수자는 회사를 자신의 사업 부문들에 통합시킬 것이고, 따라서 경제적인 이유 때문에 관심을 보이는 인수자보다도 회사만의 특성과 마법을 보존할 확률이 훨씬 낮다.

설령 소유주가 비교적 낮은 가격에 회사를 매각하는 것에 동의한다 하더라도, 회사의 마법을 창출하는 데 중요한 역할을 해온 여러 가지 특성들을 유지하면서 회사를 운영할 수 있을 만큼 비전과 열정과 재능을 지닌 인수자를 찾기는 쉽지 않다. 대부분의 경우, 그런 사람들은 이미 회사 내에서 일하고 있을 확률이 높다. 그들은 마법을 창조하는 데 직접 참여해 왔으므로 그것을 유지하기 위해 무엇이 필요한지 누구보다도 잘 안다. 하지만 그들이 리더가 되었을 때에도 필요한 역할을 해낼 수 있을까? 그들은 리더십 자질을 갖고 있을까? 그들을 지원하는 데 필요한 자원들이 충분히 존재하는가? 그리고 회계적인 측면은 어떠한가? 경영권 양도를 추진할 수 있는 상황이 되는가? 물러나는 소유주가 가질 몫을 정상적으로 지불해 주고 회사 운영에 타격을 입지 않을 만큼 자금 사정이 원활한가?

모든 운영자들은 언젠가는 이러한 문제들에 부딪히게 된다. 그리고 성공적으로 마법을 유지해 온 회사일수록 그러한 질문에 대한 답을 찾기가 어렵다. 왜냐하면 잃을 수 있는 것이 그만큼 많기 때문이다. 이러한 문제에 수반되는 복잡한 측면들을 감안할 때, 대부분의 개인기업 운영자들이 소유권 계승을 뒤로 미루는 것을 충분히 이해할 수 있다. 때때로 그들은 어떤 급박한 상황이 일어나야만 소유권 계승 문제를 생각하기 시작한다. 하지만 그 즈음이면 선택할 수 있는 안들이 제한되어 있을 수도 있다. 칼 슈미트의 경우, 신용상의 책임, 인수 문제에 걸려 있던 금액의 규모, 마땅한 후임자가 없었던 점 등 때문에 주주들에게 최고의 이익을 가져다주는 선택을 할 수밖에 없었다. 그리고 그것은 전략적 인수자에게 은행을 넘기고 이후 상황이 순조롭게 풀리기를 바랄 수밖에 없음을 의미했다.

안타깝게도 소유권 계승 문제에 있어서는 이 책에 소개하는 대부분의 회사들도 슈미트의 경우보다 훨씬 낫다고 말하기는 힘들다. 그들 가운데 세 회사는 이미 소유권과 경영권이 창립자들 손에서 다음 세대로 넘어갔으며, 나머지 많은 회사들은 창립자가 죽거나 경영을 맡을 수 없게 될 경우 임시로 회사를 운영할 수 있는 팀을 마련해 놓고 있지만, 장기적인 계획은 희미한 윤곽만 있는 경우가 대부분이다. 징거맨스의 폴 사기노는 이렇게 말한다. "당분간은 경영권을 다른 이에게 넘길 생각은 없지만 제가 언제까지고 일을 할 수는 없으니 언젠가는 생각해 봐야겠죠. 현재로선 후임 계획은 없습니다."

시티스토리지의 놈 브로드스키는 후임 문제에 크게 신경을 쓰지 않는 편이다. 그가 죽은 후까지 회사가 살아남을 것인가 하는 문제보다는 현재 자신의 회사가 다른 기업들에게 모범을 보이는 것이 더 중요하기 때문이다. 그는 함께 일해 온 직원들이 지금까지 유지해 온 원칙과 방식들을 앞으로도 따라주길 바라고 있다.

하지만 그는 예외적인 경우다. 나머지 회사들의 경영자 대부분은 자신이 세상을 떠난 후에도 회사가 남아 있기를 원한다고 말한다. 그러나 과연 그렇게 만들 수 있는 방법이 무엇인지는 모른다. USHG의 대니 메이어는 말했다. "경영권 계승 계획은 아직 세워놓지 않았습니다. 그 부분은 아직 이렇다 할 방식을 정해 둔 게 없습니다." 해머헤드의 댄 츄바는 이렇게 말한다. "최근에 와서야 경영권 이양 문제를 조금씩 생각해 보기 시작했습니다. 우리가 이렇게 오래 살아남을 줄은 몰랐거든요."

예순여덟 살인 앵커 브루잉의 프리츠 메이태그는 다른 사람들보다 더 일찍 결정을 내려야 할지도 모른다. 그는 말한다. "사실 어떻게 해야 할지 잘 모르겠습니다. 저는 창립자의 품성도 중요하지만, 회사도 회사 나름대로의 인격과 품성을 지닌다고 봅니다. 우리 회사에는 우리만의 개성이 있고, 저는 그것이 유지되기를 원합니다. 저는 반드시 가족 중 누군가가 회사를 이어받아야 한다고는 생각하지 않습니다. 물론 좀 더 생각해 볼 필요가 있지만요. 특히 세금 문제가 까다롭습니다. 제가 보기에는 상속세가 중소기업을 죽이는 것 같습니다."

클리프바의 게리 에릭슨도 이와 유사한 의견을 표한다. 그는 저서에서, 단지 상속세 때문에 회사를 매각하는 결정을 내리게 될 수도 있다고 주장한다. 당신이 부채가 없고 약 3,000만 달러의 가치를 갖는 회사의 단독 소유주라고 가정하자. 당신이 죽으면 회사는 신탁관리 아래 놓이고 당신의 재산을(회사를) 상속받은 사람은 그 재산에 대해 거의 1,500만 달러의 세금을 내야 할 수도 있다(2005년 세법 기준. 법이 바뀌었다면 지금은 액수가 다를 수도 있다). 별다른 방안이 마련되어 있지 않은 상태라면 그 정도의 돈을 마련하는 유일한 방법은 사업을 매각하는 것뿐이다. 이러한 사태를 방지하려면 당신이 죽기 오래 전에 그런 상황에 대한 대비책을 세워놓아야 한다. 예를 들어, (상속재산에 포함되지 않도록 조치한 다음에) 세금 액수를 커버할 수 있는 금액만큼 생명보험을 들어놓을 수도 있다. 어떤 경우에든, 그러한 문제에 대비책을 세우려면 경험 많은 재산 상속 전문가의 도움이 필요하다.

이미 경영권을 다른 이에게 넘긴 사람들을 제외하고, 이 책에 소개하는 작은 거인의 리더들 가운데 계승 문제에 대해 제일 많은 대책을 세워놓은 사람은 에릭슨이다. 그의 나이를 감안하면 약간 의외로 생각될 수도 있다. 실제로 그는 40대 중반부터 계승 문제를 고민해 왔다. 어쩌면 그가 암벽 등반 같은 위험한 취미를 가진 것이 영향을 주었을지도 모른다. 그는 말한다. "저는 삶이 한순간에 끝날 수 있다는 것을 항상 염두에 두고 있습니다. 재산 상속 전문가들이 말하기를, 그들을 고용하는 사람들 대부분이 죽음에 대해 생각하기를 싫어하고, 자신이 없는 회사를 상상하기 싫어한다더군요. 또 자식들에게 얼마나 유산을 남길지에 대해서도 고민하죠." 그와 아내 키트(키트는 회사의 공동소유주다)는 이러한 문제들에 대해 많이 생각해 보았다.

에릭슨은 그의 책에서 이렇게 말한다. "이 문제를 고민하는 경영자가 거의 없다는 사실이 놀라울 따름이다. 나는 7억 달러 가치의 회사를 소유하고 있으면서도 유산 문제에 관한 계획이 전혀 없는 사람들을 만나보았다. 내가 하고 싶은 충고는 간단하다. 당신 회사의 규모가 얼마나 크든 상관없이 가능한 한 빨리 상속이나 유산 관리에 대한 계획을 세워두어라. 다음 세대에게 물려줄 중요한 유산에 대해 당신은 책임감을 가져야 한다. 이것은 사업가의 기본적인 책임 중 하나다."

그러한 준비를 위한 절차는 에릭슨의 말대로 "비용이 많이 들고 끝없이 계속되는" 과정이다. 그는 이렇게 말한다. "회사의 규모가 커지고 변화할수록 계획을 계속 수정해야 합니다. 당신이 의지와 의욕을 지녀야만 유상 상속 계획을 준비할 수 있습니다. 그리고 가장 중요한 것은 그 계획을 실행할 수 있는 믿음직한 사람들을 찾는 것입니다."

물론 상속 계획, 즉 당신이 없을 때 회사를 소유할 후임자를 정하는 것은 회사 계승과 관련된 여러 문제들 가운데 하나일 뿐이다. 가족 기업의 생존율에 관한 통계를 보아도 알 수 있듯이, 이것은 매우 중요한 문제. 가족 기업 가운데 30%만이 2세대까지 유지하는 데 성공하고, 4세대까지 살아남는 건 3~5%밖에 되지 않는다. 이는 가족 기업이 아닌 다른 종류의 기업들과 비교하면 낮은 수치는 아니지만, 미국에서 회사 소유권을 가족 내에 유지하는 것이 어렵다는 사실을 시사한다. 이는 프랑스 같은 경우와 매우 다르다. 내가 해마다 찾는 프랑스 상세르 지방에는 1513년부터 가족이 운영해 온 포도주 양조장이 두 곳이나 있다. 그 중 하나는 알퐁스 멜로 18세(Alphonse Mellot

XVIII라는 사람이 운영한다. 그의 아들 알퐁스 멜로 19세 역시 그 양조장에서 일하고 있다. 이는 유럽의 장자상속권 전통을 반영한다. 그것이 바람직한지 아닌지는 정확히 모르겠지만(좋은 점이 많은 것 같다), 어쨌든 미국에는 그런 전통이 없다.

계승의 나머지 부분은 경영권 이양이다. 2004년 가을에 이미 에릭슨은 CEO 자리를 브랜드 책임자였던 셰릴 오러플린(Sheryl O'Loughlin)에게 넘겼다. 오러플린은 회사 매각 위기가 있던 시기를 포함해서 8년 동안 클리프바에서 일해 온 인물이었다. 에릭슨은 이렇게 말한다. "저는 탄탄한 경영진을 만들려고 노력하고 있습니다. 만약 제가 6개월 동안 휴가를 내고 자리를 비워도 우리 회사는 제대로 돌아갈 겁니다. 그렇기 때문에 저는 계승 문제에 대해 많은 생각을 할 여유가 있죠. 또한 저는 빌 게이츠처럼 제품개발 과정에 다시 참여하고 있습니다. 그리고 저는 이 회사의 주요 대변인 역할도 합니다. 때로 피곤한 역할이긴 하지만 제가 자청한 건데 어쩔 수 없죠. 장기적으로는, 제가 회사의 회장이 되고 실무 운영이 아닌 다른 측면에서 기여를 하고 싶습니다. 저는 늘 아이디어를 생각해서 차곡차곡 정리해 둡니다."

에릭슨의 말에 따르면 클리프바가 표본으로 삼는 기업은 파타고니아(Patagonia)다. 아웃도어 용품 및 의류업체인 파타고니아는 창립자인 이본 취나드(Yvon Chouinard)와 그의 아내 맬린다(Malinda)가 여전히 소유권을 갖고 있지만 경영 일선에서 손을 뗀 지 오래다(이본은 여전히 서핑과 플라이피싱 관련 상품의 R&D에는 참여하고 있다). 에릭슨은 파타고니아가 창립 25년이 넘어서도 마법을 간직하고 있다는 사실에 감탄하며, 그 원인은 취나드 부부와 경영진에 있다고 말한다. 파타고니아는 여러 명의 CEO를 거친 후에야 최상의 경영진을 찾았다. 하지만 에릭슨은 파타고니아에 적절한 CEO나 경영진 구성 이외에 더 중요한 무언가가 있다고 확신했다. 그것은 회사 운영방식의 곳곳에 투영되어 있는 뚜렷한 비전이었다. 에릭슨과 키트는 클리프바의 비전을 담은 다섯 가지 '포부'를 결정했다. 그것은 브랜드, 사업체, 직원들, 지역사회, 지구를 지켜낸다는 포부였다. 그들은 또한 그러한 포부와 관련해 매년 얼마만큼 성과를 이루었는지 판단하는 데 사용하는 측정법도 고안했다. 에릭슨은 이 모든 것이 계승 과정의 일부라고 말한다. "회사는 사업 중심에서 비전 중심으로 변화해야 합니다. 우리가 이곳에 없을 때도 그 비전이 확고하게 변치 않게 하는 것이 목표입니다."

에릭슨을 비롯한 여러 경영자들이 고려하는 또 하나의 계승 방법이 있다. 바로 종업원지주제를 통해 회사 지분의 일부를 직원들에게 판매하는 것이다. 이는 직원들의 기여와 노고에 대해 보상해 준다는 의미도 있고, 동시에 지속적인 회사의 발전을 위해 책임감과 주인의식을 갖도록 자극한다는 의미도 있다. 게다가 여러 가지 세금 혜택 덕분에, 종업원지주제를 택하는 소유주들은 외부에 지분을 판매하는 경우 못지않게(때로는 더 많은) 이익을 남기는 동시에 통제권을 회사 내에 유지할 수 있다.

이 전략에는 두 가지 단점이 있다. 먼저, 대개 직원들이 지분을 구입하기 위해(달리 표현하자면 창업주들에게 현금을 만들어주기 위해) 돈을 빌려야 하므로, 직원들은 그 차입 금액을 모두 상환해야만 실질적인 지분을 소유하게 된다. 이렇게 종업원지주제가 빌리는 돈은 회사에 상당한 부담이 될 수 있고 어떤 경우에는 감당하지 못할 수준이 될 수도 있다(지분 매입대금으로 창업주에게 들어가는 현금은 그 순간부터 회사의 자산이 아닌 창업주 개인의 재산이 된다). 하지만 두 번째 위험이 더 크다고 볼 수 있는데, 이것은 이 위험을 간과하는 경우가 많기 때문이다. 종업원지주제가 원래의 의도대로 훌륭하게 돌아가면 직원들이 보유한 지분의 가치가 미래에는 상당히 높아질 수 있다. 그러면 결국 그들은 지분을 팔고 회사를 떠날 생각을 할 수 있는 것이다. 회사에서 그 지분을 다시 매입할 계획을 갖고 있지 않다면 그것을 사들일 외부인을 찾게 될 것이고, 그것은 바로 '소유권의 회사 내 유지'라는 종업원지주제의 본래 목표를 무너뜨리는 셈이 된다.

실제로, 이 책에 나온 회사들 중 두 곳(ECCO와 레엘 프리시전 매뉴팩처링)은 이미 종업원지주제 회사에서 발생하는 계승 문제들과 씨름한 바 있다. 둘 다 80년대에 종업원지주제를 도입하여 2004년에는 ECCO의 지분 58%가 직원 소유였으며, 레엘은 42%가 직원 소유였다. 또 이미 두 회사 모두 경영권 이양 과정을 한 번 거쳤고, 내가 방문했을 당시에는 두 번째 이양을 준비하고 있었다.

ECCO의 첫 번째 경영권 이양은 4장에서 언급한 바 있다. 1993년 짐 톰슨이 심장마비를 겪은 후 에드 짐머에게 사장과 COO(최고운영책임자) 자리를 넘기고 자신은 CEO 직함만 유지한 일이 그것이다. 2년 후, 톰슨은 두 번째 심장마비로 쓰러졌고 심장 절개 수술을 받은 후 자신의 역할을 더욱 줄여야 한다는 것을 느꼈다. 그는 이렇게 말했다. "수술을 받기 전까지 저는 매주 열리는 경영진 회의와 매년 있는 기획회의에 빠짐없이 참여했습니다. 저에게나 다른 사람들에게나 그것은 별로 바람직한 게 아니었습니다. 제가 조바심을 드러낸 경우가 많았으니까요. 저는 가끔 경영진에게 뻔한 문제를 너무 느리게 처리하고 있다고 불평을 했습니다. 예를 들면, 품질관리 문제라든지 제품을 잘못된 곳에 납품했다든지 하는 것들이었지요. 그것들은 해결하기 어려운 문제가 아닙니다. 단지 조금만 더 집중하면 해결될 것들이니까요. 제가 보기에 그것들은 회의를 열거나 합의를 도출하는 게 아니라 단지 명령이나 지시를 통해 빨리 해결할 수 있는 문제였습니다. 물론 사람들을 교육시키는 것보다 스스로 이해하게 만드는 것이 비용이 더 적게 든다는 건 압니다만, 저는 그렇게 하기가 힘들었습니다. 그래서 제가 지금은 회사에 직접 관여하지 않는 겁니다. 에드와 저는 리더십 스타일이 많이 다릅니다. 그걸 이해하는 데 참 오랜 시간이 걸렸고요. 어쨌든 에드가 리더를 맡은 이후로 회사는 훨씬 나아졌습니다. 제 인생에서도 커다란 스트레스 하나가 줄었고, 에드가 있는 동안 제가 가진 지분의 가치도 상승했으니까요. 제가 운영할 때보다 그가 있으니 성과도 더 좋고요. 저는 지금 상황을 망치고 싶지 않습니다. 회의에서 불평하는 것보다는 제 지분이 상승하는 것을 보는 게 더 즐거우니까요."

1999년이 되자 회사의 성공속도에는 더욱 가속이 붙기 시작했으며, 톰슨은 짐머에게 CEO 직위를 넘기고 자신은 회장이 됨으로써 한 걸음 더 뒤로 물러났다. 그 즈음 톰슨은 회사에 큰 영향을 미칠 수 있는 한 가지 문제를 생각하기 시작했다. 바로 그가 가진 지분을 어떻게 할 것이냐 하는 문제였다. 그는 여전히 지분의 51%를 소유하고 있었고, 자신이 죽은 후 아내에게 그 지분 처리법에 대해 고민하는 막중한 책임을 얹어 주기가 싫었다. 또 만일 팔 것이라면 그 수익을 누릴 수 있을 만큼 건강할 때 파는 것이 낫다는 생각도 들었다. 그렇다면 문제는 누구에게 팔 것인가 하는 점이었다.

지분을 구매할 만한 사람이 없는 것은 아니었다. 사실 ECCO와 거래를 해오면서 이 회사가 만드는 고품질의 경보음 장치와 안전등, 그리고 이 회사와의 관계에 큰 만족을 느껴온 국내 및 해외 업체들이 많이 있었다. 그들 중 7개 업체는 툭하면 톰슨과 짐머에게 "매각할 준비가 아직 안 되었느냐"고 묻곤 했다. 그때마다 두 사람은 "아직은 아닙니다"라고 대답하고 화제를 딴 데로 돌리곤 했다.

또 다른 방안은 자신의 지분을 종업원지주제에 넘기는 것이었다. 이른바 〈1042 롤오버〉(미 연방세법 1042항 때문에 붙은 이름임)에 따라, 이 방법을 택할 경우 종업원지주제가 회사 지분의 30% 이상을 소유한다는 전제 하에 톰슨의 지분 처분에 따르는 양도소득세를 유예할 수 있었다. 실제로 그는 상당히 많은 양을 처분하고 싶어했다. 소유하고 있는 지분 전체는 아니더라도, 자신이 처분한 지분에 따라 종업원지주제가 대주주가 될 수 있을 만큼은 팔고 싶어했다. 양도소득세 유예 때문에, 만일 외부 매입자를 택할 경우 톰슨이 종업원지주제에 넘길 경우와 동일한 경제적 이익을 얻기 위해서는, 종업원지주제보다 25% 높은 금액을 제안하는 외부 매입자를 찾아야 했다.

다른 방안도 고려해 볼 수 있었다. 톰슨의 아들인 크리스는 시애틀에 있는 전기회사에서 5년간 일한 후 1993년에 ECCO에 합류했다.

직장을 옮긴 뒤, 그는 3년 만에 임시직원에서 CFO(최고재무책임자)까지 승진했고 24세라는 나이에 이사회 멤버가 되었다. ECCO에서는 회사가 독립 업체로 남아있는 한 그가 짐머의 후임자일 거라는 견해가 지배적이었다. 하지만 만일 다른 기업이 ECCO를 인수하면 그것은 불가능한 얘기였다. 톰슨은 아들에게 자신이 경험했던 만큼 기회를 주고 싶었고, 그러자면 종업원지주제에 지분을 넘기는 것이 나은 선택이었다. 그러나 종업원지주제가 그의 지분을 구매하기 위해서는 500만 달러 이상을 빌려야 하는 상태였고, 톰슨은 회사가 너무 큰 빚을 감당하게 되는 것이 걱정되었다. 그는 각각의 방법을 곰곰이 생각하면서 장단점을 철저히 검토했다. 크리스는 톰슨에게 외부인에게 팔면 더 많은 돈을 벌 수 있고, 자신 때문에 그런 기회를 놓치지 말라고 조언했다. 짐머도 같은 의견이었다.

하지만 결국 그는 종업원지주제에 매각하는 방법을 택했다. 그는 이렇게 말한다. "금전적, 감정적, 그리고 개인적 이유들 때문이었습니다. 일단, 크리스가 후임자가 되어 회사 운영을 즐길 수 있는 기회를 가질 수 있다는 점이 중요했습니다. 저는 독립적이고 자유로운 삶을 항상 원했습니다. 저뿐 아니라 누구나 그럴 것이라고 생각합니다. 어떤 사람들은 이렇게 말할지도 모르죠. '회사에 빚이 생기는 것도 싫고, 나중에 떠나갈 종업원 주주들을 위해 다시 돈을 빌리기도 싫으니, 차라리 외부인에게 팔고 넉넉한 돈을 챙기겠다'라고요. 종업원지주제가 빚을 지게 되었으니, 결국 빚을 지고 빚을 갚는 순환을 시작하게 만든 것이 아닌가, 하는 생각이 가끔 듭니다. 비록 제가 지분을 전부 팔지는 않아서 부담을 조금 줄이긴 했지만, 그래도 회사에 너무

무거운 짐을 안긴 게 아닌가 하는 걱정이 됩니다. 만일 누군가가 지분 가치의 두 배를 제시하면서 구입하겠다고 나섰다면 제가 어떤 결정을 했을지는 모르겠습니다. 하지만 어쨌든 저는 지금 회사 상태에 만족합니다. 지금 가진 제 재산으로도 충분하고요."

이런 거래가 진행되는 경우, 못돼먹은 소유주들이 회사 상황을 이용해 직원들에게 빚을 잔뜩 얹어놓고 자기 몫을 챙긴 뒤 빠져나갈 수 있는 위험은 항상 존재한다. ECCO는 이런 일이 생기지 않도록 철저한 대책을 세웠다. 짐머는 말한다. "우리는 종업원지주제가 빌린 돈을 갚을 수 있도록 상당한 주의를 기울였습니다. 법적인 절차와 실사를 그때만큼 철저하게 수행한 적은 없는 것 같습니다. 모두가 법률자문을 거느렸지요. 톰슨은 매각자로서, 저는 회사 측 대표인으로서, 그리고 CFO인 조지 포브스는 종업원지주제를 대표해서 변호사를 고용했죠. 또 돈을 빌릴 은행도 변호사를 고용했습니다." 다행히 ECCO는 빚을 무난히 갚을 수 있었고 회사의 생산성에도 별 타격이 없었다.

그러나 회사 생산성에는 영향이 없었지만 직원들에게는 큰 영향을 미쳤다. 먼저, 직원들이 회사의 자산에 대해 전보다 더 많은 비율의 소유권을 주장할 수 있게 됨에 따라 그들이 지닌 지분의 가치도 증가했다. 나중에 은퇴해서 지분을 현금화할 때 더 많은 돈을 받을 수 있게 된 것이다. 톰슨이 지분을 매각하기 전에 퇴직 직원에게 제공된 최고 지불금은 6만 8,000달러였다. 이제 그 액수가 25만 달러가 될 수도 있었던 것이다.

하지만 그보다 더 중요한 것은, 그러한 톰슨과 짐머(그 역시 지분

일부를 종업원지주제에 매각했다)의 결정이 직원들에게 전달한 강력한 메시지였다. 직원들은 경영진이 회사와 직원들에게 믿음을 갖고 있고 그들에게 노력을 기울인다는 것을 알게 된 것이다. ECCO에 2001년에 입사해 엔지니어링 부서에서 일하는 토드 맨스필드는 이렇게 말한다. "두 분은 외부인에게 팔았더라면 더 큰 이익을 챙길 수도 있었습니다. 그렇게 하지 않고 직원들에게 지분을 팔았을 때, 그것은 일종의 선언이었습니다. 저는 지분이 많은 편은 아니지만 그것을 상당히 소중하게 생각합니다. 다른 직원들도 마찬가지이고요."

또한 톰슨의 그런 결정으로 인해 당분간은 ECCO가 외부인에게 매각될 가능성이 없어졌고, 이것에 대해 직원들은 안도의 한숨을 쉬었다. 하지만 ECCO가 외부에 매각될 가능성이 영원히 없는 것은 아니었다. 짐머는 2015년쯤에 다시 이와 유사한 갈림길에 서게 될지도 모른다고 예상했다. 그때쯤 되면, 자신을 포함한 많은 경영진과 직원들이 60대 초중반일 것이고 대부분 지분 매각과 은퇴를 고려하고 있을 것이다. 그때쯤이면 회사는 그들에게 지분을 처분해 줄 수 있는 정도의 현금을 보유하고 있어야 한다. 톰슨은 이렇게 말한다. "크리스를 제외한 나머지 사람들의 지분을 현금화할 방법을 생각해야 할지도 모릅니다. 크리스는 회사를 매각해야 할지도 모르죠."

이것은 물론 적절한 시기가 되면 크리스가 짐머의 뒤를 잇는다는 전제하에서의 얘기다. 크리스 본인은 그것을 당연하다고 여기지는 않는다. "물론 언젠가 회사를 이끌고 싶은 마음은 있습니다. 그러기 위해서는 그에 맞는 능력을 습득해야 한다는 것도 압니다. 그래서 지금까지 여러 종류의 업무를 거치며 단련해 왔습니다. 가끔씩 사람들이 '네가 톰슨의 아들이 아니었으면 그 지위에 있지는 않을 거다'라는 말을 합니다. 저는 그걸 기분 나쁘게 받아들이지 않습니다. 제가 준비되어 있지 않다면 짐머는 제게 경영권을 넘겨주지 않을 것이고, 그것이 회사를 위해서도 옳은 일이니까요."

그는 자신이 대표이사가 되면 모든 것이 결코 쉽지만은 않을 것이라는 점도 잘 알고 있다. "단기간 내에 많은 직원이 많이 빠져나가는 사태가 일어날 수도 있죠. 필요한 만큼 성장하지 못하면, 회사를 매각해야 할 수도 있고요. 하지만 종업원지주제의 힘이 발휘되는 것은 바로 그 부분입니다. 직원들은 자신이 가진 지분의 가치를 올리려고 노력합니다. 그 제도 때문에 빚이 생기기도 하지만, 동시에 그 빚을 갚을 능력도 생기는 것입니다. 우리에겐 성장할 기회가 많고, 그것들을 최대한 활용해 벌어들인 것을 재투자하는 방식을 취합니다. 어떤 이들은 재투자 대신 그냥 이득을 취하는 것을 선호하지만, 이 회사에 그렇게 생각하는 사람들은 드문 편입니다. 또한 종업원지주제도를 부자가 되는 기회로만 생각하는 이들도 있습니다. 그들은 '적당한 때 팔면 엄청나게 챙길 수 있다'라는 생각만 하죠. 물론 우리도 언젠가는 회사 매각을 고려해야 할 상황이 올지도 모릅니다. 만약 누군가가 지분당 200달러를 지불하겠다는 수준의 제의를 한다면, 한번 고려해 봐야 할 겁니다."

어쨌든 그는 가급적 회사를 매각하지 않겠다고 말했다. "저는 이기는 걸 좋아합니다. 승리하는 팀에 속해 있다는 건 즐거운 일이죠. 전 이 회사의 분위기가 좋습니다. 우리 직원들 가운데 여기서 나가고 싶어하는 사람은 없습니다. 저는 퇴근하는 길에 항상 우리가 하고 있는 일에 대해 생각합니다. 어떻게 더 질 높은 제품을 만들까, 어떻게 더 많은 가치를 창출할 수 있을까, 어떻게 하면 이윤을 높일 수 있을까 하는 것들 말입니다. 그런 걸 생각하면 자연스럽게 의욕이 솟구칩니다. 막 차를 돌려서 다시 회사로 돌아오고 싶을 정도입니다. 이런 느낌을 갖게 되는 것은, 자신이 속한 조직에 애착을 가진 직원들과 함께 일하기 때문이기도 합니다. 그리고 이 회사의 핵심가치들과도 무관하지 않지요. 저는 자라면서 그 가치들을 계속 접했기 때문에 그것이 몸에 배어들었습니다. 지금처럼 투명한 경영을 하지 않거나 종업원지주제가 없었다면 지금 같은 느낌은 없었을지도 모릅니다."

아이러니하게도, 그의 부친이 종업원들에게 지분을 팔았기 때문에 크리스 자신은 추가적인 지분을 얻을 수 없는 상황이다. 대신 그는 이른바 성과연계형주식(Performance Share, Performance Unit) : 회사가 임원 등에 대하여 사전에 일정 수의 주식 또는 현금을 수령할 권리를 부여하는 형태이며, 기간(보통 3~5년)을 정해 놓고 회사가 정한 목표를 달성하는 정도에 따라 지급하는 주식 수 또는 금액을 증감할 수 있다 - 옮긴이]을 갖고 있는데, 이는 가상주식과 같은 것으로 세금 혜택이 없다. 그는 말한다. "저는 그걸로 만족합니다. 그전에 사놓은 지분도 있고요. 또 종업원지주제에 속한 지분 중 일부도 소유하고 있습니다." 또한 그는 부친이 매각하지 않고 남겨둔 전체 지분의 15% 중 일부를 다른 세 형제와 함께 유산으로 받게 되어 있다. "성과연계형주식은 롤오버에 대한 비과세 혜택이 없기 때문에 나중에 가면 조금 불리해질 수도 있지만, 제가 가진 나머지 지분의 가치를 최대한 끌어올려서 그것의 타격을 무마할 생각입니다."

레엘 프리시전 매뉴팩처링의 경우에는 소유권 문제가 적어도 처음에는 핵심적인 문제가 아니었다. 창립자들의 신념과 가치관을 감안하면, 지분의 일부는 종업원들에게 주고 일부는 그들의 자녀와 손자들에게 남겨줄 것이라는 것은 충분히 예측할 수 있는 일이었다. 창립 20주년이 되는 2005년에는 종업원들이 전체 지분의 42%를 소유했는데, 이것은 커다란 빚을 발생시키지 않고 매년 점진적으로 지분을 판매한 결과였다. 나머지 주주들을 보자면, 일단 창립자 세 사람이 지분의 21%를, 그들의 가족이 35%를 소유하고 있었고, 나머지 2%는 여러 매니저들이 소유하고 있었다(종업원지주제에 따른 지분 이외에 추가로).

또한 레엘의 종업원지주제는 직원들이 떠나는 경우를 대비해서 만들어놓은 '재매입' 기금이 있었는데, 이것 역시 점진적으로 회사가 매년 돈을 투자하여 형성해 놓은 것이었다. 그리고 언제나 종업원지주제 자산의 절반은 레엘 지분에 투자되었고, 다른 절반은 떠나면서 지분을 처분하는 직원들에게 지불하기 위한 뮤추얼 펀드에 투자되었다. 직원들이 떠나면서 매각한 지분은 다시 남아 있는 직원들에게 재분배되었다.

그들에게 어려운 문제는 과연 '3인조'라 불리는 창립자들로부터 도대체 누구에게 경영권을 넘기냐 하는 것이었다. 이 문제가 처음 제기된 것은 데일 메릭이 은퇴를 준비하던 1980년대 후반이었다. 앞서 말했듯이 그는 레엘을 설립하기 전에, 3M에서 나와서 자신의 회사인 데일 메릭 컴퍼니를 세워 운영했다. 레엘을 설립한 이후에도 그는 데일 메릭 컴퍼니를 유지하면서 그곳에서 많은 시간을 보냈으며, 레엘과 관련된 중요한 변동사항은 다른 두 창립자(밥 발슈테트와 리 존슨)를 통해 듣고 때때로 중요한 사항을 결정할 때 참여했다. 그러다가 1988년, 메릭은 데일 메릭 컴퍼니를 매각하고 레엘에만 전념하게 되었다. 그는 그때 이미 2년 후에 은퇴할 생각을 갖고 있었기 때문에, 그와 동료들은 누가 그의 자리를 이어 맡을지 결정해야 했다.

내부에서 제일 유력한 후보는 제조 부문 부사장인 스티브 웍스트롬이었다. 웍스트롬은 1981년부터 레엘에서 일해 왔고, 사내에서 존경받고 인기가 많았으며, 입사 직후부터 중요한 역할을 수행해 온 핵심 직원이었다. 하지만 이사회 멤버 몇몇은 메릭의 후임 자리에 들어갈 만큼 웍스트롬이 자격을 갖추었는지에 대해 의구심을 표했다. 결국 웍스트롬이 일단 그 자리를 2년 동안 맡아본 후에 그의 성과에 따라서 그때 다른 후보자로 교체할 것인지 여부를 재검토하기로 결정했다. 여기에는 최종적인 결정을 내리기 전에 여러 인물에게 시험적으로 맡겨보기 위한 의도가 담겨 있었다. 하지만 2년 후, 발슈테트와 존슨은 웍스트롬의 능력을 확신하게 되었고 그는 계속 그 자리를 유지하기로 했다.

그 즈음 웍스트롬은 이미 레엘의 비즈니스 방식에 완전히 동화되어 있었다. 하지만 그가 1981년 처음 입사했을 때는 레엘의 운영방식에 대해 의구심이 많았다. 당시 그는 29세였고, 결혼해서 아이가 둘이었으며, 쌍둥이 도시(미니애폴리스와 세인트폴)에서 장애인을 위한 보호 작업장을 운영하며 225명의 직원을 거느린 비영리회사에서 높은 봉급과 후한 혜택을 받으며 일하고 있었다. 그곳은 누가 봐도 안정된 직장이었다. 레엘로 옮긴다면 그 모든 것을 포기해야 했다. 게다가 불과 14명의 직원을 둔 레엘의 창립자들마저도 그에게 미래를 확실하게 보장해 줄 수는 없다고까지 말했다. 당시 레엘은 개발 중이던 신제품에 중대한 기술적 결함이 생긴 상황이었다. 그들은 윅스트롬에게 말했다. "해결책을 6개월 내에 찾아야 합니다. 만일 그렇지 못하면 우리는 망하게 될지도 모릅니다."

그리고 그들은 윅스트롬이 보기에 특이한 문서 하나를 건넸다. 회사 소개문이었는데 거기에는 "하나님의 뜻을 따르며", "직원들에게 직장생활과 신앙생활을 융합할 수 있는 환경을 제공한다"와 같은 문구가 포함돼 있었다. 그다지 독실한 기독교인이 아니었던 윅스트롬은 그것을 대강만 훑어보았다. 창립자들은 그에게 읽은 느낌이 어떤지 물었다.

그는 "글쎄요, 제게 특별히 문제될 만한 것은 없는데요"라고 대답했다. 하지만 실제로 마음속으로는 이렇게 생각하고 있었다. '도대체 어떻게 이런 걸 현실적으로 적용한다는 거지?'

그날 밤, 그는 아내와 이직 문제에 대해 진지한 대화를 나눴다. 그는 말했다. "가능성은 둘이야. 이 회사가 엄청나게 번창하든지, 아니면 6개월 후에 망하든지. 하지만 지금 난 아직 스물아홉이야. 망한다 해도 살아남을 자신은 있어."

"당신은 이 직업을 진심으로 원해?" 아내가 물었다. 윅스트롬은 그렇다고 대답했다. 아내는 "그럼 한번 해봐"라고 말했다.

윅스트롬이 마음을 정하게 된 결정적인 요인은 창립자들의 진실성, 투명한 경영 및 운영 구조, 그리고 기본적인 가치관과 목표였다. 이 회사에는 비밀 같은 것이 없어 보였다. 회사의 부채에 대해 물어봤을 때 창립자들은 흔쾌히 대차대조표와 손익계산서를 보여주었다. 또 그들은 주주 가치 극대화가 아니라 직원들의 성장과 발전이 회사의 1차적인 목표라는 것을 분명히 했다. 웍스트롬은 이렇게 말한다. "그들은 직장 생활과 개인적 생활이 조화를 이룰 수 있는 일터를 만들려고 노력했습니다. 또 직원들에게 안정적으로 생계를 꾸려갈 수 있는 기회를 제공하고 싶어했습니다."

회사는 그를 실망시키지 않았다. 입사 이후 10년 동안, 그는 레엘이 그가 생각했던 것보다 더욱 진실한 회사임을 깨달았고, 1991년 발슈테트와 존슨이 그를 3인조의 일원으로 발탁했을 때 그는 그 역할에 더할 나위 없는 적임자였다. 그 다음 7년 동안 그는 특히 발슈테트와 함께 많은 일을 했는데, 그 이유는 존슨이 네덜란드에 확장한 해외 영업부를 책임지는 동시에 1994년에 출범한 레엘의 자회사인 스프링 제조회사 배드나이스 테크놀로지스(Vadnais Technologies)를 관리해야 했기 때문이다(배드나이스는 2004년에 매각되었다).

90년대 중반이 되자, 발슈테트와 존슨도 은퇴를 고려하기 시작했다. 그 중 존슨은 가능한 한 빨리 물러나고 싶어했다. 그가 은퇴하면 누가 그의 후임자가 될 수 있을지 불투명했다. 이사회 멤버들 일부는 그 3인조처럼 완벽한 조합을 찾기는 불가능하다고 믿었다. 그들은 세 사람이 각기 독특한 개성을 지닌 동시에 완벽한 호흡을 이뤘기 때문에 성공했다고 생각했으며, 그것은 누구나 해낼 수 있는 것이 아니라고 생각했다.

공동경영체제의 힘을 굳게 믿고 있던 웍스트롬은 다른 멤버 영입을 시도해 보지도 않고 포기해서는 안 된다고 주장했다. 그는 고위 경영진 가운데 다섯 사람을 뽑아서 팀을 구성하되 그 팀에서 자신이 리더 역할을 하는 것이 어떻겠냐고 제안했다(이는 로버트 K. 그린리프가 제시한 '서번트 리더십'에서 나온 개념이었다). 비록 그가 수장 노릇을 한다 해도 경영권은 결국 발탁된 사람들 모두에게 있다는 주장이었다. 그리고 레엘의 이사회 의장인 발슈테트가 리더십 팀의 멘토 역할을 하면서 '제3자'의 시각을 제공해 주는 방식이었다. 실제로 3인조가 운영할 때도 그 가운데 한 사람은 일상적인 운영에 직접적으로 개입하지 않으면서, 어떤 토론이나 결정 사항이 있을 때 새로운 시각을 제시하곤 했다. 그 역할을 맡은 사람은 3인조의 성공에 커다란 역할을 했다.

웍스트롬이 제안한 5인팀 제도는 '값진 경험'으로 끝났다. 쉽게 말해 완전히 실패했다. 후에 웍스트롬은 그 방법이 실패한 이유가 두 가지였다고 말했다. 첫 번째는 바로 늘어난 사람 수였다. "인원이 늘어날수록 어려움이 급속도로 배가된다는 사실을 깨달았습니다. 만장일치로 의견을 모으는 것이 훨씬 더 어렵고, 교감이나 서로 간의 호흡을 맞추기도 너무 힘들어지더군요."

두 번째 문제는 팀 내의 불협화음이었다. 5인조 중에는 회사에서 상당히 중요한 역할을 하는 엔지니어가 한 사람 있었다. 웍스트롬은 그를 "회사의 머스탱(mustang)"이라고 불렀다. 나중에 공동 CEO로 레엘에 합류한 밥 칼슨은 그가 자신이 본 엔지니어들 중 최고라고 말하고, 레엘이 만든 제품 가운데 그의 손이 닿지 않은 것이 없다고 찬사를 했다. 하지만 5인조의 나머지 사람들은 그와 잘 맞지 않았다. 결국 긴장감은 고조되었고, 결국 실험을 시작한 지 2년이 되었을 때 웍스트롬은 그 엔지니어를 제외한 나머지 세 사람과 긴급회의를 열었다. 그는 5인조 리더십 팀이 마땅한 역할을 해내지 못하고 있다고 솔직하게 말했고, 원인 중 하나가 바로 그들과 엔지니어 사이의 불화라고 말했다. 웍스트롬은 그들에게 엔지니어가 이 회사에 없는 것이 나을 것 같으냐고 물었다. 두 사람은 그럴 것 같다고 대답했고, 역으로 웍스트롬의 의견을 물었다. 웍스트롬은 그를 회사에서 내보내는 것은 생각할 수 없는 일이라고 대답하고, 이사회에 상황을 알린 뒤 그들의 의견을 물어보겠다고 말했다.

웍스트롬이 제안한 5인팀이 실패하자 이사회는 공동 리더십 체제가 현실적으로 타당한지 재고해 보기 시작했다. 몇몇 사람은 리더가 한 사람 이상 있는 것에 대해 회의적인 의견을 표했다. 그 중 한 사람은 웍스트롬이 단독 CEO가 되는 것이 어떻겠냐고 제의했다. 실제로 웍스트롬은 남을 잘 융합시키는 성격이었고 많은 지지를 받고 있었기 때문에, 이 주장은 상당히 설득력이 있었다.

하지만 웍스트롬은 사양했다. "제가 만약 1981년에 그런 유사한 질문을 받았다면 '그럼요, 언젠가 몇 년 뒤에는 제가 CEO가 되고 싶습니다'라고 대답했을 겁니다. 하지만 1998년 당시에는 한 사람의 리더가 조직을 이끄는 것이 바람직하지 않다는 게 제 소신이었습니다. 또 혼자서 CEO를 맡기에 제 자신이 너무 미흡하게 느껴졌고요. 저는 이사회에 '저와 함께 일할 수 있는 공동 CEO를 찾을 수 있다면 그 자리를 받아들이겠다'고 말했습니다." 그는 당시에는 자신이 얼마나 중대한 결정을 내렸는지 깨닫지 못했다고 말한다. 후에 돌아보니, 그는 그것이 자신이 자랑스럽게 여기는 결정 두 가지 중 하나라고 밝혔다. 나머지 하나는 그 엔지니어를 해고하지 않은 것이었다.

곧 은퇴할 예정이었던 존슨의 후임자를 찾는 작업이 시작되었다(발슈테트는 이사회 의장을 계속 맡을 계획이었다). 이사회 멤버 두 사람과 엔지니어 한 사람, 인사부 담당자, 그리고 웍스트롬으로 구성된 고용위원회가 구성되었다. 레엘에서는 이런 위원회를 만들면 그 중에 한 사람은 거부권 행사권을 갖게 된다. 이 경우에는 웍스트롬이 그 권리를 가졌다. 웍스트롬은 이 위원회를 구성하면서 이사인 마가렛 룰릭(Margaret Lulic)의 조언을 많이 구했는데, 룰릭은 『조직과 개인을 위한 변화(Who We Could Be at Work)』라는 책을 쓴 컨설턴트였다. 그녀는 이 책에서 웍스트롬과 레엘을 특별히 소개한 바 있었다. 그녀는 웍스트롬에게 공동경영체제를 포기하지 말라고 조언했고, 존슨을 대신할 사람을 외부에서도 찾아보라고 말했다.

룰릭이 쓴 책에는 로버트(밥) 칼슨이라는 사람이 소개되어 있었다. 그는 웨스트포인트 미 육군사관학교 출신이고, 월남전에 참전했으며, 와튼 경영대학원을 졸업하고, IBM에서 세일즈맨으로 일한 경험이 있는 엔지니어였다. 그는 여러 회사의 세일즈와 마케팅 부서에서 일했지만, 대기업 생활에 싫증을 내고 그만두었다. 당시 그는 쌍둥이 도시에서 컨설팅 회사를 성공적으로 운영하면서 자신의 일에 상당히 만족하고 있었다. 그래서 룰릭이 1998년 5월에 레엘의 공동 대표이사로 일하는 것에 흥미가 있냐고 묻자, 칼슨은 관심 없다고 대답했다.

그러자 룰릭은 이렇게 말했다. "부탁입니다. 스티브 웍스트롬은 내 책에 소개한 인물이고 나는 지금 그 회사의 이사회에 참여하고 있습니다. 무조건 거절하기 전에 그 사람에 대한 부분을 한번 읽어보세요." 칼슨은 그것까지는 마다하지 않았다. 실제로 칼슨은 그 책에서 자신이 운영하고 싶은 이상적인 회사에 대해 말한 바가 있었다.

며칠 후, 그는 룰릭에게 전화를 했다. "내가 원하던 회사군요. 만약 그들이 실제로도 책에 쓰여 있는 그대로라면 관심이 생기는데요."

그때부터 그는 창립자들과 골프도 함께 치고 회사의 다른 직원들과도 이야기를 나누면서 레엘에 대해 조금씩 알아 나갔다. 그리고 시간이 지날수록 더욱 그 자리를 맡고 싶은 마음이 생겨났다. "저를 설득한 건 그들의 가치관이었습니다. 회사와 직원들의 관계가 유난히 돈독하더군요. 여러 회사에서 일하면서 운영방식이 맘에 들지 않는 회사들도 많이 봤는데, 이 사람들은 자신이 한 말을 실제로 행동으로 실천하고 있었습니다." 하지만 인터뷰를 하고 나서 칼슨에게는 몇 달 동안 소식이 오지 않았고, 그는 레엘이 자신에게 흥미를 잃은 것이 아닌지 생각하게 되었다. 그래서 그는 인사부 담당자이자 고용위원회 회장인 짐 그럽스(Jim Grubs)에게 전화했다. 그는 칼슨이 여전히 후보자라고 말하며 안심시켰다.

실제로 존슨의 후임자 후보는 7, 8명이었고 그 중 두 사람은 내부 직원이었다. 워스트롬은 후임자 문제를 가능한 한 빨리 해결하고 싶었다. "이사회와 경영진에서 제게 몇 가지 문제를 시급히 해결해야 한다고 압력을 넣고 있었습니다. 새로 들어오는 사람에게 그 문제들을 맡길 수는 없지 않겠냐면서요. 저는 '그런 것들을 해결하기 위해 나와 함께 일할 새로운 사람을 고용하는 것 아니냐'고 반박했습니다.

Chapter 07 다음 사람에게로

그 시급한 문제들 중 하나는 1980년대 중반 레엘이 HP를 위해 제조한 회전 힌지와 관련된 것이었다. 이것은 랩톱 컴퓨터의 액정 모니터를 자유롭게 움직이면서도 쓰러지지 않게 하는 부품이었다. 시간이 지나면서 레엘은 그것의 디자인에 수정을 가했고 애플과 컴팩도 고객으로 맞아들였다. 1990년대에 컴퓨터 제조업 부분이 아시아 지역으로 아웃소싱되고 외부 업체에게 컴퓨터 제조를 맡기는 일이 많아지면서, 회전 힌지에 대한 수요는 폭발적으로 늘어났다. 레엘은 이 부분에 주력할 것인지 여부를 결정해야 했다. 이를 위해서는 상당한 시간과 자본을 투자해야 할 뿐만 아니라 중국, 타이완 등의 국가에 대해 진지한 마케팅 전략을 수립해야 했다.

또한 조직 구조상의 문제도 남아 있었다. 5인팀이 해체된 이상 윅스트롬을 제외한 나머지 4명은 어떻게 될 것인지, 그리고 그들은 앞으로 누구와 함께 일할 것인지가 문제였다. 또 계속 적자가 나는 유럽 지사와 스프링 제조회사 배드나이스를 어떻게 할 것인지도 고민거리였다. 회사 안팎에서 많은 이들이 이구동성으로 그 돈만 잡아먹는 회사들을 언제 폐쇄할 것이냐고 물어댔다.

윅스트롬은 새로 들어오는 인물과 힘을 합쳐 그런 문제들의 해결책을 찾고 싶었다. 그는 칼슨이 마음에 들었지만, 과연 외부인을 그런 고위 직책에 앉히는 것을 다른 직원들이 받아들일지 알 수 없었다. 그런 상황을 칼슨 역시 알고 있었다. 나중에 칼슨은 이렇게 말했다. "쉽지 않은 결정이었습니다. 그런 자리에 제가 들어가도 되는지 확신이 안 섰지요. 사람들의 반응이 걱정되었습니다." 하지만 어쨌든 그는 그 직책을 제의받았고, 그것을 받아들였다. 그와 윅스트롬은 공동 CEO가 되기로 결정했고 칼슨은 1998년 10월 12일 첫 출근을 했다.

이 전환 과정은 생각보다 매끄럽게 진행되었다. 칼슨은 이렇게 말한다. "창립자 분들은 경영권 이동 과정이 삐걱거리지 않도록 현명하게 진행했습니다. 어떤 이들은 아직도 그들이 지휘권을 갖고 있다고 여길 정도였으니까요. 메릭은 이미 10년 전에 은퇴를 한 상태였습니다. 존슨도 은퇴했고, 발슈테트는 가급적 회사에 모습을 드러내지 않으려고 노력했습니다. 발슈테트에게 누가 질문을 하면 그는 '밥이나 스티브한테 가보게'라고 대답했지요. 그러한 지원이 있었기에 모든 상황을 상당히 순조롭게 진행할 수 있었습니다."

또한 칼슨과 웍스트롬이 이런 상황을 대비해 공부를 해놓은 것도 도움이 되었다. 일단, 그들은 본격적으로 일을 시작하기 전에 며칠 동안 만나서 레엘이 직면한 문제들에 대해 논의하고 회사의 세밀한 부분들을 파악했다. 또 마이어스-브리그스 인성 테스트(Myers-Briggs personality test)를 통해 그들이 어떤 면에서 잘 맞고 어떤 면에서 일치하지 않는지 파악했다. 그들은 또 함께 일할 심리학자 한 사람을 고용했는데, 그는 칼슨과 웍스트롬이 둘 다 외향적 성격을 가졌다는 것만 빼고는 거의 모든 면에서 반대이긴 하지만, 서로에게 교감을 나누며 합의에 이를 수 있는 능력을 가졌다고 결론을 내렸다.

어찌되었건 그들은 처음부터 손발이 척척 맞았다. 단기간 내에 그들은 회사가 직면한 문제들을 풀어 나갈 수 있었다. 구조적인 부분에 있어서 그들은 누가 어느 부분을 책임지는지 명확히 제시한 차트를 만들었다. 또 회전 힌지에 관련된 기회에 전격적으로 투자하기로 결정했고, 적자를 내고 있던 유럽 지사와 스프링 제조회사를 계속 유지하기로 결정했다. 웍스트롬은 이렇게 말한다. "밥은 그 회사들의 잠재성을 파악했습니다. 그는 그 시점에서 회사들을 없애버리는 것은 큰 실수라고 말했습니다. 그는 소규모 회사가 자리를 잡는 데 시간이 걸린다는 것을 알고 있었기 때문에, 점차 나아질 가능성이 있는 부문을 포기해서는 안 된다고 주장했습니다."

칼슨은 이렇게 말한다. "저는 새 사업이 자리를 잡는 것이 힘들다는 것을 알고 있었습니다. 중요한 건, 그 두 부문을 책임지고 있는 사람들이 열심히 노력하는 재능 있는 인재들이었다는 사실입니다."

웍스트롬은 이렇게 말한다. "밥은 우리에게 새로운 시각을 주었고, 사람들은 그의 말에 귀를 기울였습니다. 함께 일하면서 우리는 당면한 문제들을 신속하게 해결할 수 있었습니다. 그가 오기 전에 혼자 해결하려고 무리하게 노력하지 않은 게 다행이었죠."

그들은 호흡이 매우 잘 맞아서, 칼슨이 들어온 이후 새 사무실을 정비하는 동안 두 사람은 같은 방을 사용했다. 또 건물 정비가 끝난 후에 따로 사무실을 쓰면 서로 의사소통에 문제가 생길 것을 염려해서, 그들은 바로 붙어 있는 사무실을 쓰고 두 방 사이에 간단한 유리문 하나만 세워놓았다.

칼슨과 웍스트롬은 공동 CEO로서 순조롭게 일을 해나갔고 이사회 의장으로 남은 밥 발슈테트가 멘토 역할을 했다. 즉 어떻게 보면 여전히 레엘을 운영하는 건 세 사람이었지만, 결과에 대한 책임은 전적으로 칼슨과 웍스트롬이 지는 것이었다. 그들은 머지않아 다시 경영권 조정이 있더라도 이러한 구조를 유지할 것이라고 생각했다. 몇 년 후면 발슈테트도 은퇴를 생각해야 하고, 회사에 합류했을 때 57세였던 칼슨은 그때쯤이면 역할을 줄일 것을 고려해야 할 터였다. 따라서 칼슨이 그때 가서 발슈테트의 자리를 이어간다면, 칼슨을 대체할 사람을 찾아야 했다. 웍스트롬과 칼슨은 모두 내부 사람을 뽑기를 원했고, 후보가 될 만한 인물들을 발탁해서 훈련시키기 시작했다.

모두 3명의 후보를 선정했지만, 2004년에 칼슨이 자신의 후임자를 결정하려고 마음먹었을 때는 세 사람 모두 아직 준비가 덜 된 상태였다. 다행히 그들은 외부에서 강력한 후보를 찾을 수 있었다. 바로 에릭 도널드슨(Eric Donaldson)이라는 사람이었는데, 그는 코닥(Kodak)에서 일한 경력이 있고 레엘이 4년 전부터 영입하려고 구애를 했던 인물이었다. 2005년 2월 1일, 도널드슨은 엔지니어링 담당 부사장으로 회사에 합류했다. 두 달 후 칼슨은 공식적으로 CEO에서 사임하고 이사진에 합류했다. 그와 동시에 발슈테트를 포함한 세 사람의 창립자들이 이사회에서 사임하면서 리더십 팀의 세대교체가 완료되었다.

한편, 주주계약서를 작성했을 당시에는 누구도 예상하지 못했던 소유권 관련 문제가 부각되었다. 바로 회사가 창립자의 후손들로부터 지분을 다시 살 수 있을 것인가, 살 수 있다면 그 시기는 언제인가 하는 문제였다. 그들은 시간이 지날수록 이 문제의 중요성이 점점 커질 것이라고 생각했다. 레엘의 제일 큰 장점 중 하나는 바로 주주, 이사회, 경영진, 직원들 사이의 견고한 협력관계였기 때문이다. 그러한 협력관계는 특히 회사가 어려운 시기에 힘을 발휘했다. 지난 40년간, 레엘은 직원들을 해고하는 대신 봉급 삭감을 선택한 경우가 네 번이나 있었고, 그때마다 주주들은 배당금도 줄이라고 말했다. 2001

년에, 이사회는 이와 관련된 가이드라인을 작성했다. 봉급이 10% 삭감되면 배당금은 25% 줄인다는 내용이었다. 주주들은 회사가 위기를 넘기는 데 필요하다면 자신들의 배당금이 없어도 괜찮다고 생각했다. 그러나 지분의 가치가 떨어지는 것은 허용하지 못했다.

하지만 회사 창립주들의 다음 세대, 또 그 다음 세대로 지분이 넘어가면 그러한 협력관계가 무너질 것은 불을 보듯 뻔했다. 칼슨은 이렇게 말한다. "지분이 다음 세대로 넘어가면 회사가 변화하는 경우를 많이 목격할 수 있습니다. 실제로 한 세 번 정도 세대교체를 하고 나면 거의 상장 업체나 다름없게 되죠."

경영진은 직원들에게 소유권에 따라오는 기회와 책임을 이해시키는 것이 가장 어려울 것이라고 생각했지만, 아이러니컬하게도 레엘의 지분을 소유한다는 것에 담긴 의미를 가장 이해하지 못한 건 바로 창립자의 자녀와 손자들이었다. 회사와 직접적인 접촉이 많지 않으면(그래서 그곳만의 독특한 운영방식을 접하지 못하면), 회사와 강력한 정서적 유대감이 형성되기 힘든 법이다. 결국 직원이든 가족이든 그 누구든 간에, 회사를 직접 경험해 봐야만 이해할 수 있다. 인사부 책임자인 짐 그럽스는 이렇게 말한다. "한 번은 회의 중 직원들에게 '레엘의 가치관에 대해 언제 신념을 갖게 되었느냐'고 물어봤습니다. 그들은 실제 자신의 삶 속에서 그 가치관의 힘을 경험했을 때라고 대답하더군요. 어떤 중대한 경험을 한 이후에 더 그 가치를 더 잘 이해할 수 있었다고 말했습니다."

칼슨은 이렇게 말한다. "결국 중요한 건, 회사를 유지해야 할 신성한 책무를 누가 맡느냐 하는 점입니다. 법적인 후계자들일까요, 아니면 정신적인 후계자들일까요? 이것은 현재 우리에게 매우 중요한 문제입니다. 결국 가족기업으로 남을 것이냐, 아니면 가족들의 지분을 사들여 그들을 소유권자에서 제외할 것이냐를 결정해야 합니다. 가족들 중 몇몇은 지분을 팔아넘기는 것은 창립자들을 배신하는 행위라고 여기지만, 지금 우리 회사에서는 가족을 회사로부터 분리하는 것이 좋겠다는 관점이 우세한 편입니다." 어쨌든 이는 상당히 감정적으로 미묘한 측면이 얽혀 있는 문제이기는 하다. 특히 은퇴 후 자신의 중요성이나 역할이 줄어든 창립자들에게는 더욱 그럴 것이다.

하지만 웍스트롬은 시간이 지나면 자연스럽게 그 문제는 해결될 것이라고 본다. "지분을 원하는 이들은 구매하고, 관심이 별로 없어진 이들은 처분하겠지요. 현재까지 본 바로는 지분에 대해 특별한 열의를 지닌 사람들은 직원들뿐인 것 같습니다. 그것은 매우 중요한 점이고요. 나가고 싶어하는 사람은 나갈 수 있게 하고, 남고 싶어하는 사람은 남게 할 계획입니다."

지금까지 우리는 회사의 창립자들이 마법을 어떻게 만들어내는지, 그리고 그와 후계자들이 그것을 유지하는 어려운 작업을 어떻게 수행하는지 살펴보았다. 그러나 회사의 운영방식과 모습을 그대로 유지한다고 해서 마법이 반드시 유지되는 것은 아니다. 또한 마법을 지닌 기업이라고 해서 시장으로부터 독립된 존재로 삶을 영위할 수 있는 것도 아니다. 작은 거인들도 다른 회사와 다름없이 시장 환경의 변화에 적응해야 한다. 물론, 그들은 마법을 형성하는 토대가 된 운영방식과 신념 때문에 그러한 변화에 훨씬 쉽게 적응하는 경우가 많다.

　아니, 보다 정확히 말하면 창립자들이 회사에 남아 있는 동안에는 그러한 과정이 더 쉬울 수 있다. 하지만 아이러니컬하게도, 때로는 창립자가 이룩한 성공과 그것을 둘러싼 특별한 비법이 뒤를 잇는 후계자들에게 상당한 걸림돌이 될 수도 있다. 이것은 특히 회사의 근본적인 운영방식을 바꿔야 할 때 더욱 그러하다. O. C. 태너의 세 번째 CEO인 켄트 머독(Kent Murdock)이 1997년 바로 그러한 상황에 직면하게 되었다. 오버트 태너가 죽은 지 4년이 지난 시점이었다. 머독은 업계가 너무나도 빠르게 변하고 있으므로 회사 운영방식을 완전히 변화시키지 않으면 회사의 마법뿐 아니라 생존까지 위험해질 수 있다는 사실을 깨달았다. 하지만 그는 그러한 대대적인 변화를 이루기 위해서는 창립자의 유산이라는 거대한 장애물을 넘어야 한다는 것도 깨달았다.

　머독은 원래 사업가가 아니라 변호사였기 때문에, 얼핏 보기에 그는 그러한 변화를 이끌 만한 사람처럼 보이지 않았다. 1991년까지만 해도 그는 O. C. 태너의 법률 대리 업무를 수행하는 '레이, 퀴니 앤 네베커(Ray, Quinney & Nebeker)'라는 법률회사에서 소송 담당 변호사로 일하고 있었다. 그는 1990년 오버트 태너와 주주들 사이 분쟁이 일어나기 전까지는 O. C. 태너와 거의 직접적인 접촉을 해본 적이 없었다. 당시 분쟁이 심각한 상황으로 이어져서 태너는 법정 소송으로 갈 것 같다고 예감했고, 그런 경우를 대비해 머독을 불러들였다. 하지만 머독은 정보를 수집하고 양측과 대화를 나눠본 후, 소송까지 갈 필요는 없고 협상으로 해결할 수 있는 사항이라는 판단을 내렸다. 그는 협상에서 중재자 역할을 했고 결국 소송은 일어나지 않았다. 머독의 활약에서 커다란 인상을 받은 태너는 협상 과정이 시작된 지 6개월이 되었을 무렵 머독에게 법률회사를 그만두고 O. C. 태너의 사장으로 일해 볼 생각이 없냐고 제안했다. 머독은 예상치 못한 제안에 놀랐지만 생각해 볼수록 마음이 끌렸다. 결국 그는 제안을 승낙했다.

그때를 회상하며 그는 이렇게 말했다. "상당히 바보 같은 짓이었지요. 그 어떤 중년의 위기라 해도 이것보다는 나았을 겁니다. 저는 O. C. 태너의 법률고문 한 사람과 대화를 나눴는데, 그는 '혹시 모르니 변호사 사무실에서 쓰던 가구를 다 처분하지는 마십시오'라고 하더군요."

원래 계획은 머독이 당시 CEO이던 돈 오슬러에게 일정 기간 훈련을 받은 뒤, 5년 후 오슬러가 65세가 되면 머독이 그 자리를 맡는 것이었다. 머독은 멋진 경험이 될 거라고 생각했지만, 그의 앞길에 무엇이 놓여 있을지는 아무도 예측할 수 없었다. 외부인들이 보기에 1991년 당시 O. C. 태너는 연매출 1억 8,180만 달러, 2,000명이 넘는 직원, 탄탄한 영업 이익을 갖추고 부채도 없는 훌륭한 회사였다. 분명히 그들은 업계의 지존이었다. 그럼에도 불구하고, 오슬러와 태너는 변화가 불가피하다는 것을 알고 있었다. 당시 제조업계에서는 적시재고 시스템, 팀 중심 경영 등의 개념을 도입하면서 품질향상 혁명이 일어나고 있었고, O. C. 태너는 그러한 업계 동향에서 한 발짝 뒤떨어져 있었다. 회사의 운영구조는 오래되었고, 계급적 특성을 지녔으며, 기존 방식이 굳어져 유연성이 떨어지고 느린 상태였다. 40년 동안 효율성은 꾸준히 떨어져 왔고, 동시에 주문 제품의 종류와 수는 늘어만 갔다. 매일 수천 개 이상의 표창 상패를 제작해야 했고, 겨우 1개만 만들어달라는 주문도 부쩍 늘어난 상태였다. 또 납품 시간에 대한 고객의 불만이 늘어나고 있었으며, 이는 고객들의 높아진 기대치와 회사의 뒤떨어진 방식을 반영하는 것이었다.

제조 방식의 결점을 인식한 오슬러와 태너는 머독이 합류하기 훨씬 전부터 그것을 전면적으로 재정비하기 시작했다. 그들은 게리 피터슨이라는 젊은 매니저를 '변화 담당자'로 임명하고 그러한 재정비 작업을 함께 추진했다. 피터슨의 첫 번째 임무는 바로 지시받는 대로 일한다는 사고방식을 지닌 작업장 근로자들을 변화시키는 일이었다. 먼저 피터슨은 그들에게 의견을 표현하라고 요청했지만 별다른 성과를 거두지 못했다. 그는 당시를 이렇게 기억했다. "광택을 내는 마무리 작업을 진행하는 부서에 당시 약 200명의 여직원들이 일하고 있었습니다. 그들은 수근관 증후군(손목 터널 증후군, 손목이나 손가락에 통증이 생기고 저리거나 감각이 없어지는 질환 — 옮긴이)을 비롯한 여러 가지 신체적 문제를 겪고 있었습니다. 그들을 각각 8명으로 이루어진 팀들로 나누었는데, 몇 주 동안은 서로 멀뚱멀뚱 바라보기만 하더군요. 회의에 가서 '화요일엔 어떤 일이 있었느냐'고 물어보면 아무도 대답을 안 했습니다. 3주가 지나서야 말문이 트였는데, 그나마 그것도 누군 어떻고 뭐가 어떻고 하는 불평들이 대부분이었습니다. 직원들이 서로를 믿는 데는 정말 오랜 시간이 걸렸습니다."

머독은 제조 부문에 있는 문제들을 단기간 내에 파악했고, 회사가 직면한 도전들을 검토하는 과정에서 여러 부문의 운영방식에 의문을 갖게 되었다. 그가 신참이었다는 점이 오히려 도움이 되었다. 왜냐

하면 그는 오래 일한 고참들이 당연하게 여기는 것들에 대해 질문을 던졌기 때문이다. 머독은 회사가 마케팅을 거의 하지 않는다는 사실이 의아하게 느껴졌다. 그는 이렇게 말했다. "제가 생각하는 마케팅이란, 시장과 고객을 파악하고 '그들에게 필요한 것이 무엇이며 어떻게 하면 우리가 그것을 제공할 수 있을까?'를 생각하는 것입니다. 단순히 제품을 만들고 그걸 고객들에게 어떻게 팔지 구상하는 게 아닙니다. 그런데 당시 우리는 그렇게 하고 있었습니다. 당시 우리의 마케팅은 판매 중심으로만 돌아갔습니다. 만든 물건을 그저 판매하는 회사일 뿐이었고, 우리의 사고방식에는 일종의 족쇄가 채워져 있었습니다. 회사의 태도는 '우리는 손으로 만든 멋진 고급 표창 제품들을 파니까, 와서 사!' 하는 식이었지요. 회계, 컴퓨터 시스템, 사고방식, 모든 것이 판매 위주로만 돌아갔습니다. 하지만 그것은 낡은 방식이었습니다."

시장이 급속하게 변하고 있었기 때문에 그들의 방식은 낡은 것일 수밖에 없었다. 먼저, 장기고용이란 개념이 점차 과거의 유물이 되어가고 있었다. 1980년대와 90년대에 일어난 구조조정 열풍으로 인해, 회사에 대한 충성은 점차 보기 드문 개념으로 인식되고 있었다. 인력 감축과 구조조정을 회사 주가를 올리기 위한 하나의 도구로 삼는 회사들, 그리고 더 많은 연봉을 주겠다는 곳으로 기꺼이 일터를 옮기는 직원들은 서로에 대해 충성심을 기대하지 않았다. 이러한 점을 감안하면 O. C. 태너의 핵심 상품인 장기근무 직원 표창 관련 제품들은 전망이 그리 밝아 보이지 않았다.

그와 동시에 업계가 확장되면서 경쟁자들이 급격하게 늘어났다.

O. C. 태너는 최고의 품질과 서비스를 제공하는, 표창업계의 선두주자였고 고객들은 그러한 최고 품질에 기꺼이 높은 가격을 지불했었다. 하지만 이제 비슷한 품질과 서비스를 더 낮은 가격에 제공하는 경쟁자들이 생겨나기 시작한 것이다. 결과적으로 O. C. 태너의 이윤은 감소해 갔으며 높은 품질이라는 그들의 최대 강점도 점점 힘을 잃어가기 시작했다.

회사 구성 인원의 성격이 달라진 것도 영향을 미쳤다. 회사에 점점 젊은 사람들이 입사하기 시작했으며, 그들은 O. C. 태너에서 오랫동안 일한 직원들과 취향이나 분위기가 많이 달랐다. 또 고객사들이 납품 속도와 각 제품의 세부항목들을 더 꼼꼼히 따지기 시작하면서 일하는 환경도 점점 압박이 심해졌다. 게다가 온라인 업체들의 급격한 증가로 이러한 압박은 더욱 배가되었다. 얼마 가지 않아, O. C 태너와 같은 제품이나 서비스를 더 저렴한 가격에 제공한다는 온라인 경쟁 업체가 82개나 되었다. 또 중국을 비롯한 아시아, 남미, 동유럽 등 값싼 노동력을 지닌 지역들이 서서히 부상하고 있는 상황에서, 지금까지처럼 제조를 미국 국내에서만 수행하는 게 과연 현명한 일인지도 고려해 봐야 했다.

머독은 회사가 직면한 상황을 살펴볼수록 근본적인 변화가 필요하다는 것을 절감했다. 사업에 대한 정의, 직원들이 맡아야 하는 책임, 사내 네트워크 체계 등 모든 것이 변해야 했다. 머독은, O. C. 태너가 다음 세기에도 살아남으려면 근본적으로 다른 회사가 되어야 한다고 믿었고, 그렇게 생각하는 사람은 그뿐이 아니었다. 머독이 오슬러와 여러 이사진에 이러한 자신의 의견을 말하자 그들 역시 동감했다. 하지만 O. C. 태너만큼 지속적으로 성공을 해온 회사를 개편하는 것은 어려운 작업이란 사실 또한 그들 모두 알고 있었다. 오슬러가 CEO로 일해 온 23년 동안 회사 매출은 하향곡선을 그린 적이 없었고, 누가 보아도 O. C. 태너는 업계에서 제일 성공한 안정적인 회사로 보였다. 실제로, O. C. 태너를 제외한 모든 회사가 재정난을 겪고 있는 것처럼 보였다.

그렇다면 옛 방식이 잘 먹혀드는 듯이 보이는 상황에서 어떻게 사람들에게 근본적인 변화가 필요하다는 사실을 설득할 것인가? 현 상황에 만족하고 있는 직원들을 어떻게 변화의 길로 이끌 것인가? 회사가 지금까지 오게 된 것은 바로 오버트 태너가 이런 방식을 원했기 때문이었고, 태너의 주장은 틀린 적이 없었다. 이 변호사 출신 신참 리더의 말을 왜 믿어야 하는가? 사실 머독 자신도 문제들을 해결하기 위해 정확히 어떻게 해야 할지 아직은 모르겠다고 인정했지만, 회사의 생존을 위해서는 반드시 무언가 조치와 변화가 필요하다는 믿음만은 분명했다. 1997년 3월에 머독은 오슬러의 CEO 자리를 이어받았고, 본격적으로 개혁을 추진해 나갔다.

그가 시행한 첫 일은 바로 재무 정보를 매니저들에게 공개하는 것이었다. 그전까지는 매니저들 중 극히 일부만이 회사의 재무 상태를 알고 있었다. 나머지 사람들은 재무 정보를 검토한 뒤 큰 충격을 받았다. 그들은 회사가 그것보다 훨씬 돈을 많이 벌고 있다고 생각하고 있었기 때문이다. 머독은 그들에게 회사가 현재 어떤 방향으로 나아가고 있는지 진지하게 생각해 보라고 말했다. 그는 회사의 전 직원 가운데 53명을 선정해서 불러들여, 그들이 무슨 일을 하고 있는지,

고객들에게 어떤 가치를 제공해야 하는지, 회사가 이 분야에서 최고가 되기 위해 어떤 변화를 모색해야 하는지 함께 논의했다. 이 회의를 통해, O. C. 태너가 단순한 표창 상패 제조회사가 아니라, 고객사들로 하여금 직원 보상 프로그램을 만들고 운영하도록 지원하는 회사로 변화해야 한다는 데 의견이 모아졌다. 이는 기업 운영 관점에서 대단히 중대한 변화였으며, 이를 위해서는 다음과 같은 일곱 가지 "과감한 전략"을 실행해야 했다.

(1) 현실을 직시한다.
(2) 전략을 구체화한다.
(3) 적절한 인물을 기용한다.
(4) 마케팅 전략을 세운다.
(5) 기술을 향상시킨다.
(6) 기업문화를 바꾼다.
(7) 전체적 운영을 향상시킨다.

현실을 직시한다는 말은, 전 직원이 O. C. 태너에 필적하는 경쟁자들이 증가했다는 사실을 인식하고 과거에 효과를 발휘하던 전략이 앞으로는 그렇지 않을 수도 있다는 점을 이해해야 함을 의미했다. 기술을 향상시킨다는 것은, 그때까지 있던 구식 컴퓨터 시스템을 21세기에 적합한, 많은 용량의 처리가 가능하고 속도가 빠른 시스템으로 바꾸는 것이었다. 이 부분이 회사를 변화하는 과정 중 제일 힘든 부분이었다고 머독은 말한다. "새 시스템을 설치하고 가동하기까지 모든 직원이 고생했습니다. 완료하는 데 4년이 걸렸죠. 회사의 모든 부서들을 연결해 주는 동시에, 새로운 애플리케이션 개발을 지원해 줄 수 있는 적응성과 유연성 높은 시스템 구조가 필요했습니다. 전사적자원관리(ERP) 시스템을 구축하기까지 무척 힘든 시간을 보냈습니다. ERP를 도입한 기업들에 관해 연구했던 한 하버드 교수와 이야기해 보았는데, 시도하는 회사들 중 절반은 실패한다고 하더군요."

이 모든 과정이 쉽지 않을 거라고 예상한 머독은 외부 강사를 초빙해 직원들에게 강연을 열기로 계획을 했다. 그가 불러온 사람은 히말라야 산맥의 트랑고 타워(Trango Tower)를 처음으로 정복한 토드 스키너(Todd Skinner)라는 전문 산악인이었다. 머독은 이렇게 말한다. "무언가에 비유해서 설명하면 더 설득력이 커지는 법입니다. 토드는 베이스 캠프에서 장비를 점검하면서 트랑고 타워를 올려다보았을 때 얼마나 위압감이 느껴졌는지 생생하게 들려주었습니다. 정상에 오르기 위해서는 암벽 등반식으로 벽을 타야 했다고 말했는데, 그건 우리에게도 적용되는 말이었습니다. 그는 말했습니다. '처음 암벽 앞에 도달했을 때는 한 발짝도 올라갈 수가 없었습니다. 하지만 암벽을 타기 시작하자 비로소 올라가는 것이 가능해졌지요.' 우리가 컴퓨터 시스템을 교체하는 것은 마치 트랑고 타워를 등반하는 것과 마찬가지였습니다. 계획된 목표를 달성하는 데 자꾸 실패했지만, 우리는 포기하지 않고 계속 밀고 나갔고 그러면서 실력이 나아졌습니다."

ERP 시스템을 도입한 대부분의 회사들이 그렇듯이 O. C. 태너도 처음에는 컨설턴트의 도움을 받았다. 머독은 이렇게 말한다. "한때는 아서 앤더슨(Arthur Andersen)사의 컨설턴트 85명이 우리를 도와서 일하고 있었습니다. 하지만 그들은 우리에게 맞지 않는 방법을 생각하고 있었습니다. 그들은 시작과 끝이 분명한 하나의 프로젝트라고 생각했습니다. 하지만 우리에게 그것은 단순한 프로젝트 이상이었습니다. 그로 인해 그들은 필요한 시간을 잘못 계산했습니다. 우리 사업의 세밀한 부분을 이해하지 못한 거죠. 결국 우리는 컨설턴트들을 모두 해고하고, 우리 스스로 설치를 완료했습니다."

머독은 1997년부터 2002년까지가 '무조건적인 신념의 기간'이었다고 말한다. 그의 사무실에는 산양이 한 절벽에서 다른 절벽으로 뛰는 모습을 담은 그림이 있는데, 그는 당시 자신의 심정이 그 산양과 같았다고 말한다. 그래도 그는 유머 감각을 유지하려고 애썼다. 1999년과 2000년에 그는 이사진에게 "좋은 소식이 있습니다. 올해엔 소득세를 내지 않아도 됩니다!"라고 말했다. 그 말은 결국 소득이 없었다는 뜻이었다. 5년 동안 판매량은 거의 없다시피 했다. 머독은 당시 포기할 생각도 많이 했다. "정말 어떤 때에는 하도 낙심해서 다른 사람이 리더 역할을 대신하는 경우도 있었습니다. 때로는 프로그래머가, 때로는 프로젝트 리더가 이끌었지요." 그는 자신의 책상에 있는 미 남북전쟁 군인의 모형을 가리켰다. 게티즈버그 전투 당시 리틀 라운드 탑에서 메인 20연대를 지휘하여 남군의 공격을 막아내 게티즈버그 전투의 승리에 이바지한 조슈아 체임벌린(Joshua Chamberlain)이었다. "그는 저의 영웅입니다. 부족한 틈은 스스로 메운다, 필요한 일은 알아서 솔선하여 해야 한다는 사실을 가르쳐주는 분입니다."

이런 혹독한 시련 속에서 머독과 동료들은 O. C. 태너의 기업문화를 바꿔 놓았다. "정확히 말하자면 약간의 수정을 가한 겁니다. 정직함, 끊임없는 발전을 위한 노력, 고객과의 긴밀한 관계와 같은 핵심 가치들은 바꾸지 않았습니다. 오버트 태너는 진실, 선함, 아름다움을 믿었고, 저희도 마찬가지였습니다. 하지만 겸손함과 배우는 자세 등 새로운 가치를 추가했습니다. 이런 것들은 제가 많이 부족했기 때문에 만든 가치들이기도 하지요." 또한 머독은 여러 사람의 의견을 모으는 분위기를 형성하려고 애썼다. "헤겔식 변증법이 적용되는 셈이었습니다. 저는 직원들이 서로 충돌과 갈등을 거쳐 새로운 해결책과 에너지를 만들어내길 원했습니다. 예전에는 반대 의견이나 안 좋은 소식은 묻어두는 편이었습니다. 하지만 저는 사람들이 아이디어를 공유하면서 논쟁을 하기를 바랐습니다."

그는 O. C. 태너에서 일하면 무조건 누군가가 자신을 책임져 줄 거라는 사고방식을 바꾸기 위해 가장 많은 노력을 기울였다. 이것을 확실히 알리기 위해 그는 직원들에게 '우리 스스로 미래를 창조한다'라는 문구가 새겨진 펜을 나누어주었다. 그는 이렇게 말한다. "중요한 건 이제 오버트 태너는 없다는 사실이었습니다. 이제 '그들'은 없고, '우리'만 있다는 것이었죠. 보너스를 원한다면 스스로 얻어내야 했습니다. 이것은 매우 중대한 변화였고 사람들은 처음에 많이 반발했습니다. 오버트가 상당히 많이 베푸는 스타일이었기 때문에, 사람들은 자신이 아닌 오버트를 의지하게 되었죠. 추수감사절 때 100달러를 직원들에게 주는 것 같은 방식 말입니다. 사람들은 거기에 너무 익숙해져 있었죠. 우리는 그것을 능가해서 성공의 길로 가야 했고, 결국 성공했다고 봅니다. 2000년과 2001년에는 봉급 인상도 없었고 보너스도 줄어들었지만 불평은 없었습니다. 그때쯤 되자 사람들은 스스로 봉급을 결정한다는 개념을 이해했던 겁니다. 우리는 목표를 세우고, 그것을 능가하는 성과를 내면 회사와 직원들이 여분의 이익을 나눠 갖습니다. 회사가 45%를 가져가죠. 그것에 도달하지 못하면 여분의 이익은 없습니다."

이 회사는 말 그대로 혹독한 시기를 견뎌냈다. 이후 단순히 제품을 판매하는 것에서 고객에게 해결책을 제공하는 것으로 전략이 변화했고, 멋진 상품 제공이라는 목표에서 투자수익률 상승이라는 목표로 전향했다. 위계 질서적인 기업문화는 수평적으로 변했다. 품질관리 방식은 감사를 행하는 방식에서 프로세스 중심의 체제로 변화했다. 마케팅 전략은 만든 것을 판매하는 것에서 고객들이 원하는 것을 만든다는 전략으로 변했고, 낡아빠진 기계들은 모두 첨단 시설로 개조되었다.

사업하는 방식 전체가 변화를 겪은 셈이었다. 5년의 험난한 시기가 지난 후 회사는 수렁에서 빠져나올 수 있었다. 회사 성장률은 2003년 5%에서 2004년에는 7%, 2005년에는 10%로 증가했고, 이 3년은 회사 역사상 가장 수익률이 높은 시기였다. 제조과정에서도 개선의 효과가 현저히 나타났다. 1991년에는 리드타임이 12주였는데 2003년에는 3.3일로, 2004년에는 1일로 줄어들었다. 납품 기간 준수율도 향상되어 1991년에 80%였던 것이 2003년에는 99.7%로 높아졌다. 한때 고객 맞춤형 상패를 제작하는 데 2주가 걸렸지만 이제는 2시간이면 되었다. 상패에 붙이는 표상은 특수 접착제로 붙여졌는데, 옛날에는 100개당 0.14개에 문제가 발생하여 떨어졌다. 이 수치는 2004년에는 100개당 0.0028개로 줄어들었고 이것은 그 접착제를 사용하는 회사들 중 제일 낮은 수치였다. 또 전체적 결함 비율도 100개당 0.25개로 줄었고, 커뮤니케이션 오류도 100개당 0.48개로 줄어들었다. 반품에 있어서도, 주로 고객의 요청사항이 달라져서 반품이 발생했지, 제품 결함으로 인한 케이스는 급격하게 줄어들었다.

모든 측면에서 생각해볼 때, O. C. 태너는 마법을 유지하면서 걸어왔던 과거의 성공 가도에 다시 들어선 듯 보였다. 하지만 머독은 긴장을 늦추지 않고 있고, 그에 대해 이렇게 말한다. "저희는 성공에 대해서 기뻐하지만 긴장은 늦추지 않습니다. 매일 새로운 문제와 기회가 떠오르니까요. 결국 우리는 용기와 겸손함을 함께 갖고 앞으로 나아가야 합니다. 살아남고 번창할 것이라고 믿지만, 과연 그렇게 될지는 아무도 모르는 일이니까요."

물론, 이 책에 언급한 회사들 중에는 계승이라는 개념 자체가 존재하지 않는 회사들도 있다. 이 회사들은 창립자가 없으면 운영될 수가 없기 때문에, 아마도 그들이 은퇴할 때까지만 그 마법이 남아 있을 것이다. 의류회사인 셀리마와 애니 디프랑코의 라이처스 베이브가 바로 그런 회사다. 물론 창립자들이 없어진 후에도 유지된 예술 관련 회사들은 존재한다. 영화사 유나이티드 아티스츠(United Artists)는 배우들인 찰리 채플린, 메리 픽포드, 더글러스 페어뱅크스, 그리고 감독 D. W. 그리피스가 만들었고 오늘날까지 건재하고 있다. 트럼펫 연주자인 허브 앨퍼트는 A&M 레코즈(A&M Records)의 공동창립자였고, 프랭크 시나트라는 리프라이즈 레코즈(Reprise Records)를 창설했다. 그러나 이 회사들은 모두 결국 매각되었고, 매각되면서 그들의 마법도 잃어버리고 말았다.

셀리마와 라이처스 베이브는 마법이 강건하지만, 그 창립자들이 없는 셀리마와 라이처스 베이브는 거의 상상하기 힘들다. 어쩌면 언젠가 그들의 자산(예컨대, 디프랑코의 음악에 대한 저작권이나 셀리마의 의류 디자인)을 사고 싶어하는 사람이 있을지도 모르지만, 실제로 그것이 매각 대상으로 나올 확률은 거의 없다. 스타볼라는 자신의 디자인 재능을 발휘하기 위해 회사를 만들었고, 디프랑코도 마찬가지다. 결국 다른 누군가가 그 회사를 인수해서 운영한다는 건 의미가 없고, 차라리 자신의 회사를 새로 만드는 편이 나을 것이다. 라이처스 베이브 같은 경우는 여러 사업 부문들(콘서트홀, 음반 가게, 레코드 레이블 등)이 계속 번창한다면 디프랑코의 직접적인 활동 없이도 살아남을 가능성이 있지만, 스타볼라가 없이 셀리마는 살아남을 수 없다. 그녀는 회사를 다른 누군가가 운영하는 것을 결코 원치 않는다. 왜냐하면 자신이 공들여 쌓아온 모든 것을 허물어내는 결과를 초래할 것을 알기 때문이다.

이러한 점을 생각하면, 셀리마가 과연 작은 거인이라는 명칭을 받을 자격이 있는가 하는 의문이 들 수도 있다. 비록 매우 성공한 회사이고 다른 작은 거인들과 공통점도 많지만, 과연 그것을 한 디자이너가 생계를 유지하기 위해 운영하는 수단 이상으로 볼 수 있는가? 셀리마가 지닌 포부를 다른 작은 거인들이 지닌 커다란 열정과 비교할 수 있는가?

놀랍게도, 그 질문에 대한 대답은 '그렇다'이다.

비즈니스라는 예술

Chapter 08

　　　　버나드 A. 골드허시(Bernard A. Goldhirsh)는 『인크』지의 창설자이며 미국에서 기업가 정신이라는 개념을 다시 정의한 사람이다. 오늘날에는 믿기 어려울 수도 있지만, 과거 한때는 '사업가'라는 말이 칭찬이 아닌 험담으로 여겨졌다. 1950년대부터 1970년대에 이르기까지, 사업가들은 책략에 능하고 교활한 이들로 여겨졌으며 사회적 가치가 적거나 아예 없는 존재로 간주되었다. 언론은 그들을 무시했고, 학계는 그들을 경멸했으며, 그들의 회사도 비슷한 대우를 받았다. 사람들은 '비즈니스'라고 하면 대개 거대한 상장기업들만을 떠올렸다. 중소 규모의 개인회사들이나 사업가들은 변두리적인 존재들로 여겨졌고 따라서 중요하지 않다고 간주되었다.

　　하지만 1980년대에 들어오면서 골드허시와 『인크』 때문에 그러한 견해가 바뀌기 시작했다. 나는 1983년부터 그와 함께 일하는 행운을 얻었고, 버나드가 치명적인 뇌종양이 있다는 진단을 받은 뒤 회사를 매각한 2000년 6월에도 그곳에서 일하고 있었다. 그는 그로부터 3년 후 세상을 떠났다. 그를 알고 지낸 20년 동안, 그는 사업에 대한 나의 견해를 상당 부분 바꿔 놓았고 특히 기업가 정신이란 무엇인지 나에게 가르쳐주었다.

회사를 설립하는 사람들이 대부분 그렇듯이, 골드허시 역시 사업에 우연히 뛰어들었다. 평소 배와 바다를 사랑했던 그는 1961년 MIT를 졸업한 뒤 배를 타고 카리브 해 이곳저곳을 돌아다녔다. 나중에는 남미에서 배를 하나 빌려 선상학교를 운영하기도 했다. 그러다 보스턴으로 돌아와서 항해에 대한 교육용 책자를 만들기 시작했는데, 1970년경 그 규모가 커지면서 『세일』이라는 잡지를 창간하기에 이르렀다. 그 후 10년 동안 『세일』은 항해 관련 잡지들 중에 제일 큰 규모를 자랑했다.

하지만 골드허시는 그런 것을 목표로 하고 일을 시작한 것이 아니었다. 정작 그는 자신의 배를 사기 위해서 돈을 모으려고 했던 것뿐이었다. 그는 죽기 약 1년 전에 『패밀리 비즈니스 쿼털리』와의 인터뷰에서 이렇게 말했다. "저는 출판업계에 머무를 계획이 없었습니다. 세계를 누비는 선상학교를 운영하는 것이 저의 꿈이었죠. 그 학교의 학생들이 자신의 경험에 대해 글을 쓰고, 그것을 『세일』에 싣는 것이 저의 계획이었습니다. 그 선상학교는 세상에 보여주고 싶은 하나의 모델이었습니다. 사람들 모두가 협력하고, 수질을 더럽히지 않으며, 자원을 아끼고, 자연의 힘을 활용하는…… 마치 벅민스터 풀러(Buckminster Fuller : 건축가이자 엔지니어로 최소한의 자원으로 최대의 효과를 얻으려는 혁명적인 기술 디자인으로 유명함-옮긴이) 스타일의 우주선처럼 말이죠. 당시 저는 젊은 이상주의자였고, 선상학교가 이 세상을 축소해 놓은 비유적 모델이 되리라 생각했습니다. 사람들에게 협동하는 삶이란 이런 것이라고 보여주고 싶었던 거죠."

결국 골드허시와 그의 친구는 비영리회사를 하나 만들고 40미터 길이의 횡범선을 한 척 구입했다. 배의 이름은 레지나 마리스(Regina Maris) 호였다. 1976년에 그들은 카나리아 제도부터 버뮤다까지 이르는 대서양 횡단 레이스에 참가했다. 또 그가 꿈꾸던 대로 갈라파고스 제도를 비롯한 여러 곳을 오가면서 잠시 선상학교를 운영했지만, 골드허시는 머지않아 결혼을 했고, 정착한 뒤에 선상학교의 꿈을 접었다. 또 그 무렵엔 『세일』이 그의 전적인 노력을 필요로 할 만큼 커졌다.

『세일』은 대성공이었고 그는 갑자기 거대한 회사를 운영하는 인물이 되어 있었다. 매출이 1,200만 달러를 돌파하면서 그는 이전까지 생각해 보지도 않은 경영상의 문제들에 직면했다. 당시 그는 이런저런 경제경영 서적이나 잡지를 들춰보며 그 문제들에 대한 대응법을 찾아보려 했지만 별 도움이 되지 않았다. 그는 『세일』의 출판 담당자인 돈 맥컬리에게 "경제경영 서적이나 잡지에는 온통 U. S. 스틸의 노조 파업 같은 문제만 쓰여 있어. 대체 그것들이 나랑 무슨 상관이야?"라고 답답한 심정을 토로했다. 자신과 같은 고민을 하는 이들이 많을 것이라고 생각한 골드허시는 『인크』지 창간을 구상했다. 출판업계 관계자들은 그런 잡지에 대한 수요는 별로 없을 것이고, 설령 있다 해도 중소기업 운영자들이 보는 잡지에 누가 광고를 실으려 하겠냐면서 그를 말렸다. 하지만 그는 주변의 반대를 무시하고 창간을 강행했다. 그리고 『인크』는 폭발적인 성공을 거두었다. 창간 후 2년 만에 『인크』는 건실한 이윤을 내기 시작했고, 6년 만에 65만 부의 판매 부수를 기록했으며, 200만 명이 넘는 독자들을 거느리게 되었다.

내가 거기에 취직한 것은 『인크』가 초기 성장기를 거치고 있던 시기였다. 당시는 급격한 변화가 일어나는 시대였다. 퍼스널 컴퓨터 혁명이 막 일어나기 시작했고, 버몬트 주 벌링턴의 벤앤제리스, 워싱턴 주 벨뷰의 마이크로소프트, 캘리포니아 주 벤추라의 파타고니아 등 새 시대를 책임질 회사들이 막 태동하고 있었다. 하지만 우리는 우리가 다루는 개인회사들의 세계를 파악하기 위해 다른 곳에 갈 필요가 없었다. 우리가 이미 그런 회사에서 몸담고 있었기 때문이다. 우리의 조그마한 세상은 골드허시가 소유한 보스턴의 커머셜 워프에 위치한 건물 속에 있었다. 우리는 일하는 곳에서는 갈매기 울음소리와 부두에 묶여 있는 배들의 돛대에 마룻줄이 부딪히는 소리를 들을 수 있었다. 그곳에는 골드허시 개인 소유의 돛단배도 있었는데, 직원들은 그에게 허가만 받으면 얼마든지 그 배를 사용할 수 있었다.

골드허시는 내가 예전에 일해 본 다른 상사들과 너무나도 달랐다. 키가 작은 유대인이었던 그는 아주 예리한 동시에 약간 얼빠진 구석도 있었고, 전혀 상관없어 보이는 것들 사이에 희한한 관련성을 찾아내는 독특한 사람이었다. 호기심이 많았던 그는 항해, 모던 댄스, 비즈니스, 수학, 자녀 양육 등 거의 모든 주제에 대해서 기나긴 대화를 할 수 있는 사람이었다. 그는 사무실에서 면바지와 폴로셔츠를 입고 운동화를 신고 다녔으며, 가식이 없는 사람이었다. 실제로 그는 골드만삭스 측과의 미팅에 가기 전에 "꼭 양말을 신어야 하나?"라고 물어본 적도 있다. 그는 사회적 지위 따위에 신경을 쓰지 않았다. 또 노벨상 수상자이든 평범한 전산 처리 직원이든, 만나는 모든 사람들에게 친밀한 관심을 보였다.

나는 『인크』에서 일할 때만큼 행복했던 적은 없는 것 같다. 골드허시는 우리를 모두 공평하게 대했고, 편집 직원들을 믿고 그들에게 자유롭게 일할 권리를 주었으며, 직원들에게 간섭하지 않는 사장이었다. 그럼에도 불구하고, 그는 『인크』에 실리는 내용에 상당한 영향을 끼쳤다. 사업을 한다는 것이 얼마나 재미있고 보람 있고 흥미로운 일이 될 수 있는지 우리에게 보여주었기 때문에, 그러한 점들이 자연히 『인크』의 편집 방향에도 영향을 미쳤던 것이다. 그는 사업이 항해를 하는 것과 비슷하다고 보았고, 『인크』와 그곳에서 일하는 우리들은 사람들이 "차고에서 시작해 제대로 모양새를 갖춘 회사로 향하는 힘난한 항해를 도와주는 역할"을 하고 있다고 강조하곤 했다. 그는 잡지의 10주년 기념호에 이렇게 썼다. "항해에서 내가 제일 좋아하는 부분은, 바다에 나가면 독립성을 갖춘 동시에 서로에게 의지해야 한다는 점이다. 항해에 대한 만족감은 험난한 폭풍을 함께 헤쳐 나가면서 생기는 서로 간의 믿음에서 나온다. 사업을 하는 것도 다를 바 없다. 폭풍을 맞을 수도 있고, 고요한 바다를 만날 수도 있기 때문이다. 무엇보다도 공동의 목표를 위해 협력하는 사람들이 있다."

그 외에도 골드허시는 사업에서 대부분의 사람들이 간과하는 측면을 자주 강조하곤 했다. 그것은 사업의 창조적인(때로는 거의 예술적이라고도 할 수 있는) 측면이었다. 그는 MIT 학생 시절 한 학기를 휴학하고 폴라로이드(Polaroid)사의 에드윈 랜드(Edwin Land) 박사와 함께 일하는 동안 사업의 그러한 측면에 주목하게 되었다. 당시 그는 미래의 카메라를 만들기 위해 뭉친 여러 명의 사람들과 함께 일했다.

그는 당시를 이렇게 회상했다. "랜드 박사님은 저에게 영웅과도 같았습니다. 수많은 일자리를 만들어내는 엄청난 회사가 한 사람의 발상으로 인해 태어났다는 것이 저에게는 너무나도 놀랍게 느껴졌습니다. 한 사람이 사업체를 만들고, 일자리를 늘리는 등 그의 발상과 진취적 의지로부터 그런 수많은 것이 탄생한다는 것이 참으로 멋진 일로 보였습니다."

물론 이것은 단순히 랜드 박사 한 사람에게만 국한된 것이 아니었다. 골드허시는 기업가 정신을 통해 한 국가의 경제가 새롭게 태어날 수 있다는 사실을 깨달았다. 기업가 정신이 없으면, 나라 역시 생기와 활력을 잃고 궁핍해지는 것이다. 마치 계속 창조되는 예술작품이 없으면 문화 역시 없어지듯이 말이다. 그는 이렇게 말했다. "저는 사업가란 사업을 통해 자신을 표현하는 예술가 같은 존재라고 생각합니다. 그는 마치 백지와도 같은 무형으로부터 사업을 만들어냅니다. 누군가 자신의 아이디어 하나만을 갖고 차고에서 고민하고, 거기에서 회사가 태동하고, 그 회사는 살아 숨쉬게 됩니다. 그런 사람들이 하는 일은 더할 나위 없이 귀중한 것입니다."

이것이 바로 그가 편집부에게 항상 명심하라고 당부한 사항이었다. 그는 독자(주로 사업가들인)의 모든 측면에 대해 생각해야 한다고 말했다. "저는 사업가를 뇌의 양쪽을 모두 사용하는 예술가라고 생각하라고 편집부 직원들에게 늘 말했습니다. 단지 이성적인 존재로서가 아닌 예술가의 영혼을 가진 감성적인 존재로서의 사업가를 떠올리라고 말입니다. 그들은 비즈니스라는 수단을 통해 자신을 표현하는 것이니까요." 물론 골드허시야말로 누구보다도 그러한 예술가적 비즈니스맨의 표본이 되는 인물이었다.

〈서문〉에서 말했듯이, 이 책은 특별한 회사들의 이야기를 담은 최일선의 생생한 현장보고서라고 할 수 있다. 그런 면에서 볼 때 이 책을 위해 조사하고 집필한 과정은 하나의 여정이었고, 대부분의 여정이 그렇듯이 그 끝에 이르기 전까지는 결국 어디에 닿게 될지 정확히 알 수 없다. 하지만 적어도 지금 시점에서 나의 여정을 되돌아보면 한 가지 질문이 떠오른다. 이 작은 거인들에 대해서 살펴보고 난 후에, 과연 그들의 지닌 마법의 본질이 무엇인지 정확히 말할 수 있을까?

그것에 대한 답은 회사 자체보다는 그 회사의 사람들에게 있다고 생각한다. 이 회사의 소유주와 리더들은 삶에서 진정 중요하고 바람직한 것이 무엇인지 분명하게 파악하고 그것에 끊임없이 집중한다는 특징을 갖고 있다. 즉 그들은 삶에서 흥미로운 도전, 동료애, 동정심, 희망, 친밀한 관계, 공동체 의식, 목표 의식, 성취감 등을 찾을 수 있다는 것을 알고 있으며, 자신과 직원들이 그러한 것들을 얻기 위해서 회사라는 조직을 구성했다. 그러한 회사를 접하는 외부인은 자연스럽게 매력을 느끼게 된다. 회사 내에서 훌륭하고, 즐겁고, 흥미로운 일들이 늘 일어나기 때문에 회사가 멋있어지는 것이다. 그런 관점에서 보면, 회사의 마법이란 카리스마와 유사하다고 볼 수 있다. 카리스마를 지닌 리더는 사람들로 하여금 자연스럽게 따르고 싶은 마음을 갖게 만든다. 마찬가지로, 마법을 지닌 회사를 보면 사람들은 자신도 그곳의 일부가 되고 싶어한다.

하지만 이 모든 것의 출발점은, 버나드 A. 골드허시가 비즈니스 세계의 예술가라고 부른 사업가들이 지닌 창조적인 욕구이다. 이 책에 나온 회사들의 창립자와 리더들이 공통적으로 지닌 것이 있다면 그것은 바로 자신의 회사가 하는 일에 대해 갖는 열정이다. 그들은 일을 사랑하고, 다른 이들에게도 그러한 애정과 열정을 퍼뜨리고 싶어한다. 그들은 무언가 대단하고 독특한 것을 세상에 보여줌으로써 기여할 수 있다는 데에서 즐거움을 느낀다.

프리츠 메이태그가 앵커 브루잉 제품들의 '테마'에 대해 한 말을 들어보자. 그는 『하버드 비즈니스 리뷰』의 데이비드 검퍼트에게 이렇게 말했다. "한 번은 처칠이 파티에 초대받아 갔는데 누군가 그에게 디저트가 어떠냐고 물어봤습니다. 그는 '테마가 빠진 푸딩이군요'라고 대답했지요. 우리에게는 테마가 있습니다. 세상의 어떤 맥주도 우리가 가진 테마를 갖고 있지 않습니다. 우리는 제품을 가능한 한 전통적 방식으로 만들고, 편법을 쓰지 않고, 첨가물을 거의 사용하지 않습니다. 예를 들면, 우리 회사의 모든 맥주는 맥아로 만듭니다. 설탕이나 옥수수, 쌀, 시럽 등은 사용하지 않습니다. 수많은 양조장이 그런 것들을 사용하죠. 그것이 잘못된 것은 아닙니다. 반칙도 아니고 속임수도 아닙니다. 매우 보편적인 것이고, 제조 비용 절감과 생산 효율에 도움이 되는 방법이니까요. 하지만 우리는 수천 년 동안 이어져 온 전통적인 방식으로 맥주를 계속 만들고 싶습니다.

그건 우리 테마의 일부분일 뿐입니다. 저희는 호프를 통째로 사용합니다. 전통적인 방식에 따라 호프 열매를 따뜻한 공기로 건조시킨 뒤, 자루에 담고, 구리 솥에 넣습니다. 우리의 양조용 솥은 구리로 되어 있습니다. 하지만 요즘 양조장들은 대부분 스테인리스 스틸로 만들더군요. 우리는 상상할 수 없는 방법입니다. 왜냐고 물으면 정확하게 설명하기는 힘들지만요. 구리 솥이 훨씬 보기도 좋고 느낌도 좋습니다. 옛날 양조 전문가들 말로는 구리가 맛에 영향을 준다고 하더군요. 공기로 말리는 방식도 그렇습니다. 저희도 다른 수많은 양조장들처럼 호프 추출액을 사용할 수도 있습니다. 그러면 수송과 보관에서 효율성이 많이 높아지겠지요. 또 많은 양조장들은 특수한 방식을 이용해 같은 양의 호프에서 거의 두 배의 추출물을 얻을 수 있다고도 합니다. 일종의 화학적 기술이라고 할까요. 우리는 그런 걸 할 생각이 전혀 없습니다.

그 외에도 더 있습니다. 우리는 모든 맥주를 매우 얇고 커다란 구식 발효조에서 발효시킵니다. 그리고 필터를 통과한 샌프란시스코 공기로 발효실을 식힙니다. 실제로, 얼음 보관이 가능해지기 전까지는 옛날 서부에서 이런 방법으로 발효를 했다더군요. 그래서 우리 역시 지금도 특이하게 생긴 발효조와 외부 공기로 식히는 발효실을 갖고 있습니다. 맥주 맛이 이것 때문에 특별해지냐고요? 글쎄요, 정확히는 모르겠습니다. 물론 그러기를 바라지만요. 그럼 왜 그렇게 하냐고요? 기분이 좋으니까요. 앵커 스팀 비어를 마시면 기분 좋은 이유 가운데 하나는, 그것이 이처럼 오래되고 특별한 방법들로 만들어지기 때문이지요.

여기서 일하는 모든 직원이 우리의 테마를 이해하고, 우리가 무엇을 하고 있는지 인식하게 만들고, 행동의 기준을 세우는 것이 제 역할이라고 생각합니다…… 사실 저는 우리의 방식을 남들에게 설명할 때면 약간 창피한 느낌이 들기도 합니다. 그 일을 너무 사랑하기도 하지만, 또 그렇기 때문에 저만의 별난 방식으로 하는 셈이니까요. 하지만 그렇게 만든 맥주가 정말로 별 볼일 없다면 그때는 지금보다 훨씬 더 창피하겠죠. 하지만 지금은 제 방식을 편안하게 받아들이고 즐기는 편입니다. 제가 만드는 맥주가 끝내준다는 확신이 있으니까요."

셀리마 스타볼라가 자신의 의류 디자인 회사에 대해 느끼는 열정은 메이태그의 열정에 결코 뒤지지 않는다. 그녀는 말한다. "저에게는 아침에 눈뜨는 시간이 하루 중 최고의 시간입니다. 일하러 가는 것이 그만큼 기대되니까요. 뉴욕에 살 때는 새벽 3시 반에 알람을 맞춰놓고 일어나서 5시 4분 열차를 탔는데, 일하러 간다는 생각에 전혀 졸리지도 않고 마음이 한없이 들떴습니다. 가끔 사람들이 '휴가나 빨리 왔으면 좋겠다'라고 말들 하는데, 그런 느낌이 든다면 무의미한 날들을 보낸 것이라고 저는 생각합니다. 불평하고 불행해하는 것은 낭비니까요. 일은 즐길 수 있어야 합니다. 저는 제가 즐겁게 함께 일할 수 있는 사람이 아니면 고객으로 받아들이지 않습니다. 아침에 일어났을 때 산다는 것이 즐겁게 느껴지는가? 결국은 그것이 결정적인 질문이죠."

시카고의 노스 클라이본에 있는 오래된 공장 건물을 대대적으로 개조할 당시를 설명하는 제이 골츠의 목소리에서도 열정이 넘쳐흐르는 것을 느낄 수 있었다. "저는 어떤 근성을 유지하고 싶었습니다. 이를테면, 코는 부러졌지만 아름다운 연인을 한 팔로 껴안고 있는 권투선수처럼 말입니다. 우리가 그 공장에 처음 이사했을 당시 바닥은 기름때가 끼어서 검은색이었습니다. 그래서 바닥을 사포로 밀었는데, 냄새가 안 사라질까 봐 걱정했지만 결국 사라졌고, 원래의 바닥 색상이 드러났습니다. 그리고 저는 회사 내의 어떤 것도 새것처럼 보이는 걸 원치 않았습니다. 계산대 중에는 석회석으로 만든 것도 있고 양철로 만든 것도 있습니다. 예전에 한 인테리어 디자이너가 뉴욕에서는 일반적으로 벽을 흰색으로 칠한다면서 우리 건물 내벽도 하얗게 칠하라고 권했습니다. 하지만 저는 남들을 따라하는 것이 싫었습니다. 고전적인 매력을 유지하고 싶었고요. 결국 모래 분사기로 벽을 청소해서 벽 표면이 그대로 드러나게 했고 빔들도 굳이 가리지 않고 보이게 놔뒀습니다. 물론 그렇다고 지나치다 싶을 정도로 내부 인테리어에 무심했던 건 아니고요…… 그리고 주차장에는 예술, 꽃, 주택과 관련된 격언이나 좋은 문구가 적힌 표지판들을 세워놓았습니다. 고객들이 주차하면서부터 특별한 느낌을 체험하게 하고 싶었으니까요. 저는 그것이 일종의 예술과도 같다고 생각합니다. 고객이 체험할 수 있는 경험을 만들어주는 것이니까요. 저는 그런 과정을 즐깁니다. 마치 그림을 그리는 화가 같은 기분이랄까요. 고객들이 우리 회사에 몰려오는 것을 보면, 우리가 저 사람들을 행복하게 만들어주는구나 하는 생각이 들어 저도 행복감을 느낍니다."

애리 바인츠바이크는 징거맨스에 신입직원들이 들어오면 훌륭한 음식을 판매하는 방법을 다음과 같이 설명한다. "제일 먼저 그 음식에 대해 잘 알아야 합니다. 이것은 매우 중요합니다. 여기 있는 빵은 징거맨스 베이크하우스에서 프랑스 농장식으로 만든 것입니다. 왜 아랫부분이 딱딱한가? 돌 위에서 구워지기 때문입니다. 빵 표면에 왜 줄이 그려져 있는가? 빵이 담긴 바구니의 줄무늬 때문이죠. 빵을 만드는 데 총 얼마만큼의 시간이 들었는가? 시중에 유통되는 빵은 서너 시간이면 되지만 우리 빵은 보통 18시간이 듭니다. 시간이 곧 돈이라고들 하지만, 좋은 냄새가 나려면 그 정도의 시간이 필요합니다. 빵의 맛을 좌우하는 것은 향입니다. 맛의 90%는 냄새에서 나오는 것이니까요. 나머지 10%가 미각적인 부분이고요. 단맛을 느끼는 곳은 혀의 앞부분이고, 짠맛은 혀 전체에서, 쓴맛은 뒤쪽에서, 그리고 신맛은 혀의 옆 부분에서 느낍니다. 대충 몇 번 씹고 삼켜서는 음식 맛을 제대로 알 수가 없습니다. 여러분은 음식의 맛을 제대로 음미할 줄 알아야 합니다. 그 음식을 좋아하는지 싫어하는지는 중요하지 않습니다. 나는 땅콩 버터를 무지 싫어합니다. 하지만 그것과 상관없이 맛있고 잘 만든 땅콩 버터란 어떤 것인지 알아야 하고 또 설명할 줄도 알아야 합니다."

기록 보관과 관리는 어떻게 보면 지극히 평범하고 따분한 일처럼 느껴지지만, 놈 브로드스키는 그 일에 대해 누구보다도 열정적으로 말한다. "우리 회사를 방문한 사람들은 창고 가득히 쌓인 상자밖에 안 보인다고 말하곤 합니다. 수십만 개의 상자들이 가지런히 정리되어서 거의 천장까지 닿을 만큼 쌓여 있으니까요. 하지만 저는 거기서 다른 것을 봅니다. 제게는 무(無)에서부터 직원들과 함께 일궈낸 멋진 비즈니스가 보이거든요. 창고에 들어가면 종이 냄새가 가득합니다.

저는 그 냄새에서 힘을 얻습니다.

그런 열정을 느끼지 못하는 사람들을 보면 도대체 어떻게 회사를 운영할까 하는 의문이 듭니다. 지금 하고 있는 일이 자신에게 가장 재미있고 흥미로우며 가치 있는 것이라고 느낄 수 있어야 합니다. 자기 자신이 그렇지 않다면, 다른 직원들을 어떻게 설득하고 이끌 수 있겠습니까? 만약 제가 저 많은 문서와 기록들을 선반에 정리하는 일이 지루하다고 생각했다면, 저와 지금 함께 일하는 훌륭한 직원들을 끌어오지 못했을 것이고, 지금 같은 사업체를 만들지도 못했을 겁니다. 하지만 저는 문서 보관이란 일에 대단한 흥미를 느꼈고, 지금도 우리 시설을 외부인들에게 보여주는 일이 그렇게 즐거울 수가 없습니다. 물론 직원들도 그렇게 느끼고 있고요."

나는 회사의 리더가 회사가 하는 일에 대해 그 정도의 열정을 느끼지 않으면 마법을 만들 수 없다고 생각한다. 만약 그들이 일을 사랑하지 않고, 중요하다고 여기지 않고, 특별하게 뛰어나야 한다고 생각하지 않으면, 다른 직원들도 역시 그렇게 느끼게 된다. 물론 골드허시가 말했듯이, 적어도 사업을 처음 시작하는 사람들에게는 어느 정도 그러한 열정이 존재한다. 그러나 이 작은 거인들이 특별한 이유는 그 열정을 잃지 않고 계속 불태우기 때문이다.

그렇다면 어떻게 그것이 가능할까? 먼저, 그들은 회사의 규모나 수익으로 회사의 가치를 매길 수 없다고 생각한다. 회사의 성장과 지속적인 수익은 경영진의 역량에 대해 말해줄 수 있다. 그러나 그 회사가 세상에 무언가 특별하고 훌륭한 것을 기여하고 있는지 여부는 말해주지 않는다. 그보다도 작은 거인들은 직원, 고객, 지역사회, 공급자들과 맺는 관계에 초점을 맞춘다. 왜일까? 그러한 관계로 인해 자신에게 돌아오는 것이 있기 때문이기도 하지만, 그 관계의 강도와 친밀성이 회사가 그들에게 미치는 영향력의 정도를 알려주기 때문이다. 사람들에게 영향을 미치고 그들을 움직일 수 있는 능력이야말로 이 회사의 리더들이 생각하는 회사의 가치이다. 또한 직원들이 창립자나 리더들과 같은 열정을 갖고 있다면 금전적인 이익은 자연스럽게 따라오게 마련이다.

하지만 작은 거인들은 이러한 관계가 깨지기 쉽다는 것도 알고 있다. 그 관계는 신뢰와 친밀감을 바탕으로 형성되며, 그러한 것들은 약간의 부주의나 무관심만으로도 잃을 수 있기 때문이다. 만일 집중력을 잃거나 함께 일하는 사람들과 회사를 이어주는 무언가를 유지하는 노력을 멈추면, 신뢰와 친밀함은 사라지고 관계도 끊어질 수밖에 없다. 이런 상황이 발생하는 이유는 여러 가지가 있지만, 주로 조직의 리더가 성장이나 금전적 수익만을 1차적인 목표로 여길 때 자주 일어난다. 그리고 만약 회사를 상장하고 외부인에게 지분을 팔면, 어쩔 수 없이 금전적 수익을 우선시할 수밖에 없다. 투자한 사람들에게 이득을 안겨줄 의무가 있기 때문이다. 이것이 바로 작은 거인들이 비상장 개인기업으로 남아 있는 이유다.

작은 거인들과 같은 태도를 유지하기 위해서는 얼마간의 자제력이 필요하다. 사업가들은 본래 경쟁심이 강한 편이며, 회사가 일정 기간 동안 안정적으로 유지되면 성장이라는 유혹을 떨쳐내기가 힘들어질 수 있다. 회사의 성공을 판단하는 데에는 금전적인 수치가 편리하고

객관적인 수단이기 때문이다. 즉 성장을 최대화하는 것이 곧 최고의 성공을 이루는 것이라는 생각의 함정에 빠지기 쉽다. 성장하면 승리하고 있는 기분이 들고 그러한 기분을 싫어할 사람은 아무도 없다.

또 성장에 집착하는 것은 회사 운영에서 발생하는 한 가지 문제를 해결해 준다. 그것은 바로 권태로움이다. 권태로움 때문에 많은 사업가들이 인수 합병을 추진하고, 회사를 상장하고, 새로운 사업 부문을 출범시키고, 건설적인 또는 그렇지 않은 여러 활동에 발을 담근다. 숨 가쁘게 돌아가는 회사의 초기 성장단계를 지나면, 지루하게 느껴지는 여러 경영상의 문제들을 해결해야 한다. 만약 현명한 리더라면 그런 문제들을 다루는 데 도움이 될 전문가를 끌어온다. 그와 동시에 다음 단계에선 무엇을 해야 할지, 자신이 진정으로 즐기는 바가 무엇인지, 초반에 느꼈던 의욕을 되찾기 위해 어떻게 해야 하는지 등을 스스로 알아내려고 노력한다. 여기서 문제는 때때로 그들 스스로 옳다고 여기는 행동이 회사에게는 치명적일 수도 있다는 것이다.

작은 거인들은 그러한 함정을 잘 피해 나갔다. 나는 그들을 구한 것이 바로 열정이라고 생각한다. 그들은 자신의 일을 사랑하고 그것을 계속하겠다는 강렬한 의지를 갖고 있기 때문에 일종의 강력한 보호본능을 습득하게 된다. 그들은 자신의 앞을 막아서거나, 자신을 잘못된 방향으로 이끌거나, 앞길을 방해할 만한 것을 매우 정확하게 감지해 낸다. 그들은 기회, 유혹, 방해물, 위험이 가득한 바다를 항해해야 한다. 이런 상황에서 그들의 열정은 마치 나침반 같은 역할을 한다. 가끔씩 잘못된 길을 택할지라도 열정이 다시 그들을 올바른 길로 이끌어주는 것이다.

또 한 가지 염두에 둘 것은, 그들이 단순히 회사가 제공하는 제품이나 서비스만을 사랑하는 것이 아니라는 점이다. 물론 그들은 자신의 회사가 만들어내는 제품이나 서비스에 강한 애착을 지닌다. 위대한 작곡가가 음악에 대한 열정을 지녀야 하듯이, 훌륭한 양조장은 양조에 대한 열정을, 훌륭한 특수효과 회사는 특수효과에 대한 열정을, 훌륭한 회전 부품 회사는 회전 부품 문제를 해결하는 것에 열정을 품어야 한다. 하지만 멋진 교향곡이 작곡이라는 과정의 결과물이듯이, 훌륭한 제품과 서비스는 회사만의 독특하고 창의적인 과정의 결과물이다. 그러한 제품을 만드는 사람들은 결과물뿐 아니라 그 과정 자체도 사랑해야 한다.

마법을 지닌 회사들에게 그러한 과정은 회사와 떼려야 뗄 수 없는 무엇이다. 작은 거인의 리더들이 열정을 추구할 수 있는 통로는 바로 회사이기 때문에, 그들은 열정을 발휘하고 목표를 실현할 수 있는 회사 운영구조를 만들기 위해 노력한다. 그리고 이를 위해 사내 시스템을 개발하고 조직하는 과정에서, 회사 경영 자체도 하나의 창조적인 과정으로 변화한다. 골드허시의 표현을 빌리자면, 전통적인 경영은 이성을 통해 이루어지지만 진정한 사업가 정신이 깃든 경영에는 "예술가의 혼"이 필요하며, 그러한 "예술가의 혼"을 지닌 이들에게 회사는 하나의 진화하는 예술 작품과도 같다(물론 그들 중 일부는 '예술'이라는 표현을 맘에 들어 하지 않을 수도 있지만 말이다).

분명히 어떤 사람들은 다른 이들에 비해 비즈니스를 예술과 흡사하다고 믿는다. 셀리마 스타볼라 같은 경우는 자신의 모든 창의력을 의류 디자인에 쏟아 붓는다. 그녀는 계속 그런 상태를 유지하기를 원하고, 그랬기 때문에 회사를 확장하지 않았던 것이다. 그녀는 이렇게 말했다.

"대기업은 하나의 예술이라고 보기 힘듭니다. 그런 회사들은 비용 문제가 중요하고 소비자의 반응에도 민감해야 하니까요. 하지만 만약 비용에 신경 써야 한다면 제가 마음놓고 의상을 디자인할 수 있을까요? 큰 회사를 운영하면 다른 사람들에게 책임을 져야 합니다. 지분을 팔면, 이름도 모르는 이들에게 회사 소유권 일부를 주어야 하는 거죠. 제 회사의 모든 것들은 '저의' 것이고, 저는 제가 만든 옷들을 누가 입는지에 대해 매우 민감합니다. 그것을 마케팅한다는 건 불가능하죠. 제가 평생 살면서 똑같은 제품을 두 번 만든 적은 딱 한 번 있습니다. 친구 두 사람한테 선물을 줄 때였지요. 그 외에는 똑같은 제품을 두 번 만든 적이 없습니다. 주문한 사람만이 입을 수 있도록 구상하니까요.

그리고 저는 기분에 따라 즉흥적으로 일하기도 합니다. 지난주에 저는 한 고객이 주문한 겨울옷을 만들다가 잠시 중단했습니다. 대신 구상하던 다른 옷을 만들었습니다. 겨울옷이 지겨워져서 여름옷을 만들었지요. 큰 회사를 경영하면서 다른 사람들의 이득을 생각해야 하는 입장이라면 상상할 수도 없는 일일 겁니다. 저는 일을 일이 아니라 즐거움으로 여깁니다. 그것이 일처럼 느껴지는 건 상상하기도 싫고요."

그녀가 이렇게 말한다고 해서 비용, 마케팅, 수익에 대해 전혀 신경을 쓰지 않는 것은 아니다. 셀리마는 1947년에 창립된 이후 꾸준히 건실한 수익을 내왔고 어떤 면에서 스타볼라는 훌륭한 마케터라고도 볼 수 있다. 하지만 회사를 작게 유지함으로써 디자인 측면의 창의력을 발휘하는 데 더 집중할 수 있다는 것은 분명히 옳은 말이다.

놈 브로드스키는 스타볼라와 달리 창의적인 면을 중시하지는 않는다. 패션 디자인과 기록 보관은 한참이나 멀리 떨어진 분야이므로, 어떻게 보면 그것은 당연하다고도 볼 수 있다. 고객에게 서류를 받고, 창고로 가져와 쌓아 놓았다가, 고객이 원하는 때에 다시 가져다주는 직업은 창의력을 요구하는 일이라고 보기는 어렵다. 하지만 그처럼 비교적 간단한 활동을 바탕으로 하여 마법을 지닌 회사를 만드는 일은 창의력을 요구하는 도전이라고 할 수 있다. 브로드스키는 그러한 도전을 즐긴다.

그는 이렇게 말한다. "어떻게 보면 저는 전형적인 사업가라고 볼 수 있습니다. 누군가가 '그것은 불가능해'라고 말하면, 바로 뛰쳐나가서 그것이 불가능하지 않다는 것을 보여주고 싶어하니까요. 저는 그런 일을 하는 것이 재미있습니다. 뭔가 보여주겠다는 오기 때문만은 아닙니다. 저에게 사업을 운영하는 것은 하나의 퍼즐과도 같습니다. 모든 문제에는 해결책이 있고, 그 해결책을 찾아낼 수 있다고 믿는 겁니다. 그것을 위해서는 상황을 보통 사람들과 다르게 보는 시각이 필요합니다. 여러 각도에서 문제를 보면서 누구도 찾아내지 못한 것을 찾기 위해 노력하는 겁니다. 물론 항상 찾아내는 데 성공하는 것은 아니지만, 찾아낸 순간의 성취감은 그 무엇보다도 짜릿합니다."

이런 남다른 시각 덕분에 브로드스키는 성공 확률이 극히 적은 업계에 뛰어든 지 8년 만에 전국 최고의 기록 보관 회사를 일궈낼 수 있었던 것이다. 그는 사업 초반에 고객을 찾기가 엄청나게 힘들었다고 한다. 많은 고객들이 이미 다른 회사들과 장기계약을 맺은 뒤였고, 현저히 낮은 가격을 제시하지 않는 이상 거래처를 바꿀 생각이 없었던 것이다. 그러나 브로드스키는 낮은 가격을 제시할 생각은 없었다. 다른 회사들이 가격 면에서 경쟁하다가 결국 이익을 내지 못하고 망하는 것을 너무나도 자주 보았기 때문이다. 또 그러한 장기계약을 맺은 고객들은 계약을 해지하고 상자들을 영구적으로 회수해 갈 경우 상자당 5달러의 벌금을 내게끔 되어 있었다. 거래처를 바꾸면 많은 경우 수십만 달러의 비용을 감수해야 할 수도 있었다.

하지만 브로드스키는 어떤 업계든 새로운 주자가 들어갈 수 있는 문이 완전히 닫혀 있지는 않으리라고 믿었다. 그는 업계에서 성공하려면 기존 회사들과는 다른 방식으로 접근해야 한다는 것을 깨달았다. 그러기 위해서는 그가 말한 대로 업계를 다른 관점에서 바라보면서 놓치고 있는 무언가를 찾아내야 했다.

시간이 어느 정도 걸렸지만 그는 마침내 답을 찾아냈다. "갑자기 이 업계는 부동산 업계와 비슷하다는 생각이 들었습니다. 단순히 문서 보관을 하는 것이 아니라, 상자들을 위한 공간을 빌려주는 셈이니까요. 건물 한 곳에서 나오는 임대료를 늘리려면 어떻게 해야 할까요? 바로 임대가 가능한 공간을 늘리면 되죠. 문서 보관도 마찬가지였습니다. 만약 일정한 공간에 경쟁자들보다 더 많은 상자를 보관할 수 있다면, 상자당 비용을 적게 받아도 수익을 낼 수 있다는 계산이었습니다. 그렇다면 같은 공간에 어떻게 상자를 더 많이 보관하느냐? 바로 천장을 높이고 상자를 더 높이 쌓아올리는 것이었죠."

그는 만일 자신이 새로운 건물을 가진 소유주라면 어떻게 했을까를 생각해 보았다. 그런 상황이라면 입주자들을 어떻게 모을 것인가? 세입자가 5년 임대 계약을 맺되 이후 5년에 대해서는 자동 계약 갱신으로 임대료가 올라간다는 데 합의하면, 첫 6개월간 월세를 내지 않아도 된다고 하는 전략을 쓸 수도 있다. 만일 세입자가 방 개조나 증축을 원하는데 그럴 만한 돈이 없다면, 브로드스키가 대신 그 비용을 지원해 주고 대신 임대 기간 동안 월세를 올려 받는 방법도 있다. 그는 기록 보관 사업에도 그러한 전략을 응용할 수 있다고 생각했다. 고객이 거래처를 바꾸기 쉽도록 그가 계약해지 벌금을 대신 내주고, 나중에 상자당 보관 가격을 약간씩 인상하면 된다는 계산이었다.

그는 이런 생각들을 곧바로 실행했다. 천장이 매우 높은 창고 건물을 찾은 다음 거기에 평균 규격보다 훨씬 높은 선반을 설치했다. 그러는 한편, 브로드스키는 고객들에게 경쟁사보다 낮은 보관 비용을 제시하는 동시에 고객이 그들과 계약해지 때 드는 비용을 지원하기 시작했다. 이는 업계에서 누구도 시도한 적 없는 별난 방식이었다. 그는 당시를 이렇게 회상했다. "우리가 그런 방식을 취하기 시작하자, 경쟁사들은 흥분해서 자기네 고객들에게 '브로드스키는 제정신이 아닙니다. 그 회사는 틀림없이 2년 후면 망해 있을 겁니다'라고 말했죠. 가망고객들은 제게 왜 그런 방식을 택하느냐고 물어봤습니다. 저는 이렇게 말했죠. '천장을 보세요. 저희는 1만 제곱피트당 15만 개 이상의 상자를 보관할 수 있습니다. 다른 회사들은 4, 5만 개 정도밖에 보관할 수 없지요. 그들에 비해서 우리 창고는 거의 세 배 이상을 보관할 수 있습니다. 어떻게 보면 제가 당신들한테 바가지를 씌우고 있는 건지도 모릅니다, 하하.' 그러면 고객들은 웃으면서 비용을 좀 깎아달라고 말합니다. 그러면 저는 '그 이하로 내리면 저희가 제공하는 여러 가지 다른 서비스에 문제가 생깁니다'라고 하고 회사에 대해 세부적인 설명을 했지요." 그의 방식은 크게 성공했다. 결국 브로드스키의 경쟁자들은 그런 방법에 눈을 뜨고 시티스토리지를 따라 하기 시작했지만, 이미 경기는 끝난 셈이었다. 브로드스키와 직원들은 자신의 회사를 업계 지존으로 만든 마법을 형성하는 시스템을 이미 갖춰놓고 있었기 때문이다.

어떤 사람들은 브로드스키가 한 일을 '예술'이라고 보는 것에 의문을 제기할지도 모른다. 하지만 다른 사람들이 보지 못하는 것을 통해 무에서 유를 만들어내는 것은 일종의 예술이라고 할 수 있다. 비즈니스에서든 예술에서든, 사람들에게 제공하는 경험이 바로 결과물이고, 그 경험의 질은 함께한 많은 사람들과의 관계를 반영한다. 사업가들은 예술적 영감보다는 외면적인 비전에 의존한다고 말할 수 있을지 모르지만, 사실 그 두 개념의 차이점을 정확히 말하기 힘들 때가 많다. 두 개념 모두 창의적인 과정의 핵심요소이고, 그러한 창의적인 과정이 있어야만 위대하고 특별한 것이 탄생하는 법이다.

스타볼라가 회사가 하는 '일'에, 브로드스키가 '회사 자체'에 열정을 쏟는다고 한다면, 나머지 작은 거인들은 그 둘 사이에 위치한다고 볼 수 있다. 그들은 회사의 운영과 체계를 조직하는 데에도 상당한 창의력을 쏟아 부었지만, 자신들이 하는 일(음식, 음악, 건설, 서비스, 엔지니어링, 직원 보상, 그 무엇이든)에 대해서도 상당한 열정을 투자했다. 즉 회사란 창의성을 표현하는 또 다른 형태의 매체인 동시에(브로드스키의 경우처럼), 자신이 사랑하는 일과 꿈을 추구하는 수단이 된다(스타볼라의 경우처럼). 중요한 것은 그 둘 사이에 알맞은 균형을 찾는 것이다. 만약 하고 싶은 일과 꿈에 대해서만 너무 집중하면 그것을 위한 수단을 잃어버릴 수도 있고, 수단에만 너무 집착하다 보면 일에 대한 즐거움을 상실할 수도 있다. 바인츠바이크는 이렇게 말한다. "징거맨스에는 세 가지 가치가 있습니다. 훌륭한 음식, 훌륭한 서비스, 그리고 훌륭한 수익이지요. 어떻게 보면 이 셋은 서로 충돌할 수 있습니다. 값싼 재료를 써서 음식의 품질을 하향 조정하면 수익을 높일 수도 있습니다. 또 직원을 더 많이 고용하면 서비스를 증진시킬 수도 있겠지만, 그러면 재정이 힘들어질 겁니다. 이 세 가치를 모두 추구해야 하지만 우리에게 쓸 수 있는 시간은 한정되어 있습니다. 그래서 한 번에 한 가지씩 향상시키려 노력합니다."

라이처스 베이브만큼 비즈니스와 예술의 구분이 확고히 되어 있는 회사는 없을 것이다. 바로 대표이사인 디프랑코와 사장인 피셔의 업무가 분명하게 분리되어 있기 때문이다. 피셔는 이렇게 말한다. "우리는 음악 사업을 합니다. 애니는 음악을 담당하고, 저는 사업을 담당하지요."

이 구조에 대해서 둘 다 만족하는 편이다. 피셔는 이렇게 말했다. "초창기부터 우리는 회사가 전문적인 사업체의 분위기를 갖길 원했습니다. 애니는 자신의 역할을 축소시키지 않으면서도 저에게 그런 전문적 분위기를 형성할 수 있게 만들었습니다. 저도 비즈니스적인 전문성을 훼손시키지 않으면서 애니에게 그녀만의 음악을 추구할 자유를 주었다고 생각하고요. 예술과 사업이 공존할 수 있는 중간 지점을 찾았다고 생각합니다."

디프랑코는 시카고에서 공연을 앞두고 대기실에서 이렇게 말했다. "저희 둘 사이의 시너지 효과가 바로 이 모든 것을 가능하게 했습니다. 저 없이 회사가 존재할 수 없다는 건 다들 알고 있지만, 저는 이 시점에서는 스콧이 없어도 회사가 살아남을 수 없다고 생각합니다."

이 관계의 중심에는 바로 서로의 역할에 대한 존경이 있다. 피셔는 이렇게 말한다. "물론 저는 돈을 벌고 사업적으로 성공하는 것에 관심이 있지만 그것만이 원동력은 아닙니다. 저는 애니가 원하는 일을 하고 싶습니다. 그녀가 이런 가수의 앨범을 이런 식으로 제작해서 내고 싶다고 말하면, 저는 '그녀가 원하는 앨범을 만드는 동시에 수익도 내는 방법이 무엇일까?'를 생각합니다."

피셔는 디프랑코의 예술관을 존중하기 때문에 가끔씩 사업상으로는 이해가 되지 않는 그녀의 부탁들을 들어주기도 한다. "한번은 애니가 콜로라도에서 공연을 했는데, 비디오 회사를 고용해서 공연을 녹화하게 했습니다. 비용은 4만 달러가 들었지요. 애니는 그날 공연을 마음에 들어 하지 않았습니다. 드럼 연주도 별로였고 전체적으로 좀 형편없었다고 느꼈죠. 원래 계획은 〈애니 디프랑코의 인생 가운데 2시간〉이라는 제목으로 비디오를 만들어 판매하는 것이었습니다. 그녀는 '비디오 판매를 하지 말자'고 말했습니다. 저는 4만 달러와 많은 시간을 투자했다고 말하면서 뭔가 얻어내야 하지 않겠냐고 했습니다. 그러자 그녀는 웃으면서 '그럼 마음대로 해. 하지만 만일 그걸 만들어 내놓으면, 난 당신을 평생 미워할 거야'라고 말했습니다. 웃으면서 말했지만 속뜻은 명확했죠. 그래서 저는 그걸 포기했습니다. 사실 그런 결정을 내릴 수 있기 때문에 독립 음반회사를 운영하는 것 아닐까요? 대형 음반회사의 자본을 뿌리치고 자립적으로 활동하는 건 바로 그런 것 때문입니다. 그녀는 거부할 수 있는 권리와 돈을 바꿀 수는 없다고 생각하니까요."

그렇다고 해서 디프랑코가 원하는 것만 요청하고 희생을 치르지 않은 것은 아니다. 그녀는 자신이 원하는 음악을 할 수 있도록 만들어준 이들에게 진 신세를 잊지 않고 있다. 그녀는 2004년 초에 이렇게 말했다. "라이처스 베이브 사무실에는 10명에서 15명 정도가 일합니다. 그리고 공연 중에 함께 일하는 사람들도 그 정도 숫자고요. 공연 장소를 잡아주는 사람도 있고, 제 대리인, 레코드 제조 회사, 인쇄회사, 그리고 그 외에 여러 업체들이 우리와 함께 일하죠. 만약 제가 그만둔다면 어떤 일이 생길까요?

저는 최근에 제 일에 대한 책임을 많이 느끼고 있습니다. 그 부담감 때문에 스콧한테 가끔씩 휴가를 가야겠다고 말하지요. 그러면 그는 제 말을 조용히 듣고 있다가 저에게 공연할 곳을 찾아줍니다. 하긴 그 사람도 제가 일을 오랫동안 하지 않으면 견디지 못한다는 것을 잘 알고 있죠. 한두 달 간의 휴가는 괜찮겠지만 그 이상 쉬면 정말 몸이 근질거릴 것 같습니다. 또 며칠 전엔 그가 이렇게 말했죠. '봄에 휴가를 가고 싶다면 가도 좋아. 하지만 우리 회사의 재정이 언제쯤 불안해질지 미리 말해줄래.' 이를테면 우리 둘의 관계는 주고받는 형식이죠. 서로 희생하면서 동시에 서로를 보살피니까요. 저는 5월에 쉬고 싶었지만, 그가 그 말을 하는 순간 '그럼 이런 곳에서 이런 때에 공연을 하는 건 어떨까?'라고 바로 말했습니다. 저희 둘의 공통적인 목표는 회사와 이 모든 사람들, 그리고 이 모든 일을 유지하는 것이고, 제가 제 자신의 쳇바퀴를 계속 돌리지 않으면 그렇게 할 수 없으니까요." (2005년에 그녀는 손과 손목에 염증이 생겨서 쳇바퀴에서 몇 달 동안 나와 있어야 했다. 회사는 다행히도 살아남았다.)

디프랑코와 피셔 같은 방식으로 일하려면 서로 간에 상당한 신뢰가 필요하다. 실제로 라이처스 베이브의 첫 7년 동안 그들이 연인이었다는 것을 생각하면 그들 사이의 신뢰는 특별히 남다른 것이다. 그 7년 동안 디프랑코는 쉴 새 없이 공연을 했고, 그것은 두 사람 모두에게 많은 스트레스를 안겨주었다. 그 스트레스를 줄이기 위해 1995년에 그녀와 피셔는 음향기사 한 사람을 고용했고 그에게 공연 매니저와 운전기사 역할을 함께 맡겼다. 음향기사는 앤드루 길크리스트(Andrew Gilchrist)라는 사람이었는데, 얼마 후 그와 디프랑코가 사랑에 빠질 줄은 누구도 상상하지 못한 일이었다.

디프랑코는 피셔와 함께 버펄로에 있는 레스토랑에서 저녁식사를 하면서 그 사실을 밝혔다. 피셔는 이렇게 말한다. "그녀는 항상 그랬듯이 상당히 직설적으로 말했죠. 그녀와 저 사이에는 뭔가 관계가 틀어진 것 같고 이미 앤드루와 사랑하고 있다고요."

디프랑코는 그 상황에 대해 이렇게 말한다. "당시 저는 그에게 '앤드루를 해고해야겠지?'라고 말했죠. 스콧은 사업 파트너이자 남자친구였으니까요. 사업 파트너와 음향기사 중 한 사람을 고르라면, 선택할 길은 뻔하니까요. 그래서 저는 앤드루를 내보내겠다고 말했는데 스콧은 그걸 반대하더군요. 당시 제게 앤드루의 도움이 많이 필요하다는 걸 알았으니까요. 그는 '그 사람을 해고하는 것에 난 반대야. 넌 지금 그의 도움이 필요하니까'라고 말했고, 상황을 헤쳐 나가기 시작했죠."

둘 다 당시 상황이 엄청나게 힘들었다는 것에 대해서 동의한다. 디프랑코는 몇 년간 정말 참혹했다고 말한다. 길크리스트는 그 직후에는 공연에 참여하지 않았지만, 나중에는 스튜디오에서든 공연에서든 디프랑코와 길크리스트는 떨어져 있지 않았다. 1998년에 두 사람은 결혼했다. 피셔는 친구들의 만류에도 불구하고 계속 라이처스 베이브의 사장으로 일했다. 디프랑코는 이렇게 말한다. "스콧의 친구와 가족들은 제가 그를 차버렸는데 계속 제 회사에서 사장으로 일하는 것은 미친 짓이라고 했습니다. 자학할 필요는 없다면서요. 그리고 함께 일하는 사람들도 그를 좋은 시각으로 바라보지 않았고요. 공연 기획자 중 한 사람은 '아, 여자한테 차이고도 미련을 버리지 못하는 남자가 여기 또 있군'이라고 말할 정도였으니까요. 스콧이 그 시간을 이겨내고 다시 안정을 찾는 데에는 몇 년이 걸렸죠."

피셔는 이렇게 말한다. "정말 어려운 시기였습니다. 하지만 저는 제가 이걸 해낼 수 있다면 못 할 일이 없을 것이다, 하는 생각으로 버텼습니다. 라이처스를 떠나는 것은 생각해 본 적도 없고요. 저는 애니가 하는 일이 중요하다고 여겼고 그것 때문에 선택할 기회가 있었죠. 사업 파트너가 될 것이냐, 가슴앓이 하는 차인 남자친구가 될 것이냐 하는 선택 말입니다. 생각할 것도 없었습니다. 현실을 직시하는 수밖에 없었지요."

그러한 시기에 디프랑코와 함께 일하는 것은 쉬운 일이 아니었다. 디프랑코는 이렇게 말한다. "얼마 동안은 정말 긴장감이 팽팽하게 느껴졌죠. 몇 년 동안 우리는 얼굴을 마주하면 오로지 사업 얘기만 했고, 그때도 어색함과 긴장감이 느껴졌어요. 스콧은 스콧대로 마음이 아팠고, 저도 정말 미안한 마음이 들었으니까요. 정말 그 사람만은 부려먹을 마음이 없는데 나도 모르게 부려먹고 있는 건 아닌가 하는 생각이 들기도 했습니다. 한때 우리 둘은 서로의 전부였으니까요. 저는 그에게 남아 있지 않아도 된다고 말했습니다. 하지만 그는 자신이 남아 있는 편이 더 나을 거라고 말했고, 또 그러고 싶다고 말했습니다. 그는 우리 둘의 관계가 단순한 연인 관계보다 큰, 어떤 공통적인 목표를 향해 협력하는 관계라고 믿었으니까요."

놀랍게도 그들은 어려운 시기를 잘 이겨내고 더 긴밀한 관계를 형성할 수 있었다. "스콧과 저는 오히려 예전보다 더 가까워졌습니다. 연인이라는 관계, 그것은 사업과 저희 둘 사이의 관계에 좋은 것이 아니었죠. 연인이라는 장벽을 넘어서는 순간, 저희는…… 뭐랄까, 가족과 같은 존재가 되었죠. 더 이상 가까워질 수 없을 정도로 가까워진 겁니다."

그들이 이런 시기를 이겨낼 수 있었던 데에는 그들이 왜 사업을 하는지, 그리고 회사가 어떤 일을 해야 하는지에 대해 같은 생각을 갖고 있었다는 것이 커다란 역할을 했다. 바로 그들의 회사는 예술을 위해 존재하는 것이었다. 그것 때문에 그들은 적자가 날 것을 알면서도 외부 가수들의 앨범을 제작, 발매하기 시작한 것이다. 디프랑코는 이렇게 말한다. "우리는 이 회사를 저라는 존재를 넘어선 무언가로 만들고, 다른 가수들, 즉 마땅한 배급 루트를 찾지 못하는 독립 가수들을 위한 음반회사로 만든다는 비전이 있었습니다. 제가 원하는 건 그렇게 일하면서 회사가 자립하고, 그런 가수들의 음악을 대중들에게 보급하는 것입니다. 우리는 가수들의 능력이 전부 발휘되지 못하고 있다고 생각되는 앨범에 대해서는 그들에게 반드시 이야기를 합니다. '이 앨범에 조금만 더 노력을 기울여 봐'라고 말하는 건, 그것을 더 대중적이거나 잘 팔리는 음반으로 만들라는 뜻이 아니라, 그들의 목소리와 이상을 좀 더 뚜렷하게 드러내라는 주문입니다. 사업적인 이유 때문에 가수들에게 이래라저래라 하는 건 없습니다. 많은 음반사에서 가수와 회사 사이에 갈등이 많지만, 스콧은 이 무명 가수들에게 일종의 발판을 마련하는 것이 회사의 목표라는 것을 분명히 알고 있습니다."

라이처스 베이브가 후원하는 여러 가수들에 대해 피셔는 이렇게 말한다. "그들은 정말 가지각색입니다. 우리는 그들을 '베이브'라고 부르죠. 대부분 마흔을 넘은 사람들인데도 말입니다. 그들은 정말 여러 가지 장르에서 활동합니다. 저는 다양한 장르에서 실력 있는 가수들을 모으고 싶습니다. 비록 대중이 선호하는 음악은 아니어도, 그들이 음악을 잘한다는 것은 부인할 수 없을 정도의 실력을 가진 사람들 말입니다. 우리는 그들에게 일종의 집을 만들어주는 셈이죠."

비록 그들이 예술을 중시한다고 하지만, 사업 부분을 무시하는 것은 결코 아니다. 디프랑코와 피셔는 예술을 지원하는 범위 내에서 회사에게 이익이 될 일은 가급적 하는 편이다. 아마도 그 대표적인 예는 애즈베리 델라웨어 감리교회를 매입하고 재건한 일일 것이다. 디프랑코는 그것에 대해 이렇게 말한다. "저는 그 당시 뉴올리언스에 있는 스튜디오를 염두에 두고 있었습니다. 음반시장이 불안했기 때문에, 다른 분야의 사업도 생각해야 한다는 걸 알고 있었으니까요. 그때 스콧이 그 교회에 대한 제안을 했고 그것을 살펴볼수록 하지 않을 이유가 없다는 생각이 들었습니다. 세계를 염두에 두고 생각하면서도 회사는 지역 본거지를 중심으로 운영한다는 우리의 가치관에 부합하는 일이었으니까요. 더 생각해 보니까 뉴올리언스의 스튜디오보다 버펄로가 더 실용적이고 활용 가능성이 많다고 판단되었습니다. 또 저희의 본거지에 뭔가 보답할 수 있는 길이라고도 생각했고요. 버펄로에 운동 경기장이나 재즈 바 같은 건 있지만, 관광객들에게 관심을 끌려면 뭔가 확고한 공연 시설이 있어야 했으니까요."

결국 피셔와 디프랑코는 버펄로의 유명한 예술단체인 홀월스 컨템퍼러리 아츠 센터(Hallwalls Contemporary Arts Center)와 교회 건물을 함께 쓰기로 결정했다. 즉 건물 안에는 라이처스 베이브의 콘서트홀과 재즈 클럽뿐 아니라, 홀월스의 전시회장, 영상실, 미디어 체험실, 사무실도 들어섰다. 홀월스와 라이처스 베이브 두 군데 모두에서 일한 경험이 있는 론 엠케는 이렇게 말한다. "그들이 같은 건물을 쓰게 된 것은 전혀 놀랄 만한 일이 아니었습니다. 어떻게 보면 당연한 결과였죠. 라이처스 베이브를 만들 때 스콧은 홀월스를 모델로 삼았습니다. 그는 자신이 예술가가 아니라고 입버릇처럼 말하지만, 저는 실제로 그가 예술가라고 생각합니다. 그는 다른 예술가들이 작품을 만들어 낼 수 있도록 돕는 예술가인 셈이니까요."

피셔는 그런 말에 대해 부인하지는 않는다. "저는 가끔 애니에게

Chapter 08 비즈니스라는 예술

이 사업이 바로 나의 예술, 나의 도화지, 나의 악기라고 말합니다. 저는 스프레드시트를 작성하고 만지는 것을 즐깁니다. 이 사업에서 애니는 뭔가 다른 역할을 하지만, 여기서 무슨 일이 일어나는지 그녀는 항상 알고 있습니다. 그녀와 저는 매일 대화를 나누죠. 그녀는 모든 중요한 결정과 대부분의 소규모 결정에 관여합니다. 차를 대여하는 것 같은 사소한 일에는 관여하지 않지만, 교회 건물의 창문 색깔이나 외부 계단의 모양 등에는 의견을 내는 편이죠. 사소한 일들에 대해서 저는 가급적 애니가 원할 것이라고 생각되는 쪽으로 결정을 내립니다."

어쩌면 그들이 서로 그렇게 잘 맞는 이유는 각자의 장점을 서로 어느 정도 공유하고 있기 때문일지도 모른다. 디프랑코는 이렇게 말한다. "가끔씩 저는 스콧이 얼마나 창의적인 사람인지 깨닫고 놀라고는 합니다. 저는 사실 상당히 현실주의적이면서 나름대로 사업가적 면도 있습니다. 그리고 스콧도 나름대로 예술가적인 면이 풍부하지요."

물론, 디프랑코와 피셔만큼 예술과 사업이라는 두 부분을 명확하게 대표하는 리더를 동시에 갖는 회사가 흔치는 않다. 그러나 그러한 두 요소 사이의 균형은 라이처스 베이브 같은 회사에만 필요한 것이 아니다. 그리고 작은 거인들 모두에는 그와 유사한 균형이 존재한다. 다른 것은 몰라도, 그들은 창의적인 측면과 사업적인 측면이 서로 충돌하지 않고 공존할 수 있다는 것을 보여준다. 이것이 가능한 이유는 그들이 우선시하는 가치 때문이다. 그들은 사업이란 자신의 창의적인 열정을 추구할 수 있는 도구라는 사실을 굳게 믿고 있다.

그리고 이 지점이 바로 대부분의 회사들이 마법을 잃어버리기 시작하는 갈림길이다. 창고에서 시작해 제대로 된 회사로 자리 잡아 가는 과정에서 그들은 반대로 생각하기 시작한다. 다시 말해, 창의력과 열정을 회사를 세우기 위해 필요한 하나의 도구쯤으로 여기는 것이다. 물론 그것이 꼭 잘못된 것은 아니다. 하지만 계속 그런 방향으로 나아가다 보면, 회사를 특별하게 만들었던 그 무언가를 잃게 된다. 세상에 뭔가 훌륭하고 특별한 것을 기여한다는 목표는 잊어버리고, 세대교체가 한두 번 일어나고 난 뒤쯤이면 회사가 처음에 지녔던 열정은 이미 사라진 채 단순히 수익만을 창출하는 기계가 되어 있다. 만약 그런 회사가 인수된다면, 그것은 인수자가 회사의 열정과 가치관에 동의해서가 아니라, 회사가 금전적으로 이득이 될 것이라고 생각하기 때문이다. 직원들은 단지 밥벌이를 하기 위해 근무할 것이며, 고객들은 가격에 비해 성능이 월등히 좋아야만 그 회사의 제품과 서비스를 구매할 것이다. 경제적인 면을 제외하면, 회사는 모든 것을 잃어버린 꼴이 된다.

어떤 관점에서 보면 그것이 꼭 잘못된 것이라고 할 수만은 없다. 이 사회의 경제가 원활하게 돌아가려면 이윤을 창출하는 회사들이 많아야 한다. 실제로, 그런 회사들이 없으면 우리 모두 상당히 많은 불편을 겪을 것이다. 그들은 우리에게 일자리를 제공하고, 정부에 많은 세금을 내며, 우리가 필요로 하거나 원하는 제품과 서비스를 제공하고, 자선단체에 많은 기부를 하며, 그 밖에 여러 가지 칭찬할 만한 일들을 한다. 그런 회사들이 모두 『좋은 기업을 넘어… 위대한 기업으로』나 『성공하는 기업들의 8가지 습관』에서 소개하는 모델만큼 이상적으로 돌아간다면 좋겠지만, 아마도 그것은 우리의 바람일 뿐일 것이다. 하지만 반드시 그렇게 이상적인 방식으로 운영되지는 않는다고 해도, 어쨌든 그런 회사들은 이 나라의 경제와 풍요에 커다란 기여를 하며 그것에 대해 우리는 감사해야 한다.

하지만 감사한다고 해서 그것에 만족해야 한다는 뜻은 아니다. 어떤 사람들은 일반적인 회사에서 얻을 수 있는 것을 넘어선 무언가를 원한다. 그들은 그저 이윤만을 위해 사업을 하는 것이 따분하다고 여긴다. 또 이윤만을 위해 자기 삶의 다른 측면들을 희생할 만한 가치는 없다고 생각한다. 그들은 열정과 기발한 발상을 지니고 있으며, 그것을 그냥 흘려보낸 채 삶을 살고 싶어하지 않는다. 그래서 그들은 그것을 추구하기 위한 회사를 짓고, 자신이 왜 사업을 시작했는지, 그리고 어떻게 현재의 위치까지 올 수 있었는지 절대 잊지 않는다. 그들은 회사가 성장하는 동안에도 그 회사가 자신이 소중히 여기는 것을 추구하는 데 이용할 도구로 남도록 노력하며, 세상에 뭔가 특별하고 대단한 것을 기여하려고 애쓴다.

이런 사람들이 바로 작은 거인들의 창립자, 리더, 그리고 직원들이다. 만약 당신이 그들 중 하나가 아니라 할지라도(사실 우리 대부분은 작은 거인에 속하지 않는다), 그들이 한 일과 그들이 열정적이고 즐겁게 일하는 모습을 보면 '나 자신은 과연 생계를 위해 일하면서 내가 진정으로 원하는 것을 얻고 있는가?'라는 질문을 던지게 될 것이다. 만일 그 대답이 '아니오'라면, 이 책의 작은 거인들은 당신이 앞으로 택할 수 있는 방법들에 대해 힌트를 주었을 것이다.

또 이 책에 나온 작은 거인들만 있는 것이 아니다. 〈서문〉에서 말했듯이, 책을 쓰기 위해 조사를 하면서 나는 여기에 다 실을 수 없을 정도로 많은 작은 거인들을 발견했다. 어떤 회사들은 앵커 브루잉이나 클리프바만큼 어느 정도 인지도가 있지만, 또 어떤 회사들은 주변 지역사회 이외에는 아는 사람이 거의 없는 경우도 있다. 나는 전국에 수백, 혹은 수천 개의 작은 거인들이 존재하며, 그들이 각자 위치한 곳에서 지역사회를 더 살기 좋은 곳으로 만들기 위해 노력하고 있을 것이라고 생각한다. 당신도 그들을 찾으려고 노력하면 분명히 발견할 수 있다.

책을 쓰기 위한 조사 작업이 끝나갈 무렵, 나와 아내, 그리고 우리가 사는 건물에 사는 몇몇 부부들은 우리 건물에 새 페인트칠을 해야 한다고 판단했다. 그곳에 20년 동안 살면서 여러 번 페인트칠을 했지만, 페인트칠 인부들 가운데 다시 부르고 싶은 사람은 한 사람도 없었다. 하지만 1, 2년 전에 우리 동네에 사는 한 이웃이 집에 페인트칠을 했는데 정말 근사해진 것을 보고, 우리는 그 페인트공에게 연락을 취해서 우리 건물의 페인트칠을 맡겼다.

그 페인트공의 이름은 피터 파워(Peter Power)였고 그의 회사 이름은 뉴 호프 컨트랙팅(New Hope Contracting)이었다. 그는 검은 머리카락에 안경을 쓰고 활발한 성격을 지녔으며 신앙이 독실한 남자였다. 또 누구보다도 양심적이고 성실했으며 멋진 디자인 감각도 갖고 있었다. 그의 안내에 따라 우리와 이웃 부부들은 건물의 앞면, 뒷면, 옆면, 가장자리에 쓰일 색 여섯 가지를 골랐고, 얼마 후 파워가 보낸 페인트공 8명이 작업에 들어갔다.

그들 중 어린 사람은 열두 살이었고, 쉰일곱 살의 고참 직원도 있었으며, 페인트공들이 으레 그렇듯 다양한 출신과 배경을 지니고 있었다. 하지만 그들은 모두 밝은 모습으로 매우 열심히 일한다는 공통점이 있었다. 농땡이도 부리지 않고 빈틈없이 일했으며, 우리가 시장 봐온 물건들을 옮기거나, 무거운 가구를 옮기거나, 침대를 조립하거나, 창틀을 고칠 때도 도움을 주었다. 마치 삶에 일어나는 소소한 어려운 상황들을 처리하기 위해 누군가가 나에게 보이 스카우트 8명을 붙여준 것 같은 느낌이었다. 그들은 일하면서 서로에게 웃으면서 농담도 했고, 사포질을 하든, 페인트칠을 하든, 청소를 하든, 식사를 하든 항상 즐거워하는 모습이었다. 또 감독하는 사람이 없는 상황에서도 아주 훌륭하게 페인트칠 작업을 완수했다. 파워가 등장할 때는 대부분 단순히 무언가를 돕기 위해서였지, 그들에게 이래라저래라 지시하는 적은 거의 없었다.

그들이 작업을 마무리할 무렵에야 나는 이 사람들이 내가 책을 집필하면서 알게 된 회사들과 상당히 비슷하다는 것을 깨달았다. 아마도 이것을 나에게 확실하게 깨닫게 해준 건 고참 직원인 진 페티포드였던 것 같다. 나는 우연히 그에게 파워와 얼마 동안 일해 왔냐고 물었고 그는 10년 동안 일했다고 대답했다.

나는 물었다. "페인트칠 회사에서 10년이라면 꽤 오래 일하셨네요?"

"그렇죠." 그는 대답했다. "하지만 여기서 제일 오래 일한 건 제가 아닌 스티브입니다."

"스티브는 몇 년 동안 일했습니까?"

"17년이요."

스티브 퀸과 진은 둘 다 30대 중반이었다. 스티브는 열다섯 살 전후부터 일했다는 얘기였다. 나중에 파워는 나에게 직원들을 하나하나 소개해 주었다. 랍 모레노는 9년, 크리스 포인텐은 6년, 영국 출신인 크리스 하웰은 4년 일했다고 했다. 파워의 아들인 대니는 스물다섯 살이었는데, 그는 아홉 살 때부터 아버지 밑에서 일했고 아직 그 일을 그만둘 계획은 없다고 밝혔다. 페인트 회사들은 이직률이 높기로 유명하다. 이직률이 대개 한 달에 50%는 되는 업종인데, 이것은 일의 일시적인 특성을 감안하면 이해할 만하다. 그렇다면 평균 직원 근무 기간이 10년 가까이 되는 페인트칠 회사라면 분명히 무언가 다른 것이 있다는 생각이 들었다. 나는 그 회사에 대해서 조금 더 조사를 해봤고, 뉴 호프 컨트랙팅은 내가 세운 작은 거인의 기준에 부합한다는 판단을 내렸다. 또한 앞에서 언급한 회사들이 지닌 특징들도 고스란히 갖고 있었다.

이 이야기를 하는 이유는, 내가 말한 회사의 '마법'이라는 것이 그렇게 희귀하고 드문 것이 아니라는 점을 말하고 싶어서다. 가만히 주변을 살펴보면 마법을 지닌 회사들을 얼마든지 찾을 수 있다. 대부분 가족 중심으로 경영되는 독일의 중소기업들을 일컫는 '미텔슈탄트(Mittelstand)'는 흔히 '독일 경제의 기둥'으로 불린다. 이 책에 소개한 것과 같은 작은 거인들이 미국 경제의 기둥이라고 할 수 있을지는 잘 모르겠지만, 그들이 미국 경제의 정신적 핵심이자 영혼인 것은 분명하며 기존 비즈니스 세계에서 우수함에 대한 기준을 바꾸고 있는 것도 틀림없다.

무엇보다도 중요한 것은, 다른 수많은 회사들 역시 그러한 우수함의 기준을 목표로 삼고 충분히 이룰 수 있다는 사실이다. 만일 그것을 달성하면 그들은 자신이 만들어내는 제품과 서비스보다 더 커다란 무언가를 사회에 기여할 수 있다. 비즈니스는 경제라는 커다란 구조물을 구성하는 하나의 벽돌일 뿐만 아니라 우리 삶에서 중요한 일부를 차지하는 기본요소이기도 하다. 기업이 하는 일은 경제적인 측면 이외에도 삶의 많은 부분에 영향을 미친다. 그들은 우리가 몸담고 있는 지역사회, 우리 삶의 토대가 되는 가치, 우리 삶의 질에 영향을 미친다. 따라서 기업이 보다 높은 기준을 세우고 그것을 위해 노력하지 않으면 사회 전체가 힘들어지게 된다.

작은 거인들은 그 누구보다도 높은 기준을 세우고 노력하는 이들이다. 이런 회사들이 많아질수록 우리가 사는 세상이 훨씬 나은 곳으로 변화할 것이라는 사실은 분명하다.

더 읽을 자료 및 참고문헌

모든 작은 거인들, 그리고 작은 거인이 되고 싶어하는 모든 이들에게 가장 먼저 추천할 책은 게리 에릭슨이 로이스 로렌첸(Lois Lorentzen)과 함께 쓴 『기준을 높여라(Raising the Bar: Integrity and Passion in Life and Business: The Story of Clif Bar, Inc.)』(Jossey-Bass, 2004)다. 이 책은 작은 거인들에 관심이 있는, 그리고 비즈니스 전반과 기업가 정신에 관심이 있는 모든 이들이 반드시 읽어야 할 필독서다. 독자들은 이 책에서 기업 운영에 관한 깊이 있는 통찰력과 교훈을 얻을 수 있을 뿐 아니라, 사이클리스트이자 암벽 등반가, 재즈 연주가, 야외훈련 가이드, 사업가인 에릭슨의 흥미로운 삶도 엿볼 수 있다. 클리프바와 비슷한 기업 윤리를 추구하는 회사들을 알고 싶다면 데이비드 뱃스톤(David Batstone)의 『영혼이 있는 기업(Saving the Corporate Soul & (Who Know?) Maybe Your Own)』(Jossey-Bass, 2003)을 참조하라.

제이 골츠 역시 자신의 비즈니스 철학을 책으로 엮었다. 그는 조디 외스터라이허(Jody Oesterreicher)와 함께 작업한 첫 책 『스트리트 스마트 기업가(The Street Smart Entrepreneur: 133 Tough Lessons I Learned the Hard Way)』 (Addicus Books, 1998)를 통해, 현명한 통찰력과 실용성과 재미를 두루 갖춘 비즈니스 서적이 가능하다는 사실을 입증해 보였다. 그는 현재 두 번째 책인 『비즈니스 유입, 비즈니스 성과(Business Income, Business Outcome: How to Build a Successful Business with Soul)』를 집필 중이다.

애리 바인츠바이크는 다양한 종류의 음식에 관해 열정적으로 책을 저술했다. 『훌륭한 식생활을 위한 징거맨스 가이드(Zingerman's Guide to Great Eating: How to Choose the Best Bread, Cheeses, Olive Oil, Pasta, Chocolate, and Much More』(Houghton Mifflin, 2003)가 대표적이다. 징거맨스 기업에 대해 보다 자세히 알고 싶은 독자는 『징거맨 사람들은 마음을 팝니다(Zingerman's Guide to Giving Great Service)』(Hyperion, 2004)를 참조하기 바란다. 또한 인력교육업체 징트레인이 제공하는 다양한 세미나에 참가해 보길 권한다. 이 세미나에서는 회계, 상품화 전략을 비롯한 여러 가지 주제를 다룬다.

대니 메이어는 유니언스퀘어 카페의 요리법을 담은 탁월한 요리책을 두 권 저술한 바 있다. 2006년 10월 하퍼콜린스 출판사에서 출간된 대니 메이어의 첫 번째 경제경영서인 『세팅 더 테이블(Setting the Table: The Transforming Power of Hospitality in Business)』은 기지와 통찰력이 엿보이는 책이다. 아울러 『구어메이』 2002년 10월호에 브루스 페일러가 유니언스퀘어 카페에 대해 쓴 멋진 글 「테이블 앞의 치료 전문가(The Therapist at the Table)」의 일독을 권한다.

놈 브로드스키도 오래지 않아 책을 내게 될지 모른다. 그의 책이 나올 때까지 기다리기 싫은 독자는 브로드스키가 『인크』에 정기적으로 싣는 칼럼 「스트리트 스마트(Street Smarts)」를 읽어보길 바란다. 매번 최신 칼럼을 읽고 싶다면 『인크』지를 정기 구독하는 것도 좋은 방법이지만, 그의 지난 칼럼과 기사들(나와 함께 썼다)은 www.inc.com/magazine/columns/streetsmarts에서도 얻을 수 있다.

유감스럽게도 프리츠 메이태그는 책을 쓰진 않았다. 그러나 그가 『하버드 비즈니스 리뷰』의 데이비드 검퍼트와 한 인터뷰 「작은 회사가 주는 기쁨(The Joys of Keeping the Company Small)」(1986년 7~8월호)의 전문(全文)을 읽어보길 적극 추천하는 바이다. 앵커 브루잉의 초기 역사를 알고 싶은 독자는 커티스 하트만(Curtis Hartman)의 「앵커 스팀을 만드는 연금술사(The Alchemist of Anchor Steam)」(『인크』, 1983년 1월호)를 읽어보길 바란다.

마가렛 룰릭이 쓴 『조직과 개인을 위한 변화(Who We Could Be at Work)』(Butterworth-Heinemann, 1996)는 레엘 프리시전 매뉴팩처링을 또 다른 관점으로 바라볼 수 있게 해준다. 밥 발슈테트가 정리한 레엘의 공식적인 역사는 매우 흥미롭지만, 아쉽게도 몇 군데 안 되는 제한된 지면에서만 만나볼 수 있다. 그 외에도 레엘에 관한 신문 보도 기사들이 다수 존재하며 그것들은 레엘의 회사 웹사이트에서 읽을 수 있다(www.reell.com). 사실, 나는 독자 여러분에게 다른 작은 거인들의 웹사이트도 모두 방문해 보길 권유한다(단, 의류회사인 셀리마는 웹사이트가 없다). 이 글의 말미에 그들의 웹사이트 주소를 적어놓았다.

O. C. 태너에는 대중을 위해 정리된 공식적인 역사가 없지만 이 회사를 이끌고 있는 주역들이 쓴 〈당근 시리즈〉를 읽어보면 많은 도움이 된다. O. C. 태너의 마케팅 및 기업 커뮤니케이션 책임자인 에이드리언 고스틱(Adrian Gostick)과 성과 보상 담당 부사장인 체스터 엘튼(Chester Elton)은 『행복한 회사를 만드는 당근법칙(Managing with Carrots)』(2001), 『24시간 당근 관리자(The 24-Carrot Manager)』(2002), 『하루에 당근 하나씩(A Carrot a Day)』(2004)을 썼다. 세 권 모두 유타 주 레이턴에 있는 깁스 스미스 출판사(Gibbs Smith, Publisher)에서 출간했다.

애니 디프랑코의 음악과 시집을 통해서 그녀의 정치적 철학을 엿볼 수 있으며, 관련 자료는 라이처스 베이브 스토어(www.righteousbabe.com/store)에서 얻을 수 있다. 아쉽게도 그녀의 비즈니스 철학을 소개하는 공식적인 자료는 좀 더 기다려야 한다. 1990년대 말 라이처스 베이브의 사내 작가가 해당 책을 쓰기 시작했지만 아직 집필이 끝나지 않았다.

7장에서 소개했듯이 팔로알토에 있는 유니버시티 내셔널 뱅크 앤 트러스트는 초반 한동안은 작은 거인이었지만 마지막까지 작은 거인의 면모를 유지하진 못했다. 그들의 스토리 일부를 폴 호켄의 『비즈니스의 성장(Growing a Business)』(Simon & Schuster, 1988), 톰 피터스의 『톰 피터스의 경영혁명(Thriving on Chaos: Handbook for a Management Revolution)』(Harper Paperbacks, 1988)에서 읽어볼 수 있다. 하지만 나는 이 회사를 가장 정확하게 소개한 글은 엘리자베스 콘린(Elizabeth Conlin)이 『인크』지 1991년 3월호에 실은 「성장을 재고(再考)하다(Second Thoughts on Growth)」라고 생각한다.

작은 거인들을 직접적으로 거론하지 않았더라도 그들이 비즈니스 세계에서 부상하고 있는 최근 분위기를 다룬 좋은 책들이 많이 있다. 그 중 일부를 여기 소개한다. 종업원 소유 기업에 관한 책으로는 코리 로젠(Corey Rosen)·존 케이스(John Case)·마틴 스타우버스(Martin Staubus)가 쓴 『에퀴티(Equity: Why Employee Ownership is Good for Business)』(Harvard Business School Press, 2005)를 추천한다. 종업원 소유 제도의 구체적인 실천 사례와 세부적 실행 과정에 대해서는 잭 스택과 내가 공저한 『위대한 비즈니스 게임(A Stake in the Outcome: Building a Culture of Ownership for the Long-term Success of Your Business)』(Currency/Doubleday, 2002)을 읽어보길 바란다. 투명한 경영에 관해 더 알고 싶은 독자는 역시 잭 스택과 내가 공저한 『그레이트 게임 오브 비즈니스(The Great Game of Business: Unlocking the Power and Profitability of Open-Book Management)』(Currency/Doubleday, 1992)를 참조하면 된다. 또한 존 케이스가 쓴 『오픈북 경영(Open-Book Management: The Coming Business Revolution)』(HarperCollins, 1996), 『오픈북 경영 사례(The Open-Book Experience: Lessons from over 100 Companies Who Successfully Transformed Themselves)』(Perseus, 1999)도 참고하길 바란다. 로버트 K. 그린리프의 저술들은 여러 작은 거인들에게 중요한 영향을 끼쳤다. 특히 『서번트 리더(The Servant as Leader)』와 『서번트 기관(The Institution as Servant)』이 그러했다. 두 저술 모두 인디애나 주 인디애나폴리스에 있는 〈그린리프 서번트 리더십 센터〉에서 구할 수 있다.

　마지막으로, 독자 여러분 모두 한번쯤 시간을 내어 아래에 소개하는 작은 거인들의 웹사이트를 꼭 방문해 보길 바란다.

- 앵커 브루잉 : www.anchorbrewing.com
- 시티스토리지 : www.citistorage.com
- 클리프바 : www.clifbar.com
- ECCO : www.eccolink.com
- 해머헤드 프로덕션스 : www.hammerhead.com
- O. C. 태너 : www.octanner.com
- 레엘 프리시전 매뉴팩처링 : www.reell.com
- 리듬 앤 휴스 스튜디오 : www.rhythm.com
- 라이처스 베이브 레코즈 : www.righteousbabe.com
- 골츠 그룹 : www.goltzgroup.com
- 유니언스퀘어 호스피탤러티 그룹 : www.ushgnyc.com
- W. L. 버틀러 컨스트럭션 : www.wlbutler.com
- 징거맨스 커뮤니티 오브 비즈니시즈 : www.zingermans.com

지은이 보 벌링엄

유력한 경제전문지 『인크』의 편집위원이며 『에스콰이어』, 『하퍼스』, 『마더 존스』, 『보스턴 글로브』 등에도 글을 기고해 왔다. 잭 스택과 함께 『위대한 비즈니스 게임(A Stake in the Outcome)』을 저술했다.

옮긴이 김유범

1986년 서울에서 태어나 초등학교 시절을 미국에서 보냈다. 어렸을 때부터 책읽기를 좋아해 다양한 분야의 책들을 즐겨 읽어왔으며, 우등생으로 미국생활 4년 만에 Delaware State Spelling Bee Competition에 참가하기도 했다. 한국에 돌아와 조지 워싱턴 대학교와 대원외국어고등학교가 공동 주관하는 국제영어논술대회에서 대상을 수상하여 대원외고에 입학한 뒤, 전국 각지에서 열린 영어경시대회 금상을 석권하다시피 했고(2003년 한국외국어대 중고교외국어경시대회 영어부문 금상 · 2003년 중앙대 전국초중고영어학력경시대회 금상 · 2003년 서울대 전국고교생 언어능력경시대회 영어부문 금상 · 2004년 고려대 전국교생학력경시대회 영어부문 금상 수상 등), 대원외고 재학시절에 우리나라 최초이자 유일하게 Pre-SAT, SAT 1, SAT 2 Writing, TOEFL 시험에서 '동시 만점'을 이뤄내기도 했다. 이후 삼성그룹 이건희 장학재단 장학생으로 선발되었으며, 현재 UC버클리(캘리포니아 대학교 버클리캠퍼스)에서 언론 분야와 정치학을 공부하며, 자신의 꿈인 국제변호사가 되기 위해 미국 로스쿨에 지원할 준비를 하고 있다.

감수 안진환

경제경영분야에서 활발하게 활동하고 있는 전문 번역가. 1963년 서울에서 태어나 연세대학교를 졸업했다. 명지대학교와 성균관대학교에 출강한 바 있으며, 현재 번역에이전시 인트랜스(www.intrans.co.kr)와 번역 아카데미 트랜스쿨(www.transchool.com)의 대표로 있다. 저서로는 『영어실무번역』, 『Cool 영작문』 등이 있으며, 역서로는 『스펜서 존슨, 행복』, 『성공』, 『마이크로트렌드』, 『워렌 버핏 평전』, 『빌 게이츠@생각의 속도』, 『The One Page Proposal』, 『The One Page Project』, 『포지셔닝』, 『괴짜경제학』, 『미운 오리새끼의 출근』, 『보랏빛 소가 온다 2』, 『피라니아 이야기』, 『실리콘밸리 스토리』, 『전쟁의 기술』, 『애덤 스미스 구하기』 등이 있다.

스몰 자이언츠

초판 1쇄 발행 2008년 10월 30일
초판 2쇄 발행 2008년 11월 14일

지은이 보 벌링엄 옮긴이 김유범 감수 안진환 펴낸이 김경수 이사 최 숙
출판사업본부장/편집주간 윤현식 기획편집팀 이정은 디자인 design Vita
펴낸곳 팩컴북스 출판등록 2008년 5월 19일 제381-2005-000074호

주소 463-867 경기도 성남시 분당구 정자동 159-4 젤존타워 2차빌딩 8층
전화 031-726-3666 팩스 031-711-3653
이메일 pacombooks@gopacom.com 홈페이지 www.pacombooks.com

ISBN 978-89-961276-1-1 03320

- 팩컴북스는 팩컴코리아(주)의 실용서 전문 출판브랜드입니다.
- 책값은 뒤표지에 있습니다.